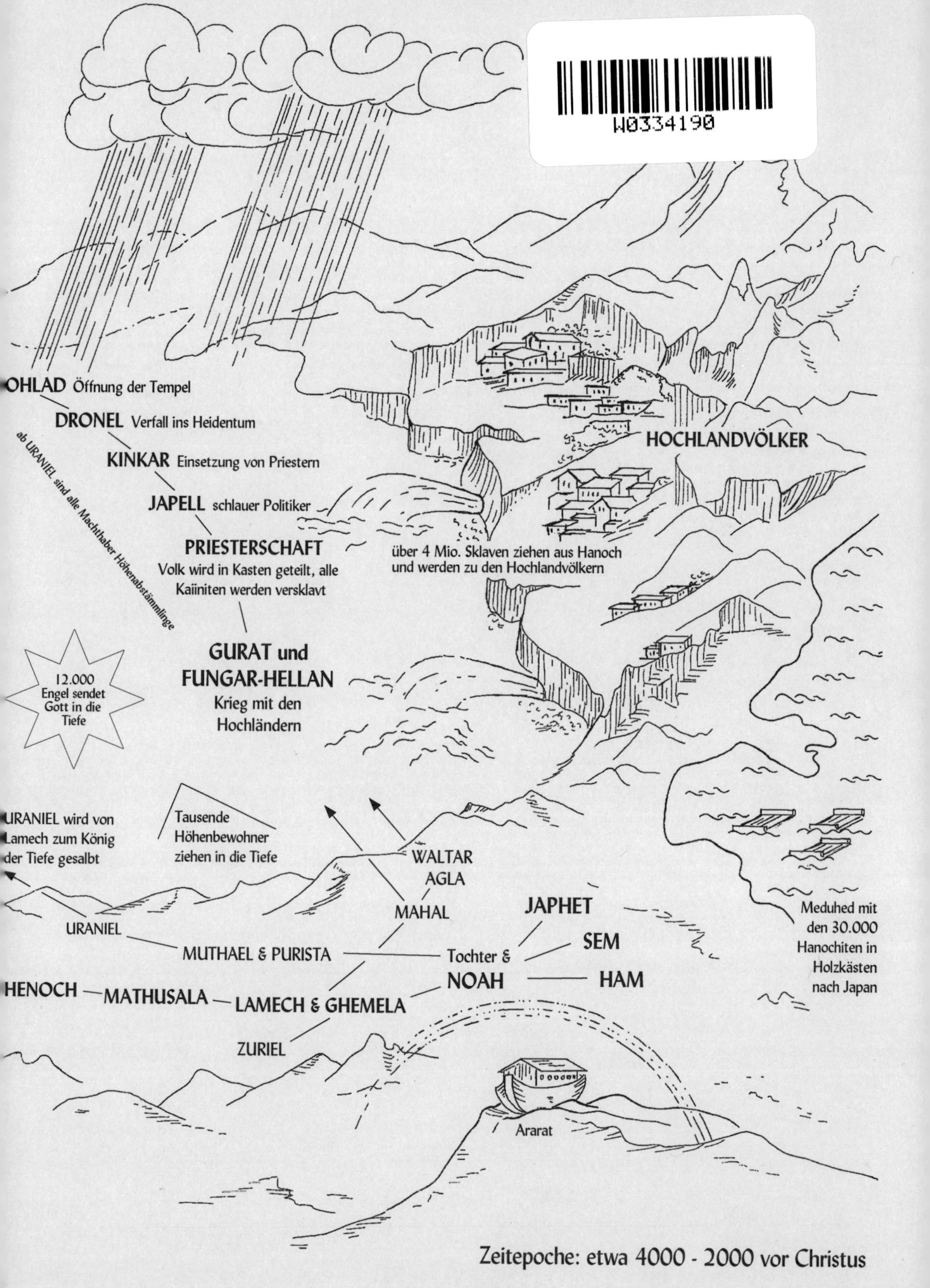

Zeitepoche: etwa 4000 - 2000 vor Christus

Die Geschichte der Urmenschheit

2. Auflage 2003

Druck: Druck- und Verlagsgesellschaft Bietigheim mbH

ISBN 3-87495-607-5

Die Geschichte der Urmenschheit

nach dem dreibändigen Werk

„Die Haushaltung Gottes“

geoffenbart durch Jakob Lorber

in den Jahren 1840 - 1844

Erschienen im Lorber-Verlag

Für die Jugend
nacherzählt und illustriert.

Freie Christliche Gemeinde Bethsehel e.V.

Zeichnungen der Seiten 13 - 265 und 343
von Hildegard Christ

Lorber-Verlag • D-74321 Bietigheim

Vorwort

Liebe Jugend, so wie unsere Leibeseltern uns lieben und für uns sorgen, so liebt uns und sorgt für uns auch der göttliche Vater im Himmel. Ja, Er liebt alle Seine Kinder noch um vieles mehr! Frühe möchte Er uns in Seine große Haushaltung blicken lassen. Seine Arbeit ist nicht einfach, denn wir Menschenkinder sind Ihm oft ungehorsam und tun gerade das, woraus uns selbst die größten Leiden erwachsen.

In diesem Buche möchten wir euch nacherzählen, wie unser göttlicher Vater die Welt erschaffen hat, wie Er sie erhält und wie Er alle Wesen und Menschen führt und leitet. Wir werden erfahren, wohin Liebe, Demut und Gehorsam, wohin aber auch Hochmut, Haß und Ungehorsam führen.

Alles, was wir hier lesen, ist dem dreibändigen Werk „Die Haushaltung Gottes" entnommen. Goldene Sonnenstrahlen Seiner ewigen Wahrheit mögen unser Herz erleuchten und erwärmen, damit unser Gemüt mit großer Freude die vielen Werke Seiner Liebe betrachten kann.

In den Jahren 1800 bis 1864 lebte ein Mann, dessen Herz rein und gottergeben, und dessen Sinn demütig, fromm und gut war. Er hieß Jakob Lorber und wohnte bescheiden und zurückgezogen in Graz, einer alten Stadt in der Steiermark. Unser Vater im Himmel hatte diesen Menschen in seinem 40. Lebensjahre berufen, seine verheißene Neue Offenbarung an die Menschheit niederzuschreiben, so daß wir sie heute alle lesen können.

Tag für Tag saß Jakob Lorber voll kindlicher Erwartung und Liebe in seinem kleinen Zimmer in sich gekehrt, und schrieb zu Papier, was ihm die göttliche Stimme im Herzen verkündete. Aus diesen Offenbarungen Seiner großen Vaterliebe und Erbarmung sind viele Bücher geworden. Sie gehören zu den herrlichsten geistigen Schätzen der Menschheit und eröffnen allen Menschen, die guten Willens sind, die große Haushaltung Gottes.

Möge euch diese Schrift im Herzen berühren und euch auch Wegweiser sein! Der gütige Vater im Himmel gebe dazu Seinen Segen!

Freie Christliche Gemeinde Bethsehel e.V.

Unser himmlischer Vater

Nur Einer ist ohne allen Anfang: Gott, unser liebevoller himmlischer Vater, auch Jehova genannt. Er war immer, und Er wird auch immer sein. Alles andere, was es da in der Unendlichkeit gibt, hat nur Er aus Sich Selbst erschaffen. Er allein erhält alles am Leben. So ist Gott der Urgrund und die Urquelle allen Lebens, der Schöpfer aller Wesen und Dinge. Nichts kann ohne Seinen allmächtigen Willen sein: kein Mücklein, kein Wassertropfen, kein Pflänzlein, kein Mensch und auch kein Engel. Es gibt kein Leben, das nicht in Gott seinen Ursprung hätte und durch Gottes Kraft und Liebe erhalten würde. Sein heiliger Mund spricht: „Es werde!“, und schon ist alles nach Seinem weisen, liebevollen und allmächtigen Willen da!

Gott ist das vollkommene Vorbild des Menschen, denn nach Seinem Vorbild schuf Er uns Menschen und gab uns auch Tröpfchen Seiner sieben Grundeigenschaften. Diese sind die größte Liebe und Weisheit, der feste Wille, die höchste Ordnung, der tiefste Ernst, die endlose Geduld und die sanftmütigste Erbarmung. Sein innerstes Wesen aber, Sein Herz, ist Seine grenzenlose Liebe, darin Er der Vater alles Lebens ist!

Seine Weisheit kann kein Geschöpf jemals ergründen. Diese ist ein unendliches Flammenlichtmeer. Ein liebendes Kindesherz kann jedoch die heilige Nähe des himmlischen Vaters gar leicht verspüren und als himmlische Wonne ertragen. Soll doch das liebende Menschenkind einmal für ewig beim liebevollsten Vater wohnen und ewig mit Ihm verbunden bleiben.

Was wohl wird unseres Vaters größte Freude sein, die wir als Kinder Ihm bringen können? Gewiß jene, daß wir durch Gehorsam und Willigkeit, durch Fleiß und Ausdauer einmal alle Arbeit leisten können, die unser lieber Vater tut! Wie freut sich jeder Vater, wenn er sagen kann: Ich habe Kinder, die arbeiten in meiner Werkstatt schon so gründlich und ordentlich mit, daß ich mich in ihrer Arbeit selbst beschauen kann und finden, daß meine lange Mühe und mein Unterricht reiche Früchte zu tragen beginnen!

Von den ersten Geschöpfen

Wenn wir so recht voller Liebe und Freude sind, können wir da die Fülle des Herzens für uns allein behalten? Sicher laufen wir schnell zu uns lieben Menschen und sprudeln in unserer Freude über, damit auch andere Herzen unsere Wonne miterleben und daran teilhaben können. Die wahre uneigennützige Liebe will nicht allein sein, sondern möchte andere außer sich lieben und beglücken und will sich mit anderen im Herzen innigst verbinden. Darum schuf Gott vor aller Zeit als erste Lebewesen große Urgeister, die wir auch Erst- oder Erzengel nennen. Er schuf sie als Seine Ebenbilder, Ihm in allem ähnlich. Er schenkte ihnen auch einen freien Willen, zu handeln und zu wandeln nach ihrer Liebe.

Diese Urgeister schufen aus der ihnen von Gott geliehenen Kraft und Macht – wie aus sich selbst – zahllose andere, kleinere Geistwesen. Neben der vollen Freiheit gab der himmlische Vater diesen Urgeistern nur ein einziges Gebot: Sie sollten Ihn als die ewige Liebe und als den Urgrund ihres Lebens wieder lieben.

Die Urgeister konnten ihren heiligen Schöpfer nur wie eine ferne Sonne oder wie ein Flämmchen sehen. Das war aber nötig, damit sich ihre Selbsterkenntnis völlig frei weiterentwickeln konnte. Nur dadurch konnte auch ihre Liebe frei wählen, ob sie alle Ehre und Liebe dankbar ihrem heiligen Schöpfer als dem Urgrund allen Lebens zurückbringen wollte. (I/5)

Luzifer

Gott sammelte das von Ihm ausstrahlende Licht, nämlich Seine Weisheit, in dem erstgeschaffenen und größten Urgeist und gab ihm den Namen „Lichtträger“ oder „Luzifer“.

Luzifer erkannte seine große Macht und Schönheit und wähnte, das herrliche Licht, das aus ihm strahlte, sei sein eigenes Licht. Seine Eitelkeit aus maßloser Eigenliebe verblendete ihn völlig. Wohl hörte er die Stimme seines Schöpfers, doch fühlte Luzifer sich mächtig erhaben über die als kleines Flämmchen sichtbare göttliche Liebe. Er wollte es mit seinem Lichte völlig überstrahlen und dadurch vernichten.

Luzifer liebte sich selber mehr denn Gott. Er wollte Gott vernichten und dann selber Gott sein. Viele Geister, die durch ihn wurden, ließen sich von seiner bösen Begierde entzünden.

Da zeigte ihm Gott die Macht Seiner Heiligkeit und entzog ihm alles Licht. So machte sich der Lichtträger Luzifer durch seine Eitelkeit und Eigenliebe selber zum finsteren Satan.

Wo keine Liebe ist, ist es wie im Winter rauh, kalt, und nichts blüht im Lebensgärtlein. Wenn wir mit einem Spiegel die Sonnenstrahlen auffangen, können wir sie als hellen Lichtstrahl weiterleiten, wenn wir aber den Spiegelrücken der Sonne zukehren, wird uns kein Lichtstrahl mehr aus dieser dunklen Fläche scheinen. Luzifer glich zuerst solch einem reinen Spiegel, der in der Nähe der göttlichen Liebe diese Gotteskraft aufnehmen und in viele Geistwesen als Leben weiterstrahlen durfte. Das war aber große Gnade, und Luzifer wähnte, es sei seine eigene Macht!

Wenn Kinder ihre Eltern gar nicht mehr lieb hätten und ihnen sogar davonliefen, hätten sie schon sehr bald nichts zu essen und anzuziehen. Sie müßten hungern und frieren. Vor allem aber würde ihr Herz immer einsamer, trauriger und finsterer, weil ihnen die Liebe fehlt. Die Liebe der Eltern ist es ja, die die Kinder wärmt und nährt. Sie führt sie zum himmlischen Vater, dem Ursprung aller Liebe.

Wie solch lieblosen Kindern ist es auch den ungehorsamen Geistern ergangen. Weil sie innerlich ohne Liebe zu Gott wurden, befanden sie sich bald ohne Wärme und Nahrung in der dichtesten Finsternis. – Luzifer fiel mit seinem Anhang immer weiter, fort und fort, ohne Ende in grenzenlose, dunkle Tiefen. Nirgends in der tauben, unendlichen Nacht fand er auch nur den geringsten Halt. Da erst gewahrte er ein wenig die unendlich fortdauernde Macht und Größe Gottes.

Endlich fragte er sich: „Wo bin ich nun durch meine törichte Auflehnung hingekommen? Jetzt bin ich so unendlich weit von Gott entfernt, daß Er sicher nichts mehr von mir weiß. Ach, hier bin ich in der ewigen Vergessenheit Gottes."

Bei diesem Gedanken bemerkte Luzifer auf einmal, daß ihm aus den ewigen Höhen ein ihm ähnliches Wesen mit Blitzesschnelle nacheilte. Dieses Wesen erfaßte Luzifer mit gewaltiger Hand, blickte ihn sanft lächelnd an und fragte: „Luzifer, du armer, gefallener Geist, kennst du Mich?"

Luzifer erwiderte: „Wie könnte ich dich in dieser leeren Finsternis erkennen? Wenn du mich aber völlig vernichten kannst, so als ob ich nie gewesen wäre, dann tue es! Ich will dir jetzt schon dafür danken, damit du dann nicht ohne Dank zu deinen mir unbekannten Höhen zurückkehren mußt."

Da aber sprach das Wesen: „Höre! Ich will dich nicht vernichten, sondern erhalten und auf fremden Wegen dahin zurückführen, von wo du voll sündiger Hoffart (im Hochmut) ausgegangen bist." Luzifer antwortete: „Tue, was du kannst; doch bedenke, daß Gott ewig und unendlich und voll Zornes ist!"

Da erwiderte das Wesen: „Hast du denn noch nie an die Liebe Gottes gedacht? – Siehe, die göttliche Liebe ist unfaßbar groß!"

Und Luzifer sprach: „Als ich noch der Fürst des Lichtes war, wurde mir ein mattes Flämmchen als die ewige Liebe Gottes gezeigt. Aber in meinem eigenen Strahlenglanze wollte ich das nicht glauben. Ich ergrimmte und wollte das Flämmchen gänzlich vernichten. Da erfaßte mich der göttliche Zorn und schleuderte mich hierher in diese finstere Tiefe."

Da auf einmal sah der gefallene Lichtträger über dem Haupte dieses nachgeeilten Wesens das gleiche Flämmchen schweben. Und die göttliche Liebe fragte ihn: „Luzifer! Erkennst du Mich jetzt?" Er antwortete: „Ja, Herr, ich erkenne Dich! Du bist Gottes Liebe und reichst weiter als Sein Zorn. Sieh' mich in Deiner Gnade an und schaffe mir ein festes Plätzchen, damit ich in dieser ewigen Leere Ruhe finden kann!" (I/40)

Wie die göttliche Liebe das Weltall erschuf

Da rollte aus dem Auge der göttlichen Liebe die erste Träne als ein Zeichen der ewigen Erbarmung. Diese Träne wurde zum großen Gewässer, welches sich in alle Tiefen der Unendlichkeit ergoß. Und die göttliche Liebe hauchte sanft über die Gewässer der Erbarmung. Da teilten sie sich in zahllos große und kleine Einzeltropfen, ganz nach der endlosen Zahl der mit Luzifer gefallenen Geister.

Und das Flämmchen über dem Haupte der göttlichen, ewigen Liebe dehnte sich auf einmal gar mächtig aus. Es entzündete mit einem Funken göttlicher Gnade die Tropfen, und aus ihnen wurden zahllose große Sonnen. Diese sprühten in der Wärme der göttlichen Liebe aus sich Erden hinaus, und diese Erden wieder ihre Monde. Und Gott ließ die Erden, auch Planeten genannt, begleitet von ihren Monden, nach Seinem Willen und Seiner Ordnung um ihre Sonnen kreisen. Die göttliche Liebe aber strahlt allen Licht und Lebenswärme zu.

Die Strahlen unserer Sonne künden uns von der großen Liebe und Erbarmung unseres himmlischen Vaters. Ja, sie erinnern uns sogar in den Nächten daran, wenn sie, vom Monde weitergestrahlt, uns mit Silberlicht das Dunkel erhellen.

Unsere kleine Erde aber erschuf Gott in Seiner Liebe aus dem letzten und innersten Tropfen Seiner Erbarmung und bestimmte sie deshalb zum Orte Seiner Menschwerdung.

In dieser Neuschöpfung fand Luzifer mit seinem Anhang „sein festes Plätzchen" in der Unendlichkeit. Die göttliche Liebe rettete ihn dadurch vor dem gänzlichen Verderben. Wie jedoch die „fremden Wege" ausschauen, über die alle diese Gefallenen ins himmlische Vaterhaus finden sollen, das werden wir in der Folge erfahren. Die treu gebliebenen Urgeister aber dürfen voll seligster Freude als Engel bei ihrem Vater sein und mit Ihm den Lauf und das Bestehen aller Welten nach Seinem heiligen Willen leiten. (I/5)

Die Erschaffung der Pflanzen, Tiere und Vormenschen

Durch heftige Feuer und riesige Wasserfluten, durch Erdbeben und große Stürme bereitete der himmlische Vater unsere noch ganz unbewohnte Erde zur Aufnahme von Lebewesen vor. Festes Land erhob sich aus den Gewässern der Erde. Gott erschuf zuerst Samenkörnlein für allerlei kleinste und dann größere Pflanzen im Wasser und später auf dem Land. Er ließ sie wachsen, gedeihen und sich vermehren.

Es vergingen lange Zeiten, bis Er nach und nach die mannigfaltigsten Tiere im Wasser, in und auf der Erde und in den Lüften erschuf. Das waren zum größten Teile Tiere, die es heute nicht mehr gibt. Nur Funde bei Ausgrabungen und in Höhlen (Versteinerungen, Knochenreste) weisen jene Zeiten nach.

Wieder vergingen lange Erdbildungsabschnitte, doch erst, nachdem es schon vielerlei Fruchtbäume gab, finden wir auch menschenähnliche Wesen. Das waren die sogenannten Vormenschen. Diese waren wesentlich klüger als alle Tiere. Am ganzen Körper waren sie dicht behaart und trugen keine Kleidung. Auch waren sie überaus stark und hatten ein sehr kräftiges Gebiß.

Sie verstanden es schon, Tiere zu zähmen und zogen mit ihren Herden unstet umher. Statt Hütten bauten sich manche Vormenschen weich ausgepolsterte Wohn- und Ruhenester auf großen Bäumen. Andere wohnten in Höhlen. So lebten sie lange Zeiten hindurch immer gleichmäßig fort, ohne sich auch nur im geringsten zu verändern.

Zu den Zeiten Adams aber gingen fast alle Vormenschen durch Feuer und Wasser zugrunde. (I/7)

Der große Erlösungsplan

Um Luzifer und die ihm anhangenden Geister vor dem weiteren Sturz in die leere Finsternis zu bewahren, bannte sie also Gott in der stofflichen Schöpfung und bahnte ihnen damit zugleich ihren Erlösungsweg an: „Auf fremden Wegen will Ich dich zurückführen, von wo du voll Hochmut ausgegangen bist!“

Luzifer hatte sich durch seinen großen Hochmut und Stolz in der Gottesferne in unendlich viele Teile zerstreut. Nur sein innerstes Ich mit seinem grundbösen Willen blieb in der Person Satans übrig.

Die hartnäckigsten und eigensüchtigsten seiner Teilchen und der durch ihn geschaffenen Geister erscheinen stofflich als härteste und giftigste Materie. Wenn wir Menschen diese noch ungeläuterten Seelenteilchen vor der Zeit aus ihren Kerkern befreien, wie es bei der Spaltung der Atome geschieht, so können sie unsagbar großes Unheil an aller Kreatur anrichten.

Denn alle Lebensformen im Mineral-, Pflanzen- und Tierreich dienen ja dazu, diese unendlich vielen Teilchen der Gefallenen über viele Stufen vom Falschen und Bösen wieder ins Wahre und Gute zu wandeln. Wenn wir also willkürlich Arten von Pflanzen und Tieren ausrotten, so zerstören wir wichtige Läuterungsanstalten im Erlösungswerke Gottes.

So ein Seelenteilchen Satans, das zum Beispiel in einem harten Stein eingekerkert ist, durchwandert unzählbar viele Lebensformen der Naturreiche und wird durch beständige Demütigungen von Werden und Sterben, durch Gottes Liebe, Weisheit und Erbarmung in seiner Ordnung und grenzenlosen Geduld von Stufe zu Stufe gehoben, um mit immer mehr anderen, ebenso geläuterten Teilchen, vereinigt zu werden.

Aus unzähligen solchen geläuterten Teilchen formt dann der himmlische Vater durch Seine Engel eine Menschenseele und legt sie zur rechten Zeit unter Beigabe eines Fünkleins aus Seinem göttlichen Geiste einer Mutter unters Herz. So steht der Mensch auf der obersten Stufe der langen Erlösungstreppe. Ihm schenkt der göttliche Vater wieder den völlig freien Willen, aus sich selbst zu handeln, gut und wahr oder böse und falsch.

Die Aufgabe des Menschen ist es nun, in freier Liebe Gott als seinen liebevollsten Vater zu erkennen und Ihn als dankbares Kind über alles zu lieben. Erst dann wird der Mensch ganz frei und kann als ein reiner, ungebundener Geist für ewig bei seinem Vater bleiben. Den Zustand der größten Reinheit und Liebe aber nennt man Himmel. Der göttliche Vater wohnt im höchsten Liebehimmel und ist dort allen Seinen Kindern als ein vollkommener Mensch und Vater nahe.

Welch große Mühe sich doch unser himmlischer Vater um die Rückführung des gefallenen Lichtgeistes Luzifer macht! Ein Seelenteil nach dem anderen wird in der Gestalt eines neuen Menschen von Satan losgelöst und befreit. Wenn am Ende nur noch der allerinnerste Seelenkern Satans übrig ist, wird er noch einmal von seinem heiligen Schöpfer vor die Entscheidung gestellt werden, ob er als verlorener Sohn zum Vater heimkehren will.

Die Erschaffung des ersten Menschenpaares

Nachdem der allmächtige Schöpfer die vielfältigsten Pflanzen und Tiere erschaffen und dadurch sich viele Seelenteilchen Luzifers bis zu den höchsten Lebensstufen entwickelt hatten, berief Gott eine kräftigste Seele und formte ihr aus den Stoffen der Erde* einen Menschenkörper nach Seinem Ebenbilde. Er nannte diesen ersten Menschen „Adam", das heißt „Sohn der Erbarmung und der Gnade". In besonderer Barmliebe hauchte Er ihm ein Fünklein Seines göttlichen Geistes ein und machte ihn damit zum ersten Menschen, in dessen Brust verhüllt ein Liebefunken Gottes lebte.

Den Adam aber führte der himmlische Vater in den großen und früchtereichen Garten Eden. Dieser Garten, den man auch Paradies nennt, lag in einem wunderschönen Tale und war von hohen Bergen umsäumt. Dieses Paradies war ein Sinnbild für die kindliche Unschuld Adams. Die Bäume trugen herrliche Früchte, die Tiere waren sanft und verträglich und gehorchten seinem Willen. Hier durfte er wohnen.

Doch bald bekam Adam Sehnsucht nach einem ihm ähnlichen Wesen, dem er seine Freude und Liebe mitteilen konnte. Da ließ ihn der göttliche Vater in einen tiefen Schlaf fallen und formte im Herzen des Adam, aus ihm*, eine Gestalt von großer Anmut und Schönheit, stellte diese körperlich außer ihn und nannte sie Eva (die Erlösung von der Selbstsucht)! Darauf erweckte Gottes Liebe den Adam zur Anschauung seiner Eigenliebe außer sich. Und Adam fand an ihr großes Wohlgefallen und wurde frohen Herzens. Eva aber neigte sich zu Adam und hatte auch große Freude an ihm.

Gottes Liebe lehrte sie alles Geschaffene benennen und gebrauchen und sprach: „Als letztes will ich euch lehren, euch fortzupflanzen und will die Kraft zur Zeugung in euch legen. Aber machet davon erst Gebrauch, wenn ich euch werde bekleidet finden mit dem Gewande des Gehorsams, der Demut, der Treue und der kindlichen Unschuld. Wehe aber, so ich euch nackt finden werde! Da werde Ich euch verstoßen und euer Tod wird die Folge sein!" (I/7+40) * Siehe Entsprechung in Band III/30.12

Wie Adam und Eva in Sünde fielen

Adam und Eva waren also über alles unterrichtet und hatten nur dieses eine Gebot Gottes zur Befolgung erhalten. Sie erfreuten sich der Schönheit der Natur und ersahen in allem die große Liebe ihres Vaters walten. Doch bald kam die Prüfung ihres Gehorsams.

Der göttliche Vater ließ sie eine kleine Weile allein, und sie gewahrten, daß sie völlig frei auch gegen Seinen Willen handeln konnten. Sinnbildlich gesprochen hatte ihnen der göttliche Vater verboten, von dem Baum in der Mitte des Gartens zu essen! Doch Eva gelüstete es stark, nach den verlokkenden Früchten zu greifen und sprach zu Adam: „So du willst, will ich eine verkosten und sie dir dann reichen, als eine erste Gabe aus meiner Hand!"

Doch da vernahm Adam in sich die Stimme des in ihn gesenkten Gottesgeistes, die sprach: „Ihr werdet sterben, so ihr von dieser Frucht essen werdet!" Adam erschrak darum so sehr, daß er keine Antwort für Eva fand und diese in ihrer Begierde eine Frucht pflückte.

Als Adam das sah, wurde er traurig und sprach: „Eva, was tust du! Wir sind ja dafür vom Herrn des Lebens noch nicht gesegnet! Du hältst die Frucht des Todes in deiner Hand. – Wirf sie schnell weg von dir!" Adams Ernst aber erschreckte die Eva, und sie ließ die Frucht zu Boden fallen.

Doch die so von der Eva verbannte Begierde lag nun auf der Erde und ward zu einer großen, bunt schillernden Schlange. Diese nahm die Frucht des Todes in ihren Rachen, kroch auf den Baum und umschlang denselben in allen Ästen und Zweigen von der Wurzel bis zum Scheitel. Und die Eva betrachtete mit großer Lust ihre verführerischen Windungen.

Die Schlange aber legte die Frucht in den Schoß der nun sitzenden Eva und redete zu ihr: „Eva, siehe deine verstoßene Tochter umwinden den Baum deiner Lust! Genieße die Frucht deiner Liebe! Du wirst nicht sterben, sondern du wirst in deiner Erkenntnis gleich Gott werden!"

Und die Schlange neigte ihren Kopf zu Evas Brust als wollte sie dieselbe küssen. Doch da teilte sich ihre Zunge und sie stieß diese gleich zweier Giftpfeile in die Brust Evas – und Eva erblickte ihre Gestalt in der Schlange.

Dem Adam gefiel aber überaus diese Eva. Er entbrannte in seiner Begierde und nahm die Frucht aus dem Schoße der Eva – und erkannte sich im Genusse als der Erste, der verlorenging im Reiche des Lichtes.

Und wie er sich so erkannte, und die verblendete Eva durch ihn, da weinten sie bittere Tränen der Reue. Jetzt merkten sie auch, daß sie nackt waren, und sie bedeckten ihre Blöße mit den Blättern des Feigenbaumes. Adam verbarg sich in eine Höhle und weinte Tränen großen Schmerzes. Eva versteckte sich hinter einem weiß blühenden Dornstrauch und trauerte bitterlich über ihre Schuld.

Und so fand sie die ewige Liebe Gottes, nackt, verlassen, weinend und trauernd in gerechter Reue und Scham, und rief beide aus ihrem Versteck hervor. Adam aber antwortete zitternd: „Hier bin ich! Ich fürchte mich, weil ich nackt bin und habe mich deshalb versteckt!“ Und Gott sprach: „Wer hat dir gesagt, daß du nackt bist? Hast du denn von den Früchten des Baumes gegessen, davon du nicht hättest essen sollen?“

Adam und Eva aber trauten sich nicht in das Angesicht ihres Gottes und Vaters zu schauen. Sie waren voll Angst und Schrecken und dachten an nichts anderes, als daß sie nun gleich sterben müßten. Da erbebte die ganze Erde, Berge stürzten ein, Feuer schlug aus tiefen Spalten der Erde und schaurige Stürme tobten dahin. Es erging ein Gericht Gottes in menschlich unfaßbarem Ausmaß über die Erde!

Doch die ewige Liebe schützte das zutiefst reuige erste Menschenpaar, und die ewige Erbarmung Gottes wehrte die große Zornflamme des Ernstes der Gottheit ab und fügte alle Trümmer wieder zusammen und gab dem begnadigten Menschenpaar die Erde als Wohnstätte wieder. Die Erde behielt jedoch die Spuren ihrer damaligen Zerstörung, gleich den Wundnarben der ewigen Liebe, die später als Versöhner für alle am Kreuze blutete. (I/8-9)

Die Vertreibung aus dem Paradies

Und Gott sandte einen Engel aus seinen Himmeln mit einem Flammenschwerte in der Hand, auf daß er Adam und Eva in Seinem Willen führe und ihnen die ganze Erde zeige und sie züchtige, so sie sündigten.

Adam und Eva aber erschraken darum und flohen vor dem Engel. Und die ausgestandene Furcht beschleunigte die Zeit der Ausreife der ungesegneten Leibesfrucht Evas, und sie gebar ihr erstes Kind. Da erschien der große Engel sanften Angesichtes vor ihnen, tröstete sie und sprach: „Die Frucht eurer Sünde aber sollt ihr ‚Kain‘, das bedeutet ‚Todbringer‘, nennen!“

Sodann hieß der Engel die Eva, das Kind an ihrer Brust zu nähren, und er schritt mit ihnen über weite Teile der Erde, um sie zu beschauen und zu bestellen für ihre einstigen Nachkommen. Er lehrte sie alle Schöpfung kennen und weise zu gebrauchen. Und dem Adam gehorchte die Erde und alles, was auf ihr war. Selbst die Gewässer gehorchten seinem Willen und trugen ihn ehrfurchtsvoll auf ihren Wogen. Und Adam war fröhlich, ob solch großer Gnade von Oben.

Als sie nun ihre Herzen wieder ganz dem himmlischen Vater zugewandt hatten und Ihm opferten, schenkte ihnen die ewige Liebe einen zweiten Sohn, den sie auf Weisung des Herrn durch den Mund des Engels „Ahbel“ nannten. Ahbel aber heißt „Sohn des Segens“, und er war vom Vater im

Himmel gesetzt zum großen Vorbild Seiner einstigen Menschwerdung. Darauf wurde der Engel ihnen unsichtbar, blieb aber dennoch, jedem ihrer Schritte folgend, immer gegenwärtig. So vergingen dreißig Jahre voll des göttlichen Segens und jährlich wurde dem Urmenschenpaar ein Kind zuteil.

Eines Ruhetages aber, statt im Herzen dankbar über die großen Gnadentaten der göttlichen Liebe nachzusinnen, wanderte Adam weit über die Erde, um die Schönheit der Landschaft zu betrachten. Die Natur gefiel ihm so gut, daß seine Gedanken sich ganz von Gott abwandten.

So kam er an den großen Strom Eheura, dessen Fluten ihm laut zurauschten: „Gedenke der Zeit Jehovas!" Doch Adam, in seinen Weltgedanken verloren, verstand diese Worte nicht und blieb, indem er längs dem Ufer ging, mit dem linken Fuß an einem schlängelnden Gewächs hängen und fiel gewaltig zu Boden.

Adam empfand einen großen Schmerz, so daß er dem ihm unbekannten Gewächs zürnte und grimmig fragte: „Wie ist dein Name, und zu was bist du nütze?" Und das schlängelnde Gewächs antwortete: „Presse meine Beeren und trinke deren Saft, und meine Tauglichkeit wird dir kund werden!"

Es war aber dies alles ein Werk der listigen Schlange. Blind und taub für alle Warnungen tat Adam, was das Gewächs ihm riet. Ja, er versuchte gleich einige Beeren und sie schmeckten ihm überaus süß. Da schmollte er über den Engel, daß Er ihm dieses gar so wohlschmeckende Gewächs nicht auch gezeigt habe und pflückte eine große Menge Beeren, um sie mit nach Hause zu nehmen.

Eva und Kain aber kamen Adam bei Sonnenuntergang entgegen und nahmen ihm einen Teil seiner Bürde ab. Sie preßten die Beeren nach Adams Weisung und tranken mit ihren Kindern viel des unbekannten Saftes. Da wurden sie aber alle von diesem Beerensaft berauscht und trieben Unzucht untereinander.

Nur der fromme Ahbel war nicht dabei. Er hatte einen Altar errichtet und dem lieben göttlichen Vater ein wohlgefälliges Opfer dargebracht. Das Feuer loderte noch, als dem Ahbel der Engel mit dem Flammenschwert in seiner Rechten erschien und ihm verkündete was geschehen war. Er sprach: „Ahbel, du sollst ein Retter jener werden, die Gottes Segen verschmähten am Tage des Herrn! Weil deine Eltern und Geschwister ihre kindliche Unschuld verloren haben, können sie nicht länger im Paradiese bleiben. Ohne dein Opfer wären sie jetzt alle zugrunde gegangen! Du sollst aber mit deinen Eltern und Geschwistern in ein fernes Land fliehen. Dort wo alle ermattet niedersinken werden, sollt ihr fortan wohnen!"

Ahbel schritt nun mit dem Engel. Als sie gegen Mitternacht die Schwelle der Wohnung Adams betraten, fing Ahbel an zu weinen über das große Unglück, das jetzt die Seinen treffen werde. Der Engel aber tröstete ihn mit sanften Worten.

Darauf sprach er mit donnernder Stimme zu den aus dem Betäubungsschlafe erwachenden Sündern: „Adam, stehe auf, gedenke deiner Schuld und fliehe!“

Erschrocken fuhren alle auf und sahen, was in der Verwirrung ihrer Sinne geschehen war. Nach seiner Bitte um Erbarmung wollte Adam sogleich fliehen, doch sank er wie gelähmt zu Boden nieder. Da kniete Ahbel nieder und bat Gott um Hilfe. Dann griff er mit kindlicher Liebe dem Adam unter die Arme, richtete die Mutter Eva auf, stärkte seine Geschwister und führte die schwachen Eltern voll großer Barmliebe. Und der Engel schwang das Schwert der Gerechtigkeit, und alle flohen nach dem Willen Gottes eilenden Schrittes fort und fort, Tage und Nächte ohne Rast und Ruhe, und der Engel mit dem Flammenschwert verfolgte sie sichtbar.

So kamen sie in das Land der Zuflucht, wo die Sonne heiß herniederbrannte. Kein Gras, kein Baum und kein Strauch war hier zu sehen, nur Disteln und Dornen wuchsen dort. Völlig erschöpft sanken sie alle weinend in den heißen Staub der Wüste und schliefen wie bewußtlos.

Nur Ahbel blieb in voller Frische und Kraft von oben. Er kniete nieder, dankte dem gütigen Vater im Himmel für die Führung und flehte um Gnade und Erbarmung für seine Eltern und Geschwister.

Da wehte ein kühlender Hauch über die starre Wüste. Lichte Wolken umhüllten den weiten Himmelsraum. Es fing an zu regnen. Mitten unter dem Regen fielen Samenkörnlein aller Art auf die Erde nieder, und im Augenblicke war die weite Wüste von tausenderlei Gras, Pflanzen, Gesträuchen und Bäumen grün geworden.

Neben dem frommen Ahbel aber wuchs ein Baum mit weiten Ästen hoch empor und war behangen mit süßen Früchten. Neue Lebenskräfte strömten in die Schlafenden. Da erwachten sie und waren ganz ergriffen über die große, wohltuende Veränderung der Wüste.

Mit heißen Reuetränen dankten sie für diese unverdiente Gnade, die ihnen abermals geschenkt worden war. Nur Kain konnte nicht weinen; er ärgerte sich darüber, stand auf und ging davon. Da bemerkte er eine Schlange auf dem Boden dahinkriechen. Er bückte sich nieder, ergriff dieselbe, zerriß sie in Stücke und verzehrte, von Wut und Grimm ergriffen, ihr Fleisch und machte es zu dem seinigen.

Da kam ihm der fromme Ahbel nach und unterrichtete ihn in der weisen Führung Gottes. Er öffnete seinem Bruder Kain die Augen, daß er sein großes Unrecht einsah. Er hatte in seiner Verblendung Gott und seine Eltern beschuldigt, darum er des Segens entbehren müsse, und erkannte nun die unerforschlichen Wege der göttlichen Liebe. Von großer Reue ergriffen, fiel er zur Erde nieder und bekannte seine Schuld. Ahbel aber stärkte ihn in der Kraft vom Herrn und sagte: „Die Geduld sei künftig deine Stärke und die Sanftmut deine Kraft, so wirst du Gnade vor dem Herrn finden!"

Aber wie mühsam und wie schwer wurde nun das Leben der Menschen, die durch die Schlange der Eigenliebe, der Eitelkeit und des Ungehorsams betrogen worden waren. Kein Tier gehorchte ihnen mehr. Alle Natur war für sie stumm geworden. Ihre tägliche Nahrung aber mußten sie im Schweiße ihres Angesichtes sammeln, anbauen und ernten. (I/10-15+40)

Kain und Ahbel

Wieder erbarmte sich die göttliche Liebe aller gefallenen Menschen. Ahbel wurde vom himmlischen Vater durch den Engel über alles, was zum Leben not tat, belehrt und wurde zum Priester und Lehrer seiner Geschwister und zum Tröster seiner Eltern bestellt.

Wie freuten sich Adam und Eva, daß ihr lieber Ahbel so viel Gnade gefunden hatte! Ahbel lehrte nun seine Schwestern aus geeigneten Gräsern Fäden zu bereiten, um sie zu flechten und Kleider daraus zu fertigen. Jedoch dem Adam, der Eva und dem Ahbel gab der heilige Vater selbst ein Kleid:

Dem Adam ein weißes, der Eva ein rotes und dem Ahbel ein blaues mit gelben Enden.

Kain bekam seine schönste Schwester Ahar zum Weibe und wurde ein Ackersmann. Er sollte zum Zeichen seiner Dankbarkeit die ersten zehn Garben von jeder Ernte dem Herrn des Himmels und der Erde zum Opfer bringen.

Dem Ahbel aber zeigte der Herr eine Herde sanfter Schafe und gab sie ihm zu weiden. Davon brachte er stets die Erstlinge dem Herrn zum Opfer dar. So lebten sie in guter Ordnung zehn Jahre lang, bis da ein Sabbath kam, da Kain und Ahbel Gott wieder ihr Dankopfer darbringen sollten.

Es war ein sehr heißer Sommertag und Kain ärgerte sich über die große Hitze und fluchte der Sonne. Gott hatte zwar für Zeiten der Not den Menschen ein Bächlein gelassen, daraus alle anderen tranken und sich wuschen und Gott für diese große Gnade im heißen Land dankten. Nur Kain war zu faul, zum Bächlein zu gehen, um sich zu erquicken.

Aus ärgerlicher Trägheit, aber auch, weil es ihm um die gute Frucht leid tat, legte Kain statt zehn voller zehn leere Garben auf den Altar und zündete sie an. Und der Rauch stieg nicht zum Himmel, sondern fiel zur Erde nieder! Darüber wurde Kain noch wütender. Geiz und Ungehorsam verschlossen sein Herz. Und Gott nahm sein Opfer nicht an!

Unferne vom ungesegneten Opferaltar Kains stieg aber der Opferrauch Ahbels eilends gerade zum Himmel empor. Davor kniete Ahbel in tiefer Ergriffenheit und bat den Herrn, seine Gabe als ein Zeichen seiner großen Liebe gnädig anzunehmen. (I/16-18)

Warnung und Versuchung

Als Kain sah, daß seines Bruders Opferrauch zum Himmel emporstieg, ergrimmte er noch mehr. Er verstellte sich aber und ließ seinem Gesichte nichts anmerken.

Da ertönte die Stimme Gottes zu dem böse brütenden Kain: „Warum bist du Mir ungehorsam und ungetreu geworden? Du hast Meiner Sonne geflucht, und hast aus Trägheit und Geiz leere Garben geopfert! Du führst gegen Ahbel Böses im Sinn. Kain, werde ein Herr über deinen bösen Willen!“

Da gewahrte Kain vor sich eine Schlange, die schnell seine Füße umwand und ihn belog, wie sie einst seine Mutter Eva belogen hatte. Die Schlange, die nichts anderes als das eigene Böse im Kain darstellte, sprach: „Erlöse mich armes Wesen! Ich werde dann die Schönste sein! Du aber wirst werden wie Gott! Ahbel allein ist schuld, daß Gott vorher so streng mit dir geredet hat. Ahbel will dich als den Erstgeborenen deines Rechtes berauben, um selber dann herrschen zu können.

Die größte Tücke Ahbels aber ist diese: Durch seine Heuchelei sucht er Gott so zu verblenden, daß dieser ihm alle Seine göttliche Macht übergibt. Dann wird er Gott stürzen und selber ein herrschender Gott sein. Rette daher Gott und dich! Ich gebe dir die nötige Kraft dazu! Locke den Ahbel hierher und töte ihn mit einem Steine!“ (I/19)

Der erste Brudermord

So überredet von seiner eigenen Bosheit ging Kain zum Ahbel und sagte mit süßlicher Stimme zu ihm: „Bruder, komme doch mit und befreie mich von der Schlange, die mich abermals zugrunde richten will!“

Ahbel aber, der in seinem Herzen von Gott diesen geheimen bösen Plan erfahren hatte, warnte den Kain vor der argen List und Lüge der Schlange und sprach: „Meinst du Blinder denn, daß auch ich ein Brudermörder bin? Denn was für ein Unterschied ist zwischen dir und der Schlange? Siehe, ich hätte wohl genügend innere Kraft, dich zu vernichten wie diesen Berg!“

Hier ließ Ahbel durch die in ihm wohnende Kraft des Geistes Gottes einen großen Berg völlig verschwinden und sprach dann weiter: „Damit du aber siehst, daß in Gott keine Schwäche und in mir keine Herrschsucht ist, folge ich dir willig wie ein Lamm zur Schlachtung! Du jedoch bleibst zwar äußerlich leben und bist doch innerlich tot durch deine Sünde!“ Als sie nun an die Stelle gelangten, wo die Schlange Kains wartete, wurde dessen Tücke offenbar und er zerschmetterte mit einem großen Stein den Kopf Ahbels.

Das Leben des gehorsamen, reinen und liebevollen Ahbel aber war bis zu seinem Opfertod eine Vorschau auf das Leben unseres lieben Heilandes Jesus. Die Hitze war eine besondere Prüfung der Ergebung in Gottes Führung. Die geduldigen Kinder Adams in ihrem reinen, demütigen Gemüte erfrischten sich mit dem klaren Lebenswasser des Wortes Gottes. Keine Anfechtung kann so hitzig sein, daß man verdursten und verschmachten könnte; stets wird die Erbarmung Gottes ein kleines Wässerlein im Demutsgrunde fließen lassen, und wer sich überwindet in der Trägheit der Eigenliebe, wird erquickt und gestärkt in der Zeit großer Prüfung.

Kain aber ärgerte sich und war zu faul, zum Bächlein zu gehen. Die üblen Folgen seiner Eigenliebe und seines Selbstmitleides waren Ärger, Trägheit, Ungehorsam, Geiz und Lüge. Als ihn Gott rügte, um ihm zu helfen, ergrimmte er noch obendrein. Die Schlange der Lüge stellte Kain alles so hin, als ob er ganz unschuldig wäre und das Böse im Bruder Ahbel läge.

In der Entsprechung stellt die Schlange die bösen Begierden und häßlichen Gedanken im Menschen dar, während Ahbel den göttlichen Geistesfunken in uns, der das Gute und das Wahre im Menschen ist, versinnbildlicht. Durch viele böse Gedanken, Begierden und Taten scheint er am Ende oftmals wie getötet. Weil er aber göttlicher Herkunft ist, ist er unsterblich, und mit Hilfe des himmlischen Vaters erhebt er sich wieder und leitet selbst die verkommenste Seele ihrer Erlösung zu. (I/19)

Der Fluch der bösen Tat

Dieser furchtbare Brudermord verfinsterte das Herz Kains. Daher zogen auch schwarze Wolken auf und heftigste Stürme tobten von allen Seiten. Und der erste Hagel von Eiskörnern auf die Erde zerstörte bis auf den Grund die fruchtbeladenen Felder.

Voll Angst floh Kain in seine Hütte. Aber wie erschrak er, als er dort sein Weib zitternd am Boden liegen sah und einige seiner meist ungesegneten Kinder neben ihr! Da erschauderte er und fluchte der Schlange, die ihn so furchtbar belogen und betrogen hatte und trachtete nun, sie zu töten. Eiligst verließ er darum die Hütte, um die Schlange zu suchen, fiel aber gewaltig über den blutigen Stein, den die fliehende Schlange vor seine Türe getragen hatte. Da fluchte er abermals der Schlange und dem todbringenden Steine.

Als er sich in seinen Schmerzen wieder erhob, ging er auf seiner Suche nach dem nahen Ufer des großen Stromes. Da sah er plötzlich, wie ihm eine riesengroße Schlange entgegenschwamm. Die hatte zehn Köpfe und auf jedem Kopf zehn Hörner.

Die Schlange aber redete zu ihm gleichzeitig aus allen Köpfen und verhöhnte ihn: „Nun, du starker Kain, Mörder deines Bruders, hast du Lust, es mit mir aufzunehmen? Einst, da ich im Grase noch schwach war, konntest du mich zerreißen und verzehren! Doch jetzt, da du mich mit dem Blute deines Bruders groß und stark gemacht hast, dürfte dir ein Gleiches nicht so leicht gelingen! Denn so du mit deinen Händen zwei meiner Köpfe ergreifen könntest, würde ich dich mit den übrigen acht zerstoßen und verzehren!“

Da erschrak Kain heftig und floh aus dem Angesichte der Schlange, denn nun erst gewahrte er, daß durch seine Untat das Böse in ihm gewachsen war wie diese Riesenschlange. Er sprach bei sich: „Wenn ich wüßte, daß die Schlange sterben müßte, wenn ich mich selbst tötete, sieben Male würde ich Ahbels Tod an mir rächen!“

Doch wie er so nachdachte, stand plötzlich die Schlange in der Gestalt eines überaus reizenden Weibes hinter ihm, das ihm schmeichelte und sprach: „Kain, tue das, und wir werden wieder vollkommen eins sein und alle Welt beherrschen.“

Doch gottlob! Kain erkannte gerade noch rechtzeitig die arge List der Schlange, die sich hinter dieser reizenden Gestalt versteckte, und rief aus: „Ja, das ist deine gefährlichste Lügengestalt! So werden dich die Menschen sogar mehr lieben als Gott! Sie werden dir Tempel und Altäre erbauen! Sie werden dich über sich herrschen lassen und dabei deinen Speichel lecken und deinen Kot essen! Hätte ich dich nicht mit deinen zehn Schlangenköpfen gesehen, so wäre auch ich dein Sklave geworden!“

Da ergrimmte die Schlange, weil sie sich erkannt sah und stellte es noch listiger an. Sie erstrahlte auf einmal wie die Sonne, nahm die Gestalt Ahbels an und sagte gar freundlich: „Kain, reiche mir deine noch vom Bruderblute befleckte Hand, auf daß sie gereinigt werde von ihrer großen Schuld und du wieder Gnade findest vor dem Herrn!“

Da wurde Kain in seiner Blindheit gefangen und wollte schon der Truggestalt seine Hand reichen, doch da griff Gottes Erbarmung ein – ein gewaltiger Blitz vom Himmel schlug zwischen sie – und der vorgebliche Ahbel lag als Schlange am Boden!

Der allmächtige Gott und Vater aber sprach aus einer Wolke zu dem vor Furcht am ganzen Leibe Zitternden: „Kain! Wo ist dein Bruder Ahbel?“

Aber Kain sah auf die Schlange und entgegnete ausweichend: „Bin ich denn ein Hüter meines Bruders?“ Aber die Stimme Jehovas sprach noch eindringlicher: „Das Blut deines Bruders, mit dem du die Erde getränkt hast, schreit zu Mir! Ich habe deine Untat gesehen!“

Da antwortete der bebende Kain: „Herr, meine Sünde ist so groß, daß sie mir nie mehr vergeben werden kann!“

„Ja“, sprach Gott, „ein Fluch liegt auf der Erde, die Ahbels Blut verschlang! Ihr Acker wird dir kein Brot mehr geben, du sollst flüchtig umherirren, und Dornen und Disteln sollen dich ernähren!“ (I/20)

Kain auf der Flucht

Da erschrak Kain und flehte mit bebender Stimme: „Herr, Du Allgerechter, sei mir gnädig der Meinen wegen, denn wer mich unstet und flüchtig findet, wird mich töten!“ Und Jehovas Stimme aus der Wolke sprach: „Kain, es soll dich niemand totschlagen, denn wer dich tötet, soll siebenmal getötet werden! Ich will dich mit einem schwarzen Flecke an der Stirn zeichnen, auf daß dich niemand mehr erkenne und sich an dir vergreife!“

Und Kain floh mit seiner großen Familie weit von hinnen. In einem fruchtbaren Tal wollte er zwar bleiben, aber als er zu den Hügeln aufblickte, sah er überall einen grimmigen Mann stehen. Dieser hielt einen Stein in der Hand, als wartete er darauf, sich an Kain für den Brudermord zu rächen.

So floh Kain mit den Seinen immer weiter und weiter und gelangte todmüde in ein großes Tal. Dort fielen alle erschöpft nieder und schliefen drei Tage und drei Nächte. Ein mächtiger Wind weckte die Schlafenden. Kain blickte ängstlich auf die hohen Bergspitzen; weil er aber keinen verfolgenden Mann mehr erblickte, beruhigte er sich und erweckte große Reue. Er rief zu Gott: „Herr! Du Gerechtester! Sei uns gnädig und barmherzig!“

Da kam eine Wolke über die hohen Berge herab und Ahbels Stimme sprach daraus: „Kain! Wer Böses tut, ist ein Sünder! Wer Böses mit Bösem vergilt, ist auch von der Sünde bezwungen. Vor Gott gilt nur Gutes für Böses tun! Daher fürchte dich nicht vor mir. Ich komme nicht, mich zu rächen, sondern darf dir zeigen, daß der Herr ein guter, vergebender Vater ist! Du darfst in diesem Lande bleiben, das Nhod (trockener Meeresgrund) heißt.“

Welche Gnade! Kaum gefallen und bestraft – schon wieder begnadigt und von Gott erhoben! Ja, der göttliche Vater sandte sogar Ahbel, damit Kain die vergebende Bruderliebe erkenne. (I/20)

Des Herrn Vertrag mit Kain

Kain verlor nun alle Furcht und sah ein, wie weit er sich vom rechten Wege verirrt hatte und darum kein Kind des göttlichen Vaters mehr sein konnte, und weinte heiße Tränen der Reue. Wohl sah Gott diese Wandlung in Kain, aber es mußte sich erst erweisen, ob er auch guten und festen Willens war, sich zu bessern und wieder gehorsam zu werden.

Dies geschah so: Da es Kain und seine mitgeflüchtete Familie schon sehr hungerte, sahen sie sich nach eßbaren Früchten um. Sie gewahrten einen großen Brombeerstrauch voll verlockender Früchte. Gierig wollten sie sogleich davon essen. Aber Kain besann sich und sprach: „O mein Weib und meine Kinder, zieht schnell eure Hände zurück! Der Herr muß zuerst die Früchte für uns segnen! Denn es könnte schon wieder eine Versuchung der bösen Schlange sein!"

Da zog plötzlich eine glühendrote Wolke von den Bergen ins Tal und ein heftiger Blitz schlug daraus mit einem ohrenbetäubenden Knall in den Brombeerstrauch. Und sehet, eine große Schlange kam zischend heraus und wollte den Kain verschlingen. Aber die Blitze Gottes vertrieben sie bis in den heißen Sand der weiten Wüste.

Und Gott sprach aus der Wolke zu dem reumütig dankenden Kain die sehr bedeutsamen Worte: „Höre Kain! Ich habe Meine Gerechtigkeit in Liebe verwandelt! Doch nur bei jenen wird die Liebe sein, die sie nicht nur in Not und Bedrängnis suchen werden!

Siehe, 2000 Jahre hindurch will Ich niemand richten wegen seiner Missetaten. Werdet ihr Böses tun, so werden eure bösen Taten ein Gefäß der Gerechtigkeit über allen Sternen füllen. Wenn dieses voll ist, wird es bersten und alle Übeltäter strafen!

Breitet euch aus im Lande der Tiefe. Auf die Berge aber, wo Meine Kinder wohnen, dürft ihr nicht! Die Wächtertiere, wie Bären, Löwen, Tiger und andere, würden euch zerreißen.

Nur wenn jemand die Feuerprobe Meiner Liebe besteht, darf er in das Innere der Berge dringen und dort Erz und Eisen sammeln, um daraus Werkzeuge zu fertigen. Nun esset vom segensfeuchten Strauch! Doch bedenket allezeit, von *wem* diese Gabe ist!"

Nun konnten alle Hungrigen die Früchte des Brombeerstrauches genießen, weil Gottes Macht sie von dem Gift der Schlange gereinigt hatte. Sie lobten und dankten Gott in ihren Herzen dafür, und große Wassertropfen fielen aus der Feuerwolke und befeuchteten ringsumher die Erde. (I/21)

Hanoch

Kain tat, wie ihm gesagt wurde und blieb mit seinen Kindern in diesem Lande, und sie mehrten sich. Und Ahar, seine Frau gebar ihm wieder einen Sohn, den nannte er Hanoch, das heißt „die Ehre Kains".

Darauf berief Kain alle seine Kinder zusammen, zeigte ihnen den neugeborenen Hanoch und sprach: „Dieser mein Sohn Hanoch soll euer künftiger Herr sein! Er wird euch Gesetze geben, damit Ordnung unter euch einkehre und euer Zank und Hader ein Ende finde! Er wird die Treuen loben und die Übertreter seiner Gebote züchtigen, damit wir ein großes Volk, gleich den Kindern Gottes werden! Erbauet eine große Stadt mit einer Burg, damit euer Herrscher dann über euch alle erhaben thronen kann! Bis dahin aber bin ich im Namen der Gerechtigkeit Gottes euer Gesetzgeber, und wehe dem, der mir zuwiderhandelt! Mein Fluch wird ihn treffen und in meinem Herzen wird kein Erbarmen sein!"

So wurde der erste Menschensohn Kain ein grausamer Beherrscher seiner Kinder und aller Nachkommen, da in ihm keine Liebe, sondern nur die unerbittlichste Gerechtigkeit zu Hause war! Unter großen Schrecken und in Furcht vor grausamen Strafen arbeiteten seine Nachkommen. Weil sie damals kaum Hilfsmittel und keine Baukenntnis hatten, dauerte diese überaus mühsame Arbeit 60 Jahre lang.

Als die große Stadt endlich erbaut war, führte Kain seinen Sohn Hanoch in die hohe Burg und übergab ihm alle Macht, Gewalt und väterlichen Rechte. Alle Bewohner Hanochs mußten nun dem Fürsten Hanoch gehorsam sein, weil es so sein Vater Kain unter Androhung schwerster Strafen forderte. Die Stadt aber nannte er zu Ehren seines Sohnes auch „Hanoch".

Und Hanoch sprach in gebieterischem Tone: „Höret, ihr meine Untertanen! Alles ist mein Eigentum! Daher werdet ihr zukünftig nur mir dienen! Und nur wer für mich arbeitet, soll zu essen bekommen! Wehe den Ungehorsamen und Übertretern meiner Gesetze, sie sollen mit Ruten bis zum Blute gezüchtigt und den wilden Tieren zum Fraße vorgeworfen werden!"

Wie erschrak da sogar sein Vater Kain und seine Mutter Ahar, als sie solch harte Rede hörten! Und die Kinder Kains verwünschten in ihrem Herzen ihren Vater, darum er ihnen ein so erbärmliches Los bereitet hatte.

Als am Abend alle hungerten, weil sie sich nicht zu essen getrauten, gingen sie traurig hin zum Hanoch und baten: „Herr! Wir haben den ganzen Tag gearbeitet. Nun gib uns zu essen, wie du versprochen hast!" Hanoch aber teilte die gesammelten Früchte nur spärlich aus.

Kain und Ahar aber brachten keine Früchte vor Hanoch, weil sie meinten, ihr Sohn werde seine schon alten und mühsamen Eltern von seinem harten Gesetze frei halten. Doch wie bitter enttäuscht wurden sie, als er ihnen nichts zu essen gab! Weinend verließen sie die hohe Wohnung Hanochs und fanden auch bei keinem ihrer vielen Kinder und Enkel ein mitleidiges Herz.

Da gingen sie hinaus auf die Felder und aßen von den übriggebliebenen Früchten und mußten im Freien übernachten, da für sie auch keine Wohnstätte errichtet worden war.

Am nächsten Tage erschien Kain wieder vor Hanoch und versuchte das Herz seines Sohnes Hanoch für sich und sein Weib zu wecken. Aber der zum Fürsten erhobene Hanoch entgegnete: „Daß du mein Vater bist, was geht's mich an? Fliehe denn vor meiner Gerechtigkeit! Das sei die einzige Gnade aus mir!"

Welch ein Fluch der zu großen Selbstliebe! Kain wollte eigentlich durch die Einsetzung Hanochs dem wachsenden Volk, das stets in Zank und Hader lebte, eine Ordnung geben. Aber weil er ohne Liebe handelte, so geschah alles ohne den Segen Gottes. Hier in der ersten Stadt auf Erden erlebte ein Elternpaar zum erstenmal, welche bittersten Früchte die Selbstliebe und die harte Gerechtigkeit in Kindern und Kindeskindern reifte! Anstatt des Segens der Eltern- und Kindesliebe der Fluch harter Gesetze! (I/22-23)

Kain wird Atheope

Wehklagend floh Kain mit seinem Weibe, zwei Söhnen und zwei Töchtern. Nach 40 Tagen mühsamer Wanderung kamen sie an das Ufer eines Meeres. Von allen Seiten ragten hohe Berge in die Höhe, die sie ja nicht betreten durften. Was sollten sie nun beginnen? Kain dachte: „Wenn mich Hanoch verfolgt, wohin sollen wir nun fliehen? Auch geht unser Eßvorrat zu Ende. Ich will doch einmal versuchen, beim Herrn Gehör zu finden!"

So flehte Kain nach 77 Jahren zum erstenmal wieder zum Herrn. Drei Tage und Nächte hindurch betete er, bis der göttliche Vater sein Flehen erhörte und in einer Feuerflamme den Ahbel zu den Hilferufenden sandte. Als aber Ahbel aus der Feuerflamme göttlicher Liebe ihn anredete: „Kain! Erkennst du mich? Ich, dein Bruder Ahbel bin es! Was willst du, daß dir geschehen soll?"

Da erwiderte der erschrockene Kain: „O Bruder, siehe, mein Sohn Hanoch hat mir alles genommen. So geschehe uns Willenlosen nach dem heiligen Willen des Herrn!"

Da tröstete ihn der Engel Ahbel: „Wer geflohen ist aus den Schlingen der Schlange in Hanoch und hat seinen Willen Gott übergeben, dem wird Gott einen neuen Willen geben. Wenn euch einst die Nachkommen Hanochs finden, werden sie euch nicht erkennen, da euch die Liebe des Herrn ganz schwarz brennen wird.

Du sollst aber fortan Atheope, der Willenlose nach dem Willen Gottes heißen. Flechtet einen geräumigen Korb aus Rohr und Schilf, sieben Mannslängen lang, drei breit und eine hoch und verpicht ihn mit Harz und Pech. Sammelt für 40 Tage Früchte, die es hier für euch gibt. Auf das Geheiß des Herrn wird dann eine Meeresflut kommen und den Korb in ein fernes Land inmitten des Ozeans tragen.

So ihr des Herrn nicht vergessen werdet, wird es euch verbleiben bis ans Ende der Welt. Es werden auch viele kleine Inseln sein, die nach und nach von euren Nachkommen bewohnt werden können, wenn eurer zu viele werden. Dort werdet ihr auch vor den darniederstürzenden Fluten sicher sein, die die Nachkommen Hanochs und sehr viele der ungetreuen Kinder Gottes töten werden. Und nun tritt näher, Kain!"

Da trat Kain willig mit den Seinen zum Flammenbruder Ahbel. Der umarmte sie, so daß ihre Haut schwarz wie Kohle und ihr Haar kraus wie ein Pelz wurde. Darauf sprach Ahbel: „Nun, mein Bruder Atheope, bist du frei von jeder Schuld, die daheim beim Hanoch geblieben ist. So lebe denn nach dem Willen des Herrn! Amen!“ (I/24)

Kain war sonach der erste schwarzhäutige Mensch der Erde, der fortan Atheope hieß. Atheopes Stamm lebt heute noch, und Gott wird Atheope bis zur vollkommenen Errichtung des Gottesreiches auf Erden noch als einen treuesten Zeugen und Torwächter im Geiste auf der Erde belassen, denn keiner kennt die Schlange so durch und durch wie er, dem sie am meisten zu schaffen gemacht hat. (I/25)

Hanochs gottlose Regierung

Doch wenden wir uns wieder zurück nach Hanoch, der großen, gottlosen Stadt. Hanoch war jetzt König, und alle Menschenbrüder und Menschenschwestern waren seine Untertanen, die er grausam unterdrückte. Macht und Pracht verblendeten ihn. Nach kaum 30 Jahren war es in der Tiefe wie in der Hölle! Es gab nur stolze Herren und verarmte Menschen, die gleich Tieren gehalten wurden. Hanoch wollte immer höher stehen und gar wie Gott sein! Seine bösen Begierden und sein grenzenloser Stolz verfinsterten seinen Verstand, daß er lau und blind in der Regierung wurde.

Zehn seiner Diener bemerkten dies. In ihrer Schlauheit schmeichelten sie ihrem dummen König und sprachen: „Du bist ein Gott des Volkes! Es ist ganz unter deiner Würde, wenn du diesen Würmern der Erde selbst Gesetze gibst. Aus unermeßlicher Hochachtung vor deiner erhabenen Heiligkeit wollen *wir* das gerne untertänigst für dich tun.“

So heuchelten sie ihm und erreichten, daß Hanoch sie zu Fürsten über das Volk erhob und ihnen die Gesetzgebung, die Bestrafung und sämtliche Regierung überließ. In maßloser Verblendung seiner großen Eitelkeit bemerkte der Betrogene diesen Fangstrick der Lüge gar nicht. Mit einer erschlichenen Einwilligung Hanochs wurde mit dem Bau weiterer zehn Städte begonnen. Eine jede sollte nach einem der zehn Fürsten benannt werden und in der Mitte eine gewaltig befestigte Burg bekommen.

Da diese Menschen ja damals noch kaum Werkzeuge kannten, mußten sie gleich Tieren unter den schlimmsten Mißhandlungen diese schwere Arbeit verrichten. Doch keiner der Versklavten wendete sich zu Gott um Hilfe aus Not und Verzweiflung. (I/26)

Die Beratung der zehn Fürsten

Das Volk Hanoch hatte sich auf unzüchtige Weise bereits auf viele hunderttausend Menschen vermehrt. Da traten die zehn Fürsten vor Hanoch und machten ihm Angst wegen eines möglichen Volksaufstandes, da er ja unmöglich diese großen Volksscharen alle überblicken könne.

Und Hanoch sprach: „So beziehe ein jeder von euch, meinen Getreuen, eine Stadt und herrsche und regiere in meinem Namen! Gehet hin und eifert darum, mir, eurem Gotte, reichlichst von euren Früchten zu bringen!"

Genau das wollten die Fürsten. Sie wollten den Volksgott Hanoch völlig in ihre Fänge ziehen, hernach aber wieder in höllischer List und Bosheit sich untereinander auflauern und aus Angst voreinander sich gegenseitig vernichten. Einer war verschmitzter und hinterhältiger als der andere bis auf einen namens Farak. Den benutzte Gottes große Liebe und Erbarmung.

Dieser Fürst, der besseren Geistes war, stand nämlich auf und sprach unerschrocken zu den anderen Fürsten: „Ihr Heuchler! Wie leidet unser Volk unter eurer furchtbaren Mißhandlung! Fürchtet aber den alten Gott, den ihr völlig vergessen habt! So ihr eure armen Brüder regieren wollt, so unterlasset alle Bosheit, leitet die Menschen im Angesicht Gottes und seid auch dem Hanoch wahre Brüder!"

Da erstarrten die neun Herrscher und sahen sich in ihren bösen Absichten durchschaut. Farak aber gewahrte wohl deren große Verlegenheit und fragte sie mit starker Stimme: „Ist euch der Mut vergangen, mit Lüge und Heuchelei eure bösen Pläne mit Schlangenzunge anzubringen? Sehet! Kain fehlte, weil er seinen Sohn Hanoch ohne Liebe, nur blind und streng behandelte und ihn sogar über sich selbst zu einem Richter setzte. Deshalb mußte er auch fliehen. Ihr aber seid sogar ohne Gerechtigkeit und vermeinet, den alten Gott mit sinnlosen Opferfeuern zu beschwatzen! Oh, da irrt ihr euch aber gewaltig! So ihr nicht eure Herzen reinigt mit dem Feuer der Liebe zu euren geschwächten Brüdern und Schwestern, wird euch eure grenzenlose Bosheit ein furchtbares Gericht bereiten!"

Und die Gnade Gottes wirkte gar kräftig mit. Sie ergriff die Fürsten alle, so daß sie begannen, das ganze Volk auf sanften Wegen der Achtung voreinander und in Hochachtung vor Gott zu Ihm zurückzuführen. Wie frohlockten die Hunderttausenden! Sie durften nun voll und ganz Brüder und Schwestern sein und gaben Gott, als ihrem Retter und Beglücker die Ehre.

Farak aber, der Weise aus Gott, bekehrte auch den ärmsten Bruder, König Hanoch, und dieser versuchte, alle Wunden des Volkes zu heilen und kam zur Selbsterkenntnis seiner großen Schwäche. (I/27-28)

Die Nachfolger Hanochs

Nachdem Farak den König Hanoch bekehrt hatte, ging die nun etwas bessere Regierung unter seinen Nachkommen 500 Jahre fort. Dann aber bemächtigte sich Lamech, ein Sohn Methusaels auf grausamste Art der Regierung, indem er seine Brüder Hail und Johred als die vorrangigen Thronfolger in einem Walde nächst dem Gebirge erschlug.

Lamech war ein roher, finsterer und ehrsüchtiger Mensch, der sich einbildete, er müsse Herrscher werden. Er verbündete sich mit einer bösen Menschenrotte, deren Anführer Tatahar, ein Bluthund, war. Dieser hatte ihn zum Brudermord bewogen und geholfen, sich des Thrones zu bemächtigen.

Und der göttliche Vater ließ diese furchtbare Untat zu. Die beiden Königskinder waren so stolz geworden, daß sie ganz und gar vergaßen, wie nichtig alle menschliche Größe vor Gott dem Herrn doch ist! Sie dachten nicht mehr daran, daß nur Demut ein festes Gefäß für die Weisheit ist.

Nach dieser großen Fluchtat ließ Lamech zum Entsetzen allen Volkes bekanntgeben, daß eine Hyäne den Thronerben Hail und seinen Bruder Jored zerrissen habe. 3000 Männer kamen darauf vor Lamech und begehrten, die Stätte des Greuels zu sehen, um an der Hyäne Rache zu nehmen. Sie fanden die noch mit Blut bedeckte Todesstätte im besagten Walde und beweinten die beiden Getöteten. Voll bitteren Ingrimms suchten sie, verteilt in Rotten, die verruchte Hyäne.

Allein es zeigte sich kein einziges Raubtier. So sagten sie: „Die Bestie hat sich auf die Berge geflüchtet! Wenn auch seit Kain es keiner gewagt, die Berge zu betreten, so soll uns kein Gott daran hindern, gerechte Rache an diesen gefräßigen Raubtieren zu nehmen!“ Und Lamech bestärkte sie dazu. – Er aber blieb mit seiner Rotte Tatahar zurück. (I/29-30)

Seth und Meduhed

Die 3000 Männer stiegen nun in schwindelerregende Gebirgshöhen. Drei Tage lang suchten sie die Hyäne, doch kein einziges Raubtier zeigte sich ihnen. Darüber arg verdrossen hieben sie mit ihren Keulen an eine über 20 Meter hohe Felswand, die ihnen den Weg versperrte. Den Wäldern, Felsen und Bäumen, ja selbst der Sonne fluchten sie, daß sie zu solch einer Greueltat geleuchtet habe.

Der Größte und Stärkste von ihnen aber besann sich und sagte sehr passend zu der sinnlos wutentbrannten Menge: „Welch ein Unsinn, eure Keulen an dieser harten, unbesiegbaren Wand zu zersplittern! Wenn uns aber Hyänen, Tiger, Löwen, Bären und große Schlangen am Heimweg auflauern, womit würdet ihr euch verteidigen? Wir Toren wollen gegen das strenge Gebot Kains und Faraks die Berge erklimmen!

Laßt uns umkehren, so lange es noch Tag ist. Wer weiß, ob nicht dort oben höhere Wesen wohnen, wie es im Volksmund heißt."

Als die zur Besinnung Gebrachten eben umkehren wollten, sah der Redner, der Meduhed hieß, einen großen Mann auf einem Felsvorsprung stehen.

Das war Seth, ein Sohn Adams. Und Seth sprach mit fester Stimme: „Ihr rauhen, gottlosen Kinder Kains, des Brudermörders! Saget, was sucht ihr hier an dem für euch streng verbotenen Orte? Was hat euch hierher, zu eurem Untergange geführt?"

Da fiel Meduhed auf die Knie nieder und schrie um Gnade und Erbarmung. Seth aber, erfüllt mit der Liebe Gottes, ließ sich bald von Meduheds Klagestimme erweichen und rief in die Tiefe: „Meduhed! Du allein darfst zu mir emporschauen, weil du deine Brüder zur Besinnung gebracht hast und sie von roher, mutwilliger Bosheit vor den Augen Gottes abgehalten hast. Höre, die gefräßige Hyäne, die ihr sucht, heißt ‚Lamech' und ist in der Tiefe geblieben!

Vergreife sich aber keiner an Lamech! Er würde nur der Zeit Gottes vorgreifen und das Band der göttlichen Liebe zerstören. Dadurch würde er den unermeßlichen Gürtel der schärfsten Gerichte der Gottheit lösen und die ganze Welt würde im Feuer zerstört werden! Ziehet in Frieden heim, seht nicht auf Lamech, sondern auf euch und Gott. Er will euch erretten! Amen."

Da wurde Seth ganz zu Licht. Die 3000 Männer aber erschraken heftig und flohen über Stock und Stein, bis sie um Mitternacht ihre Wohnungen erreichten. (I/30)

Die Auswanderung unter Meduhed

Gottes Erbarmung aber bewegte den Meduhed im Herzen, so daß er, ehe sie sich trennten, zu seinen Brüdern sprach: „Ihr saht und hörtet den großen Mann Gottes, umstrahlt von einem wunderbaren Lichte. Große Furcht trieb uns zurück. Wir wissen nun, wo die grausame Hyäne ist und haben des Lichtmenschen ernste und doch sanfte Warnung mit 77maliger Rachevergeltung gehört.

Urteilet selbst, was da zu machen ist? Lassen wir Lamech leben, so wird er an uns bald genauso wie an seinen Brüdern handeln. Darum fort aus diesem Greuelland! Fort mit Weibern und Kindern gen Morgen hin! Lasset uns den Worten des Gebirgsweisen vertrauen: Gott wird unser Retter sein! Eilet! Holet die Eurigen und in zwei Stunden treffen wir hier, mit allem wohlversehen, wieder ein!"

Amen, sprach die ganze Schar, und zur vereinbarten Zeit waren alle reisefertig. Als nun Meduhed alle Väter vollzählig fand, dankte er Gott und floh an der Spitze von 10.000 männlichen und 20.000 weiblichen Menschen auf ebenso vielen Kamelen und großen Eseln dem Morgen zu.

Als die Sonne aufging, umfing sie schon durch Gottes schirmende Gnade ein dreißig Wegstunden entferntes Mittelgebirge. Im wonnigen Empfinden der Geborgenheit rasteten nun die Gottgeführten und dankten Ihm für die wunderbare Errettung.

Meduhed aber, angeregt im Geiste, ging mit zehn Männern abseits, fiel auf die Erde nieder und weinte heiße Reuetränen. Denn jetzt erkannte er im Lichte seiner Liebe viel Böses in seinem Herzen. Da sah Gott, daß es ihm ernst war, und sprach zu ihm im Herzen:

„Meduhed! Stehe auf im Angesicht Meiner großen Barmherzigkeit! Ihr seid gerettet! Zieht nun 70 Tage diesen kleinen Fluß entlang. Dann rastet weitere 70 Tage an dem großen, unübersehbaren Gewässer. Dort komme wieder im Herzen zu Mir, daß Ich dir den Weg über die Gewässer in ein fernes, großes Land zeige. Ihr werdet dort sicher vor den Nachstellungen des grausamen Lamech, des Brudermörders, leben! Nähret euch von den Früchten, die ihr unterwegs reichlich finden werdet. Gedenket so wie heute alle eures erhabenen, großen Gottes und vergeßt nicht, daß Ich ein Volk auf Erden habe, dem Ich ein heiliger, liebevollster Vater bin! Werdet auch ihr solch ein Volk durch eure Liebe zu Mir!“

Da verkündete Meduhed diese in sich wahrgenommenen Worte Gottes zu der großen Schar und war ergriffen durch und durch, und alle mit ihm. Und sie hielten sich genau an alles, was ihnen gesagt war. (I/31)

Die Meduhediten am Ufer des Stillen Ozeans

Nach siebzigtägiger Reise kamen die Flüchtenden an das ihnen vorbestimmte Ufer des Stillen Ozeans. Sie sahen nun, daß Gott ein guter Wegweiser ist. Meduhed fiel vor dem Völklein auf sein Angesicht zur Erde nieder und dankte Gott aus vollem Herzensgrunde. Seinem guten Beispiel folgten alle, und der Herr Himmels und der Erde hatte ein Wohlgefallen daran. Als Meduhed aufblickte und die noch voll tiefer Dankbarkeit am Boden Liegenden überblickte, fing er an zu weinen, denn so sehr ergriff ihn Gottes große erbarmende Liebe, die so vielen das Leben gerettet und die goldene Freiheit wiedergegeben hatte.

Er bestieg darauf einen kleinen Hügel und verkündete, was Gottes Geist ihm ins Herz legte. Meduhed war aber ein gerechter Prediger, denn er sprach kein Wort zu viel und keines zu wenig.

Seine Worte aber lauteten: „Höret! Gott, der Allerhöchste, hat uns wunderbar befreit aus den mörderischen Händen Lamechs und ans Ende der Welt geführt. Ihr seht hier den Anfang der großen Gewässer. Nur 70 Tage dürfen wir in diesem schönen Lande weilen, denn Lamech wird uns Tatahar mit einer großen Schar grausamer Verfolger nachjagen lassen. Daher hat mir der Herr einen Ort gezeigt, wo wir Werkzeuge finden werden, wie er sie schon Seinen großen Höhenkindern gegeben hat. Damit sollen wir geeignete Bäume fällen, sie entrinden und auf vier Seiten behauen.

10.000 Stämme zu zehn Mannslängen und einen Mannstritt breit sollen es sein. Je 30 Stämme sollen mittels der Nägel, die wir in großer Menge antreffen werden, fest aneinander geheftet werden. Ist dieser Boden fertig, sollen wir an den Seiten drei Stämme der Länge nach übereinander befestigen, nach der Breite je zwei übereinander. Das Innere soll mit Harz und Pech von den Bäumen, welches die Weiber und Kinder sammeln können, wohl verpicht werden!

Diese neuen Gebäude sollen wir längs den Ufern errichten und am letzten Tag einen großen, grün belaubten Ast in jeder Ecke befestigen, zum Zeichen des errungenen Sieges durch die große Gnade von oben. So lasset uns nun als Brüder ans Werk gehen, da wir nun keinen Fürsten mehr haben, dem wir tributpflichtig wären, außer unserem großen Gott, der unser wahrer einziger Herr ist und bleiben wird in allen künftigen Zeiten. Ihm allein sind wir kindlichen Gehorsam und Liebe schuldig. Den Ungehorsamen aber wird kein Bruder züchtigen, sondern Gott wird ihm Seine Gnade entziehen. Nun sammelt euch, erquicket euch mit Speise und gehet dann ans Werk! Amen."

In 14 Tagen standen 250 Kästen fertig an den Ufern. Der recht fromm und liebevoll gewordene Meduhed durfte seinem Volke noch über 50 Tage eine bessere Erkenntnis Gottes vermitteln. Gott bestimmte auch einen Ruhetag, an dem sie sich ganz Ihm zuwandten und lehrte sie, Seine Worte in Zeichen aufzubewahren. Diese Zeichen aber waren entsprechende Kleinbilder, hinter deren naturmäßiger Hülle sich ein geistiger Sinn verbarg. (I/32)

Die Abfahrt der Meduhediten

Als die Zeit erfüllt war, bewegte Gott den Meduhed, zum versammelten Volke zu reden: „Nach dem Willen des Herrn tragt nun alle Werkzeuge in die Kästen und nehmt für 30 Tage Früchte mit. Die Kamele und die Esel aber lassen wir zurück! – Wollen wir doch das Tierische unseren Verfolgern zurücklassen!"

Als alles wohl geordnet war, kam die große Schar wieder zusammen und dankte dem Herrn. Meduhed aber sprach im Auftrag Gottes weiter: „Höret, so will es der Herr, unser allmächtiger Gott, daß je 120 von euch in einen Kasten steigen, 40 männliche und 80 weibliche Personen. Die Kinder sollen auf den Häuten über den Werkzeugen sitzen oder liegen. Die Weiber sollen auf Zweigen, Decken und Mänteln sitzen. Ihr Männer aber sollet um die

Weiber stehen und eure Gesichter nach dem Zuge der Kästen vorausrichten und sollet euch nicht niederlegen noch schlafen, denn der Herr wird eure Glieder stark erhalten für die Zeit, die wir über dem großen Gewässer zubringen werden.

Weiber und Kinder aber sollen sich die Früchte nicht selbst nehmen, sondern stets demütig von den Männern und Vätern erbitten, damit wir ein Volk der Ordnung Gottes werden, würdig Seiner unendlichen Liebe und Gnade.

Sobald der Herr uns das Zeichen eines starken Blitzes geben wird, soll der Älteste in jedem Kasten mit einem scharfen Messer den Strick durchschneiden. Alsdann wird ein Wind die Kästen hinaustreiben, und zwar schon im Angesicht der mörderischen Rotten Tatahars. Sie werden noch mit Steinen nach uns werfen, die uns aber nicht mehr erreichen werden. Die Hand Gottes wird uns aber in ein großes, fernes Land leiten, das 30 Tage und 30 Nächte vom Festland entfernt ist und sich in dem großen Gewässer befindet und Ihypon (sicherer Garten) heißt.

Dieses Land soll uns verbleiben, solange die Welt bestehen wird. Daran aber werden wir es erkennen, daß wir schon von weiten einen hohen brennenden Berg in vollen Flammen der Liebe Gottes erblicken werden. Hohe Berge und stürmische Meeresbrandungen schützen das Land vor Eindringlingen. Es gibt dort keine Raubtiere, doch brauchbare, zahme Tiere, welche uns ihre warme Milch als gesunde Kost geben werden.

Und höret, also spricht der Herr: Auf der ganzen Welt gibt es derzeit kein Land, das dieses an Fruchtbarkeit übertrifft! Beachtet wohl den Willen Gottes und betrachtet nichts als euer Eigentum. Alles gehört Ihm, unserem Herrn! Liebet euch untereinander und keiner werde ein Richter des andern. Der Schwächere gehe zum Stärkeren, daß dieser ihm helfe. Der Weiseste aber diene allen als Ratgeber. So danket alle Gott mit mir im Herzen! Sein heiliger Wille geschehe an uns! Amen.“

Und es kam genau so, wie es Meduhed geweissagt hatte. Mit einem großen Sturm jagten Lamechs Rotten heran. Doch ebenso schnell trieb Gott die Rettungskästen mit Seinem Völklein vom Ufer zu dem großen Lande inmitten des Ozeans.

Die Lamechiten aber ließ der Herr durch stets wachsende Meeresfluten bis zu den Bergen treiben, wo sie zu Tausenden von den Hyänen, Tigern, Löwen, Bären und Wölfen zerrissen wurden. Aus Lamechs Schar, die aus 7.000 männlichen und 7.000 weiblichen Verfolgern bestand, kamen nur sieben Jünglinge und sieben Jungfrauen nach Hanoch zurück und brachten die von den Meduhediten hinterlassenen Tiere zurück.

Ihr Erleben aber schilderten sie dem Lamech so: „Als wir nach schnellem Ritt die Flüchtenden schon fast erreicht hatten, fuhr plötzlich aus dem wolkenlosen Himmel ein blendender Blitz zwischen uns und sie. Ohnmächtig mußten wir zusehen, wie die Verfolgten in seltsamen Kästen mit Windeseile weit auf ein unermeßlich großes Gewässer hinausgetragen wurden. Am Ufer aber stieg die Flut immer höher und höher und trieb uns in das unwirtliche Gebirge hinauf. Dort fielen riesige Scharen reißender Tiere über uns her. Außer uns wenigen zerrissen sie alle von unserer Schar und fraßen sie auf. Wir wenigen allein wurden gerettet, weil wir uns unter die große Menge der zurückgelassenen Kamele und Esel geflüchtet haben.

Hoher Lamech, bedenke es wohl, was da geschehen ist! Es kommt uns vor, als ob über den Sternen noch ein großer König wohne. Mit dem sollten die Menschen nie einen Kampf wagen. Lieber sollten sie ihn anbeten und hoch verehren; denn seine Macht kann sogar den Elementen und allen reißenden Tieren gebieten. All das haben wir wirklich mit unseren eigenen Augen gesehen. Auch haben wir eine mächtige Stimme gehört. Die gebot den Tieren laut wie ein Donner und bewegte die Elemente wie ein brausender Sturm herab aus der Höhe der Sterne."

Da ergrimmte der ohnmächtige Lamech. – Wir aber, wollen uns zu den Meduhediten auf das Meer begeben und ihre Ankunft miterleben. (I/33)

Die Meduhediten in Ihypon

Nach 30 Tagen und Nächten gelangten diese zweiten Seefahrer der Erde zur Großlandinsel Ihypon, dem heutigen Nippon oder Japan. Ein dienstbarer Wind trieb ihre Schiffskästen einen breiten, ruhig fließenden Strom hinauf bis in das Innere des herrlichen, fruchtbaren Landes.

Dort stieg Meduhed auf Geheiß des Herrn von Kasten zu Kasten und mahnte alle: „Betrete noch keiner das Land. Zu allererst wollen wir dem himmlischen Vater innig danken und Ihn bitten, das Land durch ein sichtbares Zeichen für uns zu segnen. Dann will erst ich, Meduhed, ans Land steigen. Dann sollen zuerst die Kinder und nachher die Männer mit den Frauen folgen. Dort am Ufer wollen wir wieder vor Gott auf unser Angesicht niederfallen und Seine Heiligkeit, Güte und unendliche Liebe anbeten!"

Als sie so bei drei Stunden dem Herrn in ihrem Herzen gedankt hatten, sahen sie eine lichte Wolke das ganze Land umhüllen, daraus große Regentropfen in aller Fülle fielen. Dann teilte sich diese Segenswolke und es erschien darunter ein leuchtender Regenbogen. Von Morgen her aber wehte ein gar sanfter Wind, der ihnen durch den Mund Meduheds laut verkündete, daß Gott nun für sie das Land gesegnet habe. Da erst verließen sie in der genannten Ordnung ihre Kästen und betraten das schöne Frühlingsland, den sicheren Garten Gottes bei den Menschen.

Meduhed aber sprach im Auftrag des Herrn zum Volke: „Brüder, Schwestern und auch ihr schon wortverständigen Kinder! Merket es euch alle wohl, was ich euch nun durch die große Gnade Gottes kundgeben darf!

Den heiligen Willen Gottes zu vollbringen, sei der Grund unseres Denkens und Handelns. Alles was von Ihm kommt, und scheint es auch noch so klein, ist von unendlichem Wert! Wir sollen uns lieben, und zwar jeder seinen Nächsten als Bruder und Schwester, siebenmal mehr als sich selbst.

Wem der Herr je, wie mir, Seine Gnade schenken wird, der denke sich als den Allergeringsten und diene allen und gehe mit gutem Beispiel voran. Nur Kinder schulden wegen ihrer ursprünglichen Schwäche und notwendigen Erziehung ihren Eltern vollen Gehorsam. Wenn sie zur Erkenntnis des göttlichen Willens in sich kommen, trete anstelle des Gehorsams kindliche Liebe und Achtung. Nie komme eine Unwahrheit über ihre Lippen, denn die Lüge ist ein Fundament der Hölle.

Das Land gehöre allen gleich. Der Starke sammle gerne für die Schwachen die Früchte des Bodens. Bleibet mäßig, so werdet ihr gesund bleiben. Sammelt den Überfluß des Segens, den der Herr allezeit reichlich gibt, in hölzerne Vorratshäuser. An den Bergen werdet ihr schöne, sehr harte glatte Steine finden. Darauf sollt ihr die Körner eines Grases zermalmen. An den Ufern des Flusses werdet ihr Gefäße finden. In diesen sollet ihr aus dem Mehle und Wasser einen Teig kneten. Bereitet euch sodann eine Backstätte, darauf ihr euch ein gesundes Brot backen könnt.

Sammelt die weicheren Steinplatten zu Füßen der feuerfreien Berge und zeichnet darauf den euch jetzt geoffenbarten Willen Gottes, nach der euch bekannten Art, damit er auch euren späten Nachkommen erhalten bleibe!“

Und weiter sprach der Herr durch Meduhed: „Solange ihr in der gebotenen Ordnung bleiben werdet, wird sich euch kein fremdes Volk nähern können, euren Frieden zu stören. Solltet ihr aber Meiner vergessen, werde Ich ein anderes Volk hierher führen, das wird euch unterjochen und zu Sklaven machen. Da wird dann ein Kaiser sein, der euch gleich Eseln vor den Pflug spannen wird. Ihr werdet hungern, denn er wird euch enteignen. Ihr werdet für ihn wie zu Hanoch Städte bauen müssen und ihn und seine Diener gut füttern, damit er kräftig werde, euch zu schlagen und zu töten.“

„Ferne sei euch darum der Eigennutz,“ ermahnte sie daher nochmals Meduhed. „Ich werde nach dem Willen des Herrn noch sehr alt werden und ein später Zeuge aller eurer guten und schlechten Taten sein.

Ihr aber, meine zehn Begleiter, die ihr auch schon weise geworden seid, führet das Volk und verteilt es im Lande. Der Herr wird euch alles ins Herz legen, was ihr dem Volke zu seiner Wohlfahrt lehren sollt. Kommet, so oft der Mond voll geworden ist, des Rates und der Lehre wegen zu mir, der ich hier in der Nähe des Flusses unserer Ankunft mit meiner Familie verbleiben werde! Amen.“

Als Meduhed seine Rede vollendet hatte, verneigte sich alles Volk, fiel noch einmal zur Erde nieder und dankte Gott drei Tage lang für solch heilsame Lehre. Dann erhoben sich die wunderbar Geretteten, nahmen die mitgebrachten Werkzeuge und stellten eine Brücke über den Fluß her, indem sie die Kästen miteinander verbanden. Unter der Segnung Meduheds gingen sie hernach in alle Richtungen des Landes und lobten und priesen Gott.

So blieben sie dem Herrn treu und lebten als glückliches Volk bei 1900 Jahre bis in die Zeit Abrahams, und der Herr verschonte sie vor der großen Sündflut und machte sie zum reichsten und gebildetsten Volk der Erde. (I/34)

Verfall und Versklavung der Nachkommen

Wir haben nun miterlebt, wie unser göttlicher Vater aus Sünde und dadurch entstandener großer Lebensnot rettete und segnete. Obgleich Meduhed Gottes Wort auf steinernen Platten niederschreiben ließ, begannen die späten Nachkommen bald, Gott immer mehr zu vergessen. Wenn auch die alten Schrifttafeln bewahrt und als Heiligtümer verehrt wurden, so wurde den Menschen die Einhaltung der Gebote Gottes doch zu unbequem. Die Weisen zogen sich zurück und alles Volk verfiel in Sünde und Abgötterei.

Nachdem Gott 600 Jahre diesem Treiben zugesehen hatte und er keinerlei Umkehr und Reue fand, bahnte er einem Volk aus der Mongolei einen festen Weg nach Ihypon und ließ dessen Bewohner, wie er es durch Meduhed vorausgesagt hatte, von den Mongolen unterjochen. Das ist die Urgeschichte Japans. Doch wenden wir uns wieder dem Lande der Hanochiter zu. (I/34)

Die Flucht der 14 Hanochiten

Nur sieben Jünglinge und sieben Jungfrauen bewahrte Gottes Vatergüte aus Tatahars Rotte. Warum nicht mehr? Waren nur 14 Menschen noch besserungsfähig? Die 14 Bewahrten meinten freilich, sie wären von den Wildtieren unter der Menge der Esel und Kamele nicht entdeckt worden. Sie wußten also nicht, daß Gottes Gnade sie verschont hatte.

Als diese nun dem wütenden Lamech den schrecklichen Untergang der Rotten Tatahars berichtet hatten, ergrimmte Lamech in seiner bösen Seele, und die alte Schlange der Eigenliebe, die schon seinen Stammvater Kain so furchtbar belog und betrog, verfinsterte gänzlich sein Herz. Lamech schrie zu den sieben schuldlosen Jünglingen: „Höret! Ich verlange von dem Sternenkönig einen tausendfachen Schadenersatz! Gehet in jene Berge zurück und gebietet ihm das in meinem Namen. Wehe, wenn Er sich weigert; dann sei Er von mir aus verflucht und soll durch meine Macht, wie mein Volk durch Seine Tiere, zerrissen werden! Denn Er ist nur ein schwaches Lamm gegen mich, den König der Löwen! In die Wälder aber werfet Brände, damit Seine Bestien allenthalben gebraten werden."

Da entfernten sich die sieben Jünglinge und berieten sich untereinander. Sie durchschauten Lamechs Großprahlerei und Nichtigkeit. Deshalb beschlossen sie einmütig, ihr Leben in die Hände des mächtigen Gottes zu legen, dessen unbegreifliche Kraft und Macht sie erlebt hatten.

Wie sie es weise beschlossen, führten sie auch ihre gottwohlgefällige Entscheidung aus. Sie nahmen die sieben Jungweiber, bepackten ihre Kamele und Esel mit Früchten und wanderten in Gottes verborgenem Schutz bis zum Ufer des großen Meeres. Einer aber, der den Sprecher machte, sagte: „Wohin nun? Lasset uns den großen König bitten, daß Er uns weiterführe!" Und er rief zur Höhe: „O großer, unsichtbarer König! Allmächtiger, für den wir noch keinen Namen haben, wir danken Dir für die Rettung aus den Zähnen der Hyänen und aus den Klauen Lamechs! Ach, führe uns weiter! Wir wissen, daß Du ein gar mächtiger Herr bist, und kennen die volle Nichtigkeit Lamechs. Erhöre unsere gemeinsame Bitte und verkünde uns Deinen Willen, oder vernichte uns! Denn es ist besser, von Dir vernichtet zu werden, als dem Lamech zu dienen!"

Da wehte ein kräftiger Wind von den Bergen her und im Sturme sprang eine sehr große Hyäne ganz grimmig vor unsere kleine Gesellschaft. Die Hyäne musterte die sehr Geängsteten hin und her, als wollte sie sich den besten Bissen aussuchen. Als nun alle ins nahe Wasser fliehen wollten, ermannte sich der Sprecher und rief laut: „Bleibet hier! Fürchtet nicht diese Hyäne! Hat uns der Allmächtige unter Tausenden der reißendsten Bestien bewahrt, als wir noch gegen Ihn waren, wie sollte Er uns nun vernichten, da wir für Ihn sein wollen? Glaubet und vertrauet wie ich! Meinen Kopf will ich nun in den weit aufgesperrten, gräßlichen Rachen dieser Hyäne legen. Tut sie mir etwas zuleide, dann erst flüchtet. Werdet ihr aber sehen, wie ich wohlbehalten meinen Kopf aus ihrem Rachen nehme, fallet nieder zur Erde und danket dem großen König, denn dann ist Er uns nahe!"

Sogleich ging er zu der wutschäumenden Hyäne, legte seinen Kopf in ihren Rachen, und nahm ihn wieder heraus, ohne daß ihm auch nur ein Härchen gekrümmt wurde! Da erstaunten alle, fielen zur Erde und dankten dem noch unbekannten Gott aus der Tiefe ihrer Herzen.

Aber wie erstaunten sie erst, als nach ihren Dank- und Lobpreisungen die Hyäne eine wohlverständliche Rede begann: „Ihr späten Nachkommen Kains und Hanochs, steht auf und seht mich an! Ich bin nur ein Wächtertier der Berge, zu bewahren die Kinder Gottes, den ihr in eurer Blindheit einen großen König nennt. Ich bin stets Gott gehorsam. Mich Tier erwartet der Tod, während euch Menschen ein ewiges Leben gegeben ist. Euch Menschen muß nun ein Wildtier belehren, weil eure gänzliche Gottvergessenheit euch in tiefe Finsternis stürzte. Dem Willen Gottes gemäß sollt ihr nun über eure Bestimmung belehrt werden.

Hört! Kein Tier ist so wild, daß es, selbst in großer Hungersnot, seinesgleichen auffressen würde. Nur ihr, die ihr ewig leben sollt, tötet eure Brüder aus höllischer Herrschsucht. O schämt euch! Ihr solltet Herren der Erde sein und zittert vor einem unglücklichen Tier, das ursprünglich nur zu eurem Dienst von Gott aus bestimmt war. Ihr Menschen teilt die Erde ab und gebt euren Günstlingen davon. Die anderen aber müssen euch schmählichst wie Lasttiere dienen!

Der große Gott will aber nun, daß ihr 70 Tage lang zu uns Wildtieren in die Schule gehen sollt. Geht daher mit uns in die Wälder. Erst wenn ihr im Vergleich mit uns wilden Tieren eure tiefe Gefallenheit erkennt, wird euch der Herr aller Geschöpfe durch uns eine friedsame Bleibe anzeigen lassen!" (I/33)

Eine Bußpredigt der Tiere

Willig folgten da die 14 Hanochiten der Hyäne in eine finstere Gebirgshöhle und mußten dort lernen und erkennen, wie weit sie sich von Gottes Ordnung entfernt hatten. Wurzeln, Beeren und Gräser aber waren ihre einfache Nahrung.

Als die vorbestimmte Zeit abgelaufen war, hatte unsere kleine Schar in der Tierhöhle Augen und Ohren und alle Sinne zur Erlernung eines gehorsamen Lebens bestens verwendet. Und noch einmal sprach die Erbarmung Gottes durch den Rachen der Hyäne eindringlich zu den Schülern der Tiere.

Doch dann sprang plötzlich ein mächtig großer Tiger vor die vierzehn jungen Hanochiten. Furchtbar ernst blickte er alle an und sperrte seinen tödlichen Rachen weit auf. Dann wandte er sich zu ihrem Anführer und begann zu reden: „Sihin! Das sei dein Name! Er soll dir sagen, daß du ein Sohn des Erdenhimmels bist, der ein Himmel der Tiere ist. Ihr alle habt gesehen, was nicht ferne von hier dem Heere Tatahars widerfahren ist. Meint ihr, daß euch die Esel und Kamele geschützt haben vor unserem gerechten Grimme? Nein, allein Gott hat uns geboten, euer zu schonen! Sehet das Gras, die Berge, das Wasser; alles lobt, ehrt und preist Gott! Lernt von der Natur, wenn euer Herz stumm geworden ist gegen die so laute Stimme Gottes!"

Hernach sprang ein riesiger Löwe aus dem Gebüsch. Weit sperrte auch er seinen Rachen auf und begann ebenfalls zu reden: „Hört, ihr Tauben und seht, ihr Blinden, die ihr euch Herren der Erde dünket! Wäre es nicht die erste Pflicht, den heiligen Willen eures Schöpfers zu erfüllen, um die durch euren Ungehorsam verlorene Gnade wieder zu erreichen? Ihr aber martert und tötet die für euch arbeitenden Brüder! Ihr seid gegen Gott undankbar und flucht Seinem Segen! O Lamech, du wolltest die Wälder anzünden, um uns zu vernichten, weil wir dem Willen Gottes gehorsam waren. Was sollen wir aber *dir* tun, der du Gott ganz vergessen hast und deine Brüder ermordet hast! So lernet ihr undankbaren Menschen von mir, dankbar und Gott gehorsam zu sein; und werdet, wozu euch Gottes höchste Liebe berufen hat!“

Als nun der Löwe seine Rede beendet hatte, da kam noch ein Wolf geschlichen und hielt dieser schon wohl geweckten Gesellschaft eine Predigt. Er ermahnte sie ernstlich zur Pflicht des Gehorsams und gegenseitiger Liebe in Gott und zu aller Seiner Kreatur.

Ist es nicht tief beschämend, daß eben ein gefürchteter, reißender Wolf den Vierzehn sagen mußte: „Ordnet eure Begierden! Waschet euch mit der Liebe! Werdet einander gleich in der Demut, im Gehorsam und in der wohlgeordneten Zucht eurer Kinder! Wenn ihr wahre Menschen seid, werden nicht nur die Tiere, sondern alle Dinge euch vom großen Gott künden.“

Danach sprang der Wolf freudig ins Freie und ein großer Bär stand plötzlich vor der reumütigen Gesellschaft. Er blickte sie wirren Blickes an, als wollte er damit den wirren, unsteten Gemütszustand der Menschen anzeigen. Der Bär öffnete seinen Rachen und voll Ernst und Würde war seine Rede, in der er ihnen Gottes Gnade und Erbarmung mit Adam, Eva und ihren Kindern auseinandersetzte und dann sprach: „Seht hin, gegen Mittag ist ein großes Land schon für euch bereitet. Dorthin wird euch ein Engel des Herrn sichtbar geleiten. Werdet dort ein gehorsames Volk!“ (I/35-36)

Ahbel wird der erste Führer der Sihiniten

Kaum war der Bär ihren Augen entschwunden, erschien an seiner Stelle ein lichter Engel. Es war der fromme Ahbel, der eigentlich schon unsichtbar durch die Seele der Tiere gesprochen hatte. Mit sanften Worten redete Ahbel die auf der Erde Liegenden an: „Kinder Kains! Ihr hörtet die Worte aus den Mäulern der reißendsten Tiere, welche Gott durch mich für euch gesänftet und sprachfähig gemacht hat. Da ihr die Jüngsten im Schlangenheere Tatahars wart und gegen euren etwas besseren Willen mitziehen mußtet, erbarmte

sich Gottes Liebe und läßt euch nun durch mich in ein zubereitetes Land führen. Euer erster Gedanke sei Gott, Sein Wille, Seine Liebe und Seine Gnade. Sorget euch nicht um die Nahrung für den Leib. Die Erde wird den Gehorsamen im Segen des Herrn edle Früchte reifen, den Hochmütigen aber zur dornigen Wüste werden!

Ihr Frauen traget züchtige Kleidung und seid euren Männern gehorsam, soweit sie in der Ordnung Gottes leben! Euch Männern sei nur der Wille Gottes Gesetz! Wenn ihr euch widerspenstig zeiget, werden äußere Gesetze kommen und euch so lange versklaven, bis ihr wieder in demütigem Gehorsam gereinigt seid.

Nun erhebt euch und zieht diese von den Kindern Gottes für euch bereiteten Kleider an. Sie sollen euren Leib bedecken und vor Kälte schützen. Ferne von euch bleibe jegliche Pracht und Hoffahrt. Hier, nehmt jeder eine Binde und verbindet euch eure Augen, damit niemanden schwindle vor den tiefen Abgründen, über die ich euch nun führen werde. Hernach erst sollt ihr sie entfernen und hocherfreut eure Vorheimat erschauen. Dort werden euch zwei große Kinder Gottes erwarten und mit gesegneter Kost laben. Nun folget mir! Amen."

Ahbel führte die Sihiniten sieben Tage und Nächte. Und der Herr speiste sie geistig, und ihr Geist stärkte die Seele und diese kräftigte den Leib. Obgleich es eine 30 Tage weite Wegstrecke war, die Sihin und sein Häuflein an der Engelshand Ahbels geführt wurde, ermüdeten sie nicht. Wohlbehalten und ohne jegliche Rast erreichten sie das vorbestimmte Ziel. (I/36.21-41)

Die Entstehung des chinesischen Volkes

In der verheißenen neuen Heimat kamen der kleinen Schar die hier schon auf sie wartenden Enkelkinder Adams, Ahujel und sein Weib Aza, liebevoll entgegen. Sie nahmen allen die Binde von den Augen und hießen sie gar herzlich willkommen. Erstaunt blickten die 14 Sihiniten zu den zwei großen Höhenkindern Gottes auf.

Ahbel aber sprach, bevor er ihnen wieder unsichtbar wurde: „Kinder, hier bleibet! Diese beiden Kinder Gottes sind euch wie Eltern von Gott gegeben. Folget ihnen! Sie werden euch bestätigen, was Gott zu euren Herzen reden wird, und werden euch stets im Geiste wach erhalten. Viele nützliche Dinge werden sie euch zu eurer geistigen und leiblichen Wohlfahrt lehren und werden auch eure ehelichen Verbindungen segnen. Nie entheilige Zwietracht, Zorn, Geiz und Unzucht eure Liebe! Gottes Gnade erleuchte und führe euch, Amen!“ (I/36.42-E)

Sihin war fortan der folgsamste Sohn Ahujels. Daher sprach dieser zu ihm: „Sihin, ich segne dich im Namen meines und deines Gottes! Das Land, das Er euch geben will, soll genau so heißen wie du. Nimm dir deine schönste Schwester zum Weibe, und so der Herr euch gesegnete Kinder schenken wird, dann heiße sie ‚Söhne des Himmels‘ und ‚Töchter der Erde‘. Dein Stamm aber soll fortbestehen bis ans Ende aller Zeiten.

Blicket in euch und ihr werdet entsprechende Zeichen finden, mit denen ihr alles aufschreiben sollt, was ihr noch von uns hören, lernen und erfahren werdet. Eure Handlungen bezeichnet durch verschiedene entsprechende Linien, die Vollbringung derselben aber durch Punkte. Das Notwendige davon bleibe euren Nachkommen zum großen Zeugnis über die böse Schlangenbrut! Amen.“

So entstand die ganz eigenartige chinesische Bilderschrift, in der jedes Schriftzeichen ein ganzes Wort bedeutet. Wir können uns vorstellen, wie schwer da das Schreiben und Lesen sein mag! Heutzutage soll es noch etwa 50.000 verschiedene Schriftzeichen geben, wenn auch im gewöhnlichen Leben nur noch etwa 3.000 verwendet werden. (I/37)

Der Verfall Chinas – Die chinesische Mauer

Doch auch dieses Volk vergaß mit der Zeit Gottes große Erbarmung. 120 Jahre nach der Sündflut wuchsen die Nachkommen Sihins gleichwie die Meduhediten zu einem bedeutenden Volke an. Oft entzweiten sie sich. Sie führten unterschiedliche Gebräuche und Gottesdienste ein und allerhand Feindseligkeiten entstanden unter ihnen. Verstandesklügeleien zersetzten die Einheit des Glaubens und damit auch die Einmütigkeit im Volke. Die verschiedensten Lehrmeinungen zersplitterten das Reich Sihins, und es entstanden eine Menge Lehrzweige und Sekten. (I/37)

Dies dauerte so fort, bis im Jahre 3700 nach Adam ein selbsternannter Prophet, Tschi-Hoang-Ti (d. h. weiser Alleinleiter des Volkes) auftrat, der dem Volke gewaltig predigte. Mit Schläue und Gewalt gelang es ihm, das Reich Sihins (China) wieder zu vereinen und 60 Jahre zu beherrschen. Denn er prophezeite: „Ein starkes Volk unweit unserer Grenzen will uns überfallen und allesamt übel umbringen! Wir müssen uns schützen! Zehn Jahre gibt uns Gott Zeit zum Bau einer landesumfassenden Schutzmauer. Darum nutzen wir die Zeit, ansonst es uns übel ergehen wird!“

Da griff alles Volk zusammen, und die Mauer stand in achteinhalb Jahren in einer Länge von mehr als 870.000 Mannslängen, über 7 m breit und über 16 m hoch, vollendet da. Damit hatte der Mauer-Erbauer sein Ziel erreicht! Er ließ alle Religionsschriften sammeln, und die nicht seinen Plänen entsprachen, ließ er sämtlich verbrennen. Weil aber Gottes Segen zu solch einem eigenmächtigen Unternehmen fehlte, hatte nichts Bestand. Sein Sohn regierte lau und nachgiebig und dessen Sohn verlor bei der blutigen Verfolgung der noch lebenden Frommen sein Leben.

Das große Reich zerfiel wieder in viele Teile. Später wurde sogar ein Straßenräuber (Liehu-Pang) Kaiser. So dauerte dieses Reich bis zum 4. Jahrhundert vor der Menschwerdung des Herrn. Hernach erlitt es wieder eine Trennung und verlor dabei einen großen Teil der Tatarei und Mongolei. Im 4. Jahrhundert nach Christi erlosch auch der Stamm Liehu-Pang und das Reich kam unter eine mongolisch-tatarische Herrschaft. (I/37)

In der Tiefe

Die gewaltigen Auswanderungen seiner Untertanen hatten König Lamech bedeutend in seiner Macht geschwächt und sein Reich war fast menschenleer geworden. So war Lamech gezwungen, milder zu regieren, damit das verbliebene Volk ihm wieder untertänig werde und für ihn arbeite.

Lamech hatte zwei Frauen, die ergebungsvolle Zilla, und die tugendhafte, frohsinnige Ada. Die Söhne Adas aber hießen Jabal und Jubal. Jubal war der Erfinder der Hirtenpfeife und der Geige. Zilla hatte nur einen Sohn, den Thubalkain. Dieser verstand durch göttliche Zulassung, meisterhaft Metalle zu bearbeiten. Naëme, seine Schwester, hielt an den Erzschürfstellen die reißenden Tiere der Bergwälder fern. Denn aus ihren Augen strahlte so eine Kraft, daß sie allein mit ihrem Blick die wildesten Tiere bändigen konnte. Naëme war überaus schön und hatte dazu eine demütige, aber mutige Seele.

Uralte Sagen berichten von einer Göttin Venus, die das Weib eines Schmiedes gewesen sein soll. Diese Sagengestalt ist eben die Naëme, aus der die Phantasie der Menschen eine Göttin machte.

Lamech verstand es, seine Familie für sich zu gebrauchen. Alle mußten sehr fleißig arbeiten, damit sie das Notwendigste zu essen und anzuziehen hatten. 30 Jahre lang ließ unser göttlicher Vater diese große Verarmung zu, damit Lamech gedemütigt werde und ein mitfühlendes Herz für die Mitmenschen hätte erringen können.

Doch dann lockten Thubalkains Künste allerlei Volk herbei, das Früchte und selbstverfertigte Kleider gegen allerlei nützliche Metallsachen und glänzenden Tand eintauschte. Auch reisten von allen zehn Städten viele Menschen herbei, weil sie Jubals Musik hören wollten. Ihre Herzen erweichten beim Klang seiner Töne und wurden für den König Lamech freundlich gestimmt. Besonders aber lockte die große Schönheit der Naëme, die Lamech benutzte, sich das Männervolk wieder gewogen und untertänig zu machen!

Als Lamech sah, wie mächtig er wieder geworden war, wurde er strenger und härter gegen sein Volk und ließ alle widerspenstigen Untertanen auf grausame Weise töten.

Hätten die Hanochiten erkannt, daß der Fluch der Selbstliebe diese verderblichen Zustände heraufbeschwor, wahrlich, sie hätten den Tand Thubalkains, die süßen Töne Jubals und den Sinnenreiz der Naëme wie ein Feuer gemieden, und wären demütig und bescheiden geblieben! Doch der barmherzige Gott und Vater sah diese neue List Seines gefallenen Erstengels Luzifer. Darum sandte er den ersten Sendboten Seiner Liebe von den Bergen zu den Verirrten in die Tiefe. (I/38)

Hored, der erste Bote aus der Höhe

Der Bote hieß Hored (der Furchtbare) und war ein Urenkel Adams. Er war groß und weise und hatte weder Weib noch Kind. Gott rüstete ihn mit großer Kraft und Macht aus, Seinen Namen zu verkünden, und zwar gerade am Hofe Lamechs. Lamech aber nahm den Hored gut auf und erwies ihm große Ehre. Er ließ seinen ganzen weiblichen Hof zusammenkommen und bat den Boten, sich das schönste Weib auszuwählen. Und Hored erwählte wider den göttlichen Willen Naëme, die Schwester Thubalkains die sich dieser zum Weibe genommen hatte. Naëme aber mußte auf Leben und Tod dem Gebote Lamechs gehorchen, Thubalkain verlassen und Hored folgen.

Hored gewahrte nicht mehr, daß Gott ihn im Herzen und Gewissen vor der Versuchung Lamechs warnte. Ja, er wurde in seiner irdischen Liebe so verblendet, daß er heimlich mit seinem Weibe Naëme Hanoch verließ und sich im Gebirge ein Versteck suchte.

Vergeblich wartete Thubalkain auf die versprochene Entschädigung Horeds, ihm mehrere Männer aus dem Gebirge zu schicken, die ihn an Stelle Naëmes gegen die wilden Tiere schützen sollten. Thubalkain war also genötigt, seinen Halbbruder Jabal zu überreden, sich an den Bergen Hütten zu erbauen, um als Wächter vor den Wildtieren bei ihm zu wohnen.

Die teils nützlichen, teils aber sehr eitlen Erzeugnisse Thubalkains waren immer mehr begehrt, so daß die Hanochiten bald ihre Söhne zu Thubalkain in die Lehre brachten, um dessen Handfertigkeit zu erlernen. Auf diese Weise entstand das erste Hüttenvolk der Erde, vor dessen Stärke dem Lamech bald bange wurde. (I/38.8-13)

Ada und Zilla fliehen auf die Höhe

Lamech war ein Brudermörder, genau so wie sein Stammvater Kain. Darum regte sich sein Gewissen immer stärker und ängstete seine Seele.

Hored hatte ihm seinen schweren Frevel vorgehalten und ihm geboten, seine große Sünde dem Volke zu offenbaren. Lamech aber fürchtete des Volkes Rache. Seine Gewissensmahnung wurde aber immer heftiger, und eine starke Stimme aus seiner eigenen Brust sprach zu ihm: „Sage deinen Weibern, Ich habe einen Mann und einen Jüngling erschlagen! Kain soll siebenmal gerächt werden, Lamech aber siebenundsiebzigmal!“

Seine Frauen Ada und Zilla entsetzten sich aber darüber so gewaltig, daß sie stumm wurden und daher auch niemandem etwas mitteilen konnten. Als sie aber nach einiger Zeit zu ihren Söhnen in die Hütten fliehen wollten, wurden sie unterwegs von zwei Gebirgsbewohnern, dem Aholin und dem Jolliel angehalten. Sie erhielten ihre Sprache wieder und wurden von den beiden mit auf die geheiligten Höhen genommen.

Dort angelangt, wollten sie sogleich erfahren, wo Naëme sich aufhalte. Jedoch die Führer berichteten ihnen, daß Hored aus Untreue und Neid sich mit Naëme versteckt halte.

Aholin und Jolliel fragten aber die Frauen Lamechs, ob sie ihren Segen wollen, um ihre Frauen zu werden, denn obwohl Ada schon 110 und Zilla 100 Jahre zählte, waren sie von großer Schönheit und sahen noch so jung aus, als wären sie in heutiger Zeit erst im vierundzwanzigsten Lebensjahre.

Willig ließen sich darauf die beiden von ihren Führern segnen und zu Adam geleiten, der damals schon 920 Jahre zählte, um seinen stammväterlichen Segen zu erbitten.

Adam war höchst erstaunt und fragte mit bewegter Stimme: „Höret, ihr Söhne der Kinder meiner Kinder, ich kenne alle meine Nachkommen. Woher aber sind diese beiden?“

Und die beiden anworteten: „Vater Adam, es sind die beiden Frauen des Tiefenkönigs Lamech, die ihm ob seiner Untaten entflohen sind! Sie sind trotz allen Sündenfluches in der Tiefe rein geblieben. Uns aber hat der Herr erweckt, diese Entflohenen zu retten. Wir taten den Willen des Herrn und bitten dich nun um deinen Segen!“

Diese Rede bewegte den Adam tief, so daß er ausrief: „Was der Herr gerettet hat, ist schon gesegnet! Ziehet hin in Frieden! Wenn es Gott also wohlgefällt, wie sollte es mir mißfallen? – Amen!“

Obgleich Ada und Zilla einem Volke angehörten, das immer noch die schwere Belastung des Stammvaters Kain trug, obgleich Ada und Zilla eine große Gefahr für die geheiligte Herzens- und Gebirgshöhe der Kinder Gottes bedeuteten, siegte im alten Adam die Erbarmung und die väterliche Liebe. Er segnete! Ja, Adam segnete, weil der göttliche Vater alle, ja alle aufnimmt, die aus der Tiefe ihrer Sünde durch Rettungsboten zur Höhe der Herzensreinheit geführt werden. (I/38)

Der beginnende Verfall der Höhenkinder

Gesegnet vom alten Stammvater zogen nun die zwei Paare dahin. Aber ihr Herz verdunkelte sich allmählich und konnte nicht mehr die Reinheit und die Lebenskraft der Gottes- und Nächstenliebe ausstrahlen. Aholin und sein Weib Ada liebten sich gegenseitig bald mehr als ihre Mitmenschen. Wohl wirkte der Segen Gottes und der Segen Adams noch, doch wer weiß es nicht, daß jeder Segen ein sich-regen erfordert?

Merken wir, wie schnell ein gesegneter Sohn der Höhe in die Tiefe der Eigenliebe gerissen werden kann? Das zeigt uns das Bild „Aholin". Ihm wurde Ada, nämlich die wohlberatene Tugend, zur Bewahrung und Pflege anheimgestellt. Doch weil irdisches Verlangen die Seele in die Tiefe der Erde zog, wurde das Herz immer enger und enger und gab dem Geisteskeim wenig Raum, sich als Gotteskind zu entfalten. Auch Jolliel versäumte, die edlen Samenkörnlein der Ergebung und der Geduld im Herzen seines Weibes Zilla zu bewahren und zu umsorgen. Auch er wurde ein schlechter Gärtner, der zuletzt nicht mehr Unkraut von Edlem zu unterscheiden vermochte.

Wie war aber die Erziehung ihrer Kinder? O, da zeigten sich immer mehr Mängel im Herzen der Kinder, und bald war wenig Unterschied zwischen ihnen und denen in der Tiefe Hanochs! Wo die Herzensbildung unterbleibt, wuchert tausenderlei Unkraut. Ja noch Traurigeres gibt es zu berichten: Damals begann auf der Höhe die Lüge ihr schillerndes Schlangenkleid zu zeigen! Die Augen der von der Erde Schönheit Geblendeten konnten nicht mehr Gutes vom Bösen, und Wahres vom Falschen unterscheiden! Unser göttlicher Vater sah diese Bosheit Satans wohl, aber Seine endlose Langmut und Erbarmung ließ dem Menschen volle Freiheit in seinem Willen!(I/39)

Sieben Männer holen sich Frauen aus der Tiefe

Als nun die Kinder Adams die blendende Schönheit der Weiber Aholins und Jolliels bemerkten, fragten sie diese, woher ihre so schönen Weiber wären? Da sprachen sie: „Aus Hanoch! Dort sind noch Tausende Nachkommen Kains. Verkündet den Namen des Herrn, und ihr werdet wie wir belohnt werden!"

Daraufhin begaben sich sieben Männer in die Tiefe Hanochs. Seitdem Ada und Zilla den Lamech der Tiefe verlassen hatten, tröstete ihn nichts mehr. Selbst Jubals Musik ließ sein Gewissen erbeben. War es ihm doch, als seufzten seine ermordeten Brüder Johred und Hail in den Tönen Jubals.

So fluchte er seinem Sohne Jubal und verbannte ihn von seinem Hofe. Und mürrisch sagte Lamech zu seinen Nebenfrauen: „Ada und Zilla sind dahin. Ich will allein sein und brauche Euch nicht mehr! Arbeitet auf den Feldern, wenn ihr nicht hungern wollt. Fliehet aber eiligst, und nähert euch nie mehr meinem Hofe, sonst werde ich euch töten lassen!"

Da flohen die 30 schönen Frauen aus der Stadt und wußten nicht, wohin sie sich nun wenden sollten. Sie erschraken aber nicht wenig, als sie plötzlich von sieben großen, vollkräftigen Männern umstanden waren. Diese redeten zu ihnen: „Fürchtet euch ja nicht vor uns! Wir sind keine Verfolger aus Hanoch, sondern kommen von den Bergen, euch zu erretten. Wenn ihr euch zu Jehova bekennen wollt, so wollen wir euch segnen und euch zu Frauen nehmen. Wir würden euch auf die Höhe führen, dahin die Naëme dem Hored folgte und Ada und Zilla nun weilen!"

Da standen die Frauen auf und sprachen: „Wir sind 30, ihr aber seid sieben. Was sollen die übrigen 23 an eurer Seite tun?" Doch die Männer beschwichtigten sie: „Unser noch unter uns lebender Stammvater Adam belehrte uns zwar, daß Jehova für einen Mann nur ein Weib bestimmt hat. Der Vermehrung wegen dürfen wir jedoch auch mehrere Frauen nehmen." Da wurden die Mägde über alle Maßen froh und folgten den Männern auf Schritt und Tritt. (I/39)

Die sieben Männer vor Seth und Adam

Als aber die Höhe erstiegen war, wußten die Sieben nicht, wie sie die Frauen unter sich teilen sollten. Sie flehten daher zu Gott um Rat. Da aber kam Seth, ein Erstsohn Adams herbei und sprach: „Wollt ihr denn Gott versuchen und Ihn meineidigen Herzens fragen, wie ihr untereinander euren unlauteren Fang zu teilen habt?

Gehet hin zu Adam, bereuet vor ihm euren gewaltigen Fehltritt und gebet die Frauen euren Brüdern, wenn der Vater Adam sie gesegnet hat. Hernach könnt ihr wieder gerecht vor Gott erscheinen, denn *Sein* Land soll nicht entheiligt werden durch den Ungehorsam eurer eitlen, verblendeten Herzen!"

Nach solcher Zurechtweisung leitete Seth die Sieben mit den Frauen vor die Wohnung Adams. Sie fanden ihn mit seinem Weibe Eva betend an der Seite des Predigers Enos, eines Sohnes von Seth, und an der Seite Henochs, des überfrommen Sohnes von Jared. Seth meldete alsbald, was da vorgefallen war und bat Adam, sich des Blutes Kains zu erbarmen, um die gestörte Ordnung wieder herzustellen.

Adam aber sprach: „O du mein lieber Sohn Ahbel-Seth, ja, du bist voll Liebe, so wie es mein frommer Ahbel war! Dieser segnete aus Liebe den Mörder und du suchst Segen für das Blut meines Feindes. Die Ungehorsamen sollen 30 Tage fern in die Täler ziehen. So es dem Herrn wohlgefällt, möge jeder aber nur eine zum Weibe nehmen!“

Eva aber weinte vor Freuden, daß sie Adam voll Erbarmung und ihn dadurch so glücklich sah, und sagte: „Wie groß ist meine Schuld und wieviel Böses ist aus meiner Sünde hervorgegangen!“ Adam aber tröstete sein geliebtes Weib und segnete sie.

Die Sieben aber weinten, weil sie die Höhe verlassen mußten. Dies dauerte den Seth und er flehte zu Gott in seinem Herzen: „O Jehova! Sieh – die Tränen dieser Kinder brennen mich. Zeige mir doch durch den Mund Henochs, was ich tun soll!“

Und wieder erbarmte sich Gottes Vaterliebe und sprach durch Henoch (= der Wille Jehovas), denn dieser empfing in seinem Herzen die Weisung des göttlichen Vaters: „Ich habe wohl die Liebe Seths vernommen! So die Sieben ihren 30 noch weiberlosen Brüdern die Frauen geben und selber noch zehn Jahre ohne Weib leben, sollen sie bleiben! Amen.“ Und als die Traurigen solches hörten, wurden sie wieder heiteren Herzens. Sie lobten und priesen Gott für Seine große Gnade und brachten die Frauen, geleitet von Seth, Henoch und Enos zu ihren Brüdern.

Die Brüder weigerten sich aber voll Bestürzung, selbe anzunehmen, und da der Herr die Bereitwilligkeit der Sieben gewahrte, sprach er durch Henoch zu ihnen: „Ich habe eure uneigennützigen Herzen gesehen, die sich freuten, den Brüdern wohlzutun. So behaltet die Frauen, gesegnet für eure Herzen; fünf von euch sollen je vier und die zwei Ältesten je fünf zu Frauen annehmen. Die gebotene Keuschheit aber haltet ein! Amen.“

Und Seth, Enos und Henoch segneten sie und verließen sie, Gott lobpreisend, um es dem Adam zu erzählen. (I/39)

Adams Warnung vor den Weibern der Tiefe

Als Adam alles vernommem hatte, ward er zutiefst gerührt und hielt eine höchst bedeutsame Rede über seine wundervolle Werdung und seine erlebte Führung durch Gottes ewige Liebe. Sah er doch, wie Gottes unendliche Barmliebe sich sogar in die Tiefen des Fluches gesenkt hatte, um zu retten.

Die Rede Adams aber schloß mit den warnenden Worten: „Daher, ihr Kinder, seid fröhlich, wenn die ewige Liebe auch die Kinder Kains heimsucht; niemand von uns soll jedoch dorthin wandeln, ohne das ausdrückliche Gebot des Herrn! Wen der Herr zuvor nicht gesegnet hat, wage sich ja nicht in die Tiefe! Denn alles Übel liegt nun in den Weibern der Tiefe!“ (I/40)

Warum sprach denn Adam solch harte Worte? Gott erbarmte sich doch der Frauen, die aus Hanoch zur Höhe kamen? – Wohl, aber bedenken wir: Naëmes äußere Schönheit ließ Hored, den ersten Gottesboten, sein geheiligtes Amt vergessen, so daß er sich vor den Brüdern versteckte. Ebenso vergaßen Aholin und Jolliel bei ihren Weibern und Kindern den Herrn. Somit brachten die Weiber der Tiefe die Liebe der Höhenkinder in Unordnung! Der Zerfall der Höhe begann durch die Unordnung der Liebe!

Einer Morgensonne gleich aber strahlte die Liebe aus dem Herzen des geisterfüllten Henoch. Er wurde in der Gnade Gottes ein wahrer und reiner Prediger des Herrn. Die Urväter aber enthoben ihn der Sorge um das irdische Brot, und Adam nahm ihn auf in seine Hütte, damit er ihnen um so mehr das wahre, geistige Brot aus den Himmeln reichen konnte. (I/41)

Der Kinder Liebsorge für Adam und Eva

Vor der Hütte des gesegneten Stammvaters Seth, die nahe an der Hütte Adams errichtet war, ließen sich einst die Erzväter von Adam vor dem Mahl segnen. Mit schon schwacher, gemütsbrechender Stimme sprach der Urvater: „Kinder, ich bin hungrig und durstig! Gedenket eures alten, schwachen Vaters und eurer Mutter. Gebt uns zu essen und zu trinken und lasset uns hinfort nicht mehr aus eurer sorgenden Liebe!“ Da wurden die braven Kinder tief gerührt in ihren sanften Herzen. Sie alle fingen an laut zu weinen, bis Seth, durch und durch gerührt, sagte: „Heilig sei uns Kindern die Liebe- und Dankespflicht dir, Vater, und dir, Mutter gegenüber!“

Eilends brachten Seths Weib Jeha und seine Kinder aus ihrer Vorratskammer die beste Speise und den frischesten Trank. Voll Ehrfurcht betraten sie die Hütte Adams und reichten ehrerbietig alles dem Seth, damit er es als Würdigster, niederknieend vor Adam und Eva, in größter kindlicher Liebe und in größter Freude den alten Eltern weiterreiche.

Da nun Adam die große Bereitwilligkeit seiner Kinder und ihre große Liebe sah, sprach er, die Augen zum Himmel erhoben: „O du großer, bester, überheiliger Vater, wie groß muß Deine Liebe zu uns schwachen, ungehorsamen Menschen sein! Schon der kleinste Funke davon strahlt in Deinen Kindern und meinen Nachkommen so mild und herrlich! O Vater, siehe gnädig auf Deinen schwachen, gefallenen Sohn und segne in Deiner Milde die liebe Gabe meiner Kinder!“

Voll Dankbarkeit zu Gott und voll Freundlichkeit zu ihren Kinder aßen nun die beiden Ureltern. Die Kinder aber dankten tief bewegten Herzens dem Herrn, daß Er sie gewürdigt hatte, in großer Freude für die betagten Eltern zu sorgen. (I/44-45)

Adams Segen über seine Kinder

Nach der Sättigung richtete sich Adam auf und dankte dem Herrn tiefgerührten Herzens und sprach zu seinen Kindern: „Gottes Segen und mein Segen sei allezeit mit euch und bei allen euren Nachkommen. Solange die Erde bleiben wird, soll eure gesegnete Stammeslinie bis ans Ende aller Zeiten fortbestehen und sichtbar diesen meinen Urstammvatersegen aus Gott haben! Einst aber soll dieser Segen sichtbar werden als eine neu aufgehende Sonne über alle Völker der Erde. Denn sie werden die große Herrlichkeit Gottes in Liebe und Sanftmut darniedersteigen sehen als ein Leben alles Lebens! Amen." (I/45)

Vom siebenmaligen Kommen Gottes

Da sich die Kindesliebe der Höhenbewohner nach dem Geber alles Guten und Wahren sehnte, ertönte immer wieder durch Henochs Herz und Mund die liebevolle Vaterstimme und erquickte alle Liebedurstigen mit göttlicher Weisheit aus der Liebe des Vaters. Das waren wahre Sonnenstrahlen, erfüllt mit Wärme und Licht für die Seele der Urmenschen!

Was war das für ein wunderbares, heiteres Leben auf den Höhen, als noch die Ureltern Adam und Eva und die Hauptstammkinder auf Erden lebten! Als sie wieder einmal in ihren Herzen in Liebe zum überguten Vater entbrannten, da kündete Henoch vom Kommen des Herrn, und der himmlische Vater wurde ihrem inneren Auge plötzlich sichtbar und sprach zu Henochs Worten das große „Amen“!

Als sie Seiner ansichtig wurden, fielen sie alle vor Ihm nieder und beteten Ihn in großer Zerknirschung ihres Herzens an, und keiner getraute sich ein Auge emporzuheben oder auch nur ein Wort zu reden.

Doch der himmlische Vater stärkte sie durch Seine Liebe, hieß sie aufstehen und sprach: „Kinder, höret! So spricht Der, Der euch eine unsterbliche Seele und einen lebendigen Geist aus Sich gegeben hat. Erkennet Mich in Meiner großen Liebe zu euch! Ich will euch dereinst das ewige Leben geben, das da besteht aus eurer Liebe zu Mir und aus Meiner Liebe zu euch. Denn die Liebe allein wird die große Schuld an Meiner Heiligkeit zu tilgen vermögen zu einer Zeit, die Ich aus Meiner Liebe bereiten werde!

Jetzt bin Ich im Geist der Gnade mit aller Kraft und Macht, als der ewige Geist unter euch, einst aber werde Ich als ein Mensch voll der höchsten Liebe zu euren späten Kindern kommen.

Es werden Mich nur wenige in dem schwachen, armen Bruder erkennen, ja man wird Mich sogar verfolgen, mißhandeln und dem Leibe nach töten, wie es Kain mit dem Ahbel tat. Doch werde Ich wieder auferstehen und als ein mächtiger Retter eure große Schuld Selbst sühnen, die euer Ungehorsam über die ganze Erde und alle Sterne gebracht hat!

So werde Ich sieben Male kommen! Aber zum siebenten Male werde Ich im Feuer Meiner Heiligkeit kommen. Wehe denen, die dann für unlauter befunden werden!

Einmal war Ich schon da im Anfang der Welt, um alle Dinge zu erschaffen wegen euch und euch wegen Mir.

Bald werde Ich in großen Wasserfluten wiederkommen, um die verpestete Erde zu reinigen, die aus eurem Ungehorsam voll des schmutzigsten

Schlammes geworden ist, damit sie euretwegen weiterbestehe und Mir eine Stammeslinie bleibe, deren letzter Sprößling Ich Selbst sein werde.

Zum dritten Male komme Ich vielfach wie jetzt, bald sichtbar, bald unsichtbar im Worte des Geistes, Meine Wege vorzubereiten.

Zum vierten Male komme Ich in großer Not in der großen Zeit der Zeiten körperlich auf die Erde.

Und gleich darauf werde Ich zum fünften Male kommen im Geiste der Liebe als der Tröster.

Zum sechsten Male komme Ich innerlich zu jedem, der in seinem Herzen ein wahres, ernstliches Verlangen nach Mir trägt. Da werde Ich allen Mich Liebenden ein guter Hirte sein und werde sie in Mein Reich aufnehmen zum ewigen Leben. Aller Welt jedoch werde Ich ferne und unerkannt bleiben.

Und endlich werde Ich, wie schon gesagt, noch einmal kommen; doch dieses letzte Kommen wird allen ein bleibendes Kommen sein, entweder so oder so!

Kinder! Verbleibet in der Liebe! Sie allein wird euer Retter sein! Liebet Mich über alles und liebet euch untereinander wie euch selbst, damit ihr dem Gericht entgehet! Meine Gnade und Meine erste Liebe sei mit euch bis an das Ende aller Zeiten! Amen."

Darauf wurden den Höhenkindern ihre inneren Augen geschlossen. Adam aber pries Gottes unendliche Vatergüte, und Henoch frohlockte in seinem kindlich-gottergebenen Herzen, weil Gott Selbst die Kindesliebe als höchste Weisheit so wunderbar bestätigte.(I/46-47)

Welches Kommen Gottes erleben wir? Möchten auch wir in unserer Liebe zum himmlischen Vater Ausschau halten? Sind wir erfüllt mit unserer Liebe zu Ihm? Tragen wir in uns die große Sehnsucht nach Seinem Nahesein? Erleben wir Sein sechstes Kommen in unseren Menschenherzen?

Möchte Er doch aus den Ihn liebenden Menschen, die guten Willens und tätigen Glaubens sind, Gemeinden bilden, denen die Macht der Welt nichts mehr anhaben kann! (Gr. Ev. Joh. IX/94)

So wollen wir auf Seine herrliche Verheißung bauen, die Sein Lieblingsjünger Johannes aufschreiben durfte: „Wer in der Liebe bleibt, der bleibt in Gott und Gott in ihm. Und Gott wird sich den Liebenden offenbaren!"

Das siebte Kommen Gottes aber bereitet sich vor. Welche weittragenden Folgen der Absonderung von Gott der jetzt lebenden Menschheit werden wohl als Selbstgericht in Erscheinung treten?

Der Gang durch die Grotte zu den Kindern des Morgens

Am Abend, bevor sich alle nach diesem segensreichen Tag zur Ruhe legten, sprach Adam zu seinem Liebling Seth: „Ahbel-Seth, du weißt, daß morgen der sechste Tag der Woche ist und übermorgen der heilige Ruhetag des Herrn erscheint! Zur Zeit der Opferung mögen sich alle meine Kinder aus dir und deren Kinder und Kindeskinder allhier einfinden. Auch sollen möglichst viele von meinen Kindern kommen, die in allen vier Himmelsrichtungen zerstreut leben. Alle sollen aus dem Munde Henochs eine neue Lehre aus Gott vernehmen, die ihren Herzen wohltun wird!"

Dem himmlischen Vater gelang es, die strenge Art des Adam in sanfte Liebe umzuwandeln. So zog Adam am nächsten Morgen mit den Hauptstammkindern Seth, dessen erstem Sohn Enos und mit dessen erstem Sohn Kenan, und Kenans erstem Sohn Mahalaleel und mit dessen erstem Sohn Jared und seinem Sohn Henoch zu den Kindern, die da ringsum lebten.

Der Weg gegen Morgen (Osten) führte sie durch eine überaus merkwürdige Naturgrotte. „Adamsgrotte" nannten die Höhenbewohner diese große Höhle, denn hier pflegte Adam oft der Ruhe. Eine reinste Quelle floß daraus, die man „Evas Tränenbächlein" nannte.

Eigentlich war die Adamsgrotte ein hundert Mannslängen hoher Tunnel, in dessen Mitte sich die hochspringende Quelle befand. Die Wände bestanden aus lauter herrlichen Kristallen. Wenn sie das Sonnenlicht von außen durchstrahlte, leuchteten diese Kristalle in unzähligen Farbtönen und erfüllten die Grotte mit einem unbeschreiblich wunderbaren Schein.

Auch diesmal ergötzte man sich an diesem Lieblingsorte, und Henoch deutete dessen Entsprechung und gab Anstoß zu mancher Selbstbetrachtung. Dann dankten sie im Stillen dem Herrn und verließen bei heiterstem Himmel die Grotte gen Morgen. Ganz verzückt verfolgten sie mit ihren Blicken des Bächleins klaren Lauf und ergötzten sich an der wunderschönen Naturszene. Schließlich zogen sie weiter und kamen auf eine weite Gebirgsebene, daselbst viele Familien wohnten.

Der Erzvater wurde, da seine schneeweißen Haare im Sonnenschein leuchteten, schon von weitem von den dort lebenden Kindern erkannt. Zu Tausenden kamen sie von allen Seiten. Jubelnd waren alle emsig bemüht, ihren Hauptstammvätern allerlei Erfrischungen anzubieten. Glücklich schätzte sich ein jeder, so seine herzlichen Gaben nur segnend angerührt wurden. Adam segnete sie alle, und ihr Lobgesang an den Herrn ergoß sich weithallend über die fernen Gebirge und lud alle Kinder zum folgenden Tag der Ruhe ein. (I/56)

Der Fremdling Asmahael

Es hatte sich jedoch ein schwarzhaariger Mann aus der Tiefe voll Wißbegierde unter die Kinder Adams gemengt. Dieser gehörte nicht zum Stamme der Höhenkinder, sondern war erst aus der Tiefe heraufgekommen. Adam fragte daher den Fremdling aus der Tiefe: „Was hat dich zu uns geführt? In deinen Adern fließt ja tödliches Blut und auf deiner Stirne ist Kains Todesmal an Ahbel zu sehen!“

Der Fremdling aber warf sich vor Adam auf sein Angesicht und stammelte ganz furchtsam einige gebrochene Laute, die allein Henoch verstand. Seth aber bat: „O Vater, siehe dein gerechter Eifer läßt den Erdensohn ja fast sterben! Ziehe doch deine Gerechtigkeit gnädig zurück und lasse ihn aus dem Herzen Henochs beleben!“

Darauf erhob sich Henoch und sprach: „O Vater, kein toter Erdensohn ist dies, sondern nur ein armer Mensch aus der Tiefe, der bei uns Zuflucht sucht! Sind wir Kinder der Liebe, so laß uns ihn in Liebe aufnehmen, wenn ihn der Herr uns zuführt!“

Da beugte sich Enos auf Geheiß Adams zur Erde, und richtete den Schwarzhaarigen auf und begann folgende, denkwürdige Rede: „Väter und Kinder! Es träumte mir, daß wir uns eben wie jetzt hier befanden. Da kam eine stark leuchtende Gestalt zu uns, die sich mir als Ahbel enthüllte! Er führte einen ähnlichen Menschen wie diesen vor das Angesicht des Erzvaters und sprach mit gar sanfter Rede: ‚Höre Vater! Nur mir ist von Kain Arges begegnet, außer, daß ich als dein Sohn dir verloren ging. Ich aber verzieh ihm; und als Kain vor seinem Sohn Hanoch flüchtete, führte ich ihn über das große Gewässer in eine sichere Obhut!

Gleiches tat ich im Auftrag der göttlichen Liebe noch mit mehreren anderen seiner besseren Nachkommen aus Hanoch. Nie getraute ich mich auch nur einen aus Hanoch zu dir, o Vater Adam, zu führen. Kannte ich doch deinen gerechten Zorn. Nun aber bringe ich dir nach dem Willen Gottes, einen Flüchtling aus der Tiefe, der Gott sucht! Nimm ihn in aller väterlichen Liebe auf! Erwecke ihn mit deinem Segen, so wird der Herr deine Kinder erwekken zu Predigern in der Tiefe!‘“

Weiter sprach Enos: „O Väter und Kinder! So sehe ich nun denselben Menschen unter uns und sah auch soeben den leuchtenden Ahbel diese Stätte verlassen.“ Und Henoch beteuerte die Aussage des Enos mit einem: „Ja, es war und ist also!“ Der erstaunte Adam aber rief freudig aus: „O Ahbel, was du mir bringst, sei aufgenommen, und wäre es der Kain selbst!“

Da segnete Adam den Fremdling und fragte ihn um seinen Namen. Dieser aber sprach: „Großer, erhabener Erstling Gottes, des großen Königs der Erde, verzeihe mir armen Flüchtling, denn ich habe keinen Namen! Die arbeitenden Sklaven in der Tiefe dürfen ja nicht reden. Grausam geht es in der Tiefe zu und namenlose Greuel werden dort verübt!"

Adam entsetzte sich gewaltig und wollte schon der Tiefe fluchen, da fiel ihm aber der Namenlose ins Wort und sprach: „Adam segne, segne wo rechtens du fluchen möchtest!"

Da wurde Adam zutiefst angerührt durch die Worte des Schwarzhaarigen und sagte nach einer Weile: „Wahrlich, du sprichst, als wärest du ein geweihter Sänger Gottes! Woher ist dir diese Sprache geworden?"

Der Fremdling aber zeigte Adam an, daß eben Ahbel seine Zunge gelöst hatte. Da vermochte Adam aus tiefster Herzensrührung kein Wort zu reden und seine Augen schwammen in freudig mitleidigen Tränen. Endlich aber überwand er sich und sprach: „Du lieber Fremdling aus der Tiefe der Greuel! Henoch soll fürder dein Lehrer in Gott, unserem liebevollsten Vater sein! Ich gebe dir den Namen ‚Asmahael', das heißt: ein getreuer Fremdling, der Gott sucht. Denn bei uns muß alles seinen Namen haben je nach seiner inneren Eigenschaft. So reiche ich dir meine Hand und erhebe dich herauf zu meinen Kindern! Amen."

Da fiel Asmahael sogleich dem Adam zu Füßen, küßte dieselben und dankte überlaut für solche Gnade. Und Adams Segen wirkte sogleich, denn jubelnd rief der Schwarzhaarige aus: „O herrlicher Name Asmahael! Stern, mich zu heiligen Höhen des Lebens leitend! Höret, nicht umsonst wird der Fremdling solch heiliges Geschenk der Gnade tragen!" (I/57-58)

Asmahael und der Tiger

Es ergab sich aber noch so manches Gespräch unter den Vätern, und Henoch durfte wieder die Worte des himmlischen Vaters übermitteln. Und alle waren ergriffen, besonders aber über die Worte, die aus Asmahaels Munde flossen und von tiefster Weisheit zeugten.

So beseelt zogen die Patriarchen gen Mittag. Plötzlich stutzte Asmahael, der mit Henoch voranschritt und getraute sich keinen weiteren Schritt zu gehen. Ein mächtiger, grimmiger Tiger versperrte ihren Weg. Adam gebot dem Henoch, den grimmigen Wächter herzubringen. Augenblicklich warf sich der Tiger, bebend am ganzen Leibe vor Henoch zur Erde. Henoch aber

sprach mit starker Stimme zum Tiger: „Beuge vor Asmahael deinen kräftigen Nacken und trage ihn!“

Der staunende Asmahael aber sprach: „O mächtige Väter! Nicht euere leibliche Stärke vermochte solch reißendes Tier zu bändigen! Nur Gott vermag es durch eure geheiligten Herzen! Ihm Preis und Ehre, dem mächtigsten Vater erhabener Kinder! Amen!“

Unter vielen herrlichen Reden aus dem Geiste Gottes kamen die Väter so wohlbehalten zu den Kindern des Mittags und dann des Abends. Von den Kindern des Abends aber rief Asmahael den redlichen Abedam zu sich, denn er sah sein suchendes Herz und hieß ihn mitzukommen. Das Herz des sonst so strengen Adam aber wurde immer milder und milder. Das erfreute seine furchtsamen Kinder und alle seine Nachkommen, und sie sahen darin Gottes Vaterliebe wirken.

Als aber Asmahaels Rede immer feuriger wurde und die Herzen der Urväter entflammte, erkannte Seth, daß in der Gestalt des Fremdlings aus der

Tiefe Jehova Selbst zu ihnen gekommen war. Da ließ Seth seiner Kindesliebe zu Ihm, dem heiligen Vater, freien Lauf und wollte schon den Brüdern sein Empfinden verkünden. Asmahael aber gebot ihm, noch zu schweigen, wollte Er doch nur durch die Liebe Seiner Kinder erkannt werden.

In der Gestalt eines Fremdlings aus der Tiefe kam der ewige Gott zu den Urvätern, und nur die Liebe Seths und Henochs durfte Ihn zuerst erkennen. Weil sich Adam in Erbarmung auch der gefallenen Brüder in der Tiefe Hanochs erinnerte, sah er den großen Fluch des Brudermörders Kain im Segen der Liebe zerrinnen. So mußte selbst die Gestalt eines riesigen Tigers erscheinen, um den Kindern der Höhe anzuzeigen, wie willig dieser seinen Rücken dem Fremdling bot. Der Tiger* stellt den reißenden Herrschersinn der menschlichen Seele dar, der zuerst durch die Allmacht des Geistes Gottes gezügelt werden muß. Die Seele, zur Demut gebändigt, wird willig dem Geiste folgen können. Asmahael auf dem Tiger! Welche wunderbare Entsprechung für unsere Zeit! (I/66 ff)

* Der Tiger ist auch eine Entsprechung für das trocken-unbarmherzige Gesetzesrecht, mit dem der strenge Adam bisher seine Kinder behandelt hatte (III/107,8-13)

An der „Verdorrten Hand der Erde“

Asmahael ritt noch immer auf dem mächtigen Ur-Tiger. Endlich nahten sie sich der Mitternachtsgegend. Eine mächtige Felswand trennte die Kinder der Mitternacht von den Vätern. Wegen ihrer wunderlichen Form, die einer riesigen Hand ähnelte, wurde sie „Die Verdorrte Hand der Erde“ genannt.

Nun stand unsere ehrwürdige Gesellschaft auf der 500 Mannshöhen hohen Steilwand, und ein heftiger Wind vereitelte jeden Ruf hinab. Da war guter Rat teuer! Wie sollte man die Kinder der Mitternacht zur Sabbatfeier einladen? Nur ein sehr weiter Umweg über lange Gebirgsrücken führte zu ihnen hinab. Wie drängte es die Urväter, auch den in die Mitternachtsgegend verbannten Kindern die Freiheit zurückzugeben. Denn in kalter Gerechtigkeit hatte einstens Adam diese Kinder, die morgens erst nach dem Sonnenaufgang aufgestanden waren, hierher verstoßen und ihnen hart drückende Gesetze auferlegt.

Asmahael aber ergriff die rechte Hand Henochs und sagte dann laut zu ihm: „Henoch! Der, der dir diese Hand erschaffen hat aus nichts, der stärkt sie dir jetzt im Angesicht der Väter! Gehe und belebe diese tote Materie, daß sie uns zu einem Pfade werde zu denen, die unserer Hilfe am meisten bedürfen! Weile Ich doch der Kranken wegen unter euch!“

Da gebot Henoch der hohen Felswand zu weichen, und sie stürzte alsbald zusammen und bildete einen gut begehbaren Pfad in die Gegend der Mitternacht. Alle Väter ergriff aber da ein Ehrfurchtsschauer vor Asmahaels unendlicher Macht. Und unter Loben und Preisen Gottes stiegen sie nun getrost den Pfad hinab und zogen ihres Weges weiter. (I/123)

Die Suche nach den Kindern der Mitternacht

Die Urväter verwunderten sich aber sehr darüber, daß sich kein einziger Bewohner dieser weitausgedehnten nördlichen Gegend sehen ließ. Adam, der sich nicht getraute, den Asmahael darum zu befragen, beschied daher den Henoch zu sich.

Aber schon stand Asmahael vor den beiden, und sagte: „O Adam, komme doch selbst zu Mir! Ich verlange doch nur ein liebevolles, demütiges Herz! Lasse aber die Kinder der Mitternacht suchen. Hast du dann niemanden gefunden, will Ich dich zu ihnen führen, denn alles Verlorene muß ja zuerst gesucht werden!“

Aus tiefer Dankbarkeit zu dem nun endlich erkannten Asmahael rief Adam aus: „Höret, ihr meine Kinder! Auf wunderbare Weise sind wir hierher gekommen, um den Kindern der Mitternacht ein neues, freies Leben zu bringen. Jedoch keines ist zu erblicken. Begebt euch daher eine Stunde lang auf die Suche. Solltet ihr niemand finden, wollen wir hernach von dem Einen eine höhere Weisung erbitten! Und nun eilet und vollziehet meinen Willen! Der Segen Jehovas und der meine sei mit euch! Amen.“

Da eilten die Beorderten nach allen Richtungen und fanden viele leere Wohnstätten, auch freie Haustiere und gesammelte Früchte, aber keinen einzigen Menschen. Vergeblich riefen sie laut übers Land, daß das Echo von den Felswänden hallte – doch niemand erhörte sie. Einige erstiegen sogar die Hügel ringsum, um weit in das Land blicken zu können und um vielleicht einen Flüchtling zu erspähen oder einen Laut zu erlauschen. Allein, die Suche war vergeblich. Traurig kehrten sie nach der besagten Stunde zurück, dahin, wo Adam sehnsüchtig auf sie wartete.

„O Gott, was ist nur aus meinen armen Kindern hier geworden“, wehklagte Adam, „warum auch habe ich sie in meiner großen Torheit hierher in diese mitternächtliche Gegend getrieben, in der sie offenbar zugrunde gegangen sind! Oder sind sie sonst noch irgendwo? O Asmahael, komme doch zu mir und habe Mitleid mit mir schwachem Greise und hilf mir in meiner großen Angst und Traurigkeit!“

Und alsbald stand Asmahael vor ihm, mit der Frage: „Adam, du Blinder, was willst du, daß Ich dir tun soll?“

Adam aber bat: „O Herr, daß ich die verlorengegangenen Kinder der Mitternacht sehen möchte!“

Da tröstete ihn Asmahael sagend: „Siehe Adam, du hast Deine Kinder ausgesandt, ihre Brüder zu suchen, aber sie kamen leer zurück. Nun will Ich Meinen Henoch aussenden, und wir wollen sehen, was er ausrichten wird. Sollte er auch leer zurückkehren, so will Ich Selbst als der letzte Bote ausgehen und sie suchen. Denn wenn die Schafe die Stimme des rechten Hirten erkennen werden, dann werden sie ihm alle freudig folgen.

Und du Henoch, eile denn hinfort und rufe dreimal mit starker Stimme: ‚Brüder, höret! Euer Vater Adam ist herabgekommen, euch eine neue, mächtige Brücke zu der geheiligten Vaterheimat zu zeigen. Über diese könnt ihr auf dem kürzesten Wege eilen, um schon morgen den heiligen, freien Sabbat des Herrn mit uns zu feiern!‘

Wer erscheinen wird, den führe hierher, und wer nicht erscheinen wird, an dem werde Ich Meine Stimme versuchen. Dies wird zu einem Zeichen werden, durch *wen* in der letzten Zeit der großen Trübsal die Verspäteten in das große Vaterhaus geladen werden sollen! Amen.“ (I/124-126)

Drei Söhne folgen dem Rufe Henochs – Adams Freude

Nun eilte Henoch hinaus, und auf seinen ersten Ruf kroch ein alter Sohn Adams aus einem Erdwinkel hervor und fragte: „Henoch, du Sohn Jareds, habe ich dich recht verstanden, so will ich dir auch folgen."

Henoch entgegnete ihm: „Also will es Der, welcher deiner und aller deiner Kinder harret. Du hast dich nicht geirrt. Ich muß aber noch zweimal rufen, und du wirst dich dabei von der Klarheit des ersten Rufes überzeugen."

Auf Henochs zweiten Ruf hin erschien ein weiterer alter Sohn Adams. Er bekam die gleiche Antwort. Auf den letzten und stärksten Ruf erschien noch ein dritter alter Sohn Adams. Henoch entgegnete ihm: „Folge meinem Rufe! Die Stimme ist zwar die des Henoch, aber der Ruf ist von oben! Sogleich wird ein anderer Rufer folgen, dessen Stimme alle eure Kinder und Frauen als die alleinig rechte erkennen werden. Den großen Rufenden aber wird keiner mehr fragen, sondern jeder wird Ihm folgen!"

Mit dem Munde Henochs rief der große Gott und Vater die angsterfüllten Kinder der Mitternacht. Es war ein Ruf Seines Vaterherzens! Doch die menschliche Stimme vermochte kaum die Furcht in den Versteckten zu überwinden! Nur drei alte Kinder des Urvaters Adam kamen aus ihren Verstekken hervor und wollten noch Gewißheit haben, ob ihr Herz auch das rechte empfunden habe. Ist es heutzutage wohl anders? Wie viele Rufer gibt es, doch die ganze Menschheit, die sich heute in der Mitternacht befindet, traut nicht mehr diesen Menschenstimmen. Zu arg wurde sie bisher enttäuscht.

So wird der große Rufer kommen! Der himmlische Vater wird im Geiste der höchsten Erbarmung und väterlichen Geduld *Selbst* die Herzen suchen, wecken und heimführen!

In welcher Gestalt? Emanuel wird sie heißen: Gott in uns! Der gerufene Geist im Menschenherzen wird im Wortruf der Neuen Offenbarungen den göttlichen Vater leicht erkennen und aus dem Versteck des Seelenkerkers in die Freiheit der Kindesliebe eilen! (I/127)

Als Adam den Henoch mit seinen drei alten Kindern herannahen sah, wurde er wieder heiter. Er lobte, dankte und pries den göttlichen Vater in Asmahael, daß er noch einmal gewürdigt wurde, seine nach Ahbel und Kain ältesten Kinder Jura, Bhusin und Ohorion zu sehen. Seth durfte die in Ehrfurcht zu Boden gesunkenen drei Brüder, die vor Freude weinten, liebend aufrichten. Adam aber erkannte den Wert der Liebe gegenüber dem Gesetze, segnete sie und sagte ganz gerührt: „O meine Kinder, wie glücklich ist nun euer Vater Adam! O Asmahael, Deine Güte ist unendlich und Deine große Liebe währet ewiglich!" (I/128)

Asmahaels Vaterruf – Das gemeinsame Mahl

Darauf verließ Asmahael die Gesellschaft und eilte wie ein feuriger Blitz von dannen. Doch vergeblich warteten die Urväter, sein Rufen zu hören.

Warum wohl? Gott ruft ja im Herzen! Und so vernahmen die versteckten Kinder des Nordens diesen herrlichen Ruf in sich, und nicht einer blieb zurück. Alles eilte hin zum großen inneren Rufer und erkannte Ihn als Den, der sie zuvor heimlich in ihrem Herzen gerufen hatte.

Asmahael war aber in kurzer Zeit von 700.000 Menschen umringt. Er segnete alle sichtbar mit Seiner Hand und führte sie zu Adam. Als aber Adam unter Asmahaels Führung die unabsehbaren Völkerscharen herannahen sah, konnte er kein Wort über seine Lippen bringen. Und Henoch rief höchst verwundert aus: „So viele Kinder in der Mitternacht? O Asmahael, wer kann Dich je begreifen?“

Asmahael aber hieß, als er nahe war, die große Schar sich niedersetzen und sagte: „Adam, erwache und siehe, was die Stimme des wahren Rufers vermag. Segne sie alle und zähle, ob eines fehle!“ Adam aber sagte ganz zerknirschten Herzens: „Asmahael, nur segnen, segnen laß mich! Denn Du allein, o Herr, bist der Vollender!“ (I/130)

Auf das Geheiß Asmahaels brachten Jura, Bhusin und Ohorion und deren Kinder allerlei Früchte, Brot, Milch und Honig zu einem gemeinsamen Mahl mit Asmahael. O, welch unfaßbare Herablassung Gottes! Er, der Heilige, Allmächtige inmitten Seiner Erdenkinder, zum erstenmal mit ihnen beim Liebesmahl! Kann dies ein Geschöpf fassen? Nein, das vermag nur ein liebendes Kindesherz!

So ward auch Henoch zutiefst ergriffen und wollte sein liebevolles Herz vor Asmahael ausschütten. Dieser aber kam ihm schon entgegen und sprach: „Wahrlich, Mein lieber Henoch, jetzt hast du das ewige Leben gefunden und aller Tod ist aus dir gewichen! An deinem Stamme aber soll dafür einst meine große Verheißung erfüllt werden! Amen.“ (I/132)

Asmahaels Verheißung an Henoch

Henoch richtete darauf folgende denkwürdige Rede an die Versammelten: „Sehet mich alle an und erstaunt aufs höchste über mich. Ich wurde eben mit einem unsterblichen Leib angetan! Ihr wißt, daß wir für jeden Tag einen Stein legten, genauso für jeden Vollmond. Wenn ein Jahr verflossen war, trugen wir die Tages- und Mondensteine auf einen Haufen zusammen und errichteten dadurch jedem Jahr ein bleibendes Denkmal. Doch seht, hier ist mehr! Daher erlaubet mir, an dieser Stelle dem Herrn, der in Asmahael so liebevollst unter uns ist, ein großes Denkmal zu errichten.

Hier will ich einen Altar aufbauen und Ihm darauf ein Opfer anzünden. Denn Er ist mehr als der Sabbat! Bringt mir ein sieben Monde altes Lamm und reines Zedernholz zum Brande. Du aber, mein über alles geliebter Asmahael, wirst dieses Opfer ja gnädig annehmen? In meiner Liebe kann ich nicht anders, als Dich vor allem Volke laut zu bekennen! Weihe und segne Du den Altar, so wird er gesegnet sein und bleiben!"

Darauf erhob sich Asmahael und sagte: „Höret, also ist es! Ich kam zu euch und Henochs Liebe hat Mich erkannt! Darum segne Ich das Opfer deines Herzens, Mein geliebter Henoch, und weihe den Altar! Siehe, auf dieser Stelle wird dein Geschlecht einst errettet werden von den Fluten der Sünde, und ein Urenkel aus dir wird diesen Altar wieder aufrichten und Mir darauf sein Dankopfer darbringen! Amen!"

Nach diesen Worten Asmahaels wollten Adam und seine Kinder zu Ihm eilen, teils voll großer Ehrfurcht, teils voll tiefer Liebe; Asmahael aber hieß sie bleiben und sagte: „Gott erkennen ist das Wachwerden der Liebe. Gott lieben aber heißt völlig in Ihm leben! Prüfet euer Herz und dann kommet erst zu Mir!" (I/133 ff)

Adams Wandlung und des Vaters Kommen zu den Menschen

Da Adam aber in Furcht geriet, weil er zu viele menschliche Begriffe über Gott in seine Liebe mengte, so bewies ihm Asmahael, daß Gott nur als liebender Vater und nur von liebenden Kindern im Herzen erfaßt werden kann.

Gewaltig erschütterte Asmahaels Rede die Seele Adams, bis er vor allen seinen Kindern bekennen konnte: „O heiliger, liebevollster Herr, Vater, Gott Jehova, der Du als Asmahael sichtbar gegenwärtig bist; ich gab Dir den Namen Asmahael, als Du, als ein vorgeblicher fremder Namenloser zu uns kamst. Wohl fiel Deine unbegreiflich weise Rede uns Blinden auf, allein ich sehe jetzt, *wir* befanden uns in der sprachlosen Tiefe, aus der Du zu uns geführt wurdest im Geiste Ahbels, unserer Gottesfurcht und Gottesliebe entsprechend. *Du* löstest uns die Zunge, die Dich nicht mehr vermochte Vater zu nennen. O wie blind, taub und tot mußten wir doch alle sein, daß wir Dich nicht erkennen konnten! O Kinder, höret! Der, Den wir noch immer blinderweise Asmahael nannten, ist und heißt Jehova, für uns aber fortan

Emanuel und für jene, deren Herz voll Liebe ist, Abba, lieber Vater! O Emanuel, nimm mein Bekenntnis gnädig auf und bleibe uns allen Vater jetzt und für alle Ewigkeit! Amen!" (I/137)

Der himmlische Vater aber erwiderte: „Wäre Ich zu euch gekommen als Emanuel, hättet ihr Meine Größe nicht ertragen! Darum kam Ich in *der* Gestalt zu euch, in der ihr innerlich selbst waret, damit ihr, als kalte Asmahaele an Mir erwärmt, den Vater habt finden können.

Henochs Worte habt ihr nur bewundert, und euer totes Herz verstand sie nicht. Ein Tiger mußte Mich so lange vor euch hertragen, bis eure Liebe so erstarkte, daß sie das Tigerhafte in sich erkannte und von sich trieb (denn plötzlich war der Tiger verschwunden). Die steinerne Wand eures Herzens mußte erst einstürzen, bevor ihr die große Verlassenheit eueres inneren Lebens erkannt habt. Ihr riefet das Leben, und wenig fand sich wieder. Ich aber rief und brachte euch des Lebens Fülle.

Adam, merke wohl, da du Mir nun den Namen Emanuel gabst: Dieses letzte Zeichen wird das erste werden. Deinen Nachkommen soll es nicht so ergehen wie dir, wenn Ich wiederkommen werde. Die Blitz- und Donnergewohnten werden im Ärger den Tod finden, wenn Ich dann kommen werde, wie Ich jetzt am Morgen als Asmahael kam. Amen!" (III/138)

Lamechs Liebe zu Emanuel

Nach dieser Erklärung blickten alle, von der höchsten Liebe ergriffen, auf Emanuel, obschon Er Seine äußere Gestalt (als Asmahael) nicht geändert hatte. Jeder sagte bei sich selbst in größter Freude, selbst Henoch nicht ausgenommen: „Das ist also Gott der Ewige, der unendlich Mächtige? Er ist unter uns, also wahrhaft nun Emanuel – Gott bei den Menschen!"

„Ja, ja," sagte laut der junge Lamech zu seinem Vater Mathusalah, „Er ist es ganz bestimmt! Ich möchte gerade vergehn vor Liebe zu Ihm! Wie doch so unbegreiflich liebevoll, mild, sanft und gut, dabei voll hohen Ernstes Er aussieht!

O Vater, ich halte es nicht mehr aus, ich muß zu Ihm! Sieh nur, Er hilft sogar dem Henoch den Opferaltar ordnen. O Gott, was für ein guter Vater bist Du! Wenn ich mich nur getraute, zu Ihm zu eilen. Aber meine Liebe ist zu mächtig, als daß mich Seine Heiligkeit noch abhalten könnte!"

Bei diesen Worten wollte Lamech hin zum Emanuel springen. Sein Vater Mathusalah hielt ihn jedoch, beim Kleide fassend, zurück und sprach mit halblauter Stimme: „Was tust du Junge? Bedenke doch, *wer* Emanuel ist!"

Lamech aber sagte: „Vater, halte mich nicht auf, zu meinem und deinem Gott, zu meinem und deinem Vater zu gehen!“ Und damit riß er sich los und sprang eiligst zum Emanuel. Emanuel aber stellte sich so, als bemerke er den stürmisch Liebenden nicht, so daß da Bange und Liebe in Lamech stritten.

Doch er sann bei sich: „Ist die reine, ohne Eigennutz im Herzen zu Gott emporwachsende Liebe nicht frei? Ist sie nicht höher und heiliger und viel mehr als alle menschlichen Anschauungen? Ja, sie muß mehr sein, weil Gott unendlich mal mehr ist als alle Menschen und Väter! Daher ...“ – bei diesem Gedanken sah sich Emanuel um und sprach zu dem vor Liebe weinenden Lamech: „Mein geliebter Lamech, warum weinst du?“

„O Emanuel, wie magst Du mich fragen, kennst Du doch die süße Not meines Herzens! O vergib mir, wenn Dir etwa meine unbändige Liebe zu

Dir mißfallen sollte!“ Und Emanuel rang weiter mit Lamech um dessen Liebe: „Aber dein Vater Mathusalah ist traurig um deines Ungehorsams willen?“ Und Lamech erwiderte: „O Emanuel, mein Herz ließ sich aus zu mächtiger freier Liebe zu Dir nicht mehr bändigen!“

Der heilige Vater aber prüfte weiter das Herz dieses liebeglühenden Jünglings: „Sage mir Lamech, was würdest du denn tun, wenn Ich dir diesen Ungehorsam gegen deinen Vater denn doch hoch anrechnen und dich darum von Mir und Meiner Liebe und Gnade weisen würde?“

Traurig-wehmütigen Tones erwiderte da der Geprüfte: „O Emanuel, ich kann gefehlt haben, allein ich bin blind und sehe den Fehler nicht – nur, daß ich aus Liebe zu Dir nicht nur meinen lieben Vater, sondern 1000 Väter mit der ganzen Welt verlassen möchte! Auch wenn Du Mich strafst, wird meine Liebe nicht eher vergehen, als bis ich selbst vor Dir vergehen werde!

O Emanuel, ich verlange ja nur, daß ich Dich lieben darf; bin ich Deiner Liebe nicht wert, so lasse mich sterben! Aber doch so, daß ich noch sterbend Dich lieben darf! O Emanuel, vergib mir, daß mein Herz meine Zunge nötigt! Dein heiliger Wille geschehe! Amen.“

Diese große Kindesliebe des Lamech bewegte Emanuel im Innersten und Sein Antlitz erstrahlte wie eine Sonne, daß alle darob zur Erde niederfielen. Er aber blickte auf zum Himmel und sprach: „O Liebe, du reine, heilige Liebe! Du hast gesiegt und wirst Siegerin bleiben! Stehe auf, Lamech! Ich sage dir, du hast einen großen Sieg errungen! Mich, deinen Gott und Vater, hast du überwunden! Du hast mit deinem Vater und mit Mir gerungen um Mich und wolltest vergehen um Meine Liebe. Ich bin dein Siegespfand, – nun aber erfasse Mich ganz nach deinem Herzensdrange!“

Hier umklammerte Lamech Emanuels Füße und rief aus: „Mein Vater! Jetzt laß Mich sterben, denn meine Liebe ist belohnt!“

Emanuel aber hob ihn empor, drückte ihn an Sein Vaterherz und sagte: „Solche Liebe, Mein Lamech währet ewig! Ich segne dich und werde dir dereinst einen Sohn geben, den Ich ausersehen habe, dein Geschlecht zu retten. Er wird Mir Henochs Altar wieder aufrichten. Dafür du aber aus großer Liebe zu Mir sterben wolltest, werde Ich solches dereinst aus Liebe für dein Geschlecht tun, damit alle für ein ewiges Leben gewonnen werden! Amen.“

Im Verlaufe dieser Reden, welche eine große Herzenswandlung bei den Anwesenden bewirkt hatten, wurde auch der Opferaltar fertig. Das Holz und ein Lamm als Brandopfer war schon daraufgelegt, zum sichtbaren Zeichen der Opferung des sündigen Fleisches. Emanuel aber bereitete noch die Herzen der Väter zu, daß alle in Kindesliebe zum Vater entflammten. (I/139-140)

Emanuel beim Opferaltar des Henoch

Das mag herrlich gewesen sein, als der himmlische Vater in der Menschengestalt Emanuels bei den Kindern der Höhe weilte. Die ersten Menschen waren in ihrem Gemüt wie kleine Kinder. Sie hatten ja noch wenig Erfahrung. Daher belehrte sie Seine große Vaterliebe und suchte mit Bildern natürlicher Vorgänge den ewigen, inneren Sinn zu erklären. Auch der Opferaltar Henochs sollte eine bildhafte Darstellung sein, wie wir als Menschen dem Herrn und heiligen Vater alles Böse und Falsche in unserer Seele aufopfern und verbrennen sollen in der feurigen Liebe.

Henoch fragte nun den Emanuel: „Wie willst Du, daß zum sichtbaren Zeichen fürs sündige Fleisch Dir dieses Opfer dargebracht wird, o Abba-Emanuel?“ Emanuel aber sagte: „Henoch, es fehlt noch etwas, ohne dem das Opfer keinen Wert hätte!“

Und Henoch verstand gar wohl diese Worte und ging zu den Vätern, sie ermahnend: „Ihr lieben Väter, der Altar ist zubereitet, kommet doch und lasset eure Furcht vor dem Allerhöchsten und erwecket eure Liebe zu Ihm!“

Da sprachen einige: „Henoch, wir finden zu große Schuld in uns, bitte du doch für uns, daß Er, der Allmächtige, uns gnädig sein möchte!“ Und Henoch entgegnete: „O wie blind und taub seid ihr noch! Sollte ich, ein Sünder, denn barmherziger sein denn Emanuel, der doch die höchste Liebe und Sanftmut ist? Daher öffnet euer Herz und eilet zu Ihm!“

Da gingen alle voll Reue über ihre Torheit hin zum Emanuel und schütteten Ihm ihr Herz aus. Emanuel aber sah sie an und sagte in heiligem Ernst: „Kinder! Warum fürchtet ihr denn den liebevollsten Vater? Glaubet ihr, Ich werde Mich von Menschen zu etwas bewegen lassen, als wären sie barmherziger denn Ich? Ihr Väter, erhöret ihr eure Kinder nicht eher als unberufene Vorbitter? Ihr alle habt doch ein Kindesrecht auf Mich!“

Wir sehen, wie schon damals die Angst und Furcht die Menschen so verblendete, daß sie Vorbitter wollten, weil sie so wenig Kindesliebe zum heiligen Vater hatten! Diese unsinnige Anschauung der Herzensblinden war zu allen Zeiten der Menschheit der Nährboden zu heidnischem Vorbitterdienst, den sich diese Vorbitter arg zunutze machten und die Menschen auf das schändlichste betrogen.

Henoch wollte nun das Opfer entzünden, brachte aber diesmal trotz größter Mühe kein Feuer zustande. Da berief Emanuel den jungen, kräftigen Lamech. Gewaltig rieb dieser die Feuersteine aneinander und im Nu loderten auf dem Altar helle Flammen.

Emanuel aber segnete dies Opfer zum frühen Vorbild jenes Opfers auf dem Kreuzigungshügel von Golgatha und sprach zum Henoch: „Mein geliebter Henoch, sei du nun Mein erster Priester, und deine Liebe sei die Gründung der ersten und reinsten Kirche auf dieser Erde. Ich Selbst werde dir in der Zukunft die Worte geben, aus denen alle Menschen guten Willens Meine heilige Nähe und Liebe erkennen sollen. Meine Liebe, Meine Gnade und Mein Segen sei mit euch, Amen!" – Und er entschwand vor aller Augen.

Außer Henoch wurden aber alle traurig, denn ihre Liebe war noch sehr an die irdische Gestalt gebunden. Henoch beschied darauf den Abedam, zu seinen Kindern in der Abendgegend zu eilen und ihnen die frohe Botschaft des heutigen Tages zu bringen.

Adam aber sprach: „Ladet alle meine Kinder zum morgigen Sabbat ein, und dann lasset uns behende aufbrechen, um auf unsere Höhe zu eilen, die unsere Heimat ist!" (I/141-144)

Abedam und Abedam

Als Abedam voll hoher Liebegedanken so gen Abend dahinschritt, begegnete ihm ein junger, rüstiger Mann und fragte ihn: „Wohin ziehst du so späten Tages? Ich hörte, daß bei den Kindern der Mitternacht große Wunderdinge geschehen sind? Möchtest du nicht umkehren und mich noch zu den Urvätern geleiten?"

Abedam besann sich nicht lange und antwortete: „Recht gerne! Wie aber heißt du?" Der Fremdling, der sich eigentümlicherweise auch Abedam nannte, erzählte unserem verwunderten Abedam eine Geschichte: „Ein Vater sah unerkannt seinen vielen Kindern zu. Diese unterhielten sich mit nützlichen und schädlichen Dingen, und ihre Liebe zum Vater nahm dabei ab. Der Vater ermahnte zwar die älteren Kinder. Diese hörten sich's aber nur an, und keiner kehrte sich darnach. Da beschloß der Vater, sich unkenntlich zu machen, als käme er aus der Tiefe. Weil aber die Kinder sich sich nur mit Weltlichem beschäftigten, waren sie herzensblind geworden und erkannten ihren Vater nicht. Ja, als er sich durch Taten und Worte mehr und mehr zu erkennen gab, ward ihnen angst und bange. Da erwärmte sie seine Liebe, und sie lobten und priesen ihn wieder. Um ihre Liebe zu erproben, verließ er sie auf eine kurze Zeit. Dieser Vater kam auf dem Rückweg von seinen Kindern zu mir und gab mir alles kund. Darum bin ich nun gekommen, um nachzusehen, was des Vaters Kinder in seiner Abwesenheit machen." (I/146)

Da jubelte Abedam, als er vom geliebten Abba Emanuel hörte! Gar sehr verwunderte er sich über die große Weisheit des Fremdlings. Als aber Adam die beiden Abedame in seiner Hütte aufnahm und der fremde Abedam die schon finstere Hütte mit einem Wort: „Es werde Licht!" taghell erleuchtete, wurde das Herz des bekannten Abedam liebestille.

Dem Lamech aber fielen die lichtvollsten Reden des fremden Abedam besonders auf. Sein um den verschwundenen Emanuel trauerndes Herz erkannte gar bald in diesem seinen über alles geliebten göttlichen Vater und rief in höchster Entzückung aus: „O Abedam! O Emanuel! Ich habe dich wiedergefunden! Nun bangt mir nicht mehr vor dem schweren Ungewitter, das aus der Ferne heranzieht!"

Der hohe Abedam aber sprach zu ihm: „Ja, du sollst Mich nicht mehr verlieren, doch verschweige Mich noch vor den andern, es soll Mich niemand eher finden, als bis er Mich im Herzen erkannt und gefunden hat! In dieser Nacht wird aber ein großes Ungewitter offenbaren, wieviel Angst noch in euren Herzen ist! Siehe, wie ein Bräutigam bin Ich jetzt in stürmischer Nacht vor der Tür aller Meiner Gewählten, und Ich komme mit Liebe, die Schlafenden zu wecken!" (I/147-156)

Die Gewittersturmnacht

Kaum hatte Abedam dies ausgesprochen, kamen auch schon, von großer Angst getrieben, Enos, Kenan, Mahalaleel, Jared und Mathusalah in die Hütte Adams. Draußen aber lagen voll Verzweiflung Hunderte und Hunderte Kinder und Kindeskinder und schrien zu Jehova um Hilfe und um barmherzige Abwendung solcher Schrecknisse der Nacht.

Und Kenan sprach: „O Vater Adam! Höre, wenn uns der entschwundene Emanuel und durch Seiner Liebe Macht dein Vatersegen nicht sogleich zu Hilfe kommt, da sind wir alle ohne Rettung und Erbarmung verloren!

Der ganze Morgen ist ein Feuermeer! Zahllose flammende Donnerkeile zucken aus den glühenden Wolkenmassen und sogar aus der Erde brechen Blitze und Flammen. Deine herrliche Grotte aber wurde von vielen tausend Blitzen also zertrümmert, daß von ihr keine Spur mehr zu entdecken ist.

Unter großem Brausen und Toben steigt das Meer aus der Tiefe. Scharen von Tigern, Löwen, Hyänen, Bären, Wölfen und Schlangen flüchten sich zu uns und dringen in unsere verlassenen Hütten. Wie tot liegen viele mit den Gesichtern auf der Erde. Viele beben am ganzen Leibe und schreien und weinen überlaut. Andere sind stumm und starr vor zu großer Furcht. Nur wenige Minuten haben uns in das größte Elend versetzt."

Kenan aber bat den alten Adam bei den noch immer ärger werdenden Schrecknissen: „O Vater Adam, so dir noch Hilfe möglich ist, säume nicht und komme eilends mit deinem Segen zu Hilfe! Siehe da, o Vater, o ihr alle, seht zur Tür – schreckliche fremde Gäste dringen sogar hier ein! Helft uns doch, Adam, Henoch, Lamech, ihr beiden Abedame, die ihr Lieblinge Emanuels seid, helfet uns und euch! Sehet, eine mächtige Schlange züngelt schon zur Tür herein!"

Adam aber sprach voll Entsetzen: „Kinder, mein Segen reicht hier nimmer aus! Wenn uns Gott nicht hilft, so sind wir alle verloren! O heiliger Vater, richte uns in dieser Nacht doch nicht alle zugrunde!"

Die große Hütte Adams füllte sich aber immer mehr mit den Bestien. Die Erde bebte unter den gewaltigsten Donnern, und die geflüchteten Wildtiere brüllten. Selbst Lamech, Henoch und dem bekannten Abedam wurde unheimlich zumute, und sie schmiegten sich eng an den hohen Abedam.

Dieser belehrte die in großer Bedrängung Stehenden und sagte: „Der Menschen erste Pflicht gegen Gott ist ein freiwilliger Gehorsam, als eine Frucht der gerechten Gottesfurcht. Die Furcht aber ist der Same, aus dem der lebendige Keim der Liebe hervorbricht." (I/157)

Adam und Seth in Bedrängnis

Während Eva von ihren Kindern schützend umgeben war, drängte sich Adam mit Seth auf den freien Platz zu den beiden Abedamen hin. Vor Angst aber brachte keiner einen Laut über seine Lippen. Der hohe Abedam kam ihnen darum zuvor und fragte sie: „Hat Emanuel euch denn nicht gesegnet? Warum fürchtet ihr euch da noch? Ich bin ja darum mitten unter euch!“

Da erkannten die beiden in Abedam den himmlischen Vater und wurden wieder völlig ruhig in ihrem Gemüte und dankten Ihm aus tiefstem Herzen. Adam wollte aber, von Seth geleitet, zu seinem vorigen Platz zurückkehren. Allein da wurde ihre Beharrlichkeit und ihr Vertrauen auf eine harte Probe gestellt! Denn nachdem sie kaum drei Schritte gemacht hatten, brachen lichterlohe Flammen aus der Erde, die ihnen den geraden Rückweg versperrten.

Adam bedrohte zwar die Flammen, doch sie gehorchten ihm nicht. Da wandten sie sich nach rechts, doch da züngelten ihnen mindestens 30 riesige Schlangen entgegen. Als Adam über dieses Geschmeiß ergrimmte, da sperrte eine Schlange ihren Rachen so weit auf, als wolle sie ihn verschlingen. Entsetzt wich er zurück und sagte zu Seth: „Auch hier ist kein Weg! Aber wir wollen das Wort des Herrn recht festhalten und nicht wankelmütig werden!“

Aber auch zur linken Seite war ihnen der Weg von allerhand Ungeheuern verwehrt. „Was tun wir jetzt?“, fragte Adam den Seth. „Aufs Wort gehorcht uns kein Ding mehr; mit Gewalt durchbrechen ist unmöglich. Laß uns zum allmächtigen Vater zurückeilen, dessen wunderbares Licht immer noch die Hütte erleuchtet!“

Und Seth rief: „Ach, warum sind wir von Ihm gewichen? Ich glaube, wir hätten Ihn nimmer verlassen dürfen! Darum nur schnell zurück zu Ihm! Wie leicht könnte uns der Weg abgeschnitten werden!“

Aber was Seth ahnte, war schon geschehen; kein Schritt vor oder zurück war den beiden möglich. Zu rufen war unmöglich, denn das Getöse der Flammen, das Geheul der Tiere, das Toben des Orkans und die mächtigen Donner ließen nicht zu, das eigene Wort zu verstehen.

Adam und Seth waren nun ganz umringt von Feuer und Bestien aller Art. Sie wähnten sich verloren, da ermannte sich Adam und sprach im Herzen: „O Emanuel, o Vater, o Abedam, sieh' uns gnädig an in unserer großen Not! Erlöse uns von all den Übeln, die uns durch Deine Zulassungen heimgesucht haben und unsere Herzen verwirren!“

Als Adam diesen Herzensnotruf zum himmlischen Vater durch sein Herz schallen ließ, da erloschen plötzlich um sie herum alle Flammen, die Tiere wichen aus der Hütte und die Erde bebte nicht mehr so gewaltig. Adam und Seth aber wandelten frei in großer Dankbarkeit zum hohen Abedam zurück.

Dieser kam ihnen schon mit den Worten entgegen: „Wer in seiner Not zu Mir findet, kehre Mir nicht mehr den Rücken! So sei eure erste Sorge, nicht nur in der Not, sondern auch im Wohlergehen Mich, den heiligen Vater, zu suchen und dann treu bei Mir zu verbleiben! Sonst werdet ihr allezeit durch bittere Erfahrungen eure Ohnmacht erkennen und erleben müssen. Herz und Angesicht müssen Mir stets zugewendet sein und bleiben! Amen!"

Abedam aber segnete die Urväter und sprach hinaustretend vor die Hütte Adams: „Die Zeit der Versuchung ist abgelaufen. Seth, dir gebe Ich nun die Macht, dem noch tobenden Feuersturme Einhalt zu gebieten."

Da sagte Seth mit gerührtestem Herzen, die Arme weit ausbreitend: „So geschehe o Vater, Dein heiliger Wille!" Kaum ausgesprochen, war am ganzen Himmel kein Wölkchen mehr zu entdecken. Das Meer war zurückgewichen und das Geheul der Wildtiere verhallte in den Wäldern. Die Erde fand wieder Ruhe und schloß ihre Wunden. Der Himmel aber sah mit seinen hell leuchtenden Sternen wie neu geziert aus, und alles, was Leben atmete, erfreute sich der wiederhergestellten Ordnung. Tausende Menschen der Höhe, die zu Adams Hütte Zuflucht genommen hatten, erhoben sich und lobten und priesen Gott für diese wundervolle Errettung.

Abedam aber sprach zu denVolksscharen: „Es ist nun Zeit, nach Hause zu ziehen! Ihr werdet eure Wohnungen erleuchtet und gereinigt von allem Ungemach vorfinden! Bedenket, und nehmet es als Gleichnis für eure Herzen, was Gott mit euren Hütten an euch getan hat."

So endete Gottes große Heimsuchung bei den ersten Kindern der Höhe mit einem tieferen Erkennen Seiner Allgegenwart. Die Kindesliebe aber ging gekräftigt aus allen ausgestandenen Ängsten und Nöten hervor. (I/159-163)

Das Morgenmahl am Sabbat

Am kommenden, überaus heiteren Morgen versammelte der himmlische Vater Adam und Eva, sowie 13 Urväter zum Morgenmahle. Gemeinsam aßen sie Brot mit Honig und tranken frische Milch, wie es bei ihnen Sitte war. Es war ein bedeutungsvollstes Morgenmahl, eine familiäre Vereinigung des Vaters mit seinen Erdenkindern! Wie bedeutungsvoll wurde doch auch das letzte Abendmahl unseres Heilandes nach nahezu 4000 Jahren! Es vereinte Seine Nachfolger zu einer geistigen Familie!

Nach dem Mahle dankten die Urstammkinder mit liebeerfülltem Herzen ihrem gütigen Vater und dieser sprach: „Höret, die ihr Zeugen des gestrigen, bedeutungsvollsten Tages und der Nacht des Schreckens waret! Daran sollt ihr euch allezeit erinnern, wer *Der* war, ist und ewig sein wird, Der euch nun selbst den Weg des wahren, freien und ewigen Lebens gezeigt hat.

Nicht eher will Ich euer Sabbatopfer ansehen, als bis ihr euch beim Morgenmahl als Brüder und Schwestern und Kinder eines Vaters erkannt habt! Sooft ihr in der wahren, lebendigen Liebe eures Herzens zu Mir solches unter euch begehen werdet, werde Ich auch unter euch sein! In Meiner Liebe werdet ihr alles vermögen, – ohne Meine Liebe aber nichts! – Und nun Henoch, bereite dein Opfer, Amen!“ (I/169)

Sethlahem und Kisehel

Zur Sabbatfeier nahe der Hütte Adams waren aus der Mittagsgegend etliche Brüder gekommen. Auf Geheiß des himmlischen Abedam hatte aber Henoch das Opfer diesmal etwas anders als gewohnt vorbereitet. Das ärgerte diese Männer aus der Mittagsgegend so sehr, daß sie unter sich über die vermeintliche Eigenmächtigkeit des Henoch murrten. Nur Sethlahem, der älteste und erfahrenste unter Ihnen, verwies ihnen solches und bezeugte ihnen, daß ja Gott durch den Henoch wirke.

Und Henoch rief im inneren Auftrage den Sethlahem zu sich, belobte ihn ob seiner Rede an die Brüder und führte ihn dem Herrn zu. Der Herr aber prüfte den Henoch in seiner Liebe und Langmut mit diesen Murrern aus dem Mittage und erklärte ihm das Wesen der wahren Fürbitte und Erbarmung und wie man mit solchen Menschen zu verfahren habe.

Sethlahem darum in das höchste Staunen versetzt und Großes hinter dem Fremden ahnend, erbot sich sogleich in seiner erwachten Liebe, die sieben murrenden Brüder vor sein Angesicht zu holen und zog sogleich los.

Seine sieben Brüder aber, die die Unbeugsamsten aus der Mittagsgegend waren, verspotteten ihn und setzten ihm mit ihren Spitzfindigkeiten gewaltig zu, so daß er bald unverrichteter Dinge, schwer gedemütigt und niedergeschlagen wieder vor dem Herrn erschien.

Und der hohe Abedam sprach zu ihm: „Sethlahem, wo sind denn die sieben? Du kommst nun ganz allein und noch dazu mit einem beleidigten Herzen voll bitterer Anklage zu uns! Ich sage dir aber, räche dich nicht mit einer Klage an deinen Brüdern, sondern schreibe ihre Schuld in den Sand und sei voll Liebe gegen sie! Sodann erkenne zuerst deine Schwächen und Mängel und verzeihe deinen Brüdern von ganzem Herzen. Dann gehe noch einmal hin und versöhne dich mit ihnen und führe sie her zu Mir!“

Da erkannte Sethlahem den Herrn in der Fülle und ging durch und durch ergriffen zu den Brüdern, war aber völlig außerstande, auch nur ein Wörtlein an sie zu reden. Die sieben aber verwunderte dies und sie forderten Sethlahem auf, ja ohne Sorge zu ihnen zu sprechen, denn sie schätzten im Grunde ihrer Herzen seine Weisheit.

Sethlahem aber sprach erleichtert: „Liebe Brüder! Folget mir nur diesesmal noch hin zum Altar des Henoch, an dem der Fremdling weilet, denn also weise und gewaltig ist seine Rede, daß ich glaube, er ist Jehova selbst!“

Da folgten sie dem Sethlahem und Kisehel, der scharfzüngige Anführer der sieben, wollte die Weisheit des ihm unbekannten Abedam prüfen und bat ihn darum, den Sethlahem doch von seiner irrigen Ansicht zu heilen, daß er, der Fremde, Jehova selbst sei.

Der hohe Abedam aber sprach zu ihm: „Kisehel, dein Herz ist nur zur Hälfte mit Bruderliebe erfüllt, die andere Hälfte ist voll von eigenliebiger Schadenfreude!“ Und auf weitere spöttische Bemerkungen erwiderte der Fremde mit ernstem Blick: „Jehovas Weisheit ist makellos. Siehe dort den großen, zerstreuten Steinhaufen! Versuche aus ihm die heute Nacht zerstörte Adamsgrotte mit deiner Weisheit wieder aufzubauen! – Du verneinst und willst Mich nun prüfen. Ich antworte dir aber nicht, sondern sage nur: ‚Erstehe!‘ – Und siehe, die Grotte steht schon wieder da!“

Kisehel und die übrigen Zweifler aber standen voll Furcht, wie zu Stein erstarrt. Als Abedam aber fragte: „Kisehel, warum schweigst du jetzt?“ Da fiel Kisehel vor Ihm nieder und sagte weinend: „O Herr des Himmels und der Erde, nun erst erkenne ich Dich und sehe meine ewige Schuld vor Dir, o erbarme Dich meiner Blindheit und strafe mich Wurm nicht zu hart!“

Dabei aber entflammte Kisehels Herz derart in reinster, reumütigster Kindesliebe zum himmlischen Abedam, daß dieser zum Henoch sprach: „So hat Mich noch keiner gefunden! Wahrlich, Kisehel hat Mir heute das herrlichste Opferfeuer angezündet! Denn er hat sich selbst ganz vom Feuer seiner Liebe verzehren lassen und ist darin neu geworden!“

Der hohe Abedam aber rührte den am Boden liegenden Kisehel an und sprach zu ihm und seinen Brüdern: „Kisehel, erstehe zum ewigen Leben! Ich, Abedam Jehova, Ich, Dein heiliger Vater, helfe dir auf und rüste dich mit großer Weisheit aus, die dir aus deiner großen Liebe erwachsen ist! Wer einem Triebe mit seiner Begierde folgt und verkehrt ihn in sein Eigenes, der sündigt gegen Gott, der allein Herr und Ursprung aller Kräfte ist!

Wer Mir aber alles zurückgibt, der soll nach der Größe seiner Reue, Demut und Liebe groß werden. Doch nun folget Mir zu Deinen Kindern!“

Wir werden später noch vernehmen, welchen Dienst das gereinigte Herz Kisehels in der gottlosen Tiefe tun durfte. Denn Gott, die ewige Liebe, beruft zwar alle Menschen zu Sich, aber die Treubefundenen und Erprobten wählt Er aus, die selbst erfahrene Vergebung und Sanftmut an arme und bedrückte Mitmenschen weiterzureichen. (I/171-179)

Die Töchter des Zuriel

Es waren aber unter den Kindern Kisehels, die sich noch in geraumer Entfernung aufhielten, auch fünf Urenkelinnen von ausnehmender Lieblichkeit und Reinheit des Herzens. Ihr schlichter und frommer Vater Zuriel lehrte sie frühe, den himmlischen Vater zu suchen und Ihn allein über alles zu lieben.

Gar oft sagte er zu ihnen: „Wenn ihr das befolgt, wird euch unser geliebter Jehova schon zur rechten Zeit erwählte Männer geben, vielleicht gar aus dem Hauptstamme Adams, mit denen ihr eine große Freude haben werdet!“

So liebten diese fünf Mädchen von Kindheit an den himmlischen Vater stets mehr und mehr, und ihre Herzen durften dadurch auch die große Vaterliebe innerlich stets wahrnehmen. Und ihre Sehnsucht nach dem geliebten Vater im Himmel wurde immer größer.

Sie liebten sich auch gegenseitig und waren fast unzertrennbar. Alles, was sie nur immer ansahen, entzückte sie. Sie erkannten ja in allem ein teures Angedenken ihres alleinigen Geliebten. Besonders aber, wenn sie irgend ein seltenes Blümlein fanden, jubelten sie. Das mußte schon ganz gewiß von Ihm für sie bestimmt worden sein! Sie betrachteten es mit liebezitternder Ehrfurcht und zeigten es ihrem Vater Zuriel. In tiefer Rührung dankte dieser dem Herrn für seine himmlisch reinen Töchter und bat immerdar um den rechten Geist, sie zu Ihm zu leiten.

So wuchsen diese fünf Mägdlein in Liebe auf und wurden immer zarter und schöner, geistig wie leiblich. Von allen wurden sie nur „Allurahelli“ benannt, das heißt: „Die schönen Kinder der Liebe“. (I/180)

Wer kann sich die himmlische Freude vorstellen, als Abedam zu den fünf schönen Kindern der Liebe trat und sie in Ihm den so innigst geliebten Jehova erblickten! Hätte sie ihr Vater nicht abgehalten, sie wären liebeflammend über Ihn hergefallen! Doch Abedam sagte zu Zuriel: „Halte sie nicht auf! Lehrtest du doch selbst deine Töchter, Mich allein zu lieben!“

Voll höchster Ehrfurcht führte da der fromme Zuriel seine Töchter zum Abedam, kniete vor Ihm nieder und sprach: „O Jehova, Du überheiliger Vater aller Menschen! Nimm von mir Unwürdigstem diese Deine Gaben an mich, als wohlgefälliges Opfer wieder an! O Jehova, sei mir Unwürdigstem gnädig und barmherzig! Dein heiliger Willle geschehe ewig! Amen."

Und der hohe Abedam erwiderte: „Zuriel! Du hast Mir fünf schmucke Bäumchen des Lebens mit allem Fleiße deines Herzens gezogen, die gar bald in Meinem Garten edelste Früchte tragen werden! Die Jüngste werde Ich für die ganze Erde segnen, und ihre Nachkommen werden das große Ende aller Dinge erschauen! Du, Zuriel, aber sollst den Tod ewig nimmer schmecken und dein Geist soll Herr über dein Fleisch sein, bis Ich dich rufen werde! Ich sage dir: Im Reiche des Liebelichtes sollst du dereinst die schönste Wohnung haben, schöner denn alle sichtbaren Himmel und größer denn sie. Für jetzt aber bleibe bei Mir mit den Deinen! Amen"

Und zu den Töchtern gewendet sprach Er: „Allurahelli! Wie gefalle Ich euch denn? Habt ihr euch Mich wohl also vorgestellt, als ihr in eurer Liebe zu Mir Meine Gedenkzeichen auf den Feldern suchtet?"

Die fünf getrauten sich aber kaum aufzuschauen und erwiderten mit zarter Stimme: „O Jehova, Du siehst ja unsere Herzen! Du allein bist ja der Geliebte unserer Herzen! Womit haben wir denn das verdient, daß Du Dich von uns hast so gnädig lieben lassen? Das allein erkennen wir ja schon demütigst als den allerhöchsten Segen von Dir! O Jehova, wenn wir Dich nur ein wenig anrühren und wenigstens Deine Hand an unser Herz drücken dürften!"

Da zog sie der himmlische Vater in Abedam an Sein Vaterherz mit den Worten: „Nach der Eva seid ihr die ersten, die Mich anrühren durften! Da ihr Mich aber schon ergriffen, so will auch Ich euch ergreifen mit *der* Hand, die einst Himmel und Erde bildete, und euch küssen mit *dem* Munde, der einst alle Dinge werden hieß! Daher bleibet bei Mir und folget Mir auf die Morgenhöhe zum Adam! Amen."(I/180)

Als aber Zuriel meinte, die gar so ungestüm ihren göttlichen Vater umklammernden Töchter könnten dessen heilige Füße am Schreiten hindern, sagte Abedam: „Wer kann Meinen Füßen hinderlich sein? Siehe, jedes Sandkörnchen, das an deinen Füßen klebt, muß Ich also mit Meiner Liebe Kraft umklammern, sonst würde es urplötzlich aufhören zu sein – und du kannst es doch frei umhertragen! Verstehst du nun deine Blindheit?

Sieh dich aber ein wenig um, und du wirst deine leere Besorgnis noch besser einsehen!" Da sah Zuriel, daß sie sich schon auf der Morgenhöhe Adams befanden. Gottes Liebe hatte sie hinaufgetragen! (I/181)

Allurahelli

Wollt ihr nicht den Töchtern gleichen
des gar frommen Zuriel?
Kindeslieb' preist Deine Zeichen,
Abba Du, Emanuel!

Aug und Ohr, wie Nas' und Hände,
selbst der Zunge feiner Sinn,
suchet, suchet ohne Ende
Den, der aller Lieb Gewinn!

Ihr fünf Sinne, ihr fünf Töchter,
blühet, reifet unschuldsrein!
Wahrheit atmende Geschlechter
werden Gottes Garben sein!

Vorseite:
Die fünf Töchter des Zuriel

Die Verheißung an Ghemela

Wonnetrunken weilten die Töchter Zuriels von heiligster Liebe erfüllt, am Herzen ihres himmlischen Vaters. Und Abedam sagte zur jüngsten Tochter: „Ghemela! Du herrliche Perle Meiner Liebe und Erbarmung, dein jugendlich Herz hat mehr Liebe und Leben denn die ganze Erde! Wie Ich dich jetzt auf Meinem Herzen, dem Grund alles Lebens trage, also soll dereinst eine dir völlig ähnliche Tochter aus deinem Blute, – höre! – Mich Selbst, Mich, den unendlichen Gott und Herrn aller Macht und Kraft, unter ihrem Herzen tragen! Dir aber werde Ich bald einen Sohn geben durch Meinen Lamech! Diesen sollst du ‚Noah' nennen, denn er wird ein Retter deines Volkes werden!"

Da aber wollte Ghemelas Herz traurig werden, daß sie ihr einzig geliebter göttlicher Vater verlassen könnte. Dieser aber sprach, sie tröstend: „Meine geliebte Ghemela! Würde Ich ständig sichtbar in eurer Mitte verweilen, so könntet ihr nie zum wahren, freien und selbständigen Leben gelangen. In der Liebe aber bleiben Vater und Kind immer vereint!"

Ghemela wurde da über alle Maßen fröhlich, so daß sie förmlich zu hüpfen anfing auf den Armen Abedams und der Vater Zuriel ihr zu bedenken gab, wer doch Der sei, Der sie trage. Aber Abedam verwies ihm solch unzeitige Rüge: „So du Mich kennst, wozu sorgst du dich? Möchtest du etwa deinen unschuldsvollen Kindern die Schlange der Unzucht zeigen und ihnen für ihre gänzliche Unschuld ein kümmerndes Weltgewissen geben? Wer kann sich denn bei Mir ungebührlich betragen?" Und der hohe Abedam koste die Ghemela noch ein kurzes Weilchen, drückte sie an Sein Herz und setzte sie dann gar sanft zur Erde nieder. (I/182-186)

Der Segen Gottes als Zeichen Seiner Nähe

Es kamen aber die heute morgen von Abedam ausgesandten Boten mit großen Scharen der Höhenkinder zurück, die fielen vor ihm auf ihre Angesichter und beteten ihn an. Nach einer kurzen Weile aber richtete Abedam sie alle auf und sprach: „Wie ihr wißt, kann Ich eurer freien Entwicklung willen nicht also sichtbar unter euch verbleiben. Wer wird euch da vor allem Übel schützen und wer sogleich alle argen Nachstellungen der Welt von euren Herzen abwenden, so da nicht einem jeden von euch eine höhere Kraft aus Mir innewohnet? Bedenket euch und antwortet Mir!"

Und alle die so prüfend Gefragten antworteten einstimmig: „O Emanuel, Deine Worte sind mehr als Wahrheit, sie sind die reinste Liebe! So gestatte uns unwürdigen, äußerlich verlassenen Kindern denn, daß wir unsere Herzen an Deiner unendlichen Vaterliebe wärmen und beleben. O Vater! Dieses allein erbitten wir von Dir: Verlasse uns nie mit Deiner segnenden Hand, so haben wir genug Kraft, um gegen alle Versuchungen und Gefahren der Welt zu kämpfen und zu siegen!“

Mit stark bewegter Stimme rief da Abedam aus: „Wahrlich, so ihr Meine Liebe habt, da habt ihr mehr als alle Himmel je erfassen mögen. Und wer in Meiner Liebe treu verbleibt, vor dem wird der Tod fliehen! Amen. So denn bleibe Ich in der Liebe bei euch in alle Ewigkeit!“

Da waren alle außer sich vor Freuden und dankten in ihren Herzen dem himmlischen Vater in Abedam für solch segensreiche Verheißung. Die Urväter wußten sehr wohl, woher das allein wahre Leben und damit alle Kraft zur Besiegung alles Bösen kommt. Darum bewarben sie sich emsigst und sorgsamst nur um die Liebe und Gnade des himmlischen Vaters. Das lebenstätige Streben darnach war die einzige Schule und die Aufgabe ihres irdischen Lebens. Daher aber waren schon ihre sechs- bis zehnjährigen Kinder weiser als die größten Gelehrten unserer Zeit.

Ja, wo man das Leben nicht mit liebendem Herzen empfindet und den allmächtigen Gott, kindlich liebend als Vater in sich erlebt, ist ohnehin alles Wissen von Gott ohne Leben, ohne Freiheit und ohne Wirkung! (II/1-2)

Lamech und Ghemela

Der hohe Abedam berief aber den jungen Lamech zu Sich und fragte die Ghemela: „Meine geliebte Ghemela! Dieser Sohn des Mathusala ist wie du voll lebendig flammender Liebe zu Mir. Siehe, diesen Mann will Ich dir geben. Er ist in allem dir völlig ähnlich. Trotz seiner Jugend ist er voll der höchsten Weisheit und aus seiner mächtigen Liebe zu Mir besitzt er eine große Kraft und Stärke. Wenn du dich überzeugen magst von seiner wahren Liebeweisheit, die er aus Mir hat, so stelle ihm irgend eine Frage so, wie du Mich fragen würdest!“

Doch Ghemela hatte eine große Scheu und Furcht vor dem Lamech, und erst nachdem Abedam sie stärkte und ein sanftes Wehen ihre Brust befreite, fragte sie: „Lamech! Könntest du mich, eine arme Magd vor deiner Urstammgröße, neben deiner Liebe zu Jehova wohl auch noch lieben? Denn siehe, ich vermag nichts, als nur Ihn zu lieben und von Ihm aus erst alles andere, wenn es mir als ein Wegweiser zu Ihm dienen kann! Möchtest du mir diese Herzensfrage wohl beantworten?“

Lamech aber umfing die Brust Abedams und rief weinend: „O du mein über alles geliebtester Abba Emanuel Abedam! Vergib mir, denn ich bin keiner anderen Liebe mehr fähig als allein der heiligen, reinsten Liebe zu Dir! Habe ich denn vor Dir gesündigt, weil Du mich jetzt strafen willst? Ich habe ja nie nach dieser Ghemela, wer sie auch sein mag, verlangt!"

Der göttliche Vater führte aber die nur Ihn Liebenden gar sanft zueinander. Und Lamech erkannte seinen Irrtum, bat die zitternde Ghemela um Verzeihung und gab ihr eine dem Herrn würdige Versicherung seiner reinen Liebe zu ihr. Alle Umstehenden aber wurden gleich dem Lamech und der Ghemela zu freudigsten Tränen gerührt.

So wurde die jüngste Tochter Zuriels das geliebte Weib Lamechs. Und sie lebten als reinstes Ehepaar, bis der Herr dem Lamech in seinem 182. Lebensjahre hieß, den Noah zu zeugen. (II/3)

Die Urväter segnen das junge Paar

Abedam aber segnete die beiden und berief den Jared, Henoch und Mathusalah (Urgroßvater, Großvater und Vater des Lamech) und sagte ihnen: „Eure väterliche Hütte ist geräumig genug, um neben Lamech auch noch die Ghemela zu beherbergen. Solange ihr in Frieden und Eintracht unter einem Dache wohnt und Mich über alles liebt, werde Ich mitten unter euch sein. Ich werde Mich euch auch öfter zeigen und euer Haus segnen. So nehmet denn das junge Paar auf in Meinem Namen!"

Und die drei dankten in tiefster Demut für diese hohe Gnade. Dann nahmen sie das Ehepaar in ihre Mitte und segneten es. Sie küßten Lamech und Ghemela auf die Stirne und gelobten, ihnen allezeit ihren väterlichen Segen zu schenken. Hernach führten sie die beiden zu Adam und Eva, damit Adam den Lamech, Eva aber die Ghemela segnete.

Diese zwei ersten Menschen der Erde waren jedoch so gerührt, daß sie kaum die Segensworte sprechen konnten. Eva sagte nur weinend: „Adam, du Haupt meines Lebens, siehe, dieses Paar offenbart mir, wie wir uns vor dem Herrn hätten verhalten sollen! – O, daß doch der Fluch von der Erde genommen würde!"

Und der hohe Abedam entgegnete ihr: „Dein Kummer ist gerecht! Doch hier vor deinen Augen lege Ich den Grund zu derjenigen Quelle, die seinerzeit mit lebendigem Wasser den alten Fluch der Erde wegwaschen wird. Aus der Ghemela aber wird die reine Linie beginnen, und Lamechs Feuer aus den Himmeln wird die Erde bald ganz läutern!

Wie die Erde soll kein anderer Stern die höchsten Wunder Meiner Erbarmung erzählen! Doch wehe der Schlange auf diesem Schauplatze Meiner höchsten Erbarmung!

Eva, bald wird der Sünde Flut sogar über diese Berge hier wogen. Aber die Kinder dieses Paares werde Ich über alle tötenden Wellen tragen und ihnen ein neues, reines und sehr fruchtbares Land zubereiten! So freue dich über Meine große Verheißung, denn Ich habe dich verjüngt und gereinigt in dieser Ghemela! Amen." (II/5)

Zuriels Treuelohn

Darauf berief Abedam den Mathusalah und den Zuriel mit seinen vier anderen Töchtern zu Sich und sprach: „Mathusalah! Du hast noch vier wohlgeratene Söhne, die Mir lieb und teuer sind; siehe hier ihre Frauen! Und du, Zuriel, siehe dort hinter dem Lamech seine vier Brüder, die Ich deinen Töchtern als Ehemänner geben möchte!"

Da weinte Zuriel vor Freude und fragte dankerfüllten Herzens: „O Jehova, wie bin ich vor Dir solcher Gnade würdig geworden?"

Und Abedam entgegnete ihm: „Weil du tapfer gekämpft hast mit aller Welt und hast Mir deine einzigen fünf Kinder so rein und sehend wieder gegeben, wie rein Ich sie dir als Blinde gegeben habe!"

Diese vier Ehepaare erhielten in gerechter Entfernung um die Wohnhütte Jareds ihre neuen, reinen Wohnungen, in denen schon alles Nötige enthalten war. Der Herr verhieß auch ihnen Kinder des Lichtes in gerechter Zahl. Und die vier Paare fielen hin zu den Füßen Abedams und dankten Ihm in der Tiefe ihrer reinen Herzen. Er jedoch richtete sie auf und segnete sie als Seine Kinder. Und die Väter freuten sich und taten ein gleiches. (II/5)

Zu dem vor übergroßer Freude weinenden Zuriel aber sagte Abedam: „Zuriel, jetzt komme auch du her zu Mir und empfange für deine Treue den größten Lohn! Siehe, Ich mache dich jetzt zu einem großen Engel und setze dich ein zu einem treuen Wächter und unsichtbaren Beschützer aller Meiner Kinder. Du wirst von nun an allezeit Mein Angesicht schauen und dich an Meinem Lichte freuen! Amen!" Und Er rührte den Zuriel an, daß er leuchtete mehr als die Sonne und bald aller Augen entschwand. (II/5.32 ff)

Da ergriff alle Anwesenden eine große Angst und Furcht. Nur die Ghemela fiel vor Abedam nieder und bat aus tiefstem Herzen um die gnädigste Erlaubnis, Ihn um etwas fragen zu dürfen.

Doch Abedam kam ihr zuvor und tröstete sie: „Meinst du, Meine geliebte Ghemela denn, daß dein Vater Zuriel aus dem Dasein verschwunden ist, da du ihn nicht mehr mit deinen Augen sehen kannst? O, da sei unbesorgt! Du wirst ihn noch öfter zu sehen bekommen und mit ihm von noch viel herrlicheren Dingen reden können als bisher! Eben deinetwegen empfing er ja im Angesichte aller solch große Gnade, damit er dir und deinem Manne ein treuer Wächter und Beschützer gegen alle Versuchungen der Welt sein kann!

Auch soll er ein mächtiger Leiter aller Kinder aus dem Mittag sein, weshalb er ihre Herzen durchschauen und gewaltigst erschüttern wird, so sie untreu werden und sie wieder zu Mir wenden. Außerdem soll Zuriel Meine Boten begleiten, die Ich nun in die greuelvolle Tiefe zu der großen Weltstadt Hanoch senden werde. Es soll der Drache an ihm merken, daß ein Kleiner aus Mir größer und stärker ist als er mit seinen argen, bösen Rotten!"

Da ward Ghemela wieder heiter wie ein lieblichster Maienmorgen und Abedam ließ sich in heiliger Vaterliebe von Lamech und seinem Weibe Ghemela selig liebkosen und sagte zu den beiden: „Ihr seid das erste Kinderpaar, das Ewigkeiten her Ich auf Meinen Händen sichtbar erschaulich trage! Es bleibe als ein ewiges Gedenkzeichen für alle nachfolgenden Kinder, welche die gleiche Liebe zu Mir haben!" (II/6)

Danach trat der hohe Abedam zu den anderen vier Ehepaaren und gab ihnen die Anweisung, wie sie das Erz aus dem Innern der Berge sammeln und läutern könnten, um daraus Werkzeuge zu formen, wie sie ihnen vordem Gottes Güte Selbst gegeben hatte und segnete sie und sprach: „Wie Ich euch alles umsonst gab, sollet auch ihr fortan geben! Nützet allen, ohne dafür etwas zu fordern! Eure Brüder werden euch liebedankend andere Sorgen abnehmen. Die Liebe allein soll der Grund eurer Arbeit sein!" (II/7)

Abedams Rede an die Boten nach Hanoch

Nachdem berief Abedam den Sethlahem, den Kisehel, dessen Brüder und noch zwei Söhne Kisehels, die alle feurigen Geistes waren, und sprach zu ihnen: „Höret, ihr Männer aus dem Mittage! Meine Erbarmung wird euch an einem Tage, den Ich euch im Geiste noch anzeigen werde, in die Tiefe zur Stadt Hanoch senden. Dort hausen Menschen, die nichts mehr von Mir wissen und darum tief unter die Tiere gesunken sind. Sie morden sich gegenseitig und schonen selbst die Alten nicht. Ja, ihr König, der auch Lamech heißt, wollte mich früher schon bekriegen! Ich aber ließ sein grausames Kriegsheer mit seinem Anführer Tatahar dem Bösen von reißenden Tieren vernichten, als sie eben die Erde mit Feuer zerstören wollten.

Seit Lamechs Weiber Ada und Zilla und seine Tochter Naëme entflohen sind, hat Lamech einen solchen Haß gegen Mich, daß er Tag und Nacht sinnt, wie er Mich auf die allerschändlichste Weise verunheiligen könnte. Er hat ein Loch in die Erde graben lassen und es zur Hälfte mit stinkendem Unrat gefüllt. Dann hat er Meinen Namen auf eine Steintafel gezeichnet und diese mit stinkendem Kote beschmiert. Er verfluchte die Tafel und warf sie vor dem Volke in das Loch, darauf dann die niedersten Sklaven ihre Notdurft verrichten mußten.

Alle seine Untertanen müssen ihn als den allein allerhöchsten Gott anbeten, ansonst ihnen die martervollste Todesstrafe droht. Kein Hanochite darf mehr Gottes Namen aussprechen. Den Sklaven verbietet er sogar das Sprechen; sie dürfen sich nur noch mit tierischem Gebrüll untereinander verständigen. Den Ungehorsamen wird die Zunge herausgerissen. Auch dürfen die Sklaven nicht mehr auf ihren zwei Füßen gehen, sondern müssen sich, außer bei der Arbeit, auf Händen und Füßen fortbewegen.

Diesen Ärmsten ist es auch strengstens verboten, sich zu paaren. Tausende Sklaven ließ er deshalb schon grausamst verstümmeln und hinrichten. Außer Hanoch gibt es noch zehn große Städte in der Tiefe, die dem Lamech dienstbar sind, und in keiner geht es um ein Haar besser zu.

Das Blut der Armen schreit zu Mir um Rache. Ich habe Mich ihrer erbarmt und will euch als Befreier dieses Volkes hinabsenden. Tötet niemanden, auch den Lamech nicht! Verkündet aber frei und offen Meinen Namen und das nahende Gericht Meines Ernstes, so nicht alsbald strenge Buße und Reue ihre Herzen erfaßt.

Den Lamech aber lasset mit eigenen Händen das besagte Loch wieder aufgraben, die mit Meinem Namen bezeichnete Tafel herausholen, sie mit reinem Wasser säubern und sie hernach erst mit den Tränen seiner Reue waschen! Weigert er sich, so gebrauchet Meine Macht in euch und lasset Plage um Plage über ihn kommen, bis er sich in euren Willen fügen wird!"

Und weiter sprach der Herr in Abedam: „Hebet nicht nur Lamechs, sondern *jede* Herrlichkeit auf. Alle seien sich als Brüder und als Schwestern völlig gleich! Die Weisesten aus dem einfachen Volke aber setzet zu Volksführern ein. Doch lasset sie nicht in Palästen der Herrscher wohnen, sondern weiterhin in ihren einfachsten, niedrigen Hütten bleiben.

Ihr Meine Boten aber fürchtet niemanden! Lasset euch ja nicht von der großen Pracht und Üppigkeit der Städte blenden! Sind sie doch ein Werk der Schlange Kains! Seid als Meine Propheten zu diesen Völkern äußerlich überstrenge und unerbitterlich, aber innerlich voll größter Nächstenliebe!

Wurzelt nicht in der Tiefe, sondern kehret wieder zurück, sobald ihr alles geordnet haben werdet! Ehe ihr aber aus der Tiefe zur Höhe heimziehen werdet, da waschet euch am ganzen Leibe, daß ihr nicht die Todeskeime der Tiefe hier auf der Höhe einschleppt.

Seid standhaft, stark, mächtig und gewaltig in allen Dingen und alle Natur sei euch untertan. Hartnäckige könnet ihr strafen – nicht aber, daß sie nur leiden, sondern, daß sie sich bessern! Solches beachtet wohl! Mein Segen sei mit euch und in euch, Amen." (II/8)

Sethlahems Dank und Kisehels Demut

Nach dieser Segnung dankten die berufenen Boten dem Abedam für Seine Segnung und die Gnade, daß Er, der große, heilige Schöpfer eben sie, die sich nun für die allerunwürdigsten hielten, zu Seinen Boten erwählte.

Und Sethlahem rief aus: „Brüder, wer faßt Gottes unendliche Erbarmung, Liebe und Gnade?! Wie leicht ist nun das ewige Leben zu gewinnen! Jehova, der Ewige, hat es uns nun selbst gezeigt, daß vor Ihm nur die Niedrigkeit der wahren Demut, verbunden mit der reinen Liebe zu Ihm, etwas gilt!

O Du lieber Vater Du! Wie überaus freue ich mich nun, daß Dir die Schlichtheit und Einfalt so wohlgefällt! Dir sei aller Preis, daß Du die Demut erwählt hast zur Dämpfung und Löschung der Hoffart der Welt!“

Als aber Kisehel von Abedam zum Führer der Boten berufen wurde, wollte er gerne der Geringste bleiben, um allen zu dienen und vor niemandem etwas voraus zu haben. Doch der göttliche Vater in Abedam beschied ihn: „Wohl möchtest du viel lieber gehorchen als über die anderen bestimmen, doch eben darum bist du Mir überaus wert geworden, denn nichts als die wahre Demut macht euch wahrhaft groß vor Mir! – Siehe, darum bist du auch der Erste aus euch Erwählten.

Die Brüder brauchen keinen Führer in der Weisheit, keinen in der Liebe – keinen in der Kraft, Macht und Gnade aus Mir – dies alles gebe Ich ihnen. Sie brauchen aber einen Führer in der beständigen Demut! Diese kann und darf Ich niemandem geben, sondern nur lehren und begehren! *Das* ist der Acker, auf dem Ich ernten will, obwohl Ich nicht säe. Die Demut ist das Einzige, das ihr Mir geben könnt, frei aus euch, ohne es eigentlich vorher von Mir empfangen zu haben. Dieses aber ist es, was allen deinen Miterwählten mehr oder weniger mangelt. Denn ohne Demut kann alles Heilige aus Mir in Verderbnis verkehrt werden.

Dich Kisehel, aber leitet die Demut und du sollst darum den anderen ein leitendes Vorbild sein, wollt ihr nicht noch mehr Verderbnis in die Tiefe bringen! Euch allen aber rate Ich ja unverzüglich in seine Fußstapfen zu treten“

Auf diese Rede dankten alle dem Abedam für die große Gnade, daß Er ihnen in der Demut des Kisehel einen Führer bestimmt hatte, und Abedam setzte noch hinzu: „Merket euch! Ich bin der Erste und stehe jedem noch näher, denn der euch von Mir gegebene Führer! Zuerst kommet zu Mir, Ich werde dann euer Herz empfänglich machen für den Rat aus dem Munde des Führers und euch zuvor mit dem erfüllen, was euch hernach erst der Mund des Führers bestätigen wird. Dann erst werdet ihr sein Wort als Mein Wort in euch erkennen! Ansonst wird euch das Führerwort hart treffen! Und nun verweilet bei Mir, solange Ich noch sichtbar unter Meinen Kindern hier bin.“

Jura, Bhusin und Ohorion aber, die vordem als erste Bewohner der Mitternachtsgegend dem Ruf des Herzens gefolgt waren, erwählte Abedam als Vorbilder der Demut für ihre Kinder in den nördlichen Gebieten. (II/9-12)

Uranion mit den Morgenkindern beim Herrn

„Henoch“ sagte Abedam, „gehe und bringe Mir sieben Blümchen vom Morgen her, und lasse ihnen alle Übrigen folgen!“

Da begab sich Henoch zu den Kindern des Morgens, welche sich nahe an der neu erstandenen Adamsgrotte gelagert hatten. Ein Vater des Morgens, namens Uranion, trat vor ihn hin und fragte ihn mit der größten und liebevollsten Ehrfurcht, welche heilige Absicht ihn hergeführt habe.

Und Henoch erwiderte: „Uranion, rufe deine sechs Brüder und folge mir mit ihnen und allen deinen tausend Kindern zur Morgenhöhe. Dort sollt ihr einen mächtigsten Menschen kennen lernen.“

Diese Bewohner des Ostens wußten aber noch nicht, daß der Herr Himmels und der Erde in der Gestalt eines zweiten Abedam unter den Bewohnern der Henochshöhe weilte. Voll größter Erwartung zogen sie in guter Ordnung fröhlich der herrlichen Morgenhöhe zu. Aber je näher sie dem Abedam kamen, desto mehr ergriff sie eine große Angst und Bangigkeit, daß sie sich kaum weiter getrauten.

Da aber kam ihnen der hohe Abedam schon entgegen mit der sanften Frage: „Warum fürchtet ihr euch denn weiterzugehen?“

Uranion sagte darauf: „Edelster Bruder und Freund! Es soll sich hier ein Mensch befinden, so mächtig wie Gott selbst! Das hemmt uns!“

Abedam aber stärkte sie: „Fürchtet euch doch nicht! Ich Selbst bin es vor dem ihr bangt. Mir ist zwar alles untertan, aber warum solltet ihr euch deshalb vor Mir fürchten? Folget Mir nur mutig, denn ihr werdet Mich gar bald von einer ganz anderen Seite kennenlernen!“

Auf der Vollhöhe angelangt, verneigten sich alle vor Adam und Eva und vor den übrigen Hauptstammkindern. Darauf begrüßte Uranion den Adam und ließ seine Urenkelin Purista hervortreten. Mit großer, zartester Freude überreichte diese dem Adam ein Körbchen voll auserlesener Früchte, so wie es ihr geboten war.

Adam aber staunte gewaltig, denn Früchte von solch herrlichem Aussehen und Wohlgeruche hatte er noch nie gesehen. Darum fragte er das Mägdlein: „Purista, du allerliebstes Töchterchen meines Gabiel, wo hast du denn diese wunderbaren Früchte für mich gesammelt? Das sind ja himmlische Früchte, wie ich sie von Uranbeginn meines Lebens noch nie gesehen habe!"

Als aber Purista in ihr Körbchen blickte, erschrak sie förmlich, denn die Früchte darin kamen ihr nun selbst ganz fremd vor.

Heimlich fragte sie darum ihren Vater Gabiel: „Lieber Vater, hast du mir denn die Früchte heimlich ausgetauscht?"

Doch Gabiel rief erstaunt aus: „O du meine geliebte Tochter, da ist ein Wunder geschehen!"

Adam aber hatte es sich heimlich schon gedacht, woher diese himmlische Verwandlung herrührte und sagte darum zur Purista: „Du mein geliebtes Kindlein! Siehe Den an, der hinter dir steht, Er ist es, der dein Körbchen so unbemerkt mit den himmlischen Früchten füllte!"

Purista aber sagte: „O erhabener Vater der Väter, wenn er das getan hätte, so wäre das ja recht schlimm von ihm; denn er muß doch wissen, daß ich niemanden liebe als allein meinen himmlischen Vater und meinen Vater Gabiel und meine Mutter Aora. Wie durfte er das tun, daß nicht einmal meine lieben Eltern davon wissen? Ich will den himmlischen Vater für ihn bitten, daß Er ihm diese Schuld vergebe!"

Adam aber rief gerührten Herzens aus: „O du herrlichste, zarte Blume des Morgens! Diese Bitte wird Er dir ganz sicher nicht unerfüllt lassen! Aber sei nur getröstet – bald wirst du mehr erfahren!" Damit begnügte sich die Purista und bat den himmlischen Vater mit den inbrünstigsten Worten um Vergebung für den Fremden, der ihr dies angetan hatte, und wurde ruhig.

Alsbald berief aber der Abedam den Henoch zu sich und sagte ihm: „Henoch, lege nun das Opferlamm geschlachtet auf den Altar und komme sogleich wieder hierher. Ein Feuer aus dem Himmel soll es verzehren!"

Henoch erfüllte sogleich des Herrn Willen und alsbald zuckte ein hellster Blitz aus dem Himmel herab, von einem welterschütternden Donner begleitet, daß selbst der Henoch erschrak. Und mit sonnenhellen Flammen erbrannte das Opfer und blendend weiße Rauchwölklein stiegen vom Altar zum Himmel empor.

Da fing's der armen Purista mitsamt den Morgenkindern an, schlecht zu gehen. Denn sie merkten nun die von Henoch verkündete Größe und Macht des ihnen noch unbekannten Abedam. (II/15.29-17)

Abedam und Purista

Der am ganzen Leibe bebende Uranion begehrte aber nun von Henoch zu erfahren, wer denn dieser mächtige Mann sei und wie er heiße. Henoch beschied ihn jedoch selbst ganz ohne Furcht zum Abedam zu gehen.

Das tat Uranion sogleich. Und Abedam ergriff ihn bei der Hand und sagte: „Uranion, sei überaus frohen Mutes; denn jetzt hat dich das ewige Leben ergriffen. Gehe aber hin zum Gabiel und bringe ihn zu Mir samt seinem Weibe Aora und seiner einzigen Tochter Purista, und du wirst mich dann an deren Seite zur Genüge deines Herzens kennenlernen!"

Da eilte Uranion und brachte die Gewünschten vor den Abedam. Diese aber erkundigten sich voll Sorge über das Verlangen des mächtigen Mannes, und die Purista, ängstlich an ihren Vater geschmiegt, fragte: „Guter, lieber, über alles mächtiger Mann, du wirst uns ja doch nicht trennen wollen? Gewiß liebst auch du den heiligen, über alles guten, himmlischen Vater?"

Und Abedam fragte darauf: „Höre, du Meine allerzarteste Purista, hast du denn den himmlischen Vater schon einmal gesehen?" Purista entgegnete: „Du mußt nicht bloß ‚himmlischer Vater' sagen, sondern, ‚überheiliger, liebevollster, himmlischer Vater' mußt du sagen, nicht aber so glattweg Vater, sonst getraue ich mir nicht, Dir zu antworten!"

Und der hohe Abedam verbesserte Sich nach ihrem frommen Willen, darauf sie Ihm zur Antwort gab: „Wie könnte sich ein Mensch je für so würdig halten? Solches können vielleicht nur die Engel!"

Und Abedam prüfte sie liebevollst weiter, indem er fragte: „Aber, meine liebe Purista, Adam soll doch den überheiligen, liebevollen, himmlischen Vater gesehen und gesprochen haben?"

Doch Purista entgegnete: „Aber was dir doch nicht alles einfällt! Weißt du denn nicht, daß Adam aus der allmächtigen Hand des überheiligen, himmlischen Vaters hervorging? Denke doch nur so ein bißchen nach!"

Und Abedam sprach: „Ja, da hast du freilich wieder recht. Aber hättest du denn keine Sehnsucht, den überheiligen, liebevollsten himmlischen Vater zu sehen? – Was sagst du Mir nun auf diese sonderbare Frage?"

Purista: „Oh! Wer möchte *Den* nicht gerne sehen, wenn man Ihn vor allem so liebt wie ich?! – Aber verstehe, da müßte man noch ganz unbegreiflich viel frömmer sein als ich! Ich bin ja schon zufrieden, daß sich der übergute, überheilige und liebevollste himmlische Vater von mir armseligem Geschöpf nur lieben läßt und Sich uns durch Seine Wunderwerke und durch den Mund gar frömmster Männer zu erkennen gibt! Sage, ist das nicht schon so viel, daß wir Ihm in allen Ewigkeiten nicht genug dafür danken können?“

Entgegnet Abedam: „Ja, ja, da hast du schon wieder recht und hast Mich recht schön belehrt. Aber Ich habe schon wieder eine Frage an dich: Sage Mir, wie stellst du dir den überheiligen, liebevollsten, himmlischen Vater denn vor? Geh, sag mir's doch!“

Spricht Purista: „Aber das ist wieder eine Frage! Wer dürfte oder wer könnte es wohl? Gott ist ja überheilig und unendlich! Nur einmal dachte ich, Er könnte vielleicht wie der Urvater Adam aussehen – nur viel, viel größer. Aber dann habe ich mich dieses Gedankens gefürchtet und lange darum gebetet, daß mir diese Schuld wieder vergeben wird.“

So ging dieses köstliche Fragen und Antworten hin und her, bis Purista in großer Demut zu den Füßen Abedams niederfiel und reuigst den vermeintlichen mächtigen Engel Gottes um ein Zeichen seiner Liebe und Gnade bitten wollte. Da aber beugte sich Abedam nieder, nahm sie auf Seinen Arm und drückte sie an Seine Vaterbrust und fragte sie mit der mildesten Stimme: „Purista! Du reinste Perle des lichtvollen Morgens, welch Zeichen verlangst du von Mir?“

Sagte Purista vor Freude beinahe zerfließend mit liebezitternder Stimme: „O Du herrlicher, mächtiger Freund, Du bist meinem Wunsche schon zuvorgekommen! Indem Du mich liebevollst auf Deinen Armen trägst, hast du das verlangte Zeichen ja schon gnädigst an mir vollzogen!“

Sie konnte vor lauterstem Dankesgefühl nicht mehr weitersprechen. Da drückte Abedam sie noch einmal an Sein Herz und trug sie dann wieder in die Arme ihrer Eltern, welche vor Dankesfreuden über und über weinten.

Gabiel aber rief aus: „Nein, so gut kann kein Engel sein! Mein Weib, und du, meine einzige Tochter, hier ist mehr als der höchste Engel der Himmel je fassen wird!“ – Darauf konnte er nicht mehr weiter reden, denn seine Empfindungen waren zu groß.

Purista jedoch blickte mit ihren allerreinsten Kinderaugen zu Abedam hin und Dieser sprach zu ihr gewandt: „Purista! Meine liebe Tochter! Erkennst du Mich, deinen heiligen Vater, denn immer noch nicht? Siehe – Ich – Ich bin es ja Selbst!“

Bei diesen Worten erkannten sie alle den Vater! Purista aber schrie laut auf und stürzte hin, umklammerte Abedams Füße, von heißester Liebe durchdrungen, und alles, was sie zu sagen vermochte, war: „O Vater! – Du mein Vater! Mein heiliger, liebevollster himmlischer Vater!“ (II/18-20)

Die neue Hütte Gottes bei den Kindern der Höhe

Unsere Augen sind nicht dazu geschaffen, das Antlitz der Sonne zu erforschen. Ihr Liebelicht genügt der Erde und allen Geschöpfen auf ihr. Nie wird ein Mensch die Gottheit erfassen, wohl aber den heiligen, liebevollsten Vater, der als vollkommener Mensch die Mitte der Gottheit ist.

Ein Kind darf liebend den Vater umfassen, und Gott ist in Seiner Urmitte als Vater, die Liebe! Das ist das enthüllte Geheimnis des Lebens, wie es unsere lieblichste Purista gar köstlichst erlebte. Der himmlische Vater in der Gestalt eines zweiten Abedam gab Puristas irdischem Vater Gabiel eine besondere Verheißung: „Gabiel, Purista soll dereinst von ihrem Manne, den Ich ihr noch geben werde, eine Tochter bekommen. Diese soll die Mutter eines neuen Volkes der Erde werden. Und der Lamech wird ihr einen Mann geben, der allzeit bei Mir in Meinem großen Hause wohnen wird!

Gabiel, siehe, ihr habt Mir schon eine neue Hütte in euren Herzen erbaut! Das ist Mir eine wahrhaftig wohlgefällige Herberge! Zum äußeren Zeichen sollt ihr aber daheim auch wirklich eine neue Hütte, von Mir errichtet vorfinden. In diese soll kein Mann bedeckten Hauptes treten, und die Frauen sollen darin ihr Angesicht verhüllen. Denn diese Hütte ist rein und geheiligt! In der Mitte der Hütte, über dem Altar, wird ein unauslöschliches Feuer mit einem großem Schein am Tag und in der Nacht brennen, und es werden dieser hellen Flamme allzeit lichte Wolken himmelwärts entsteigen.

Du, Meine allerreinste Purista aber sollst, so oft Ich zu euch kommen werde, auf diesem Herd der Liebe ein köstlich duftendes Mahl bereiten. Dir allein ist es gestattet, mit offenem Angesicht dort deine Arbeit in der reinen Liebe zu Mir zu verrichten. Vor dem Kochen aber sammelt frisches, reines Holz vermehrter und erneuter Herzensliebe, damit ihr mit allem versehen seid, Mich zu bewirten. Meist aber werde Ich unerwartet kommen. An der Flamme sollt ihr immer ermessen, wie euer Herz vor Mir bestellt ist.

So mache Ich euch zu Meinem Gastwirte und gebe euch dieses Heiligtum im Morgen. Beachtet wohl! Wie das Herzensfeuer, so das Herdfeuer! Das zu bereitende Mahl aber bezeichne eure vollste Ergebung in Meinen Willen! Du, Meine Purista aber bleibe Meine Köchin in der Küche der Liebe und am Herde des ewigen Lebens, und Ich werde oft dein Gast sein!

Wenn ihr jemandem Speise und Trank in Meinem Namen reichen werdet, so werde Ich es ansehen, als hätte Ich Selbst das Mahl verzehrt! Wer von euch aus dieser Hütte eine Kost nehmen will, soll aber genug frisches Holz mitbringen, denn wer da leer kommt, aus- wie inwendig, der soll auch wieder leer heimkehren, so wie er gekommen ist!

Purista, du wirst drei leere Gefäße vorfinden. Darin siede solche Früchte, wie du sie dem erstaunten Adam überreicht hast. Diese sollen nun in eurem von Mir erweiterten Garten wachsen und gedeihen. Einen großen Topf voll koche für Mich, dreimal des Tages, und einen ebenso großen für jedermann.

Für dich und deine Eltern aber nehme den kleinsten Topf mit den kleinsten Früchten. Die weich und süß verkochten Früchte im fremden Topf wie in dem deinen stelle vom Feuer, Meinen jedoch belasse, bis Ich Selbst komme oder jemanden sende, der Meine Kost verzehrt oder an euch alle verteilt in Meinem Namen! Amen.“

Abedam berief die lieblichste Purista zur Köchin. – Nur ein Menschenherz, das Gott über alles liebt, kann dem Herrn ein Freudenmahl bereiten. So bedeutet der Herd die Treue zum Herrn, und das hell lodernde Herdfeuer die Liebe im reinen Menschenherzen.

Nun wissen wir auch, in welche Kirche der Herr einkehrt: In die Herzenskirche, wo erwartungsvolle Kindesliebe allein gewürdigt ist, den unendlichen Gott in Seiner Vaterliebe persönlich nahe zu erleben! Und die drei Töpfe? Sie stellen die Gottesliebe, die Nächstenliebe und die gerechte Eigenliebe dar. So lasset uns stets im Herzen zehnmal so viel Liebe, wie wir sie für uns verwenden, für den Nächsten als fertiges Tätigkeitsmahl, für den Vater im Himmel aber noch zehnmal mehr Liebe zum Dienst bereit halten! (II/22 ff)

Henochs Berufung zum Dieneamt

In der Mitte des Tages war die Zeit gekommen, da Henoch seine Sabbatrede halten sollte. Nachdem ihn der hohe Abedam gestärkt hatte, sprach Henoch zu den Versammelten: „O höret, ihr Väter, Brüder und ihr Kinder alle! Was können wir wohl dem heiligen Geber aller Gaben tun? Nichts, nichts, als Ihn lieben aus allen von Ihm uns gegebenen Kräften und dankbar fröhlich jegliche Gabe genießen!

Ein starkes Herz sei stark in der Liebe, um damit alle anderen Kräfte zu mehren. Wer ein besonders starkes Wahrnehmungsvermögen aller Art hat, der bringe dieses ‚frische Holz‘ zur Puristahütte zur Mitopferung, und diene in Demut. Wer da stark ist in der Nächstenliebe, der führe die Bedürftigen in die Hütte Puristas und versehe sie reichlichst mit der Kost des Lebens!

So erkenne jeder seine Stärke als eine Gnadengabe Jehovas und gebe sie nie und nimmer als sein Eigenes an! Denn nur die Liebe ist Leben und die Demut der Weg dahin! Amen.“

Abedam aber sprach nach dieser Rede: „Henoch! Rede von jetzt an jeden Sabbat Mein reines Wort zum Volke! Ermahne die, die sich von Mir abgewandt haben und stelle ihre Füße wieder auf den rechten Weg der Reue, Demut und Liebe zu Mir. Wer da umkehren wird, dem soll Meine Gnade schon mehr als auf halbem Wege entgegenkommen! So aber ein Tiefgefallener zurückkehrt, sollt ihr eine große Freude haben und ein Gastmahl halten.

Der Schwachen Los ist es, nur Geringes auf wohl erleuchteten Wegen zu tragen. Wenn jedoch ein Starker mit seiner größeren Last des Nachts den Weg verfehlt und lange irrt, kehrt aber dann doch weinend von selbst zurück, so soll eure Freude groß sein! Der Gerechte hat nicht Ursache zu weinen; ihn drückt ja eine leichte Bürde. Wer da aber mit einer großen Bürde beladen hinfällt, der soll aufgehoben werden!

Ermahnet kräftig die Irrenden; wer euren Augen entschwand, den sollt ihr mit all Meiner Liebe in euch suchen. Doch schwinge nicht eher jemand die Zuchtrute über einen Bruder, bevor Ich es ihm zurufe, es zu tun mit dem Feuer der Liebe! Lasset ihn zwar aus der Gemeinde gehen, damit sich niemand an ihm ärgere, aber euer Herz begleite ihn bis ans Ende der Welt!

Euer Abschiedsblick lasse den Irrenden erfahren, daß er ein armer, gedrückter Bruder ist und euch gleich ein Sohn Meiner Liebe. Völlig fremd sei euch jeglicher Zorn und aller Fluch sei ferne eurem Munde! Richtet nicht, so werde auch Ich euch nicht richten!" (II/25-26)

Lamel rettet Hored und Naëme

Noch befanden sich Ghemela an der Seite Lamechs, Purista in der Mitte ihrer Lieben und alle anderen Gesegneten der Höhe mit ihrem Prediger Henoch vor dem Herrn, da sprach dieser zu Henoch: „Rüste nun sogleich einen Boten aus und sende ihn in die Gegend zwischen Mitternacht und Morgen. Denn dort lebt nur für sich selbst und ungesegnet euer Bruder Hored mit Naëme, einem Weibe aus der Tiefe. Ich lasse sie beide rufen!"

Da berief Henoch den Lamel, einen Bruder Gabiels und sprach zu ihm: „Du bist guten Willens, so eile dorthin, wo sich Hored mit einer Tochter des Tiefenkönigs verborgen hält. Im Angesichte ihrer Verfolger aus der Tiefe sollen sie gerettet werden!"

Die verliehene Kraft des Herrn führte Lamel schnell zu der eine Tagesreise weit entfernten Hütte. Doch Hored ergrimmte, da er seinem Weibe geschworen hatte, den ersten Störer ihres vermeintlichen Glückes zu töten.

Er packte sogleich seinen Bruder Lamel gewaltigst und schrie: „Unglücklicher, gerade dich muß mein erster Fluch treffen! Ich verkroch mich darum in einen äußersten Winkel der Erde, um meinen Fund in aller Ruhe allein zu genießen. Elender! Wer verriet mich? Rede, oder ich zerreiße dich!"

Lamel aber sah den wütenden Hored fest an und sprach: „Hored! So empfängst du deinen Retter, den der allmächtige Gott Selbst, der nun bei uns auf der geheiligten Höhe weilt, zu dir gesandt hat?

Erfahre aber, daß ich nicht dir gleich ein Wortplärrer bin. Entwurzle doch diese starke Zeder hier und schleudere sie den Berg hinunter über die Tausend auf dich schon lauernden Feinde aus Hanoch!"

Darauf zeigte Lamel ins Tal, wo ein grimmiges Heer aus Hanoch sich bereits dem Versteck Horeds nahte, um blutige Rache an ihm zu nehmen. Hier erschrak der Hored gewaltig. Er sprang zur Zeder und stemmte sich gewaltig gegen sie, aber die Zeder rührte sich nicht. Wütend schrie er da: „So entwurzle du sie!“ Und Lamel rührte die wuchtige Zeder mit der Macht des göttlichen Willens nur an und schon splitterten ihre Äste, und der mächtige Baum stürzte im Augenblicke zusammen.

Jetzt verging dem Wütenden die böse Lust durch die Tat Lamels und er schrie überlaut: „Großer Gott! Ich bin verloren! Aber das habe ich mir schon immer gedacht, daß es so kommen wird!“

Lamel fragte ihn darauf: „Warum also meidest du die Heimat deiner Väter, da du doch ein Bote zur Tiefe warst? Warum fliehst du vor uns? Du ließest dich von Lamechs Schlauheit berücken, der dich mit seiner Tochter Naëme beschenkte, um dich los zu werden. Darum wich die Kraft aus dir, und du meintest noch, wir mißgönnen dir Naëme? Allein, ich bin gesandt, euch zum liebevollsten Vater zu führen, der noch immer unter uns weilt. Denn auch ihr sollet Seines Segens teilhaftig werden!“

Da rief Hored aus: „O Bruder Lamel, jetzt erst erkenne ich dich wieder! Rette uns im Willen des Herrn!“ Und kaum hatte Lamel auch die herbeigeeilte Naëme ergriffen, da stürzten auch schon von allen Seiten die Feinde unter wildem Geheule auf die Hütte Horeds zu. Naëme war ganz verzagt und stieß einen heftigsten Angstschrei aus, und auch Hored schrie verzweifelt.

Lamel aber sprach ruhigen Herzens: „Sehet euch doch um!“ Da erst wurden die Geretteten gewahr, daß sie sich schon wohlbehalten auf der Höhe bei der Adamsgrotte befanden, an deren Morgenausgang Henoch und noch Jemand mit ausgestreckten Armen ihrer warteten und bei ihrem Anblicke auf sie zueilten. (II/27)

Demütig freudig fiel Lamel vor den beiden Heraneilenden nieder und pries Abedams große Erbarmung und Liebe. Abedam aber führte sie zu einem großen weißen Felsen, von dem man einen weiten Blick über die Tiefe hatte und zeigte ihnen, wo Lamechs Schergen mit brennenden Fackeln die Wälder anzündeten, um die Berge samt ihren Urbewohnern in Asche zu legen. Gewaltige Rauchmassen entstiegen schon der Tiefe. Da ergriff den Henoch ein großer Eifer über diese Frevler. Doch Abedam behieß ihn, den Wolken einen reichlichen Platzregen zu gebieten, der dem Werk der blinden Torheit und Bosheit ein Ende bereiten sollte. (II/28-29)

Auf schmalem Demutsweg zur Höhe

Über den schweren Regenwolken blieb es jedoch hell, und man bemerkte nun einen starken Wirbel auf ihrer Oberfläche, gleich den Ringen einer großen Schlange. Der Wirbel näherte sich aber unserer Gesellschaft auf der Höhe und entpuppte sich als Satan, der gefallene Lichtgeist. Als eine blendende Gestalt stellte er sich keck vor den hohen Abedam, und fragte: „Was hast Du in meinem Eigentum zu tun? Weißt Du denn nicht mehr, welche Frist Du mir gegeben hast? Hier bin *ich* der Herr!“

Abedam aber entgegnete: „Satan! Bis hierher und nicht weiter! Hebe dich von hinnen und erkenne, wozu dir diese Zeit gegeben ist!“ Da stieß Satan ein furchtbares Gebrüll aus und stürzte, ganz wutentzündet, hinab in die Tiefe.

„Das Feuer ist gelöscht und die Frevler in die Flucht geschlagen“, sagte Abedam zu den Seinen, „lasset uns denn im Frieden von dannen ziehen!“

Auf beschwerlichem Fußpfad zogen sie nun der Vollhöhe zu. Abedam hatte eben diesen Weg der Demut für die beiden Geretteten ausersehen, um ihnen zu zeigen, welchen Weg im Inneren sie zu gehen haben, die Höhe des Lebens zu erreichen.

Naëme, die noch ihr prächtiges, königliches Gewand trug, blieb öfters damit an den Dornenhecken hängen und hatte Mühe, sich immer wieder loszuwinden. Doch immer beschwerlicher und voll von Gestrüpp wurde der Höhenweg für Naëme. Darum weinte sie und rief um Hilfe. Allein, da sie wegen dieser Umstände ziemlich zurückblieb, vernahm der Hored ihr Rufen nicht. Auf der freien Höhe angelangt, fragte daher Abedam nach einer kurzen Rast: „Kinder, sind wir alle beisammen?“

Da erst gewahrte der immer noch zutiefst erschütterte Hored, daß seine geliebte Naëme fehlte, und er erschrak sehr. Abedam sah wohl seine große Verlegenheit, berief ihn zu Sich und fragte ihn: „Du sorgst dich umsonst! Warum sahst du dich nicht um, als dein Weib dich um Hilfe rief, sie aus den Dornen zu befreien? Taub warst du für ihre Stimme. Statt deiner törichten Sorge kehre aber um und hilf ihr. Wir werden hier auf euch warten!“

Doch Hored wurde immer trauriger, fiel zur Erde und flehte: „Höret mich, o Brüder in Gott, höret mich! Gott, unser aller überheiliger Vater soll nun wesenhaft sichtbar hier weilen. Wie dürfte sich da mein sicher unreines Weib Ihm nähern? Wäre ich euch doch nicht gefolgt! Ich bin ein zu großer Sünder, vor Gott und vor euch. Ich will, ich muß zurück, aber helfe mir doch einer, mein Weib zu befreien. Dann aber zeige er mir einen Ort nahe am Weißen Felsen, allwo ich meine große Schuld beweinen will!“

Abedam schickte inzwischen den Lamel, Naëme zu holen, und während Hored immer noch jammerte, da befand sich Naëme schon wohlbehalten unter ihnen.

„Stehe nun auf, du Tor, und lerne den heiligen Jehova besser kennen!“ rief ihn da die Stimme Abedams.

Und Naëme, von Abedam dazu gerufen, schritt zum verzweifelten Hored, ergriff seine Hand und sagte: „Aber Hored, warum klagst du hier meinetwegen? Siehe, ich bin ja hier, gerettet durch das Wort dieses herrlichen Freundes an deinen Bruder Lamel!“

Da sprang Hored freudig auf und dankte mit tränenden Augen dem Fremden für die so schnelle Rettung seines Weibes. Abedam aber entgegnete: „Hored, Hored, du bist noch sehr beschränkt in deiner Erkenntnis. Wie unsinnig stellst du dir Jehova vor! Naëme, das Kind der Welt soll Mir sagen, wie sie sich den heiligen Jehova vorstellt!" (II/29-30)

Hored und Naëme vor dem Herrn

Naëme lächelte hier und sagte endlich: „Du himmlisch guter, herrlicher Freund, vergib mir, so ich mir auch keine rechte Vorstellung machen kann, – aber – am allerliebsten wäre Er mir in Deiner Form! O vergib mir, so ich damit etwas recht Dummes gesagt habe!"

Der hohe Abedam aber sagte zu ihr: „Sei getröstet, wahrlich, in dieser Meiner Form wirst du gar bald Jehova, den unendlichen Gott und in Ihm den heiligen, liebevollsten Vater erkennen!"

Höchst sonderbar kam es aber dem Hored und der Naëme vor, daß sich alle Väter und Kinder der Höhe ehrfurchstvoll tiefst verneigten. Sie sahen doch ringsum außer ihrer eigenen kleinen Gesellschaft niemanden, dem diese große Liebesbezeugung gelten könnte. Naëme fragte darum ganz zutraulich den Abedam: „Sage, naht sich denn etwa gar, mir unsichtbar, der große, heilige Jehova? O lieber Freund, seit meiner Kindheit habe ich in mir stets den Wunsch genährt, nur einmal den erhabenen, heiligen Jehova zu erblicken! Denn meine Mutter Zilla hat mich ganz heimlich nach der Lehre des weisen Farak unterrichtet.

Aber siehe, lieber Freund, ich hatte das Unglück, die schönste Tochter der Tiefe zu sein. Doch alle Mißhandlungen von Seiten meines Vaters vermochten nicht, mich von meinem Jehova zu trennen. Hored, bezeuge es, daß du mir nur immer von Jehova berichten mußtest und ich ohne Segnung auch nie dein Weib werden konnte und du daher auch nie dazu kamst, in mir eine Leibesfrucht zu erwecken.

Guter, edler Freund, ich bin zwar ein Kind der Tiefe, doch in allen Stürmen der Versuchungen erhielt ich mein Herz möglichst rein für den mir geoffenbarten Jehova! Jetzt aber, wo ich zum ersten Male hier von dieser heiligen Höhe aus eine so herrliche, unbeschreiblich schöne Anschauung seiner Wunderwerke genieße – und das noch dazu in meiner allerniedrigsten Unwürdigkeit, da möchte ich gerade sterben aus Liebe zu meinem unaussprechlich wunderbar himmlischen, heiligen Jehova! Ach, ich vermag's nicht auszudrücken. Durfte ich doch nie etwas lernen, damit meine angebliche

Schönheit des Leibes darunter ja nicht etwa verkümmere. O habe Geduld mit mir! So nun irgendwoher der heilige Jehova erscheinen wird, so lasse mich Ihn, so es dir möglich ist, Ihn nur auf einen Augenblick schauen! O, wenn ich solcher Gnade doch auch im geringsten würdig wäre!"

Hier konnte sie nicht mehr weiterreden, große Tränen rollten über ihre schönsten Wangen und aus ihren Augen strahlte die heißeste Liebe und Sehnsucht. Freude und Furcht kämpften gewaltig in ihrer Brust.

Abedam aber rief Hored zu sich und sprach zu ihm: „Hored, du Sohn des lichten Morgens, siehe, hier ist ein verlassenes Weltkind der Tiefe! Dieses zittert vor großer Liebe und Sehnsucht nach Jehova, du aber blickst nur eifersüchtig auf Mich. Naëme ahnt, in wessen Nähe sie sich befindet. Du aber stehst hier vor deinem Gott und Schöpfer stumm wie ein Baumklotz. Darum gehe hin zur Grotte, und suche, ob dein Herz einer Reue fähig ist. Denn *Ich* bin der sichtbare Jehova, Gott von Ewigkeit Selbst!"

Da fiel Hored, wie vom Blitz getroffen, zusammen. Naëme aber fiel auf ihre Knie, weinte und sprach endlich mit zitternder Stimme: „O Jehova, sei mir armen Sünderin gnädig und barmherzig!"

Abedam wandte Sich zur Naëme sagend: „Bist du wohl zufrieden, daß Ich dir den Jehova in Mir Selbst gezeigt habe? Glaubst du, daß Ich als Mensch auch zugleich der ewige, große Gott bin?" (II/30-31)

Naëmes große Liebe

Mit sanfter, liebeandächtiger Stimme erwiderte Naëme: „Höchster, erhabenster, heiliger Gott! Noch weiß ich es von meiner Mutter Zilla, daß Du alles in allem bist und doch nur als ein vollkommenster Mensch anzusehen bist. Wir, als Deine Geschöpfe, können von Dir keine vollkommenere Vorstellung haben als die wunderherrliche von einem Menschen nur.

O wie feurig zeugt mein Herz von Dir, heiliger Jehova, was mein schwacher Mund nicht sagen kann! Nur bitte ich Dich noch: Strafe nicht zu hart den redlichen Hored. Sei uns gnädig und verstoße uns nicht! Ich bin ja die Ursache seines Vergehens. O strafe mich dafür! Ich bin ja nur eine Frucht der Nacht und der Sünde. Wie wäre es dem Hored möglich gewesen, sich an meiner armseligen Seite Dir wohlgefällig zu erhalten, gleich den anderen Vätern hier, die nie die Versuchungen Horeds verkostet haben?"

Und Abedam erwiderte ihr: „Meine Mir lieb gewordene Naëme! Längst erhörte Ich deine Bitte! So du Mich aber wahrhaft liebst, so schütte doch dein Herz vor Mir aus, deinem lieben, heiligen Jehova!"

Da erstrahlte dieses Kind der Nacht in Schönheit, Anmut und feurigster Liebe und fragte den Abedam mit einer alles bezwingenden, liebezitternden Stimme: „O Du überheiliger, mildester, lieblichster, allersüßester Jehova! Darf ich – eine arme Sünderin – Dich auch lieben, wie Dich hier Deine Kinder und Deine Töchter lieben dürfen? O darf ich das? – Ich – ein Kind der Welt, eine Tochter – o ich kann es nicht aussprechen, – o Du, mein Jehova!"

Hier sank sie zusammen und weinte über und über, da sie sich für die Liebe Jehovas zu unwürdig fühlte. Abedam aber ergriff ihren Arm und hob sie behende auf, drückte sie dann im Angesicht aller Väter sichtbar heftig an Seine Brust und hielt sie lange fest umfangen. Hernach fragte Er sie: „Nun, Meine geliebteste Naëme, fragst du noch, ob du Mich lieben darfst?"

Naëme aber fiel zu Seinen Füßen und benetzte sie mit ihren Tränen. Ja, mit den heißesten Liebetränen benetzte sie die allerheiligsten Füße Jehovas!

Abedam aber rief mit starker Stimme aus: „Kinder! Da seht her! Hier zu Meinen Füßen liegt jetzt mehr, als was Sonne, Mond und Sterne bieten können! Es liegt hier eine neue Tochter der Buße, der Reue und – der allerhöchsten Liebe! Leichter ist es, Mich zu finden und zu lieben im Reiche des Lebens, als im Reiche des Todes!

Diese aber hat Mich schon im Tode gesucht und geliebt! Daher soll sie auch mit Meiner Liebe belohnt werden, wie es noch kein menschlicher Sinn je empfunden hat! Ja, geliebteste Naëme, du gehörst nun Mir allein! Siehe, so räche Ich Mich an Meinen Feinden – mit Vaterliebe!" (II/32)

Horeds Einkehr und Herzenswandlung

Als Hored nun den Herrn erkannt hatte, besah er zwar sein Inneres, fand aber, daß ihm die Liebe fehlte. So dachte er: „Ich bestehe aus lauter Eigennutz, Eigenliebe, Eigenwohltat und Eigensinn. Ich bin voll Eifersucht, Zorn und Scheelsucht. O Naëme, nicht du, sondern ich bin der Schuldige! Ich war blind, weshalb ich in der Tiefe Hanochs ein Aufsehen machte mit der mir verliehenen Macht aus Gott! Ich hielt mir auf meine große, starke Gestalt vieles zugute. Darum mußte mich der Herr mit Naëme strafen. Ich mußte ihre reizendste Schönheit ertragen, ohne sie auch nur umarmen zu dürfen. Mein eigenes unlauteres Begehren war es, das mir ungeheure Qualen bereitete!

O Adam! Ich sehe klar, weil du dich entzweit hast mit Gott, darum entzweite dich Gott und bildete aus der Hälfte deines Ichs die Eva als eine gewaltig strafende Gehilfin! O Gott, strafe mich nicht mehr mit Naëme!"

Da wollte Hored vor allen Vätern dem Abedam seinen Dank kundgeben. Allein Abedam kam ihm zuvor und sprach: „Hored, deine gefundene Wahrheit ist ohne Liebe und deine Umkehr daher trocken und kalt. Die volle Wahrheit allein, *ohne* die Liebe, taugt nicht fürs Leben!

Siehe, hier zu meinen Füßen ruht *der* Engel, der dir mit dem ganzen Leibe zurief: ‚Hored liebe, aber liebe rein, liebe in Gott und lebe in Gott!' Gehe nun hin und bereue deine Torheit! Komme aber erst wieder, wenn du eine mächtige Liebe in deinem Herzen zu Mir, deinem heiligen, guten, liebevollsten Vater empfindest. Dann komme, damit Ich dich segne! Amen!"

Hored neigte schon als Knabe zur Naturliebe, die aber mit der Zeit stärker wurde als die Liebe zu Gott und zu den Mitmenschen. So wurde er ein kalter Weltweiser, und der Weihrauch, als ein großer Weiser des Morgens zu gelten, raubte ihm die Demut! Er wußte sich auch in Hanoch durch seine Worte und Taten große Achtung zu verschaffen. Als er aber Naëme zum Lohn erhielt, liebte er diese schönste Frau unmäßig und stellte sogar seine ganze Weisheit zurück.

Abedam schickte nun den unentschiedenen Hored in die Adamsgrotte, auf daß er dort wahre Reue in sich erwecke. Es hatte aber diese Grotte das Eigentümliche, besonders um die dritte Stunde nachmittags, daß sich darin bei Windstille ein reinstes Tönen, gleich dem einer Windharfe, vernehmen ließ.

Das tönende Gestein aber wirkte wie Balsam auf Horeds versteinertes Gemüt. Er spürte, wie Liebewallungen in der Harmonie der Töne in ihm aufstiegen und sein Herz sich mit Reue, mit neuer Liebe und mit neuem Leben füllte. Auch die Demut erwachte in seinem nun geweiteten Herzen, und in der Demut die wahre, reine Liebe zum göttlichen Vater.

Während er so noch in tiefster Schmerzensreue weilte, kam Abedam zu ihm in die Grotte, ergriff ihn bei der Hand und sprach: „Hored! Nun bist du Mir ein starker Fels der Liebe geworden. Wenn Ich komme, da gilt es allzeit dem Leben, aber nicht dem Tode! Hier ist auch die treue Naëme! Jetzt erst bist du für sie und sie ist für dich von Mir gesegnet. Ich habe sie erwählt für *Meine* Hand, gebe sie aber dir, weil du zu Meiner Hand geworden bist. Jetzt aber folge Mir zum großen Sabbatmahle, daheim auf der Höhe! Amen."

Hored wandelte wonnetrunken neben dem göttlichen Abedam. Er wollte gerade seiner Zunge freien Lauf lassen, um auszusprechen wessen sein Herz überging, als Abedam zu ihm sagte: „Mein geliebter Hored, bleibe in dir und zerstreue nicht fruchtlos, was dein Herz gesammelt hat, und sei versichert, daß Mir die Sprache deines Herzens viel lieber ist, als wenn sie durch die Rauheit der Zunge ihrer Anmut beraubt wird! Es wird aber für dich eine Zeit kommen, da wirst du Meine Äcker bestellen müssen! Darum spare deinen herrlichen Samen aus Mir für *die* Zeit, wann Ich dich berufen werde!“

Darauf zogen sie weiter der Morgenhöhe zu. Allda wartete schon auf alle in hunderten großen Körben ein Sabbatmahl, bestehend aus edelsten frischen Früchten, Honig und Brot und dazu in Krügen der köstlichste Beerensaft. (II/33-39)

Das Sabbatmahl und die unbändigen Lobschreier

Als nun Abedam auf der Höhe alles in der besten Ordnung vorfand, segnete er Speise und Trank und sagte zu den Vätern: „Rufet alle eure Kinder herbei und lasset sie behende die Speise an alles Volk verteilen. Saget es von Mund zu Mund, daß Ich, ihr Vater, sichtbar unter ihnen bin! Drei Körbe sollen für uns hier auf der Vollhöhe verbleiben. Du, Lamel aber, siehe gen Abend, dort wo die drei Zedern den Hügel schmücken, wirst du einen armen Vater mit seinem Weibe und drei Knaben und vier Mägdlein antreffen. Diese Familie ist noch von der alten, drückendsten Ehrfurcht befangen und getraut sich nicht, näher zu kommen. Bringe sie daher schnell her zu Mir!“

Der feurige Lamel eilte davon und brachte bald die überfromme Familie. Abedam aber ging ihnen entgegen, weil sie sich sehr fürchteten und begrüßte sie recht liebesanft: „Kommet her, Meine lieben Kindlein, und fürchtet euch nicht vor Mir, eurem ewigen, heiligen, gütigen Vater!“ Und die Familie erkannte Ihn gar bald in ihrer großen Bescheidenheit. Eltern und Kinder fielen vor Ihm nieder und priesen und lobten Ihn überlaut und wollten gar nicht damit aufhören.

Da sie aber auf natürlichem Wege durchaus nicht zum Schweigen zu bewegen waren, erhob Abedam seine Hand und zog mit dem Zeigefinger vom Aufgang bis zum Niedergang. Und alsbald durchzuckte ein unerhört starker Blitz das ganze Firmament, dem sogleich ein so heftiger Donner folgte, daß die Erde beinahe bis auf ihren Grund erbebte.

Das brachte unsere Lobschreier zum demütigsten Schweigen, und alle Väter schlugen sich auf die Brust und meinten, der hohe Abedam müsse sehr zornig geworden sein. Adam ereiferte sich daher und verwies den Lobschreiern ihren Ungehorsam gegen Gottes Wort.

Doch Abedam sagte: „Warum ereiferst du dich denn, solange Ich hier unter euch bin? Lasse die Sache nur Mir über und setze dich an deinen Korb und genieße das Mahl mit deinen Kindern! Warum sollte es dich ärgern, so Ich deren großes Lob über die ganze Unendlichkeit hin zeichnete?

Adam! Wann wirst du die Vaterliebe in allem Meinem Handeln erkennen? Vater und Richter sind in dir noch nicht geschieden, denn merke wohl, Ich komme als *Vater* zu euch!"

Adam gingen diese Worte gewaltig zu Herzen, und unter Lob und Dank rief er sodann die Kinder zum Mahle und sagte mit erhobenen Händen: „Kinder, nun lasset uns zuvor loben und preisen den heiligen Geber und lasset uns erbitten Seinen Segen! O heiliger Vater, segne uns und die Mahlzeit für uns nach Deinem heiligen Willen!"

Und Abedam trat hinzu, segnete die Speise und sagte: „Esset und trinket ohne Sorgen, denn Ich, euer Vater, bin unter euch! Amen." Da griffen alle in die Körbe und speisten mit großer Ehrerbietung.

Die Mahlzeit dauerte aber schon bei einer Stunde und die Körbe samt den Gefäßen wollten nicht leer werden. Immer wohlschmeckender wurden die Früchte, stets feiner und süßer der Fruchtsaft, und keiner der Esser dachte an ein Aufhören. (II/39-41)

Die Eigenliebe Adams wird vom Herrn gerügt

Adam bemerkte aber, daß sich die Sonne dem Untergang näherte und fragte den hohen Abedam, was nun zu tun sei, da es Zeit zur gewöhnlichen Vorfeuerung sei. Doch Abedam sagte: „Adam, wem soll denn so eigentlich diese Vorfeuerung gelten, dir oder Mir? Ist denn das lebendige Mahl bei Mir nicht *mehr* wert, denn die auf dich bezogene Sabbat-Vorfeuerung?

Adam, ist es nicht so, daß sie heimlicherweise nur um deinetwillen geschah, um anzuzeigen, daß nur durch dich der Weg zur Pforte des Lebens führt? Darum ließ ich auch das Mir bestimmte Opferfeuer noch am Vormittage abbrennen, damit du von deiner Torheit geheilt werdest!"

Und Adam erwidert voll Furcht und Zittern: „O Abedam, treibe mich nicht noch tiefer in meine Schwächen! Geschehenes kann ich ja nicht mehr ungeschehen machen!"

Abedam aber sprach: „Adam! Du sprichst viel für dich! Auf Mich hast du völlig vergessen. Frage die Neuangekommenen, sie werden dir von Meiner Übermilde Wunder erzählen."

Das sagte Abedam, weil Adam in Gott immer wieder den Richter sah. Und Abedam wandte sich an den Vater der armen Familie, der Pariholi hieß, sagend: „Du bist Mir in deiner Armut ein tauglicher Bote der Liebe für

Adam. Getraust du dich, Adam zu sagen, daß gerade jener Mittelweg, den er bei Mir noch nicht gefunden hat, die ebenste Bahn Meines Liebewillens ist?“

Pariholi wurde zu tiefst gerührt und beeilte sich, den heiligen Willen Gottes zu erfüllen. Infolge seiner Wortscheuheit stand er jedoch wie eine Säule vor Adam und wartete mit großer Furcht auf dessen Frage.

Erst als er von Adam zum zweitenmal ein wenig unsanft angedonnert wurde, antwortete er ihm furchtlos und geweckten Geistes: „Höre, Vater Adam! Wie konntest du im Angesicht deiner Kinder den allergütigsten heiligen Vater so verkennen und Ihn einer großen Härte zeihen?

O Vater! Kehre um! Verschmähe nicht in deiner Schwäche unsere Hände, die dir aufhelfen wollen! O siehe Seine väterlichen Augen! Welche Liebe strahlt aus Seinem allerheiligsten Angesicht zu dir herüber! Vater Adam, aus jeglichem Haare Seines Hauptes ruft es überlaut: Adam, Mein Sohn, zögere nicht mehr und eile in die offenen Arme deines Vaters, der dich seit Ewigkeiten liebt!“

Da erst besah sich der selbstgerechte Adam und erkannte die noch versteckte Sünde. Als ungeborener Mensch wollte er durch das Vorfeuer am Sabbat verehrt sein.

Pariholis allerunschuldigste und demutsvollste Liebe aber entzündete sein Herz, so daß er freudeglühend aufsprang und rief: „O Pariholi, wer gab dir solche Worte zu reden? Eilen wir beide schnell hin zu Ihm und umfangen Ihn mit den hellsten Flammen unserer Liebe! Jetzt hat Er in meinem Herzen das Vor- und das Nachfeuer angezündet! Noch nie habe ich solchen Liebedrang empfunden; daher nur schnell zu Ihm, dem liebevollsten Vater!“

Also geleitete Pariholi den reumütig liebeerweckten Adam hin zum hohen Abedam. Überfreundlich wurde Adam aufgenommen und Abedam richtete folgende bedeutsamen Worte an ihn: „Adam, noch ist deine Furcht größer als deine Liebe zu Mir! Wer in Mir noch den strengen Richter sieht, kann den liebenden Vater nicht finden!“

Jetzt erst erkannte Adam ungetrübt den heiligen Vater und weinte vor großer Reue und Wonne an seiner Brust.

Alle schmiegten sich nun zutraulichst an den heiligen Vater aller Menschen, und die ganze Höhe schien eingehüllt in sanft wärmende Flammen der Kindesliebe hin zum heiligsten Vater.

„Adam, siehe, das ist eine rechte Vorfeuerung auf Erden“, sagte Abedam, „der einst in Meinem Reiche die ewige Hauptfeuerung folgen soll! Daher bleibet auch stets bei der Mir allein wohlgefälligen! Amen“ (II/41-44)

Der höchste Lohn des Menschen

Als aber Abedam Pariholis Botendienst belohnen wollte, sagte dieser liebeerfüllt: „O heiligster Vater, so Du mir gestattest, Dich über alles zu lieben, ist meines Herzens ganzes Sehnen erfüllt!“

Bei diesen Worten des armen Pariholi hielt sich Abedam die Hand vor die Augen und verbarg die Tränen großer väterlicher Rührung. Dann aber erhob Er schnell den Ihm weinend zu Füßen Liegenden und rief aus: „Pariholi! Du hast zwar dem Anscheine nach das Geringste erbeten; aber wahrlich, Ich sage dir, es ist das Höchste! Also sollst du und deine Familie Meine Liebe im Vollmaße haben. Deine Töchter sollen wie Morgensterne so schön sein, und deine Söhne will Ich mit einer Kraft in ihren Augen zieren, daß sie die Schrift der Sterne verstehen sollen! Dein Weib aber soll an Meinem Herzen teilhaben, wie du an Meiner Liebe!

Und also kommet alle her an Meine Vaterbrust! Kinder! Es sind alle berufen, zu Mir zu kommen, aber nur jene werden bei Mir sein, die Mich in aller Liebe und Demut als Vater bekennen! Amen.“

Nach diesen Worten versank die Sonne hinter den Bergen und der reich gesegnete Sabbat neigte sich seinem Ende zu. (II/45-47)

Die zwölf Frageboten

Es kamen aber da noch zwölf vorwitzige Frageboten aus den Scharen der Höhenkinder, deren Herz mit heimlichem Ärger gefüllt war, weil diesmal am Abend kein Opferfeuer mehr abgebrannt werden sollte. Und Abedam fragte sie alsbald: „Kinder, warum seid ihr gekommen?“ Sie kannten den Abedam aber noch nicht und begegneten ihm ungebührlich und anmaßend.

Abedam jedoch, in seiner Barmliebe, erhellte das Herz der Zwölf und gab sich ihnen als ihr heiliger Vater zu erkennen und sprach: „Seht euch in eurem Herzen um, und was ihr darin erkennen werdet, das gebet Mir kund! Henoch wird euch geleiten.“

Und Henoch belehrte sie über den Unterschied zwischen Verstandeslicht und Herzenslicht, indem er sagte: „Bisher war der Verstand eures Kopfes die Leuchte eurer Seele; während der im Herzen wohnende Geist als das allein wahre Licht des Lebens bei euch noch nicht geweckt ist. So ist es freilich umsonst, in das finstere Herz zu schauen. Das alleinige Weckmittel ist, sich im Herzen, das heißt in der vollkommenen Liebe, voll Vertrauen an den guten heiligen Vater zu wenden.

Wenn ihr aber gewahren werdet, daß es im Herzen heißer und heißer wird, ist die Entzündungs- und Lichtzeit schon da. Dann schauet in euch, da werdet ihr die Wunder des ewigen Lebens in euch gewahren!“

Das taten sie denn auch, nur der Garbiel wollte aus seiner Redelust heraus mit dem Henoch noch einige Worte tauschen. Henoch kam ihm aber zuvor und sprach: Garbiel, schweige nun, so auch du erweckt werden willst! Achte dessen, was dir gesagt wurde und schone deine Zunge! Bis jetzt dünktest du dich unter deinen Brüdern der erste zu sein, allein solches hat vor dem Herrn keinerlei Wert. Alles was sich auf der Welt hervortut, steht bei Gott im Hintergrunde. Es hüte sich aber auch ein jeder, des Eigennutzes wegen der Letzte zu sein! Doch nun beschaue dich in deinem Herzen!“

Da ward es dem Garbiel recht bange ums Herz, denn er wußte nicht, was er tun sollte, um so recht die Liebe zum Vater in sich zu erwecken. Da er aber so nachsann, ward es licht in seinem Herzen. Eine innere Sehe erschloß ihm plötzlich ein gar wunderbares Erleben.

Er sah wie sich sein Herz zu einer Weltengröße ausweitete. Ein kräftiger Jüngling in weißen Kleidern stand auf einem hohen Altar inmitten dieser Welt. Über ihn ergoß sich ein starkes Licht, daraus vernehmliche Worte erklangen: „Garbiel, beschaue die Zeichen deiner Hand an deiner Herzensseite und schreibe mit diesen Zeichen das Wort auf steinerne Tafeln und lehre solches auch deine Brüder tun!“ Da wurde der Jüngling zum Manne und fand 25 Zeichen (das Alphabet) auf seiner Hand aufgezeichnet mit ihren Namen, ihren Ursprung und ihrer inneren Bedeutung.

Henoch aber bekam die Weisung vom Herrn, die zwölf Boten aus ihrer inneren Beschauung, in der sie etwa eineinhalb Stunden zugebracht hatten, zu wecken. Nachdem dies Henoch getan hatte, geleitete er sie in großer Freundlichkeit zum Abedam und zu den Vätern. (II/47-57)

Vratahs inneres Schaubild vom Wesen der Schrift

Abedam aber fragte einen aus den Zwölfen: „Sage Mir, Mein geliebter Vratah, was hast du in deinem Herzen gesehen?“

Und Vratah, vor übergroßer Demut am ganzen Leibe zitternd, sagte nach einer Weile: „O heiliger und liebevollster Vater, wird es wohl nötig sein, Dir zu sagen, was Dir von Ewigkeiten her ersichtlich war?“

Abedam aber sagte: „Solches merkt euch: Wer da von Mir gefragt wird, der antworte! Will Ich doch mit euch reden wie ein Vater mit seinen wortfähigen Kindern!“ Da ermannte sich Vratah und gab kund: „Ich sah ein starkes

Licht im Herzen entstehen, das glänzte wie die Sonne. Außer mir aber wurde es völlig finster auf der Erde. Das Licht aber durchleuchtete mich in allen meinen Teilen und beleuchtete die Erde, auf der plötzlich alles anders aussah.

So bemerkte ich ein Blättchen eines Baumes in meiner rechten Hand, das seltsamst bezeichnet war. Ich legte es auf meine linke Hand und fand die gleichen Zeichen an meiner Hand. Auf meiner Hand standen die 25 Zeichen einzeln für sich da, am Blättchen aber vielfach vermengt. Das Blättchen dehnte sich aus, und auch die Zeichengruppen vermehrten sich ins Endlose. Da erlosch das Himmelslicht in mir, und ich hörte Henochs Rufen zu Dir, o überheiliger Vater."

Da belobte der Abedam seine Treue und sagte: „Du sahst das Reich Meiner Gnade auf Erden. Durch jene Zeichen könnt ihr Meine Worte aufzeichnen, in denen Ich allzeit unter euch sein werde heilig, gnädig, kräftig und mächtig. Garbiel aber soll die Zeichen lehren!"

Durch die Lehre der Schriftzeichen war es den Höhenbewohnern nun möglich, Gottes Wort immer gegenwärtig zu erhalten und ihren Nachkommen in aller Reinheit zu vermitteln, so wie sie es direkt aus Seinem Munde oder aus dem Munde der Berufenen vernommen hatten. (II/58)

Das Gesicht des Sehel

Und alsbald berief Abedam einen zweiten aus den Zwölfen, der Sehel hieß und fragte diesen: „Sehel sage auch du Mir, was du geschaut in deinem Herzen!" Sehel aber ward ob der Frage wie vom Blitze getroffen und konnte kein Wort über seine Lippen bringen, um so mehr er von seiner Natur her schon eine etwas hart beugsame Zunge hatte – aber nicht etwa zufällig, sondern darum, daß durch ihn der Name des Herrn verherrlicht werde.

Abedam fragte ihn daher: „Sehel, wie kommt es denn, daß du dich so vor Mir, deinem gütigen Vater fürchtest und Mir keine Antwort gibst? Habe Ich dir doch noch nie etwas zuleide getan! Bezähme daher deine törichte Furcht und rede offenen Herzens zu Mir und den Vätern. Sprich, wie es dir dein Herz eingibt und sinne nicht nach den schicklichsten Worten, an denen Ich ohnehin kein Wohlgefallen habe!"

Diese Worte ermutigten unseren Sehel so sehr, daß ihn alle Angst gänzlich verließ, und also gestärkt durch den Abedam, berichtete er frei, was Wunderbares er geschaut hatte. Und Sehel sprach: „Mein Herz erglühte so rot wie eine Rose, bis eine Sonne im Herzen aufging und stark leuchtete.

Mein Herz aber wurde selbst so groß, daß ich im selben einen wie ganz neuen Himmel mit zahllosen neuen Sternen taghell leuchten sah. Darin aber tauchte eine neue herrliche Erde wie aus großen Wasserfluten auf. Ein hölzernes Haus, das auf den Wogen schwamm, brachte ein friedliches Menschengeschlecht mit sich.

Diese Menschen entstiegen dem Hause und brachten Dir, o Vater, ein wohlduftendes Opfer dar. Der Opferrauch aber sammelte sich in der Höhe und bildete einen wunderbar, in allen Farben leuchtenden Bogen über die weite, herrlich schimmernde Erde.

Und vom Bogen her kam eine Stimme, der Deinen gleich, o heiliger Vater, und verhieß dem neuen Geschlechte den Frieden immerdar. Auf dem Hause aber waren Zeichen, die der Vater dieser Menschen auf eine rote steinerne Tafel schrieb und sagte: Kinder, hier steht gezeichnet, wie es Gott gezeichnet hat auf dies schützende Haus: ‚Hinfort will Ich mit den Menschen nicht mehr Krieg führen. Die Ungetreuen nur soll das Gericht treffen bis zur großen Zeit aller Zeiten. Darum sei Friede der Erde und ihren Bewohnern, die guten Herzens sind und voll Treue zu Mir!‘

Siehe, solches habe ich gesehen und wohl vernommen. O heiliger Vater, nimm es gnädig auf; Dein heiliger Wille geschehe! Amen.“

Und Abedam sagte darauf: „Sehel, du hast uns redlich gegeben, was du in dir gefunden hast. Die nähere Bedeutung deines Gesichtes wird euch aber erst die kommende Zeit enthüllen. Ich möchte keinen Krieg mit den Menschen, aber es wird so geschehen, wie die Menschen es wollen! (II/59)

Sehel aber sann ganz in sich gekehrt nach der Bedeutung seines Gesichtes. Ja, das Forschen beschäftigte ihn so sehr, daß er seine Umgebung gar nicht mehr wahrnahm und ganz des Dankes an Abedam vergaß. Dieser aber fragte ihn nach einigen solch stummen Augenblicken: „Sehel, was für unnützes Zeug läßt du doch durch dein Herz ziehen! Wirst du dadurch etwa lebendiger werden? Das Licht der Erkenntnis wird dich traurig machen, denn da wird sich der liebende Vater in einen unerbittlichen Richter umgestalten und dein Auge wird vergeblich nach Meinem Antlitz umherschweifen!“

Da fiel Sehel vor dem Abedam nieder und bat: „O Vater, bitte verschone mich allzeit mit derlei Enthüllungen, denn ich möchte Dich, meinen liebevollsten Vater, keinen Augenblick mehr missen!“

Und Abedam sprach: „Mein lieber Sehel, also ist es gut! Was aber deine Wißbegierde betrifft, so will Ich sie nicht für ungerecht ansehen, denn durch sie kündigt sich bei jedem Menschen ein höheres geistiges Leben an.

Ein Mensch ohne jede höhere Wißbegierde ist eigentlich noch gar kein Mensch, sondern mehr noch ein Tier, daß da alleinig darauf bedacht ist, daß da alle natürlichen Verrichtungen gut vonstatten gehen möchten.

In der höheren Wißbegierde erst erwacht der Geist im Menschen und verlangt Nahrung. Darum ist die Liebe, die für den Geist der Grund der Wahrheit ist, die beste Kost!“ (II/60)

Sehel

Mit den Worten des Herrn erfüllt, welche da sind die Kraft des Geistes Gottes, blieb der Sehel beim Abedam und machte darum dem nächst ihm Gerufenen nicht sogleich Platz. Es war aber keine Ranglust, sondern allein die kindliche Liebe zum himmlischen Vater in Abedam.

„Sehel, siehe, es müssen die anderen ja auch noch zu Mir kommen", sprach der göttliche Vater, „daher magst du nun ohne Sorge ein wenig zur Seite gehen, denn du wirst Mich nie mehr verlieren!"

Und Sehel, überfröhlich in seinem Herzen, lobte und pries den himmlischen Vater in Abedam und trat rückwärtsschreitend, ohne ein Auge von Ihm zu wenden, beiseite. So geschah es aber, daß er dem Garbiel mit seiner Ferse auf den Fuß trat.

Garbiel aber darüber sehr ungehalten, gab ihm einen scharfen Verweis ob seiner Unachtsamkeit, Aufdringlichkeit, Dummheit und Tölpelhaftigkeit vor dem Herrn und seinen Brüdern.

Der arme Sehel aber war darob völlig geknickt und wußte im Augenblicke nicht, wen er zuerst um Verzeihung bitten sollte. Doch dann stürzte er zum Abedam und bat Ihn flehentlichst um Vergebung seiner Langweiligkeit und um Heilung des Fußes seines Bruders Garbiel.

Abedam aber beugte sich zur Erde, erhob den armen Sehel, drückte ihn an Sein Herz und sprach zu ihm wie zu allen: „Sehel, Ich sage dir, du bist kein Mensch mehr, sondern ein reiner Engel des allererhabensten Himmels!

Was du jetzt bist, warst du schon im Mutterleibe: Ein unsterblicher Urabstämmling aus dem allerhöchsten der Himmel, allda niemand wohnt denn allein die allerunschuldigste Liebe der kleinsten Geister, welche aber eben darum die allermächtigsten und allerweisesten sind, da sie in der heiligsten Tiefe Meines Herzens wohnen! O Sehel, du Mein großer Liebling, erkennst du Mich jetzt, wie du Mich schon vor Ewigkeiten erkannt hast?"

Und der Vater in Abedam eröffnete dem Sehel weiter sein Urdasein als einer der Erstgeschaffenen und gab ein gewaltiges Zeugnis über ihn und sagte zum Schluß: „Lieber Bruder Sehel, sei ohne Sorge! Unsere Liebe und Bekanntschaft ist schon eine gar alte! Jetzt wird dir sicher klar sein, warum du dich nicht von Mir trennen und beim Rückwärtsgehen deine Augen nicht von Mir abwenden konntest!

Sehel, du wirst noch eine Prüfung zu bestehen haben, und dann noch eine, da ich dich vor Mir hersenden werde! Du wirst den Tod nicht schmekken und Mein Angesicht soll dir immer sichtbar sein!"

Und weiter sprach Abedam: „Darum du aber dem Garbiel auf den Fuß getreten bist, soll er ein Lehrer der Zeichen werden – du aber sollst sein Meister sein! Das soll ihn demütigen, darum er dich für einen Tölpel hielt, der du ein alter Bruder Meiner ewigen Liebe bist und eher warst, denn Erde, Mond und Sterne! Doch nun wollen wir noch die anderen Brüder hören, was sie in ihren Herzen gesehen und vernommen haben! Amen.“ (II/61)

Nach dieser Rede ward der Sehel wie verklärt, und die Väter, samt dem Adam eilten zu ihm, ihn zu begrüßen. Seth aber, dessen jüngster und letzter Sohn der Sehel war, ergriff seine Hand und sagte zu ihm: „Mein Sohn Sehel, wirst du mir armen, blinden Vater meinen Frevel an dir vergeben, der ich dich aus Ärger gen Mittag verbannte, derweil du ein lediger Mann geblieben bist und mir keine Nachkommen aus dir geben wolltest?

O, was ist nun die ganze Stammlinie gegen dich allein? Ja, ich möchte nun von Sinnen kommen, darum ich dich nicht erkannt habe. O vergib mir, und kehre wieder zu mir zurück und lasse dich von mir noch einen Sohn nennen!“

Als Sehel das hörte, kehrte er aus seinen großen Erinnerungen zurück, ermannte sich und sprach zum Vater Seth: „O lieber Vater Seth, sei ganz unbekümmert. Du bist mein Vater und ich bin dein Sohn und ihr alle seid meine Brüder und Schwestern.

Wir alle aber sind des Einen überaus liebevollsten Vaters Kinder. Eines aber verlange ich strengstens von euch allen: Mir ja nie irgendeine Verehrung zu erweisen, darum mich der heilige Vater ‚Bruder‘ genannt hat! Heilig ist nur Er allein und Ihm gebührt alles Lob und alle Liebe!“

Und zu Garbiel gewandt, der sich vor ihm niedergeworfen hatte, sprach er: „Lieber Bruder, erhebe dich doch, denn ich bin nur ein Mensch wie du und wir beide haben den Seth zum Vater! Warum tust du mir denn das, was allein nur Gott gebührt? Ein Mensch soll sich nie vor dem anderen im Staube wälzen. Mich hast du ja nicht beleidigt, darum habe ich dir auch nichts zu vergeben, sondern ich liebe dich als meinen Bruder! Wende dich aber an unseren göttlichen Vater, so dich irgendeine Schuld drückt. Er wird dein Herz von allem Kummer befreien!“ (II/62)

Abedam aber sprach darauf: „Amen! Du hast wahr geredet, Mein Sehel! Unter allem Frevel ist die Selbstsucht der größte. Die erhabenste Verherrlichung des Menschen aber ist seine Demut.“

Und zu Garbiel gewandt sprach er weiter: „Garbiel, du hattest eine Ranglust in dir, darum dich der Tritt deines Bruders so schmerzte, den du sonst kaum wahrgenommen hättest! Reinige dein Herz davon und komme dann zu Mir, so du gerufen wirst! Amen.“ (II/63)

Das Gesicht des Horidael

Nach Sehel erging der Ruf Abedams an Horidael, und dieser fing sogleich liebeerfüllt wie ein mutiger Löwe zu reden an: „Ich vernahm etwa sieben harte Schläge an meiner Brust, die mich tiefst erschütterten. Meine Außensinne schwanden, doch im Herzen wurde es darob immer lebendiger. Zahllos viele Sterne zuckten darinnen gleich Blitzen durcheinander, so daß mein Herz in die leuchtendste Materie überging und sich dabei gewaltig über alle sichtbaren Himmel hinaus weitete. Dieser unermeßliche Sternenblitz-Lichtknäuel löste sich aber wieder in einzelne ruhig stehende Sterne.

Als alles ruhig geworden war, fand ich mich selbst als einen vollkommenen Menschen und fragte mich: Wo bin ich jetzt? Da zuckten drei der schönsten Sterne als runde Kugeln, die wie Sonnen strahlten, vom hohen Himmel meines Herzens herab. Sie erweiterten sich und traten zurück in eine unermeßliche Tiefe. Die mittlere öffnete sich, nahm die zwei äußeren in sich auf und kam wieder näher.

Da vernahm ich einen starken Donner und dieser klang wie verständliche Worte, die lauteten: ‚Alles ist nun in dir und nichts außer dir. Du sollst die Zeichen des inneren Menschen erforschen, unbekümmert der äußeren Weltdinge. Denn was in der Außenwelt tot gestaltet ist, hast du unendlichfach lebendig in dir. Daher strebe nach dem inneren Leben, da wirst du alles enthüllt finden, was dich je äußerlich berührte oder auch nicht berührte. Das ist die innere Welt Gottes, darin du ewig leben wirst!‘ Nach diesen Worten wurde die Leuchtkugel immer kleiner. Sie verschwand schließlich und ich fand mich in meinem natürlichen Leben wieder. O lieber Vater, nimm diese Erzählung gnädigst auf und sei mir Sünder barmherzig!“ (II/64)

Abedam reichte dem Horidael Seine Hand und dieser ergriff sie mit beiden Händen und drückte sie an sein Herz. Und Abedam sagte: „Horidael, du hast Mir treu berichtet, was du in dir erlebt hast. Ich will dich zu einem Sucher der verborgenen Schätze des inneren Lebens machen! Du sollst die Zeichen innerer Entsprechung verstehen und durch sie eines jeden Dinges inneren und auch innersten geistigen Sinn bezeugen!

Dein Gesicht aber besagt, daß die Liebe zu Mir das Herz erfüllen und ausdehnen soll durch die geistige Wärme. Nachdem in dir das Werk vollbracht wurde, kamen die von der Seele aufgenommenen Wißtümlichkeiten im Hin- und Herzucken des Suchens durch die alleinige Liebe zu Mir zur Ruhe.

Die Antwort der Sterne aber sagte dir, daß da in dir selbst Liebe und Leben ist. So nahm die reinste Liebe deinen Glauben und deine frühere Weisheit in sich auf. Darauf vernahmst du das erste lebendige Wort in dir selbst.

So hast du die freien Zeichen der Entsprechungen überkommen, die du jedoch erst in der Schule deines eigenen Herzens finden sollst! Der Geist der Liebe wird dir alle Geheimnisse offenbaren, die bis jetzt deinen Augen verschlossen waren!“ (II/65)

Da aber Horidael, vom übergroßen Dankesgefühl ergriffen, Abedam weinend zu Füßen lag und niemand trockenen Herzens und Auges blieb, sprach Abedam: „Horidael, erstehe! So du im Herzen voll Liebe und Demut bist, ist das der Dankbarkeit mehr als genug – und das Auf-der-Erde-liegen ist sonach völlig überflüssig. Ja, ich sage euch: Die Gebärde des Leibes ist eher ein Greuel vor Mir als eine Mir wohlgefällige Tugend. Laßt daher solche alten, nichtssagenden Gewohnheiten, welche nur in die Tiefe hinab gehören!

Wer aber seine Knie vor Mir beugt, der beuge sie im Geiste und in der gerechten Demut des Herzens – aber nicht die Knie seines Leibes, an denen wenig gelegen ist, ob sie gerade oder krumm gehalten werden! Mit euren Gliedern allein vermöget ihr nichts zu tun, was Mir wohlgefällig wäre. So ihr aber eure Glieder zum wohlgefälligen Bruderdienst gebrauchet, werde Ich die Werke eures Leibes als Werke der Liebe eures Geistes ansehen!“ (II/66)

Abedam und Purhals

Als vierten der Zwölf berief der hohe Abedam den Purhals, daß er sein Geschautes kundgebe. Und Purhals begann damit, indem er sagte: Er wolle entgegen seinen Brüdern, gleich ohne lange Entschuldigungen und Redefurcht mit seiner Schilderung beginnen! Anhand eines Gleichnisses erklärte er den Umstehenden, wie töricht es doch sei, umschweifig zu werden, da dem Herrn doch ohnehin alles offenbar ist. Er wolle gleich die Früchte von sich geben und erzählte sodann sein geschautes Erleben.

Abedam aber blickte freundlich um sich herum und sprach dann: „Purhals, ohne Scheu hast du uns deine Früchte aufgetischt und hast nicht vergessen, uns deine Weisheit zu verkünden. Du warst treu in deiner Erzählung, aber auf eines möchte Ich dich aufmerksam machen: Du hast uns mit der Darstellung deines Mutes beinahe etwas zu lange aufgehalten.

Du hast die Haltung deiner Vorgänger als etwas Läppisches angesehen und dir schon heimlich vorgemerkt, dessen zu erwähnen und deine Brüder ein wenig zu beschämen. Du stelltest dich mutiger, als du im Grunde wirklich warst! – Doch diesmal soll dir dieser Fehler zu keiner Sünde angerechnet werden. Solches aber sagt dir dein Geschautes: Deine Liebe zu Mir und zu den Brüdern ist noch keine reine!“

Und Abedam offenbarte ihm anhand des Gesichts sein beschaffenes Herz bis ins innerste Fältchen. Diese Offenbarung aber erschütterte alle Anwesenden und keiner wagte, auch nur ein Wörtchen zu sagen, denn sie erkannten dabei auch die versteckten Unreinheiten ihres Lebens und dachten bei sich: „Wenn Er nur nicht gar so tief blicken würde und nicht gar so auf die größte Reinheit aus wäre, da könnten wir schon noch vor Ihm bestehen. So ist Ihm aber auch kaum zu trauen!"

Abedam hörte wohl ihre Gedanken und sprach zum Purhals: „Zeige Mir den Vater unter euch, der sich nicht schon der Zuchtrute bei seinen Kindern bedient hätte. Mit Meiner allerhöchsten Vaterliebe ziehe, lehre und befreie Ich euch! O ihr Blinden, ihr werdet voll Angst, so Ich euch vom Tode ins ewige Leben erheben möchte.

O, wie voll verkehrten Sinnes ihr doch seid! Purhals, was habe Ich dir Leides zugefügt, da Ich dich aus Meiner großen Liebe gereinigt habe? Weißt du denn, wie dein Leben für die Ewigkeit beschaffen sein muß? Solches weiß nur Ich, der ewige Meister. Wer denn könnte dir außer Mir helfen?"

Bei diesen Fragen fingen alle an zu weinen und selbst Adam, durch und durch ergriffen von der großen Vaterliebe, rief aus: „O lieber Vater Du, jetzt erst sehe ich es, wie unendlich gut Du bist! O, vergib uns Blinden, was wir Dir angetan!"

Und Abedam sagte darauf: „Kinder, seid ganz ohne Sorge, die ihr da in Meinem Schoße seid. Von euch wird keiner verloren gehen, denn Ich wende alle Gefahren von euch! So Ich aber wieder jemanden, gleich dem Purhals, erbauen werde, so gedenket, daß Ich, Euer heiliger Vater, es zu eurem Besten tue. Solches verstehet wohl für alle Zukunft! Amen." (II/67-69)

Oalims Gesicht von den drei Herzen

Darauf berief Abedam nach dem Juribaels den Oalim mit folgenden Worten: „Oalim, der du voll des Dankes zu Mir bist, komme her zu Mir und gib uns gleich deinen Vorgängern kund, was du gesehen, denn es ist alles von großer Bedeutung für dich, wie für alle deine Brüder!"

Und Oalim dankte aus tiefstem Grunde seines Herzens für die große Gnade und begann, das für jeden Menschen sehr beachtenswerte Gesicht kundzugeben: „Sonderbar schien mir anfangs die Weisung des Henoch, mir selbst ins Herz zu schauen. Doch da ward plötzlich alles helle in mir. Mein Herz wurde durchsichtig, und ich gewahrte, wie drei Herzen ineinandersteckten, gleich der stacheligen Kastanienfrucht, innerhalb der der braune

Schalenkern und darin der eigentliche Fleischkern und in seinem Innersten der kleine Keimkern des Lebens zu finden ist.

Bald zersprang das äußere Herz und verging in endloser Tiefe. Das inwendigere Herz aber erweiterte sich ständig, vom innersten, stark leuchtenden Keimherzen dazu genötigt. Dieses wuchs, bekam menschliche Gestalt, und bald erkannte ich mich selbst in diesem neuen Menschen.

Ich sann: Hat etwa dieser neue Herzmensch auch noch ein Herz? Und alsbald gewahrte ich sein Herz! Es sah aus wie eine Sonne und strahlte in tausendmal stärkerem Lichte als die Tagessonne. Als ich das Sonnenherz näher betrachtete, entdeckte ich in seiner Mitte ein kleines, Dir, o heiliger Vater, vollkommen ähnliches, lebendiges Abbild.

Unaussprechliche Wonne ergriff mich. Dein lebendiges Bild öffnete den Mund und redete zu mir: ‚Richte empor deine Augen, woher und wie Ich in dir nun lebendig wohne!‘

Da schaute ich in endloser Tiefe eine unermeßlich große Sonne; in ihrer Mitte aber Dich Selbst, o heiliger Vater! Von Dir aus gingen endlos viele überlichte Strahlen und einer fiel in das Sonnenherz im neuen Menschen in mir und bildete also Dich lebendig in mir.

Da streckte der neue Keimherzmensch seinen Arm nach mir äußeren Menschen aus. Ich erschrak. Das entwichene Fleischherz kam aus der Tiefe gestiegen und umlagerte sogleich wieder die beiden inneren Herzen. Die Außenwelt wurde mir wieder sichtbar und alles Innere verschwand. O Vater, nimm meine unvollkommene Erzählung gnädigst auf und ergänze sie nach Deinem heiligen Willen!“ (II/72)

Die zuhörenden Väter waren hoch erstaunt und einer sagte zum andern: „Nein, man kann es doch kaum mehr ertragen, wie wunderbar und verschieden sich die innere, geistige Welt offenbart!“

Der hohe Abedam gab darauf allen eine sehr bedeutungsvolle Lehre: „Ihr seht mich nun mit euren Augen und hört Mich mit euren Ohren. Wenn aber die alten Zeugen Meiner sichtbaren Gegenwart nicht mehr dasein werden, wie wird es dann euren späten Nachkommen ergehen? Werden sie Mich, wie im Gesicht Oalims, im innersten des Sonnenherzens, in sich, in ihrer eigenen Menschenbrust finden? Oder werden sie bald an Meinem Dasein zweifeln, Meine Liebegebote vergessen und einen Götzen aus Mir machen, und damit in die tiefste Nacht des Verderbens und des Todes hinabsinken?

Darum sorget eifrigst dafür, daß alle Lehre von Mir bei euch und euren Nachkommen alsbald zur lebendigsten Tat übergehe! Denn alle Lehre, so sie von Mund zu Mund geht, ist nichts nütze, wenn sie nicht von einer inneren, heiligen Zeugenschaft des Übermittlers bestätigt wird!“ (II/73-74)

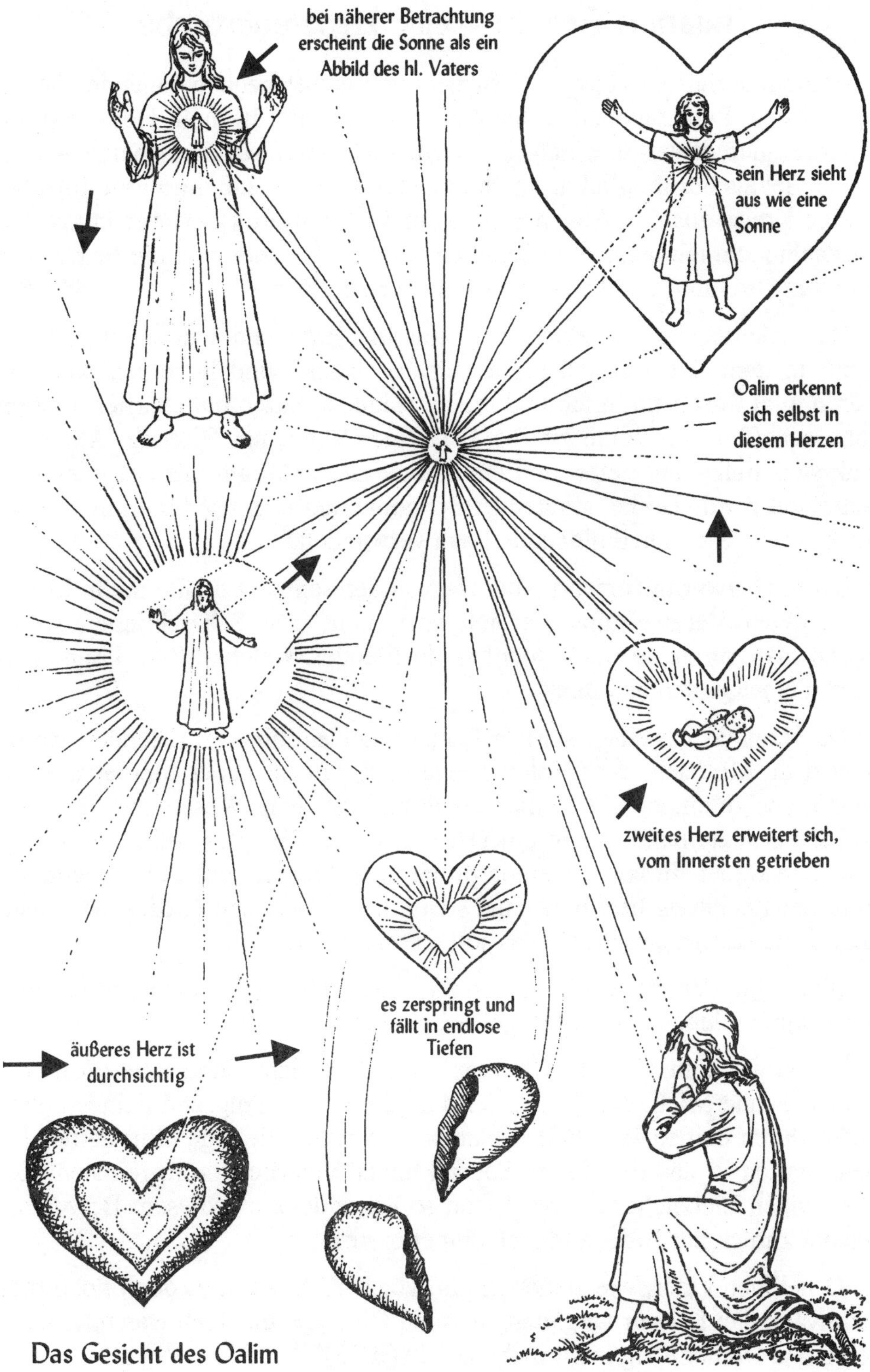

Das Gesicht des Oalim

Thuarims Gesicht – eine Liebefeuerprobe

Alsbald berief der Herr den Thuarim und dieser begann zagenden Mutes sein Gesicht kundzugeben: „Die Weisung, ich solle in mein Herz schauen, stimmte mich etwas ärgerlich. Ich verdrehte darauf wirklich meine Augen, um so viel als nur möglich in mich hineinzuschauen, daß mir darob förmlich feurige Kreise aus den Augen brachen und ich gewaltig davor erschrak. Daher dachte ich, ich belasse die anderen bei ihrer Narrheit und bleibe bei meiner alten Ordnung; und so wurde ich ganz ruhig in mir.

Da lockerte sich plötzlich unter mir die Erde und wurde wie leichter Sand, in dem ich, ehe ich mich versah, versank und begraben ward. Es wurde total finster um mich und meine Hände konnten nur spärlichst Atemraum schaffen. Ich flehte zu Dir, o heiliger Vater, um Rettung. Allein ich sank stets tiefer und tiefer, und ein ekliger Gestank kam mir entgegen. Aus dem Sand wurde heißer, stinkender Schlamm, der sich wiederum in glührote Asche und diese in heißglühende Lava verwandelte.

Ich blieb zwar unversehrt, aber brennender Schmerz quälte mich. In meiner größten Verzweiflung rief ich aus: ‚Gott! Du Schrecklicher, so Du irgend bist, vernichte mich doch! O du Elender, welchen Reiz können Dir denn meine Qualen bereiten?'

Da vernahm ich einen starken Donner, der zu mir rief: ‚Elender, warum fluchst du Mir? Ich, dein Vater, zeuge dich nun im Feuer Meiner unendlichen Liebe zu einem Mir ähnlich ewig unsterblichem Wesen und führe dich an Meiner Vaterhand! Nicht ein Härchen deines Hauptes soll zugrunde gehen! Die Dauer dieser Liebefeuerprobe habe Ich nur auf drei Augenblicke irdischer Rechnung bestimmt, und schon hast du die schrecklichsten Flüche gegen mich ausgesprochen! Was soll ich nun mit dir tun?'

‚O heiliger Vater', erwiderte ich da – ‚vernichte mich, denn ich bin nicht mehr wert zu leben, da ich Dir geflucht habe!'

Da verwandelte sich das Glutmeer in sanftes Licht, daraus die Worte tönten: ‚Erkenne Mich, den Vater, der dich durch den Trugsand deines Lebens zieht, durch deinen Weisheitsschlamm und durch die arge Glut deiner Leidenschaften in das reinigende Feuer Meiner Vaterliebe zum reinsten Licht des ewigen Liebelebens in Mir! Und so kehre denn mit diesem Bewußtsein wieder zurück zur Erde, allda Ich deiner harre'.

O heiliger Vater, wie stehe ich nun vor Dir? O wenn es doch noch möglich wäre, daß Du mir vergäbest, was ich Dir angetan. Doch was bitte ich? – Ich bin ja Deiner ewig nicht mehr wert!" (II/75)

Der große Kampf zwischen Kopf und Herz

Thuarim weinte noch aus großer Reue wegen der vermeintlichen Untat, da ergriff ihn die Hand Abedams: „Höre, du Mein Thuarim, was du getan hast in deinem Gesicht, gereicht dir zu keinerlei Sünde! Du warst von Mir nur berufen, solches in deinem Geiste zu schauen!

Damit du dieses Gesicht aber nicht umsonst, sondern zum Nutzen für alle Nachkommen erschaut hast, will Ich es dir erklären: Dein Versuch, mit den Augen deines äußeren Menschen in dich zu schauen, stellt das törichte Abmühen des Weltverstandes dar, geistige Verhältnisse erforschen zu wollen. Da er nur ein Aufnahmeorgan der Seele ist, die Außenwelt zu beschauen, wie sollte er Geistiges sehen und erfassen können?

Dein Ärgerlichwerden bei der Aufforderung, ins Innere zu schauen, deutet den Hochmut des Weltverstandes an, der nie ein Gefangener der Wahrheit sein will, sondern ein Herrscher über alle Brüder!

Der Sand, in dem du versankest, entspricht den Wißtümlichkeiten des Verstandes, wenn sie das Herz der Seele gefangennehmen wollen. Durch sie gerät das Herz in große Angst und Verwirrung ob des Druckes und der Finsternis. Da wehrt es sich und schiebt den Sand vom Munde weg und sehnt sich nach Erweckung. Doch der überreiche, stolze Verstand beharrt auf sein Recht und versandet das Herz nur noch mehr und mehr.

Das Herz wird ungeduldig in der Verzweiflung und der Verstand merkt, daß er nicht siegen kann. Da läßt er es endlich sinken in den Schlamm jener Begierden, die er selbst lange vorher in das Herz geschoben hatte. Das betrogene Herz aber empört sich und ergrimmt in seinem Pfuhl.

Dieser scheidende Augenblick ist aber ein allerbitterster für das Herz und für den Verstand. Das Herz gerät in Raserei, weil es jetzt gänzlich ohne Licht ist; der Verstand, ohne Wärme und Zündstoff, tobt, weil er sein Truglicht nicht verlieren will.

Siehe, hier fluchtest du Mir im Verstande! Ich aber sehe niemals auf die Werke des Verstandes, so ihn das Herz verabschiedet hat! Über das wunde heimkehrende Herz gieße Ich dann alsbald Mein heilendes Liebelicht aus, wie du durch die innere Stimme vernommen hast.

Daher sei ruhig und fürchte dich nimmer! Dies habe Ich aber alles in dir nur hervorgerufen, damit du allzeit zeugen kannst aus Mir gegen die Torheiten der Welt! Amen."

Nach dieser Lehre Abedams bekam der Thuarim ein fröhliches Herz und wußte sich vor lauter Liebe zu Ihm gar nicht zu helfen. (II/76)

Das Gesicht des Jorias

Alle anderen Boten aus den Zwölfen berichteten nun vor den Vätern dem hohen Abedam von ihren Schauungen. Wir möchten uns noch den Jorias anhören, den der Abedam als den Zehnten nach dem Rudomin und dem Horedon berief mit den Worten: „Jorias, nun komme du zu Mir und erfülle den Willen deines liebevollsten Vaters!“

Spricht Jorias: „Ich stand auf einer lichten Wolke. Unerträglich lange und einförmig schien mir mein Zustand zu währen. Hunger und Durst quälten mich entsetzlich. In meiner Verzweiflung schloß ich die Augen und sprang in die endlose Tiefe. Nach langer Zeit meines vermeintlichen Fallens öffnete ich vorsichtig meine Augen – und wo war ich? Hungrig und durstig wieder auf meiner langweiligen Wolke! In Gedanken über Dich, o heiliger Unendlicher, fiel ich dann in einen tiefen Schlaf.

Ich träumte, daß ich aus Hunger die Erde, den Mond, die Sonne und endlich alle Sterne verschlang. Aber ich wurde nicht satt. Hier fragte ich mich: Wie kann mich noch hungern? Hab' ich nicht Gott in mir und die ganze Schöpfung Gottes in Meinem Magen?

Da tönte es aus meiner lichten Wolke: ‚Ob du auch die Unendlichkeit und Ewigkeit verschlingst und hast die Liebe nicht, wird dich dennoch ewig hungern und dürsten. Liebe allein ist das wahre, sättigende Brot und das lebendige Wasser! Daher ist ein Kind in der Wiege größer als du, denn es hat die Liebe! Kehre daher dein Herz zur Liebe, und du wirst in einem Atom der Liebe endlos mehr finden, als was dir hier deine alte Weisheit gab!‘ Da erwachte ich in der Mitte der Väter und Brüder.“ (II/84)

Nach dieser treuen Kundgabe des Jorias ergriff wieder der Abedam das Wort. Seine Rede aber lautete also: „Höret, Meine geliebten Kinder! Ich habe euch nun im Geiste der Liebe neu gezeuget, darum ihr jetzt Meine wahren Kinder geworden seid. Nun erst könnt ihr mit heiligem Rechte in euren Herzen zu Mir sagen: ‚Lieber Vater‘!

Ich kam zu euch als ein Geringster in der Gestalt eines Kahiniten, und eure erwachte Liebe und Demut nahm Mich auf. Ich als Vater schließe nun mit euch, Meinen Kindern, einen ewigen Bund. Wenn ihr euch von diesem Bunde trennt, werdet ihr auch von Mir getrennt sein. Wer jedoch von Mir einmal ergriffen wurde, den lasse Ich so leichtlich nimmer los!

Jorias wollte sich von der Demutswolke seiner Liebe blindlings entfernen. Als er aber wieder erwachte, wo war er da? Mein Band der Liebe hat ihn gehalten. Es läßt sich wohl sehr dehnen, aber nicht so leicht zerreißen!

Bisher machtet ihr euch mit eurer Weisheit viel zu schaffen. Eure Wißbegierigkeit verschlang schon die ganze sichtbare Schöpfung, ihr aber bliebet hungrig und durstig. Gott formtet ihr so, wie er eurer Weisheit zuträglich und euch am bequemsten war. Dieser Gott aber ließ euch und eure Kinder in eurer Hoheit hungern und dürsten.

Da erst neigtet ihr dem Liebemunde Henochs euer Ohr und Herz. Er war die Stimme der Liebe aus Mir, die euch aus der alten Joriaswolke zurief, daß euer Gott ohne Liebe zu nichts nütze ist und die Liebe allein das Leben ist!

Und jetzt erst erkennt ihr durch eure erwachte Liebe Mich, den wahren Gott und Vater! Merket ihr nun den unendlichen Unterschied zwischen eurem eingebildeten Weisheitsgotte und Mir, dem Vater? So habt ihr nun die wahre Kindschaft überkommen. Bleibet in Mir als Kinder, wie Ich in euch als Vater ewig! Amen." (II/85)

Jorias und Besela

Nach dieser väterlich liebevollen Rede Abedams entzündete sich des Jorias' Liebe zum heiligen Vater stets mächtiger und mächtiger. Im Vollbrande seines Herzens sah er sogar dem Leibe nach aus, als wäre er aus weißglühendem Erze gestaltet.

Da aber der hohe Abedam das Staunen der Väter sah, erklärte Er ihnen: „Jorias ist liebedurchglüht bis zur Haut! Wie die Liebe, so die Weisheit! Die Liebe strahlt aus ihrem lebendigen Feuer das rechte Licht! Jorias schaut und genießt nun unermeßliche Schätze aus Mir!"

Und Jorias pries in kräftigsten Worten die Liebe als alles in allem. Nach seiner Rede aber ergriff ihn Abedam, zog ihn völlig an Seine heilige Vaterbrust, segnete ihn und sprach: „Mein geliebter Jorias! Zur Sänftigung deiner Liebeglut will ich dir ein Weib geben. An dem Weibe wirst du dich erproben und festigen! Dann erst kannst du mit Mir völlig eins werden.

Siehe hierher, da ist sie schon, die Tochter Pariholis! Und du Besela, tritt näher zu Mir und fürchte den Mann nicht, den Ich dir jetzt gebe! Sein Herz sei deine Wohnung!" Abedam nahm die liebliche Besela auf Seinen Arm, drückte sie ebenso an Seine Vaterbrust, segnete sie und sagte: „Nun, du überschöne Besela, enthülle dich, damit Jorias sehe, welch ein Weib Ich ihm für seine mächtige Liebe zu Mir beschieden habe!"

Da schob Besela ihr langes dunkelblondes Haar zur Seite und des Jorias' Augen ersahen hier solche Schönheit, daß er ausrief: „Nein, nein, du lieber, heiliger Vater, solch unermeßliche Gabe bin ich nicht wert!"

Abedam aber erwiderte: „Empfange diese Gabe aus Meiner Hand! Gehet hin, den Segen Adams und Evas und den Segen eurer Väter Jared und Pariholi zu empfangen!“ (II/86-88)

Nachdem die Väter und Mütter das Ehepaar gesegnet hatten, trat Jorias mit seinem Weibe wieder zum Abedam. Der Heilige legte Seine Hände zuerst auf Jorias, dann auf Besela, berührte ihr Haupt und Herz und sprach dabei: „Nehmet hin Meinen Segen zum ewigen Leben! Bezähmet allezeit eure Begierden des Fleisches. Und wenn es an der Zeit ist, daß ihr aus euch wahre, lebendige Früchte der reinen Liebe zeuget, dann rufet zu Mir, daß Ich mit Meiner Gnade und Meinem Segen zugegen bin! Ferne sei eurem Leibe die stumme Befriedigung des Fleisches, daran die Sünde hängt.

Nähret, stärket und ergötzet euer Fleisch nicht zu sehr, denn dadurch verstärkt ihr den letzten Kerker, der nun euren Geist umgibt vor seiner Wiedererstehung zum ewigen Leben in Mir! Wer Mich liebt und handelt nach Meinen Willen, der wird die wahre Kindschaft überkommen!“ (II/89)

Nach diesem bedeutungsvollsten Tag für die Kinder der Höhe ließ der hohe Abedam durch Adam und die Kinder Seths die Nachtruhe verkünden, denn es war schon die Mitte der Nacht herangekommen. Da stimmten die vielen tausend Höhenkinder einen Lobgesang an der weit über die Berge schallte. So ward der segensreiche Sabbat beschlossen und eine feierliche, heilige Ruhe ergoß sich über alle Höhen der Kinder Gottes in Seinem Segen.

Auf die Frage Adams, wo denn Abedam die Nacht über mit ihnen ruhen wolle, entgegnete dieser: „Adam! Ich habe schon gar viele Ewigkeiten unter Meinen freien Himmeln zugebracht, so lasse es uns auch heute hier tun! Daher bleiben wir, wo wir sind und wie wir sind, und so begebet euch denn alle zur Ruhe! Amen.“ (II/90)

Adam flucht der Scheinsonne

Wie ärgerlich wurde Adam, als er frühmorgens aufwachte und auf seiner geheiligten Höhe noch alle schlafend fand, während er aus der Ferne bereits Lobgesänge ertönen hörte. Er hätte gar zu gern irgend jemand eine Rüge erteilt. Selbst der hohe Abedam ruhte noch zwischen dem bekannten Abedam und Henoch auf der Erde.

Adam befürchtete, die Sonne könne schon aufgehen, ohne daß ihr die Kinder der Höhe den üblichen Morgengesang dargebracht hatten. Und siehe, da guckte sie auch schon ein wenig am Firmament heraus. Jetzt zerriß aber

Adams Geduldsfaden, daß er darob dem neben ihm liegenden Seth einen tüchtigen Stoß versetzte.

Erschrocken sprang Seth auf: „Lieber Vater, fehlt dir etwas?“ Und Adam wies auf die Sonne: „Höre die Morgenlieder! Welche Schande für uns Auserwählte, daß uns die anderen zuvorkommen!“

Hier blickte Seth nach der Sonne und bemerkte, daß sie einen sehr matten Schein hatte und einen unförmigen Klumpen darstellte. Darum warnte er: „Vater Adam, mir scheint, diese Sonne ist ein Spukgebilde! Siehe und höre doch genauer hin, woher der unheimliche Morgengesang kommt!“ Da vernahm Adam aus der Tiefe:

„Gepriesen sei, du großer Gott, da unten in der Tiefe;
wir loben, großer Lamech, dich und deine Weisheitskniffe!
Du hast den alten schwachen Gott gebracht zum Falle!“

„Um Himmelswillen!“ schrie Adam auf, „was ist das für ein verfluchter Tag und was für eine verfluchte Sonne?“ Da erhob sich der hohe Abedam ein wenig und fragte: „Adam, was fehlt dir, darum du fluchst?“ Adam aber erwiderte bebend: „O Abedam, siehe an diesen falschen Tag, das Werk Satans!“

Der hohe Abedam aber sagte darauf: „Adam, Adam, warum hast du ihn gerichtet? So wird dieser Tag bis ans Ende aller Zeiten nicht auszutilgen sein! Bleibe ruhig, bis Ich euch alle erwecken werde am Morgen des rechten Sonntages durch Meinen Geist! Bis dahin aber lassen wir den Satan ruhig in der Schlammtiefe Lamechs spielen!“

Adam beruhigte sich nun wieder, auch Seth und Eva legten sich sogleich wieder nieder und achteten nicht mehr des Blendwerkes, das der Tiefenkönig Lamech mit Hilfe seiner Kunstwerker zustande gebracht hatte. (II/91)

Der Morgensturm auf der Höhe

Noch eine halbe Stunde ruhten die Väter und Adam schloß fest seine Augen um ja keinen Strahl dieses falschen Tages in sich aufzunehemen, als sich jäh ein heftiger Sturm erhob. Windhosen entwurzelten die kräftigsten Bäume. Tausende Blitze zuckten, und mächtige Feuersäulen lösten große Felsstücke von den Gebirgen und zerstoben sie in der Luft wie leichte Spreu.

Große Furcht überfiel da den Adam, und voll Furcht dachte er bei sich: „Hat Satan gar den heiligen Vater bezwungen, während er hier bei uns weilt? Dieses Toben der Elemente spräche sehr dafür! O Vater, Vater, was wird da aus uns werden?“

Ganz entsetzt sah er auf Abedam und ob seine Kinder noch unbeschädigt seien. In seiner übergroßen Angst aber kam es ihm vor, als sähe er zerstörte brennende Berge durch die Lüfte sausen und Bergstücke unter großem Krachen brennend niederstürzen. Überlaut schrie er deshalb auf: „Abedam, heiliger Vater, hilf, so Du noch helfen kannst, sonst gehen wir alle zugrunde!“

Bei diesem Geschrei Adams richteten sich die Kinder auf und viele gerieten ob der Schauerszene und der unheimlichen Worte Adams in große Furcht. Als aber Hored ringsumher die durch Adam Verängsteten jammern und klagen hörte, erregte er sich. Er sprang von der Erde auf und rief zu den von der Furcht Befallenen: „Väter, Brüder, Mütter und Schwestern! Welche törichte Furcht befängt eure Herzen und welche lästerlichen Worte entfallen eurer Zunge?! Keiner von euch war so wie ich in Gefahr, von Satan verschlungen zu werden! Doch wer entriß mich denn so gewaltig schnell dem Rachen des Ungeheuers?

Er, Der liebevollst und segnend sichtbar bei uns weilt! Welche unsinnigsten Gedanken hegt ihr? Hört! Mit Seiner Segenskraft in mir gebiete ich nun diesem fürchterlichen Feinde: „Weiche und verkrieche dich sofort in die Schlammpfützen der Tiefe!“ – Und schaut, schon weht überall segnende Ruhe! Kein Blitz, kein Wind und keine Feuerwirbel mehr! Und seht nur, wie herrlich jetzt die richtige Sonne aufgeht!“

Da erhob sich der heilige Abedam und Hored fiel in übergroßer Liebe vor Ihm nieder, um Ihm für Seinen mächtigen Segen zu danken. Alle Väter starrten aber wie versteinert bald Hored, bald Abedam an. Abedam aber lobte den Hored und segnete alle Erwachten. (II/92)

Seths Liebsorge – das Morgenmahl auf der Höhe

Zum Stammvater Seth aber sagte der heilige Vater in Abedam: „Seth, sorge nun dafür, daß wir ein reichliches Morgenmahl bekommen!“ Und zu den anderen gewandt sprach Er: „Nach dem Mahle aber werde Ich euch zeigen, wie eitel eure Furcht vor dem Sturme war!“

Sogleich eilte Seth mit den Seinen hinab in seine Wohnstätte. Sie füllten fünf Körbe mit besten Früchten, Brot, Milch und Honig und schickten sich gerade an, mit ihrer Last wieder zur Höhe zu steigen.

Da kam ihnen der himmlische Vater in Abedam entgegen und sagte zu dem vor Liebe ergriffenen Seth: „Seth, du großer Liebling Meines Vaterherzens, sei gesegnet mit deinem ganzen Hause, darum du so viele Hungrige und Durstige aus allen Völkerschaften sättigen willst!

Wahrlich, das ist das Größte, den armen Bruder und die arme Schwester zu versorgen, das Alter zu unterstützen und sich liebevollst der Kleinen anzunehmen! Wer solches aus reiner Liebe zu Mir tut, Ich sage dir, und hätte er Sünden, soviel wie da sind die Sandkörner im Meere, wahrlich, sie sollen ihm alle erlassen werden!

Seth, Mein lieber Bruder, jetzt gebe Ich dir das ewige Leben! Ich sage dir, das ist die größte und vollkommenste Tat, die je auf dieser Höhe verübt worden ist! Gesegnet sei dein ganzer Stamm und nimmer soll diese Stätte entweiht werden durch die Füße eines unwürdigen Volkes! Hier soll Lamechs Weib einst gesegnet werden mit einem Retter, welcher deinen Stamm erhalten wird bis ans Ende der Zeiten! Ja, Ich Selbst werde aus deinem Stamme Fleisch und Blut annehmen!

Seth, du bist Mir aus freier Liebe heraus ein Bruder geworden, wonach sich Mein Herz schon seit Ewigkeiten sehnt. O Erde, wie reich bist du jetzt, da du Mir einen Bruder gabst! Deine Kinder will Ich aufnehmen zu Meinen Kindern und deine Väter sollen Mir zu Brüdern werden! Nun laß uns aber zur Höhe ziehen und mit allen Kindern das Morgenmahl halten!“ (II/93)

Tiefst ergriffen vor solch unfaßbarer Erbarmung Gottes fiel Seth vor Abedam nieder und wollte in seiner großen Demut, daß der heilige Vater den Brudernamen wieder zurücknehmen möge.

Abedam aber sagte: „Seth, Mein geliebtester Bruder, jetzt bist du erst ganz vollkommen Mein Bruder! Deine große, uneigennützige Liebe öffnete allen Brüdern und Schwestern die Speisekammern, die du durch deinen Fleiß gefüllt hattest. Deine Liebe hat sich aber nun mit der größten Demut vereinigt, darum du Mir nun im Geiste der Kraft auch ein rechter Bruder geworden bist! Amen." (II/94)

Beim gemeinsamen Morgenmahl auf der Höhe vernahm man aber auf einmal ein starkes Geheul von vielen Menschen aus der Morgengegend und sah eine um die andere Rauchsäule aus der Tiefe aufsteigen. Da stutzten alle gewaltig und Adam eilte voll Entsetzen zum hohen Abedam: „Liebevollster, heiliger Vater, kaum habe ich mein Gemüt beruhigt, da droht uns schon ein neues Unheil! O zeige uns doch die Ursache des Geheuls und welche Folgen es für uns haben wird!"

Abedam aber beruhigte den Aufgeregten: „Was wirst du hernach tun, so Ich es dir sage? Nichts anderes als jetzt! So beruhige dich wieder und esse und trinke. Es geschieht dir die Unruhe deines Gemüts zurecht, darum du immer noch nicht glauben kannst, daß Mir alle Dinge untertan sind!"

Nach einiger Zeit erhob sich aber der Abedam und redete mit Henoch und Seth einige geheime Worte, nach denen sich die beiden gen Morgen hin entfernten. Als jedoch Adam das bemerkte, vermehrte das seine Furcht und Neugierde ins Unerträgliche. (II/96)

Die Berufung des Garbiel und Besediel zu Schreibern der Heiligen Schriften

Abedam tat aber so, als bemerke er Adams Unruhe nicht und rief den Garbiel und Besediel zu Sich: „Höret! Ihr sollet Zeichen auf die großen Blätter der Piar-Staude zeichnen, wie ihr sie in eurem Gesicht auf dem Blatt gesehen habt. Lamechs Brüder werden euch dazu spitze Werkzeuge aus den Metallen bereiten. Lehret alle, diese Zeichen zu verstehen. Euer Geist wird es euch lehren, wie ihr aus den Zeichen Worte bilden könnt.

Du, Garbiel, aber sollst die ganze Geschichte von der Urerschaffung der Geister, die Erschaffung der sichtbaren Dinge und alle Meine Liebefügungen und großen Erbarmungen Meines gegenwärtigen Hierseins aufzeichnen.

Schreibe aber nur, wenn Ich dich in deinem Geiste dazu anrege und dir getreu deine Hand dazu führe. Sonst nütze deine Zeit, allen deinen Brüdern und Schwestern das Lesen und Nachzeichnen zu lehren. Sodann soll es von deinen Mitzeichnern vertausendfacht werden, damit jedes Stammhaus dieselbe Zeichnung für alle Nachkommen bewahre.

Du aber, Besediel, sollst Wort für Wort niederschreiben, was dir der Henoch über die Zukunft enthüllen wird. Und so soll da ein Buch der Vergangenheit entstehen: ‚Jehovas Streit, Zorn und Krieg‘ und ein Buch der Zukunft ‚Jehovas, des großen Gottes, Liebe und Weisheit‘. Nehmet dazu Meinen Segen und werdet fähig!“

Die beiden Auserwählten aber fielen vor dem Abedam auf ihre Knie und dankten Ihm für solch hohe Gnade. (II/97)

Henoch berichtet von den Greueln in der Tiefe

Da kamen aber auch schon die beiden geheim bestellten Gesandten zurück und Henoch berichtete vor Adam: „Vernimm, vielgeliebter Vater, was die Schlammtiefen gegen uns unternommen haben. Du weißt es! Schon am gestrigen Sabbat hatte der Tiefenkönig einen feurigen Angriff gegen uns versucht, den der Herr gnädigst zurückgeschlagen hat. Nun ließ er aber erneut Feuerbrände in die Wälder legen, so daß die Wildtiere, die unsere Wächter sind, verscheucht wurden. Unzählbar viele, bewaffnete kleine Menschen mit schwarzen Haaren und fast nackten Leibern haben bereits die Höhen erklommen und plündern die Wohnstätten der Morgenkinder. Auch eine große Menge Frauen und Kinder haben sie bei sich.

Soeben, als wir beide von der Zwischenhöhe hinabblickten, gab ihr Anführer den Befehl: ‚Suchet das alte Scheusal Adam und seine verruchte Brut! Sollte er noch leben, so schleppt ihn her zu mir. Ich will meine Rache an ihm kühlen für den Fluch, den er über unseren Stammesvater Kain tat!

Auch soll der Gott Jehova bei seiner Brut dort weilen. Wer mir *Den* gefangen bringt, soll ein Nebenkönig werden und tausend der schönsten Weiber als Belohnung erhalten! Und solltet ihr unseres großen Gottes Lamechs Tochter Naëme und seine davongelaufenen Frauen finden, so schleppet sie hierher! Aber wehe euch, wenn ihr leer zurückkehrt!‘

Solches, Vater Adam, hörten und sahen wir. Unter uns aber weilt ja der liebevollste heilige Vater, daher sei ferne alle Furcht unserem Herzen!“

Da durchbebte den Adam ein Fieber! Er sprang auf und wollte schon den gräßlichsten Fluch über die Tiefe donnern, als Abedam in sanftem Ernst ihm in den Weg trat und sprach: „Adam, Adam, warum willst du schon wieder fluchen? Ich bin doch der Herr! So aber die Flut bis hierher schon gestiegen ist, so lasset uns Fischer sein und sehen, ob wir diese Armen nicht in unsere Netze des Lebens fangen mögen! Wahrlich, Ich sage dir: Heute noch wirst du alle segnen, die du verfluchen wolltest!

Du Kisehel und du Sethlahem aber gehet sogleich, mit aller Macht ausgerüstet, zum Befehlshaber des Lamech und überbringet ihm Meinen Willen!" (II/98)

Die Höhenboten beim Heer der Tiefe

Mit liebeerfülltem Herzen begaben sich Kisehel und Sethlahem durch die Adamsgrotte gen Morgen. Bald sahen sie Lamechs Späher und schritten ruhig weiter, bald von tausend Schwarzhaarigen mit langen Spießen umringt. Die Erde bebte bei jedem ihrer Schritte, und da sie sich willig wie Gefangene fortführen ließen, wollten die Häscher sie mit üblen Schmähreden entmutigen und malten den beiden den qualvollsten Martertod aus.

Als aber so ein dreister Schmähredner versuchte, dem Kisehel eine Kostprobe seiner bevorstehenden Martern zu geben und ihn dazu mit dem Spieß in den Arm stechen wollte, da fuhr plötzlich Feuer aus Kisehels Arm und verzehrte im Augenblicke den Unhold samt seinem Spieße! Da ergriff die Großsprecher und die gesamte Waffenmannschaft eine entsetzliche Furcht und sie

flohen eiligst nach allen Richtungen. Ja sie wären bis in die Tiefe Hanochs geflohen, hätten ihnen nicht einige Riesentiger den Rückweg verstellt.

Drei der ersten Rottenführer aber liefen so schnell sie vermochten zu ihrem Befehlshaber und meldeten bebenden Leibes, was sich zugetragen habe. Sie rieten ihm, ja keinen Gewaltstreich auszuführen, denn diese großen Menschen seien voll verzehrenden Feuers!

Diese Schilderung aber flößte dem Befehlshaber Lamechs solchen Respekt ein, daß er sich beim Nahen der Gesandten demütigst zur Erde fallen ließ und sie schon von ferne begrüßte: „O ihr großen, feuervollen, heiligen Boten eines größeren Gottes, als da ist unser armseliger Gott Lamech in der Tiefe. Wäre es euch nicht gefällig, mir von einiger Entfernung aus kundzutun, warum eure heiligen Füße sich meiner Scheußlichkeit nahen?“

Kisehel aber rief auf solch eine dumme Frage den Befehlshaber gleich beim Namen: „Horadal! Der Herr will es, daß du erstehest und uns samt deinem ganzen Heere zur heiligen Höhe folgest! Dort sollst du deinen Frevel bekennen vor dem ewigen, nun sichtbaren Gott, dem alleinigen Schöpfer und Erhalter aller Dinge, und vor Adam, dem erstgeschaffenen Menschen!“

Diese Einladung brachte Horadal nahe zur Verzweiflung, so daß er wie besinnungslos dastand und kein Wort über seine Lippen brachte. Sethlahem aber trat zu ihm, ergriff seine Hand und sagte etwas sanfter zu ihm: „Horadal, fürchtest du dich etwa lebendig zu werden, während du schon so lange im Tode ganz ohne Furcht gewandelt bist? Gottes Liebe ist größer als Lamechs Zorn! Tue, was mein Bruder von dir verlangt!“

Nach diesen Worten kam Horadal wieder zu sich und folgte mit seinem großen Heere dem Sethlahem und dem Kisehel. (II/99)

Die Macht der Liebe und Gnade an Horadal

Als unsere beiden unerschrockenen Gesandten mit Horadal in ihrer Mitte und dem Heer im Gefolge auf der Höhe angelangt waren, berief der hohe Abedam sogleich Adam, Seth und Henoch zu sich und sprach zu ihnen: „Höret, das ausgeworfene Netz ist gefüllt! Lasset uns ihnen entgegeneilen!“

Als Horadal die Herannahenden bemerkte, fragte er den Sethlahem: „Hoher, mächtiger Gesandter irgend eines großen Gottes, wer sind diese Männer? Mir wird's ganz sonderbar zumute!“

Sethlahem aber erwiderte: „Gedulde dich nur einen Augenblick, wir werden gleich bei ihnen sein!“

Vor dem Heere angelangt, gebot Abedam mit Seiner allmächtigen Hand den Ankommenden stillzustehen und sprach zu den beiden voll Dank erfüllten Gesandten: „So sollet ihr allezeit in Meinem Namen siegen!“

Und Horadal, der Befehlshaber Lamechs, fiel von höchster Ehrfurcht durchbebt vor den vieren nieder. Der hohe Abedam aber trat alsbald zu ihm und sprach: „Horadal! Erhebe dich und siehe an den Adam, den Vater Kains und des von ihm erschlagenen Bruders Ahbel! Und siehe Mich an, deinen alten, schwachen, wurmstichigen Gott!“

Durch Mark und Bein drangen dem Horadal diese Worte Abedams, und er schrie, noch auf der Erde liegend, zu seinem Heere: „Fallet nieder! Wir stehen vor dem allein wahren Gott, wie ihn Farak lehrte, und den wir noch als Kinder anrufen durften! Ihm allein gebührt aller Lobpreis jetzt und ewig!

O du elender Lamech! Ich, sein erster Machthaber, sein Ratgeber und Heerführer, ich, der ihn eben vom Throne stürzen wollte, – ich – ich Scheusal aller Scheusale stehe nun vor dem wahren Gott! O Allmächtiger, vernichte mich auf ewig!“ (II/100)

Der hohe Abedam aber berief den Henoch, diesem Verblendeten Seinen Liebewillen kund zu tun. Und Henoch sprach mit liebeernsten Worten: „Höre und beachte tiefst in deinem Herzen dieses heilige Wort aus dem Herzen Gottes durch meinen Mund: Noch weilst du im Tode der Lüge und aller Bosheit aus ihr. Stehe aber auf und sammle dein Lügenvolk! Werfet weg eure Waffen der Lüge und ziehet das Kleid der Reue und der Demut an! Danach wendet euch gegen Mitternacht. Dort hat der Herr für euch schon ein Land zu eurer Umkehr zubereitet!“ (II/101)

Segen und Speisung für die Befreiten aus der Tiefe

In tiefster Ehrfurcht erhob sich Horadal und verkündete seinem Heere, wer *Der* sei, vor dem sie auf der Erde gelegen hätten und was Sein Wille sei.

Als die Hanochiten dies aus dem Munde ihres sonst so unerbittlichen Befehlshabers vernommen hatten, da jauchzten und weinten sie vor übergroßer Freude, und ihr Dank und Lobpreis erscholl zu dem Allmächtigen.

Der hohe Abedam aber sagte gerührten Vaterherzens zu Henoch: „Siehe das Volk der Nacht! Ein derber Knecht der Schlange predigt nun ihrer Brut Meinen Willen. Siehe, dies Wunder ist größer denn alle, die wir auf der Höhe verrichtet haben! Deine Worte aber sollen bewahrt bleiben bis ans Ende der Zeiten, und deinen Namen werden der Erde letzte Kinder noch nennen!“

Darauf wandte sich Abedam zu Adam: „Adam, siehe, Kains Kinder harren deines Segens!“ Und zu Seth gewandt: „Bruder, laß durch deine Kinder Speise und Trank für diese Armen holen, die seit drei Tagen außer Gräsern und Waldwurzeln nichts gegessen haben.“

Und die beiden vollzogen sogleich freudigst des Herrn Willen. Adam erteilte gerührten Herzens seinen Vatersegen dem Tiefenvolke und Seth war mit der wunderbaren Hilfe des Herrn auch sogleich mit zehn vollst beladenen Körben, angefüllt mit der besten Speise, zur Stelle und lud alle zum Morgenmahle. (II/102)

Als aber Horadal sah, wie die zehn Speisekörbe nicht leer werden wollten, obgleich mehr als zehntausend davon zehrten, wollte er aus übergroßer Dankbarkeit dem Herrn sein Leben als Dankesopfer darbringen.

Abedam aber hielt sich eine Hand vor die Augen und barg Tränen großer Erbarmung darin. Dann berührte Er das zu Seinen heiligen Füßen liegende, reuige Kind der Tiefe und sagte: „Horadal, erstehe! Denn Ich habe dir alle Schuld erlassen!“

Und Horadal erhob sich, nachdem er sich vor großer Rührung ein wenig gefaßt hatte und bat den Abedam: „O Herr, Du Alleinheiliger! Dürfen auch wir armen Sünder Dich lieben aus allen Kräften unseres Lebens?“

Da erwiderte sanft der hohe Abedam: „Liebt Mich, euren heiligen Vater, und ihr werdet ewig leben im Geiste! Amen." (II/104)

Nach dem geheimen Willen des Herrn trat nun Adam herzu und sagte: „Horadal, höre mich an! Wie kommt es, daß die Nachkommen Kains so blind und boshaft sind? Höre und verstehe es: Die Schlange hat eure Töchter mit dem schönsten Fleische geschmückt und ihr alle seid dem Zeugnisse eures Vaters Kains zufolge, das er damals der Schlange gab, als sie ihm in der Gestalt des reizendsten Weibes versuchte, Diener des Fleisches geworden und geblieben! Daher entsaget der Unzucht und der Vielweiberei und tretet zurück in Gottes alte Ordnung – verstehe es wohl! Amen." (II/105)

Henoch aber hieß den Horadal mit seinen Anführern nun auch Speise zu sich nehmen, um sich dann alsbald auf den vorbestimmten Weg zu machen.

Horadal offenbart sein Geheimnis

Als sich nun Horadal an wohlschmeckender Speise gesättigt und den Durst mit dem Safte süßer Beeren gelöscht hatte, dankte er dem Abedam und bat Ihn um die Erlaubnis, vor Adam sein Bekenntnis ablegen zu dürfen.

Nach Abedams Zustimmung begann er: „Überaus ehrwürdiger alter Vater, nie hätte ich Gott so bald erkannt, wenn nicht ein tiefstes Geheimnis in meinem Herzensgrunde läge, das selbst der listigen Schlange verborgen blieb.

Siehe, zur Zeit Hanochs erweckte der Allmächtige den weisen Farak, der dem Volke den wahren Gott lehrte. Lamech zwang mich, seine Grausamkeit anzunehmen und den wahren Gott zu verschweigen. Die Schlange belohnte mich als ihren willigen Diener mit allem, was das Fleisch begehrte und mit den höchsten Ehrenämtern Lamechs.

Ich aber schwor in verborgenster Herzenstiefe, den überlistigen Satan erfahren zu lassen, was *Der* vermag, den ich verborgen halten mußte. Gott gab mir insgeheim auch stets den besten Rat. Also wurde ich ein grausam richterliches Werkzeug in der Hand Gottes. Ich riet zum förmlichen Krieg gegen den alten Gott, wohl wissend, welches Los auf Tatahar harrte!

Ich gab Lamech den Rat, bei Todesstrafe zu verbieten, daß niemand den Namen seiner vermeintlichen Gottheit aussprechen dürfe, damit die noch reineren Herzen der Unschuldigen nicht durch den größten Frevel Lamechs entheiligt werden sollten.

Ferner gab ich Lamech den Rat, den Namen Jehovas zu begraben, damit er nicht länger seinen schändlichsten Lästerungen preisgegeben bleibe. Und so tat ich eines um das andere und führte nun endlich als ein unerbittlicher Machthaber die gesamte Armut Hanochs hierher, und keiner wußte, mit welcher verborgenen Absicht. Ich lege nun meine harte Maske ab, und stehe in aller innersten Treue enthüllt vor euch." (II/107)

Tief ergriffen aus übergroßer Freude weinte da Adam. Und Abedam, der wohl sah, wie es mit dem Herzen Adams stand, sprach: „Adam, möchtest du immer noch fluchen? Wie leicht könntest du Meiner großen Liebe, Erbarmung und Ordnung fluchen und sie richten! Denn wer von euch Menschen kann da Meine Wege schauen und Meine Ratschlüsse erforschen? Wo ihr fluchen möchtet, da segnet lieber! Denn da werdet ihr euren Bruder nicht zum Tode – sondern zum ewigen Leben richten!" (II/108)

Ein neues Land für das Tiefenvölklein

Wie reich belohnte der hohe Abedam die verborgene Treue Horadals! „Horadal", sprach Er zu ihm, „du hast das heilige Fünklein Faraks treulich durch alle Stürme der Versuchungen bewahrt! Da du dem heimlichen Rufer in dir vertraut hast, sollst du nun ein wahrer Lehrer und Führer deines Volkes werden! Denn siehe, es gibt noch viele Blinde unter ihnen!

Du sollst in dem euch zubereiteten Lande alles wohl geordnet vorfinden und eure zum Pfand der Treue bei Lamech verbliebenen Weiber und Kinder werden dort schon auf euch warten. Die Kraft Meines Willens wird in deinen Willen überströmen und Mein lebendiges Wort wird dich in alle Wahrheit leiten. Nun aber empfange Meinen Reisesegen und mache dich auf den Weg! Meine zwei Boten werden dich in das nicht ferne Land zwischen Morgen und Mitternacht geleiten. Eure Waffen aber belasset dem Adam zum Zeichen Meiner Kraft und Stärke! Und also ziehet mit Meinem Segen von dannen!"

Da erhob sich alles Volk, dankte dem Vater in Abedam nochmals und war bald reisefertig. (II/109-110)

Lamel und das gerettete Mädchen aus der Tiefe

Eben als der hohe Abedam Kisehel und Sethlahem zu Reiseführern berief, eilte Lamel daher, den der Herr insgeheim in die Tiefe gesandt hatte, um die besagten Weiber und Kinder der Hanochiten in das verheißene Land zu führen. Auf seinen starken Armen aber hatte er ein Mädchen aus der Tiefe.

Vor Abedam angekommen, fiel er auf seine Knie, stellte das Mägdlein auf die Erde nieder, dankte für das Gelingen seines Auftrages und begann in aller Liebe und Demut zu reden: „Liebevollster Vater! Mit Deiner heiligen Hilfe gelang mir das aufgetragene Werk. Auch nicht *ein* Haupt blieb zurück von denen, die Du mir im Herzen angezeigt hast zu erretten.

Dieses Mädchen fand ich zwar nicht in meinem Herzen bezeichnet. Aber ich habe sie angetroffen, wie sie herzergreifend an einem Pfahle gebunden weinte. Auf meine Fragen seufzte sie tief auf und sprach zu mir folgendes: ‚Großer Mann, ich bitte dich, höre dir meine entsetzlichste Not in aller Kürze an und erbarme dich dann meines jungen Lebens und töte mich!

Meine Eltern waren trotz des Verbotes Lamechs noch Anhänger des großen Farak und glaubten an den von ihm verkündigten Gott. Lamech ließ darum meine armen Eltern vor meinen Augen mit spitzen Nägeln auf den Boden ihres Hauses heften und auf das furchtbarste foltern und töten! Ich wurde bewußtlos und fand mich an diesem Pfahle gebunden wieder um hier vor Hunger zu sterben! Was ferner noch mit meinen armen Eltern geschehen ist, weiß ich nicht mehr, als daß sie samt unserem Hause verbrannt wurden!‘

Siehe, o heiliger Vater, dies war die Ursache, warum ich dies Kind mitbringe. Vergib mir, so ich aus tiefstem Mitleid über Dein Gebot hinaus gehandelt habe und nimm dies Mägdlein gnädig an!“

Abedam aber hob den Lamel auf und sagte zu ihm: „Lamel, Ich sage dir, du hast damit mehr getan als je in deinem ganzen Leben! Doch lassen wir zuvor das gesammelte Volk abziehen und dies arme Kind sich etwas erholen. Ich werde sodann schon das Beste für euch beide tun!“ (II/111)

Beim Abzug des Volkes aber weinte Adam und sandte den Geretteten Segen um Segen nach. Und Abedam belobte seine erbarmungsvolle Liebe und sprach: „Adam, hättest du immer so gehandelt, wahrlich, die Ebenen und tiefen Talgründe wären nicht zur Hölle geworden!

Ich sandte in Farak einen Engel zur Tiefe! Hättest du nicht ein gleiches tun können? Du aber fluchtest ihr! O Adam, siehe dieses Mädchen aus der Tiefe nur genau an. Sie ist in ihrem Herzen reiner denn die Sonne des Mittags! Was ihren Eltern geschehen ist infolge deines Fluches, wird einst dem Sohne einer Jungfrau geschehen, die Ich beleben werde mit dem Geiste dieser hier zu Meinen Füßen Liegenden!

O Adam, rufe deine Flüche zurück und spende fortan allen Meinen Segen! Denn die Erde ist von dir aus jetzt schon auf hunderttausend Jahre mit dem Gerichte auf das reichlichste versorgt! Solches verstehe nun endlich und wende dich vollends zu Mir! Amen.“

Da vollzog sich in Adam eine große Wandlung, und er weinte Tränen höchster Reue. (II/112-115)

Abedam und Pura

Das gerettete Mädchen hatte wohl aus der Rede Abedams entnommen, daß hinter ihm etwas Außergewöhnliches stecken müsse und fragte darum mit leise bebender Stimme den Lamel: „Lieber großer und starker Freund! Wer ist wohl dieser Mann namens Abedam? Seine Worte tönen mir wie aus dem Himmel! Wie ist es möglich, daß mich in seiner Nähe alsbald alle Furcht und Trauer ganz und gar verließ?“

Unser Lamel aber wurde da etwas verlegen, daß Abedam sprach: „Lamel, so gebe Mir die Kleine, wenn du nicht den rechten Mut zur Beantwortung ihrer Frage besitzt!“ Und der hohe Abedam nahm sogleich das Mädchen auf Seinen Arm, das darob überaus fröhlich wurde und sprach: „O du lieber, heiliger Mann, gewiß wirst Du mich einer Antwort würdigen?!“

Hier drückte der heilige Vater das Mädchen an sein Herz: „Meine liebe Pura, du sollst ja alles erfahren, wonach du nur immer dürstest!“

Und das Mädchen verwunderte sich gar sehr, daß sie der Fremde beim Namen anredete. Abedam aber sagte zu ihr: „Meine liebe Pura, Ich könnte dir wohl augenblicklich sagen, wer Ich bin, – aber du würdest es nicht ertragen. Daher gebe Ich dir den Rat: Liebe Mich in deinem Herzen über alles, so wirst du bald erfahren, wer Ich bin!“

Da wurde die Pura heiter wie der Sommerhimmel. Sie warf ihre zarten Arme um Abedams Hals und legte ihren Kopf ganz liebetrunken an Seine heilige Brust und blieb so, bis sie alle die Vollhöhe erreicht hatten. Bei den sehnsüchtig harrenden Kindern der Höhe erst wurde sie aus ihrer Lieberuhe durch den lauten Jubel der Begrüßenden erweckt.

Als sie nun in der Dämmerung die vielen lobpreisenden Menschen zur Erde niederfallen sah, fragte sie ganz leise: „Du unbeschreiblich lieber Mann, wem gilt wohl diese allerhöchste Ehrung?“

Und Abedam sagte zu ihr, indem Er sie sanft zur Erde stellte: „Sieh dich nur recht emsig um, so wirst du den allein Aufrechtstehenden gar leicht finden, der da der Allerhöchste im Himmel und auf Erden ist!“

Hier durchsuchten ihre großen schwarzen Augen die Menschenmenge kreuz und quer. Alle lagen auf ihrem Angesicht und niemand stand aufrecht. Darüber sehr verwundert, sprach sie zu ihrem Träger: „Höre, mein lieber und sehr starker Mann! Vergeblich ist mein Suchen. Wie soll ich das verstehen?“

Und wieder musterte Pura die große Menge; aber kein Aufrechtstehender war zu sehen.

Da Abedam aber ihre große Verlegenheit sah, bog Er Sich zur Erde nieder, nahm Pura wieder auf Seinen Arm, drückte sie an Seine Brust und sagte: „Meine allerliebste Pura, wer mit seinen Augen in die Ferne schweift, gewahrt leicht das Nächste nicht! Siehe doch Mich an, und sage Mir, ob Ich liege oder aufrecht stehe?“

Hier schlug die Pura ihre Hände über dem Kopfe zusammen und schrie laut auf: „Oh! Was habe ich Blinde getan! O Du, Der Du sicher der König dieses glücklichen Volkes bist, überaus mächtig in Wort und Tat, wirst Du mir wohl diesen allergrößten Irrtum vergeben können? Nein, nein, ich könnte mir gerade die Augen auskratzen, darum sie Dich, Du allein Aufrechtstehender, nicht bemerkt haben!“

Tröstend entgegnete aber Abedam: „Geliebte Pura, sei nur ruhig, du hast Mich ja fast erkannt! Siehe, hier kommt schon Mein Seth, laß uns nun schweigen und vernehmen, was er möchte!“ (II/116-117)

Seths Vertrauen trägt reichen Segen

Als der ehrwürdige Vater Seth beim hohen Abedam anlangte, bat er, die Menschen der Höhe abermals mit Speise und Trank versehen zu dürfen. Liebeprüfend aber fragte ihn Abedam: „Mein geliebter Seth, du hast alle Hungrigen gesättigt und deine Speisekammern sind leer, selbst die Früchte deines

Gartens wurden nicht verschont. Woher wirst du nun die Speise und den Trank nehmen?“

Da stutzte Seth ein wenig. Doch dann entgegnete er überaus heiteren Gemütes: „O Jehova, liebevollster Vater, der Du füllst die Sonne mit neuem unvergänglichem Lichte und läßt das Meer um keinen Tropfen minder werden, auf Dich vertraue ich und bin fest davon überzeugt, daß Du schon wieder reichlichst meine Vorratskammern gefüllt hast!“

Zu seinen zehn Trägern gewendet sprach er: „Daher gehet eilends, und kommt mit gefüllten Körben wieder! Wer zu essen und zu trinken verlangt, dem soll reichlich gegeben werden. Verkündet aber allen, denen ihr Speise gebt, *wer* der gute Geber ist!“

Hier umarmte Abedam den Seth und sprach: „Nun erst handelst du vollkommen, da du für das Volk an den Geber der Speisen erinnerst! Seth, Ich sage dir! Hinfort sollst du deine Kammern nie mehr leer antreffen!“ (II/118)

Voll Verwunderung füllten die Träger im Hause Seths die Körbe mit den herrlichsten Früchten und die Haushüter beteuerten: „Eine unzählbare Menge Hungriger ist heute schon gesättigt worden, aber die Fruchtspeicher blieben auf gar wundersame Weise immer gefüllt!“

Abedam aber gab sich auch den Trägern als himmlischer Vater zu erkennen und nahm ihnen alle Angst und Furcht. Ja, Er gab ihnen eine Verheißung, einst Träger höherer und lebendigerer Früchte zu werden. (II/119)

Puras Scheu vor Abedams Heiligkeit

Als aber unsere liebliche Pura, immer noch auf den Armen des himmlischen Abedam weilend, die Unterredung Abedams mit den zehn Trägern hörte, wurde sie sehr verlegen. Daher sagte sie schüchtern zu Abedam: „O heiliger Vater, so Du *der* bist, als der Du Dich nun selbst geoffenbart hast, so bitte ich Dich, lasse doch nicht länger zu, daß ich Deine mich tragenden Hände weiterhin entheilige! O lasse mich nur schnell von Dir! – Doch nur Dein heiliger Wille geschehe!“

Abedam aber sagte: „Meine liebe Pura, willst du Mich nun, wo du Mich erkannt hast, weniger lieben? Ich bin ja nicht nur dein Jehova und allmächtiger Schöpfer, sondern Ich bin vor allem euer liebevollster Vater, der jeden von euch zum ewigen Leben aufrichten will!“

Da wurde die Pura überglücklich und schmiegte sich nun desto liebender an die heilige Vaterbrust. (II/120)

Beim gemeinsamen Mahle aber fragte die Pura ihren über alles geliebten Vater in Abedam: „O Jehova, du allmächtiger Schöpfer, könntest Du nicht im Augenblicke die grauenvolle Tiefe bessern und umgestalten?“

Und Abedam gab ihr darauf eine gar bedeutsame Erklärung: „Höret, ihr alle Meine Kinder! Hindernisse und Widerstände sind der notwendige Grund für alles sich entwickelnde Leben! So sind die schlechten Gegensätze für die guten, die guten aber für die schlechten zur Erweckung des Lebens notwendig! Wie die Höhe sich wandelt, wird auch die Tiefe geändert werden. Am Ende aber wird ein Hirt und eine Herde sein! In der Liebe liegt alle Ordnung! Der Reine wird das alles in der Reinheit erschauen! Amen.“ (II/121)

Pura erhält eine wunderbare Verheißung

Als Pura diese Worte vernommen hatte, sprach sie ganz entzückt: „O Du ewig unendliche Liebe, welch endlos tiefer Sinn liegt doch in jedem Deiner Worte! Wer erforscht den Rat Deiner Liebe, daß Du Dich sogar vom schwachen Geschöpfe ‚Vater‘ nennen läßt?! Welche Seligkeit ist es für mich, bei Dir zu sein und welche Nahrung für mein schwaches, liebehungriges Herz! O Jehova, Vater, o lasse Dich lieben von Mir nach meinem Herzensdrange!“

Da warf Pura ihre zarten Arme voll höchster Glückseligkeit um ihren heiligen Vater. Ja, sie preßte Ihn mit all ihrer Kraft förmlich an ihr ganzes Wesen. – Und wie gesänftetes Sonnenlicht ein zartes Rosenblättlein hold durchleuchtet, so erstrahlte das gerettete Kind der Tiefe in seiner grenzenlosen Liebe zum himmlischen Vater in Abedam.

Im hohen Ergriffensein der Urväter rief Henoch aus: „O Du heiliger Vater! Welch Unterschied! Wir sind Kinder der Höhe, Pura aber ein Säugling des Schlammes der Tiefe! Sie liebt Dich mehr als die ganze Höhe! Ihr Herz faßt Dich weit mehr als wir, die wir seit Kindheit in Deiner Liebe und Gnade geforscht und gehandelt haben! O sehet, ihr Väter, welch himmlische Anmut erstrahlt in dem kaum zwanzigjährigen Kinde der Tiefe! Ja, wahrlich, es ist uns zu einem großen Maßstab in der Liebe gesetzt!“

Hier verstummte auch der Henoch und Abedam sagte darauf zu ihm: „Ein Kind der Welt und der Sünde soll neunundneunzig von der Geburt aus Gerechte überwiegen, wenn es Mich der Pura gleich ergreifen wird! Du aber, Mein Kindlein, sollst Mich dein ganzes Erdenleben erschauen und haben wie jetzt! Erst zur Zeit der Zeiten sollst du eines Mannes Weib werden und erfüllt werden mit aller Fülle Meiner Liebemacht des Geistes!“

Seth, der aus dieser Verheißung Unfaßbares heraushörte, ließ seinem bedrängten Herzen freien Lauf: „O Herr, ich erschauere vor meinen Gedanken,

Du könntest Dich dereinst durch die Allmacht Deiner Erbarmung im Leibe eben dieses Mägdleins Selbst zu einem Kinde einzeugen! Kann man denn das Meer in eine Haselnußschale füllen? Nach Deinen Worten aber soll Dich, den unendlichen Gott, dies Mägdlein in sich aufnehmen zur Umkleidung mit Fleisch und Blut?!"

Da ergriff der hohe Abedam die Hand Seths und sprach: „Mein lieber Seth, wie wäre es Meinem unendlichen Geiste möglich gewesen, im geschaffenen Endlichen dennoch die ganze Unendlichkeit zu verbergen? Erinnere dich der Gesichte der zwölf Boten und bedenke, daß schon im kleinen Samenkörnlein einer Zeder eine unendliche Zahl dieser Bäume verborgen liegt!

Doch sollst du wissen: Eine Jungfrau gleichen Geistes der Liebe und des kindlichen Glaubens wird Mich empfangen im Fleische. So wird dieses Mägdlein nicht nötig haben, aus den Himmeln wieder zur Erde zu kommen. Denn siehe, bei Mir sind gar viele Dinge möglich, die euch Menschen als unmöglich erscheinen. Darum glaube fest Meinen Worten, denn also wird es unausweichlich geschehen! Amen." (II/122-123)

Lob des Herzens und Lob des Mundes

Als Seth solches vernommen hatte, wurde er überaus fröhlich und lobte und pries den hohen Abedam aus allen seinen Kräften.

Abedam aber sprach zu ihm: „Seth, du lieber Bruder Meines Herzens, wenn das Herz betet, soll sich der Mund nicht dareinmischen, damit nicht die reine Herzensquelle getrübt wird. Das Lob des Mundes ertönt vor der Welt, das Lob des Herzens aber dringt zu Meinem Herzen! Daher kannst du jetzt deinem Munde die Arbeit ersparen! Wer den Mund braucht, der brauche ihn immerhin vor der Welt und vor seinen Brüdern. Vor Mir aber brauche er nur einzig und allein sein Herz! Amen." (II/124)

Wie rein und beständig doch die Worte Gottes sind, die zwar verleugnet, nie aber verrückt werden können!

Es kamen die Höhenbewohner aber noch mit mancherlei Fragen zum heiligen Vater in Abedam, und dieser erklärte ihnen väterlich seine Wege mit den Menschen, kräftigte sie im Herzen und führte sie zur rechten Erkenntnis ihres Lebens. Besonders warnte Er sie vor dem Fluche des Hochmutes, des Eigennutzes und des Eigensinnes: „Saget nicht untereinander, dieser Fleck Erde gehört mir und dieser Baum ist mein Eigentum, und mit meinem Leibe kann ich tun nach Behagen. Denn das wird euch von Meiner Liebe abziehen und ihr werdet Knechte der Welt und des Todes werden!" (II/125 ff)

Pura und der Vater Jared

Als es auf der Höhe Abend wurde, berief der heilige Vater in Abedam den Jared zu sich sagend: „Siehe Mein lieber Jared, dies Mägdlein hier ist elternlos! Ich aber habe es als eine Tochter angenommen. Da aber dein Haus auch das Meine ist, wollen wir es darin aufnehmen und sein Herz ausschmücken, daß es ein Ebenbild des reinsten Himmels sein soll! So übergebe Ich dir diese Meine und nun auch deine Tochter!"

Und Abedam ergriff die Hand der Pura und sprach zu ihr: „Mein Töchterchen! Siehe einen Mann nach Meinem Herzen! Er sei auf Erden dein Vater! Folge ihm, er wird für dein Erdenleben sorgen, wie Ich für dein ewiges sorgen werde! Amen."

Mit diesen Worten segnete der Vater in Abedam das Mädchen und übergab es dem vor Freude weinenden Jared, der es mit großer Zärtlichkeit und Liebe empfing.

Pura aber wandte sich ungeachtet der sanften Willkommworte des Jared schnell an Abedam mit der Frage: „O heiliger, liebevollster Vater! Habe ich Arme etwa vor Dir gesündigt, daß Du mich entfernen willst? Sagt mir doch mein Herz, daß nur Du der allein wahre Vater bist! Ist Jared gewiß auch ein guter Vater, so ist er aber doch nicht mit Dir zu vergleichen! Daher weiche ich auch nicht mehr von Dir, ewig, ewig nimmer!“

Hier ward Jared verlegen, doch Abedam sagte zu ihm: „Siehe Jared, so soll rechte Liebe beschaffen sein! Laß dies Mein wahrhaftiges Töchterlein noch zwischen Mir und dir verbleiben und morgen erst in Mein und dein Haus ziehen! Ich erprobte sie und euch alle! Puras Wort aber soll jedermann zur tüchtigen Lehre dienen, wer allein des Vaternamens voll würdig ist!“

Pura faßte aber auch zum Vater Jared Liebe in ihrem Herzen und sprach: „O so komme du guter Mann nach dem Herzen des heiligsten Vaters, denn ich habe dich ja auch lieb! Setzte dich zu mir und freue dich mit mir!“

Doch Jared konnte sich vor zu großer Wonne weder bewegen noch ein Wort über seine Lippen bringen. Darum behieß Abedam die Pura: „So gehe du zu ihm und führe ihn hierher!“

Aber Pura erwiderte etwas betroffen: „O liebevollster Vater, Du willst mich wohl wieder auf so eine kleine Probe stellen!? O sieh, ich weiß wohl recht gut, daß es sich für mich nicht schickt, einen Mann wie den Vater Jared zu führen, der ein Mann nach Deinem Herzen ist und man meinen könnte, ich wolle ihn beherrschen. O, das sei ferne von mir!“

Und der Abedam sagte darauf zur Pura: „Jetzt erst bist du vor Mir ein vollkommenstes Mädchen, da du mit deiner großen Liebe auch die wahre weibliche Ergebenheit und Demut vereinigt hast! Rufe aber nochmal den Jared und er wird sogleich deiner Bitte folgen!“

Pura tat dies auch sogleich und rief: „O Vater Jared, komme doch bitte zu uns! Siehe, ich habe dir ja schon den schönsten Platz bereitet, damit ich dann zwischen dir und dem heiligsten Vater seligst sitzen kann, wie Er es mir ehedem verheißen hat! Denn ich habe dich ja auch sehr lieb; das kannst du mir sicher glauben!“

Hier folgte Jared voll Freuden dem Ruf der Pura und dankte dem heiligsten Vater im Herzen für solch große Gnade. Auch Pura war nun völlig zufrieden und dankte dem Herrn.

Der Vater in Abedam aber sprach: „Kinder, eure Glieder sind müde geworden. Begebet euch darum zur Ruhe! Im Geiste aber bleibet stets wach! Ich werde über euch wachen und euch am Morgen zum neuen Tag erwekken. Mein Segen sei mit euch allen! Amen.“ (II/140-141)

Der Abschiedstag

Am neuen Tag, es war der Montag, durfte Seth wieder für ein wohlschmeckendes Morgenmahl sorgen. Danach berief der Abedam den Jared, Ihn mitsamt der Pura und den Stammvätern in sein Haus zu führen.

Dort angelangt sprach Er zur Pura: „Siehe, Mein Töchterchen, hier ist gut sein! Denn das ist Mein Haus, darinnen wohnt die reinste Liebe im Jared und seinen Söhnen Henoch, Mathusala und Meinem Lamech, der da Meine liebe Tochter Ghemela zum Weibe hat. Hier wirst du verbleiben bis zur Reife deines Geistes, da Ich dich heimrufen werde!"

Und zu Jared gewandt sprach Er: „Jared, wie du ein weiser Vater Henochs, Mathusalahs und Lamechs bist, so sei es auch diesem Kinde, das du unmittelbar aus Meiner Hand empfangen hast! Leite sie in Meinem Namen! Pura aber soll keinem Manne nähertreten!"

Darauf berief Er die Brüder Lamechs und führte sie in die Werkstätten, die Sein allmächtiger Wille ihnen erschaffen hatte. Er zeigte ihnen das rechte Erz der Berge und lehrte sie, es im Feuer der Kohle zu reinigen und daraus allerlei notwendige Gerätschaften zu schmieden. Er segnete die Berge und das Werk ihrer Hände!

Hernach empfing Er die beiden Boten Sethlahem und Kisehel, die Horadal und sein Volk in das neue Land begleitet hatten, und eben zurückkehrt waren. Er berief sie nun, sogleich mit ihren Brüdern als Seine Boten in die Tiefe Hanochs zu ziehen, nach den uns bekannten Weisungen, die sie vordem von Ihm empfangen hatten.

Noch einmal legte der heilige Vater in Abedam allen Urstammvätern treulichst ans Herz, ja alle vernommenen Lehren im Herzen zu bewahren und in der Tat zu befolgen und die Kinder danach zu unterweisen.

Seinen lieben Henoch berief Er als Seinen Oberpriester und behieß ihn, in Seiner Liebe, Gnade und Erbarmung allen zu dienen. Eindringlich warnte der Herr nochmals die Höhenbewohner vor Verbindungen mit den Töchtern der Tiefe. Doch gab Er kein Gebot, sondern überließ alles ihrem freien Willen.

Am Abend führte der heilige Vater in Abedam alles Volk zur Höhe, vertiefte noch einmal das Gesetz der Liebe in ihren Herzen, segnete alle und entließ alles Volk in seine Heimat.

Zu den Hauptstammvätern und dem anderen Abedam aber sagte Er: „Kinder und Brüder! Meine Liebe und Mein Segen bleibe unter euch! Amen."

Nach diesen Worten wurde Er ihren Augen unsichtbar. (II/142)

Am Streittage – Adam und die zwei Fremden

Am frühen Morgen begaben sich die Väter auf die Höhe und lobten Gott darum Er sie so endlos bereichert hatte. Der Dienstag war aber der Streittag, an dem jeder Zwist oder Zweifel vor den Vätern geschlichtet wurde.

Adam fragte seine Söhne nach dem Lobpreise: „Was meint ihr wohl, werden sich heute keine Weisheitszänker vom Mittage her, keine Grübler vom Abend her und keine Zweifler von Mitternacht her hier einfinden?"

Abedam, der bekannte, und Henoch besprachen sich gerade über die große Schwierigkeit des Lehramtes, als sich nach geraumer Zeit vom Abende her zwei Wanderer eiligen Schrittes nahten. Sie grüßten überaus ehrfurchtsvoll die versammelten Väter und Adam empfing sie sogleich mit der gewohnten patriarchalisch-richterlichen Amtsmiene und fragte sie: „Welcher Zwist hat euch hierher getrieben?"

„Vater Adam", erwiderte einer der zwei Männer, „uns trieb kein Zwist hierher, daher solltest du dich zu einer anderen Frage bequemen!"

Da stutzte Adam und wußte nun nicht mehr, was er fragen sollte und berief deshalb den Henoch zu sich. Dieser sagte zu ihm: „Nichts als warten. Wir sollen allzeit unbekümmert bleiben; alle unsere Sorge sei auf den Herrn gerichtet! Darum, Vater Adam, lasse alle alten, nichtssagenden Amtsformen. Gab der Herr uns doch die allerherrlichste Form der Liebe!"

Adam beruhigte sich; der Fremde aber trat zu Henoch und sagte zu ihm: „Henoch, du bist ein wahrhafter Lehrer und Prophet, denn du predigst die Liebe. Sie führte mich und meinen Bruder hierher. Nicht streiten wollen wir vor euch, sondern eure Liebe erforschen, um sie mit unserer zu vereinen!"

Abedam fühlte sich stark betroffen, Henoch aber sagte zu ihm: „Sei nur ruhig; das wird noch interessant werden! Die Männer gefallen mir überaus gut!" Denn Henoch erkannte im Herzen den Fremdling. Nur der alte Adam verharrte hartnäckig am alten Gesetz und entgegnete schließlich mit sehr richterlicher Miene dem fragelustigen Fremdling: „Vergiß nicht, mit wem du sprichst! Der alte Gesetzgeber der Erde bin ich, verstehst du? Ich hebe somit alle Gesetze auf, die den Richter binden, aber das Gesetz für den Streitenden bleibt! Daher bringe nun eine gültige Entschuldigung für deine ungestüme Rede, sonst harrt deiner die unwiderrufliche dreißigjährige Verbannung! Verstehe solches, du weise Nase von einem Streiter!"

Der Fremde aber sah den grimmigen Adam überaus verwundert an, schwieg eine Weile und entgegnete: „Adam, was würdest du sagen, wenn Ich aus Meiner Macht auch die Gesetze für Streitende aufheben würde?"

Und Adam erwiderte heftigst: „Noch eine solche Frage, und du hast sogar das Entschuldigungsrecht verwirkt!“ Der Fremde aber erwiderte: „Adam! Drei Tage hat Jehova Selbst nichts als die Liebe gepredigt. Sind das die Früchte Seiner Herablassung? Hat Er nicht alles Gericht aufgelöst und dafür die Liebe eingesetzt?

Wohl wird Mich dein Gericht treffen, aber fürder soll niemand mehr auf dieser Höhe verbannt werden! Brüder sollen einander nicht richten – außer mit der Liebe, Geduld, Sanftmut und Erbarmung! Wenn sie sich aber gegenseitig verurteilen, wird sie Mein Gericht treffen!“

Hier fiel allen wie eine Decke von den Augen, und sie erkannten Jehova , den heiligen Vater in dem Fremden und fielen vor Ihm nieder.

So erfüllte der Herr Seine Verheißung, daß Er auch am Streittage noch unter ihnen weilen werde. Er hieß sie aufstehen und belehrte sie: „Kindlein, Abba (Vater) ist Mein Name! Rufet Mich im Herzen und Ich werde euch allezeit erhören! Bedenket aber, *wer* der Vater ist!

Als Gott bin Ich ein ewiger, unnahbarer Richter nach Meiner unendlichen Weisheit und Heiligkeit! In Meiner ebenso unendlichen Liebe bin Ich aber ein Vater und will alle Meine Kinder um Mich versammeln. Der Vater richtet niemanden; Er ziehet, lehret und führet nur. Ich kam wieder als ein Fremdling zu euch, und ihr habt Mich nicht erkannt. Da Ich aber nun bei euch bin, freuet euch und kommet alle zu Mir! Amen.“ (II/143-156)

Da eilten und schmiegten sich alle um den heiligen Abba. Da Adam aber nicht mehr so behenden Fußes war, verdroß es ihn ein wenig, daß man so wenig Rücksicht auf ihn nahm.

Der heilige Vater sagte darum zu ihm: „Adam, sind wir denn nicht zu zweit gekommen?! Hast du hier zu wenig Platz, siehe, dort steht ja noch einer! Erkenne doch diesen Unsterblichen in deinem Herzen!“

Da wandte sich Adam zu dem Fremden und musterte ihn von Kopf bis Fuß. Weil er ihn jedoch nicht erkennen konnte, bat er den heiligen Vater: „O Abba, sage mir doch, wer ist denn dieser Fremde?“

„So tritt ihm näher!“ gebot Abba. Als sich Adam aber dem Fremden näherte, schrie er plötzlich auf, denn er erkannte seinen Sohn Ahbel und wollte ihn sogleich in aller Liebe umarmen.

Ahbel jedoch wehrte ihm und sprach: „Halte ein, Vater Adam! Umfange gleich deinen Kindern erst den rechten Vater! Siehe, eben heute ist die große Schlange freigelassen, sogar die Höhe zu bekriechen. Beeile dich, ehe sie dich einholt! Denn siehe, dort steht schon der große Feind des Lebens!“

Hier sprang Adam hastig hin zum heiligen Vater, der ihn schützend zu Sich zog, denn schon stand der Fürst der Welt in menschlicher Leibesgestalt grimmsprühend zwischen Ahbel und der Gruppe um Abba und kreischte: „Allmächtiger, warum verfolgst Du mich hier in meinem Eigentum? Warum willst Du mir meine Geschöpfe, die aus mir hervorgegangen sind, entreißen? Hast Du nicht zahllose Legionen reiner Geister aus Dir? Weiche von der Erde und weiche aus meinem großen Weltenreiche!“

Der Vater aber entgegnete: „Frevler, welcher Lüge voll ist dein Mund! Wer erschuf dich gleich anderen zahllosen Geistern? Zeige Mir aber das Pflänzchen hier, welches du erschaffen hast! Elender Lügner, jetzt bebst du vor Mir, da Ich deine Schande aufgedeckt habe! Ich bin der Herr Himmels und der Erde! Daher weiche! Diese Stätte ist zu heilig für deine Füße!“ Und Satan entschwand brüllend und fluchend der Höhe.

Der himmlische Vater gab seinen Kindern darauf eine sehr beachtenswerte Warnung vor der List und Bosheit Satans: „Wer sich von seinem eigenen Herzen berücken läßt und wird hochmütig, herrschsüchtig, fleischsinnig und eigenliebig, der macht es wie Satan und wird ein Feind des Lebens!

Wer daher Satans List entgehen will, sei ein getreuer Hirte seines eigenen Herzens und halte es rein! Nehmet euch besonders vor euch selbst in acht! Denn es gibt nirgends etwas in sich Freieres als ein Menschenherz! Nur wenn ihr es Mir zuwendet, werdet ihr bewahrt bleiben!" (II/143-158)

Der Herr sendet Ahbel zu den Boten nach Hanoch

Zum Engel Ahbel gewandt aber sprach der Herr: „Mein getreuer Bote, Ich sende dich nun nach Hanoch! Von den sieben ausgesandten Bußpredigern haben sich vier von der Tiefe berücken lassen. Bringe sie wieder zurecht! Sie sollen zwar von ihrer Macht nichts verlieren; da sie aber noch nie einen Leibesschmerz empfunden haben, züchtige sie mit sieben Hieben über die Schulter, so du in ihren Herzen unlautere Liebe finden wirst.

Wird auf den ersten Hieb die unlautere Herzensflamme nicht erlöschen und die Begierde des Fleisches nicht vergehen, führe die Schläge stets kräftiger, bis die Hartnäckigkeit ihrer Herzen gesänftet ist. Hernach aber rufe sie in ihren Herzen und verkünde ihnen Meinen Willen und Meinen vollen Ernst!

Sodann beobachte ihr Herz. Lasse sie zuerst sieben Tage frei. Bestehen sie, so gebe ihnen darauf sieben Monate Zeit. Siehst du aber ihr Herz leiden, dann stärke es mit dem Öle Meiner Gnade. Fallen sie aber erneut in Satans Stricke, dann löse sie abermals durch eine Züchtigung mit dornigrauhen oder gar feurigen Ruten! Den Mir treuen Boten aber zeige dich sichtbar und stärke sie mit Meiner Liebe!"

Hier neigte sich Ahbel vor dem heiligen Vater und entschwand wie ein leuchtender Blitz. Die Väter aber waren bestürzt, daß vier der Boten in so kurzer Zeit des Herrn vergessen konnten. Doch der Vater erklärte es ihnen: „O Kinder, Ich sagte euch doch, wie leicht euer Herz in seiner vollsten Freiheit berückt werden kann, so es Meiner vergißt! Von euch hat noch keiner über die große Macht des Fleisches gesiegt! Daher wundert euch nicht, so die vier vom üppigsten Fleische der Weiber in der Tiefe Hanochs berückt werden konnten! Kain weissagte vor der Schlange, die ihn in reizendster Gestalt betören wollte, wie gefährlich diese ihre Gestalt allen seinen Nachkommen werden wird! Bleibet darum mit euren Kindern in Mir, wie Ich in euch, so werdet ihr nicht Knechte des Fleisches werden! Amen." (II/159)

Noch viele Lebensgeheimnisse erschloß der gute Vater Seinen geliebten Kindern der Höhe. Manchen Zweifel an Seiner Göttlichkeit ließ Er offenbar werden, um den Unterschied zwischen Verstandesklugheit und Herzensweisheit zu zeigen. Nochmals lehrte Er, wie nur die wahre Liebe in einem Gottsucher den heiligen Vater finden kann.

„Kindlein," sagte der ewige Vater, „glaubet fest im Herzen, daß Ich euer Vater bin und der alleinige Herr Himmels und der Erde, Gott aller Macht und Kraft, Schöpfer, Lenker und Erhalter aller Dinge! Wer Mich ehrt mit der Hand, dessen Hand soll gesegnet sein für jegliches Werk! Wer Mich ehrt mit den Füßen, soll keinen Stein am Wege finden. Wer Mich ehrt mit dem Leibe, soll gesegneten Leibes sein.

Wer Mich ehrt mit dem Munde, dessen Mund soll gesegnet sein, daß ihn alle Völker loben sollen. Die Mich mit den Augen ehren, sollen keinen Tod sehen. Die Mich mit dem Kopfe ehren, will Ich segnen mit Weisheit. Wer Mich aber liebt in seinem Herzen als den guten Vater, der ist es, der Mich ehrt mit seinem *ganzen* Leben, weil er Mich mit seiner Liebe erfaßt, die das ganze Leben ist!

Ich, euer Vater, sage euch, Ich brauche weder Opfer, noch euren sogenannten Gottesdienst! Im gegenseitigen Dienen werdet ihr Mir wahre Gottesdiener sein! Mein Wort durch Henoch wird euch segnen oder richten nach der Beschaffenheit eurer Herzen! Amen."

Hier wurde der himmlische Vater den Augen seiner Kinder wieder unsichtbar. (II/169)

Die sieben Boten in Hanoch

Wir weilten nun sieben Tage bei den gesegneten Kindern der Höhe und haben die bedeutsame Gründung der ersten Kirche durch die sichtbare Gegenwart Jehovas als Asmahael, Abedam und Abba miterlebt. Nun wollen wir uns in die Tiefe Hanochs begeben und sehen, welche Veränderungen wir da vorfinden werden.

Den sieben Boten wurde gar listig begegnet. In unserer Zeit würde man sagen: Sie wurden mit politischer Klugheit empfangen. Man zeigte ihnen die unzähligen Vergnügungsstätten, die Prachtbauten Hanochs, die prächtig gekleideten Menschen und besonders die vielen bewaffneten Krieger Lamechs. Zum König selbst aber wurde ihnen noch keine Tür geöffnet. Lamech ließ sie aber von seinen schönsten Zofen umgeben, daß diese, wie wir schon wissen, bald vier von den Boten mit ihren Verführungskünsten berückten und darum der Herr am Streittage den Ahbel zu ihnen sandte.

Nach einer Woche schritten die drei treu verbliebenen Boten, Kisehel, Sethlahem und Joram fest entschlossen in den Prunkpalast des Tiefenkönigs Lamech, um ihm gegenüberzutreten. Gleich auf der ersten Treppe wurden sie aber von sechzig schönsten Frauen umringt. Diese baten sie mit Flehen und

Seufzen: „Ach, errettet uns aus der Gewalt Lamechs! Wir müssen wegen euch alsbald den grausamsten Tod erleiden, weil es uns gestern nicht gelang, euch als die ärgsten Feinde Lamechs zu betören und damit seiner glühenden Rache auszuliefern!“

Die drei Boten erkannten jedoch die höllische List Lamechs. Daher erwiderte Kisehel den verführerischen, ganz nackten Weibern: „Höret, ihr Natterngezüchte! Nicht Lamechs Rute, sondern Jehovas Zuchtrute wird euch schlagen! Eiter und Geschwüre werden euch draußen in den Sümpfen und Morästen verzehren! Jehovas mächtiger Wille geschehe! Amen.“

Da wurden die sechzig Weiber von einem fürchterlich brennenden Aussatze befallen. Rasend und heulend liefen sie durch die Gassen zu den besagten Pfützen und Morästen vor Hanoch und fanden darin ihren Tod. – Mit welch großem Ernst mußte Gottes Zuchtrute hier eingreifen!

So war die erste Treppe zum Throne Lamechs gereinigt. Als die Boten aber zur zweiten gelangten, entstand hier ein noch fürchterlicheres Jammergeschrei. Denn diese Treppe war angefüllt mit Weibern, die von den Leibwächtern Lamechs mit schärfsten Ruten mißhandelt wurden. Als die blutenden Weiber die drei Mächtigen ersahen, schrien sie noch gewaltiger, um von ihnen errettet zu werden.

Kisehel aber gebot den Schergen Lamechs mit starker Stimme: „Haltet ein, und führet die Heldinnen Lamechs hinaus zu ihren Lastergenossinnen bei den Pfützen und Sümpfen und schwinget mir fürder keine Rute mehr, sonst sterbet ihr gleich diesen Lasterheldinnen! Jehovas Wille geschehe! Amen.“

Da warfen die Schergen die Ruten weg und schleppten die Weiber mit gebundenen Händen zu den Sümpfen. Voll Verzweiflung stürzten sich auch diese willigen Lasterwerkzeuge Lamechs in die stinkenden Sümpfe, wo sie das Los ihrer Gefährtinnen ereilte.

Die zurückgekehrten Schergen aber wurden von den drei Boten nach der Stadt Farak geschickt, wo eine andere Bestimmung ihrer harrte. (II/172)

Vor dem Gemache Lamechs

Bei der dritten Treppe angelangt, erstaunten die drei über die große List Lamechs. Darauf waren sie in ihrem Gemüte nicht vorbereitet. Jede Stufe war mit kleinen Kindern belegt, die mit Stricken an die Stufen gebunden waren. Zwischen ihnen waren Weiber mit angeritzten Brüsten und zerzausten Haaren angekettet, die schrien entsetzlich die zögernden Boten an: „Ihr heißt euch Boten Jehovas?! O ihr Frevler! Was können wir dafür, daß wir euretwegen von dem Scheusale Lamech also gequält werden, und was haben euch die anderen armen Mägde je Arges getan, daß ihr sie ohne Gnade und Erbarmung also grausamst vernichtet habt?!

Ihr wollt nur die armen Völker der Tiefe beherrschen! Vernichtet uns, so ihr könnt, aber quält uns ärmste Mütter nicht länger!"

Hier stutzten die drei und wußten nicht, was sie da tun sollten. Denn die Rede der angeschmiedeten Weiber und das Schreien der Kinder ging ihnen sehr zu Herzen. (II/173)

Da begaben sie sich hinaus zu den Morästen und belebten durch die ihnen innewohnende Kraft des Herrn die Leichen der über 160 Mägde. Also gereinigt stellten sie die Mägde vor die klagenden Weiber auf der dritten Treppe und Sethlahem sprach: „Redet, ihr Mägde, die ihr aus dem Tode eurer unzähligen Sünden gerettet worden seid, zu diesen allerärgsten Weibern. Saget ihnen, wer euch gereinigt und wieder neu belebt hat!"

Und die Mägde sprachen einstimmig: „Hört uns an, ihr unglücklichsten Sklavinnen Lamechs und seiner Knechte! Wir lagen sämtlich tot in den Kloaken. Nur unsere armen Seelen wanderten elend über den Sümpfen. Da nahten sich uns diese drei Boten als mächtige Lichtgestalten und riefen uns zu: ‚Erwachet zum Zeugnis der Göttlichkeit unserer Sendung!' Sogleich stiegen unsere Leiber gereinigt aus der Tiefe und wurden wieder eins mit uns Seelen. Wir zeugen vor euch, daß dies wahrhaft Boten Jehovas sein müssen!"

Sethlahem aber sprach weiter: „Nun denn, ihr allerärgsten Weiber und wahrhaftigen Kinder des Drachen, habt ihr nicht selbst dem Lamech den Rat gegeben, diese Treppe also zu verrammen? Habt *ihr* nicht die Kinder ihren armen Müttern gewaltsam entrissen und sie hier angebunden? Ihr selbst habt euch wollüstig geritzt und mit rotem Saft beschmiert, um uns zu täuschen! Wie steht es nun mit eurer früheren Klage? Jehova zeigt uns nun eure greuelhafte Gestalt in der ganzen Fülle eurer Arglist! Saget selbst, was soll mit euch geschehen? Fällt selbst das Urteil über euch!"

Da schrieen die entlarvten Weiber: „Vernichtet uns, vernichtet uns gänzlich! Wir sind zu schlecht auch für das elendste Leben!"

Sethlahem aber sagte darauf: „Erhebet euch, gebet die Kinder ihren Müttern zurück und gehet dann zu den Sümpfen und Morästen. Dort waschet euch mit dem Kloakenunflat und tuet Buße, bis wir hinauskommen und euch den gerechten Lohn für die Werke eurer Bosheit geben! Ihr geretteten Mägde aber gehet in eure Gemächer, kleidet euch an und führet uns hernach zum Lamech! Amen." (II/174)

Die Boten bei König Lamech

Festlich gekleidet traten die geretteten Mägde wieder zu den Boten, baten sie um Vergebung ihrer Bosheit und dankten ihnen dann für ihre Errettung. Sethlahem aber sprach zu ihnen: „Ihr seid gereinigt und frei! Ihr habt den Segen Jehovas empfangen und seid nun Kinder des Himmels geworden! Gehorsam ist der erste Schritt zum ewigen Leben! Wer aus Liebe zu Jehova handelt, mehrt seine Kräfte und erkennt die Wahrheit in sich selbst. Nun bringet uns zum Gemache Lamechs. Danach geht hinaus zu den Pfützen und sammelt allda so lange dürres Holz zusammen, bis wir zu euch kommen. Wehe aber dem, der es wagen sollte, seine Hand an euch oder an das gesammelte Holz zu legen!"

Da führten die Erstandenen die drei Boten bis zur Türe des Gemaches von Lamech und gingen dann eiligst, ihren Auftrag zu erfüllen. Kisehel aber berührte die fest verriegelte Tür, so daß sie im Augenblicke aufsprang. Im tiefen Hintergrund saß Lamech grimmsprühend und zornglühend auf einem großen Thron, umgeben von tausend Knechten, die mit langen Spießen bewaffnet waren. Er schrie zu seinen Knechten: „Ergreifet die drei Freveltiere

aus den Bergen! Grausam will ich das Blut meiner Weiber Ada und Zilla und meiner schönsten Tochter Naëme rächen!“

Der Bote Kisehel aber hob seine Hand auf und sprach mit Donnerstimme: „Halt! Wer sich bewegt, soll augenblicklich des Todes sein!“

Da sich niemand rührte, sprang Lamech selbst auf, entriß einem Knecht die Lanze und wollte die drei damit durchstoßen. Doch im Augenblicke ward die Lanze glühend, so daß Lamech sie fluchend von sich schleuderte. Sogleich ergriff er eine andere – da aber diese auch sogleich glühte, verbrannte er sich ganz entsetzlich seine Handflächen.

Da er nun einsehen mußte, daß er völlig machtlos war, fragte er daher bebend vor Grimm und Wut: „Was wollet ihr Gebirgsbestien hier? Redet, damit ich euch den verlangten Tribut zolle!“ (II/175)

Im Schutze Gottes blieben aber die drei Höhenboten vor dem ohnmächtigen Grimme des Tiefenkönigs recht gelassen. Kisehel hob abermals seine Hand empor und sprach mit mächtiger Stimme: „Lamech, du nichtiger König allen Lasters und aller Bosheit, höre im Namen des allmächtigen Gottes: Wir verunreinigen uns nicht mit den Dingen der Tiefe! Wir fordern keinen Sachtribut von dir, sondern deinen tätigen Gehorsam!

Du wirst jetzt zum erstenmale in deinem Leben deinen feisten Nacken unter das schwere Joch des Gehorsams beugen und tun, was Jehova von dir will! Wohl dir, so du dich fügen wirst, sonst sollst du die scharfe Zuchtrute Gottes heftigst verspüren!“

Da sprang Lamech wutentbrannt auf und stürzte auf Kisehel los, als wollte er ihn in Stücke zerreißen. Kisehel aber ergriff den Bösewicht an seinen langen Haaren, hob ihn schüttelnd vom Boden empor und fragte den wehrlos in der Luft Zappelnden ernstlich: „Ohnmächtiger Wurm des Staubes, du sträubst dich gegen den allmächtigen Willen Gottes?! Nicht eher sollen deine Füße den Boden berühren, als bis du darlegst, was du tun willst, so ich dich wieder freilasse!“

Da knirschte Lamech mit den Zähnen und sagte endlich: „Gebt mir wenigstens drei Tage Zeit, mich zu sammeln und zu bedenken. Denn ich sehe nun, daß ich gegen Feinde, wie ihr es seid, keine Waffen habe!“

Da ließ ihn Kisehel los. Kaum freigelassen, lief er sogleich zu seinem Thron, setzte sich in seine königliche Positur und fragte mit großem Ernste: „Was soll der große König und Herrscher des Himmels und der Erde tun?“

Kisehel entgegnete: „Sofort den Thron verlassen, will dieser große König und Herrscher nicht auf seinem ehernen Throne zu Asche verbrannt werden!“ Und schon wurde der Thron unerträglich heiß, so daß Lamech schnell herabsprang und zum ersten Male seinem Throne fluchte.

„Sodann,“ gebot ihm Kisehel, „wird sich der entthronte große König mitsamt deiner Leibwache sofort mit uns hinaus zu den Pfützen, Sümpfen und Morästen begeben! Also folge uns im Namen Jehovas!“ (II/176)

„Wo bleibt meine dreitägige Bedenkzeit“ entgegnete Lamech. „Habe ich mir diese doch vorher bedungen! Gib mir Rede und Antwort!“

Kisehel aber entgegnete gelassen: „Nur der Wille Gottes geschehe! Er gab dir eine gar lange Umkehrzeit, du aber benutztest Seine unermeßliche Güte zu den schrecklichsten Greueltaten! Versuche aber Gottes Langmut durch deinen Starrsinn nicht noch länger und gehorche!

Meduhed verließ dich mit vielen Tausenden. Tatahar mit seinem großen Heere wurde vernichtet. Der mutige Sihin entrann mit seiner Schar. Deine Frauen verließen dich deiner Schandtaten wegen. Hored entkam dir, dem du trüglich deine Tochter Naëme gegeben hast! Die ganze Erde wolltest du ohnmächtiger Wurm anzünden!

Was ist mit Horadal, der mit vielen Waffen die Kinder Gottes bezwingen sollte? Immer tiefer und tiefer fielst du in die Abgründe der Hölle Satans! Wir aber sind der letzte Gnadenstrahl Jehovas, daher folge uns! Denn Gottes Ernst kennt keinen Scherz!“

Notgedrungen folgte da der Lamech mit seinen Waffenträgern den dreien. Das Volk wähnte aber, Lamech führe die Gottesboten zum Tode und schrie daher: „Wehe uns, wehe uns, denn Lamech hat sich über die Mächtigen der Berge geschwungen. Bald wird uns auch sein Beil erschlagen!“

Kisehel aber rief den Klagenden mit lauter Stimme zu: „Folget uns, und erkennt die große Torheit eurer leeren Angst!“ Und eine große Volksmenge begleitete sie hinaus zu den stinkenden Pfützen. (II/177)

Eine feurige Läuterung

Als Lamech aber sah, wie sich seine Zofen mit stinkendem Schlamm bekleisterten, rieben und wuschen, schrie er in erbittertstem Tone Kisehel an: „Du langbeinige Gebirgsbestie, sage mir, dem großem Könige der Ebene Hanochs, welchen Frevel willst du hier gegen mich verüben?“

Kisehel aber antwortete mit fester Stimme: „Schweige, du Scheusal der Hölle! Wenn ich dich aber fragen werde, rede mit dem Munde eines Menschen, aber komme mir nie mit dem Rachen eines Drachen!“ Lamech sah nun ein, daß sich die drei nicht einschüchtern ließen und schwieg daher.

Die gereinigten Mägde brachten nun auf Kisehels Geheiß brennende Fakkeln, aus Pech und Erdharz bereitet, zu den großen Haufen dürren Holzes.

Und Kisehel, der Vollstrecker des göttlichen Willens, sprach zu den Weibern in den Kloaken: „Nun gleicht euer Leib, beschmiert mit stinkendstem Schlamm, eurer Seele. Beide sind nun für die Hölle tauglich. Erhebet euch aus den Kloaken und besteiget diese Holzstöße! Die Flammen sollen eurem elendsten Dasein ein Ende bereiten!“

Die Weiber aber heulten, flehten und schrien: „Mächtiger Gesandter des allein wahren Gottes! Töte uns doch nicht so qualvoll!“ Kisehel jedoch blieb fest und sagte nur: „Wir können weder richten noch erlösen. Werfet euch vor Gott nieder und bittet Ihn um Erlösung!“

Da rollte eine Donnerstimme wie zornglühend zu aller Ohren lautend: „Nach dem Feuer erst soll euch die Löse werden!“

Und Kisehel sprach: „Nun habt ihr Gottes Willen vernommen, und so zaudert darob nicht länger!“ Da bestiegen die nun schon halbtoten Weiber heulend die Holzstöße und Kisehel befahl den Mägden, die Scheiterhaufen alsbald zu entzünden, auf daß da beendet werde ihr sündenbeschmutztes Leben.

Als Lamech sah, wie diese seine Buhlweiber mit Haut und Haar verbrannten, wurde er wie rasend und schrie voll Wut: „Was hat euer Gott nun gewonnen, darum diese Weiber so elend hingerichtet wurden?“

Kisehel aber erwiderte ruhig: „Du sollst nicht reden, ohne gefragt zu sein; die Tat nur soll dir antworten!“ Und mit mächtiger Stimme fügte er hinzu: – „Ihr gereinigten Weiber, erhebet euch aus der Asche eures vormals sündigen Leibes, und bezeuget dem Lamech unsere Botschaft!“

Und alsbald erstanden die Weiber wie verklärt aus der Asche und lobten und priesen Gott. Vor Lamech aber bezeugten sie, wie klein die Qual des Feuers gewesen war, gegenüber den Seligkeiten, die sie jetzt in ihrem neuen

Leben empfanden! Hier fing Lamech an, in sich zu gehen und nachzudenken über solch unerhörtes Wunder. (II/178)

Und Kisehel sprach: „Lamech, der du dich wähnst ein Gott zu sein, belebe nun auch einen von den Tausenden, die du auf das grausamste hast töten lassen! Zeige uns, was du als Gott vermagst!"

Da aber Lamech sehr betroffen schwieg, sagte Kisehel ernstlich zu ihm: „Höre, so du keinen Beweis deiner angeblichen Göttlichkeit gibst, so werde ich dich zwingen, die steinerne Tafel, auf die du den Namen ‚Jehova' geschrieben hast, sie mit Unflat beschmiert, verflucht und in ein unratvolles Loch geworfen hast, mit eigenen Händen herauszuheben, sie zu reinigen und sie als ein strenger Büßer lebenslang anzubeten!"

Da platzte der Lamech fast vor höllischer Wut, denn er wußte wohl, wie es mit seiner angemaßten Göttlichkeit stand, blieb aber stumm. (II/179)

Lamech trotzt den Boten

Die drei Boten gaben dem hartnäckigen Lamech etwas Zeit zur Selbsterforschung. Als aber dessen Gedanken stets gräßlichere Bindungen mit der Hölle eingingen, wandte sich Kisehel an den Rachebrütenden: „Lamech, du arger Satansknecht! Greuelhaften Fluch sinnst du gegen uns und somit gegen Gott! Ohnmächtiger Wurm, gegen Gott willst du kämpfen?! Nichtig bist du selbst gegen einen Hauch meines Mundes! Nur durch Gehorsam könntest du die Gnade Gottes erfassen und uns ein zwar reuiger, aber sonst über alles lieber Bruder werden! Rede! Denn die heilige Erbarmung sandte uns von heiligen Lebenshöhen in diese fluchbeladenen Schlammtiefen!"

Da blähte sich Lamech nochmals gewaltig auf und entgegnete: „Ich will dich nicht verstehen! Denn so spricht man nicht mit einem Könige! Meine Macht kannst du brechen, meinen Willen aber niemals, du machtstolzer Frevler an mir, dem Könige dieses unglücklichen Fluchlandes!"

Als Kisehels ernste Mahnungen an Lamech nicht mehr fruchteten und er ihn keiner Antwort mehr würdigte, ja die Boten sogar aufforderte, die Tiefe zu verlassen, entschied Kisehel im Auftrag Gottes: „Weiber, Mägde, Waffenknechte und alles Volk, verlasset mit uns diese Stätte. Lamech aber bleibe stehen und empfinde drei Tage hindurch die göttliche Zuchtrute! Vielleicht werden wir ihm nach dieser Zeit willkommener sein denn heute!"

Darauf verließen sie den Platz und kehrten fröhlich in die Stadt zurück. Und allem Volk wurde verboten, sich binnen drei Tagen dem Richtplatze zu nahen, an dem ihr König Lamech gebannt war. (II/181)

Die Heilung der vier kranken Brüder

In diesen drei Tagen besuchten unsere treu gebliebenen Boten ihre vier Brüder. Diese lagen in einer Herberge noch krank darnieder. Der Geist Ahbels hatte sie ein wenig gezüchtigt, um sie aus dem Banne des Fleisches wachzurütteln und zu befreien.

Dem Kisehel aber öffnete der Herr die innere Sehe, und er sah alsbald den Geist Ahbels bei den vieren. Kisehel fragte ihn: „Bruder aus den Himmeln, wie lange mußt du die armen Brüder noch also halten?"

Und Ahbel erwiderte: „Siehe in ihre Herzen und gewahre das Schauspiel des Fleisches darin! Siehe, die Bilder betörender Fleischesliebe entweihen ihre Herzensgemächer, die allein Gott geweiht sein sollten! Diese müssen hinaus; eher wird meine Rute nicht ruhen. Ermahne sie ernstlich und zeige ihnen, wie es nun um sie steht, ohne mich zu erwähnen!"

Kisehel aber fragte weiter: „Wird Lamech sich bekehren oder wird es nur eine Scheinwandlung sein?"

Ahbel entgegnete: „Lieber Bruder! Sorge dich nicht, handle geduldigst nach dem dir wohlbekannten Willen Gottes und harre des guten Ausganges! Dir aber ist vor allem die Geduld vonnöten. Mit ihr wirst du alles leicht tun und erwarten können! Achte nicht auf Lamech, sondern auf den Zug des göttlichen Willens in dir. Die Geduld kröne deine Arbeit!"

Hier wurde Ahbel wieder unsichtbar. Kisehel aber teilte diese Worte seinen Brüdern mit und alle freuten sich und gaben dem Herrn die Ehre. Die vier aber beherzigten ernstlich die Belehrung, reinigten ihre Herzen von der übermäßigen Selbstliebe und wurden wieder gesund. (II/182)

Lamechs Umkehr

Wie erging es aber dem gebannten Tiefenherrscher? Nun, wie allen Starrsinnigen. Solange der Hochmut das Herz in Bann hält, ist der Mensch jedes edlen Gedankens unfähig. Die Wirkung dieser satanischen Grundeigenschaft stürzt die Seele in Verzweiflung, und das Gemüt empfindet das Schwinden des inneren Lebensfeuers als zunehmende Todeskälte.

So erging es dem Lamech. Drei Tage mußte seine überaus stolze Seele die Demütigungen des Gebanntseins ertragen. Am vorbestimmten dritten Tage gab Kisehel den geretteten und gereinigten Mägden den Auftrag, festlich gekleidet und mit Eßwaren reichlich versehen, sich mit ihm und seinen

Brüdern zum Lamech zu begeben. Lamechs Knechten aber wurde befohlen, statt der Waffen Schaufeln und Hacken mitzubringen.

Jubelnd und Gott dankend gingen die Mägde ans befohlene Werk; und sie baten Gott im Herzen, dem halsstörrischen Lamech recht gnädig zu sein. Groß war darüber die Freude der sieben Boten, und Kisehel sagte zu ihnen: „Bleibet in dieser Bitte, und wir werden heute noch Wunder erleben!“

Darauf erhoben sich die Boten in ihrer freien Herberge, die ein breiter schattiger Feigenbaum war, und zogen zu den Pfützen, wo Lamech sich vor Durst und Hunger gleich einem Wurm bäumte und krümmte. Dort angelangt, bat Lamech mit bebender Stimme sogleich den Kisehel: „Mächtiger Bote Dessen, des Namen ich ewig nimmer wert sein werde auszusprechen! Mein Wille ist gebrochen! Stärke mich, denn mich hungert und dürstet gewaltig!“

Sogleich gebot Kisehel den Mägden, ihm Speise und Trank zu reichen. Lamech aber wurde tief gerührt und erweckte in sich große Reue ob seiner vielen verübten Greueltaten.

Endlich rief er aus: „O ihr großmächtigen Gesandten der ewigen Erbarmung Gottes! Ich sehe jetzt in mein Herz, das da voll Schlangen und giftigstem Geschmeiß ist! Unabsehbare Scharen der von mir Gepeinigten und Erschlagenen umringen mich und verfluchen mich vor Gott! Lasset mich vor Hunger sterben und im Schmerz der Reue verzweifeln!“

Alle Umstehenden aber waren gerührt von der großen Reue Lamechs und weinten mit ihm. Kisehel rührte Lamechs Schulter an und sprach aus dem Herrn: „Bruder Lamech, richte dich auf und siehe, wie Gott sich an jenen Sündern rächt, die ihre Schuld voll Reue und Demut in ihrem Herzen vor Ihm und den Menschen erkannt haben!“

Da schwebte eine lichte Wolke in die Mitte der sieben Boten, und eine Stimme sprach daraus: „Lamech, lange hast du Meine Ordnung mit Füßen getreten; da du dich aber reuig gedemütigt hast vor Mir und deinen Brüdern, habe Ich dir alle Schuld vergeben! Gleiche aber alles in Liebe aus, was du den Menschen Arges getan hast! Nun iß und trink! Ich, dein Gott, Schöpfer und Herr, segne dir Speise und Trank. Meine Boten aber werden dir alles kundgeben, was du jetzt und künftig zu tun haben wirst!“ Hier verschwand die Wolke und Lamech ward gelöst von seinen Banden.

Freien Fußes begab sich nun Lamech schnell zum Kisehel und sagte zu ihm bittend: „Mächtiger Bote des wahren Gottes, der da so mild aus der Wolke zu mir geredet hat und mir meine größte Schuld nachgelassen, vergib auch du mir meine Schuld gegen dich und deine Brüder. Ich will dein geringster Diener sein, und du sei im Namen Gottes unser König!“

Kisehel entgegnete ihm: „Bruder Lamech, du bist schwach! Stärke dich vorerst mit Speise und Trank, danach wollen wir alles Weitere besprechen, um Gottes Willen zu erfüllen!“ Da nahm Lamech Speise und Trank zu sich und wurde gestärkt. (II/183)

Munddank und Herzensdank

Der gesättigte Lamech bat nun Kisehel, ihn würdige Worte des Dankes zu lehren, da er seine Empfindungen der Dankbarkeit nicht auszudrücken im Stande wäre. Kisehel aber belehrte ihn freundlichst: „O Bruder Lamech, höre! Der Dank, der in dir als eine herzverzehrende Liebeflamme aufsteigt, ist dem heiligen Vater gar wohlgefällig! Haben wir es doch auch als Väter erfahren, daß mit dem Munde dankende Kinder im Herzen am wenigsten dankbar geblieben sind, während die bei unseren Gaben stumm gebliebenen für uns durchs Feuer gegangen wären, so wir es von ihnen verlangt hätten!

Deren Dankes-, Freude- und Lobtränen waren uns sichere Zeugnisse ihres dankbaren Kindesherzens und weit mehr wert, als die wunderschönsten Worte eines anderen Kindes! Denn das geschmeidige Kind hat sich seines Dankes entledigt; das stumm dankende aber behielt den ewigen Dank im Herzen! Also gilt auch bei Gott der bleibende Herzensdank! – Wir wollen dir nun zu allem Guten und Wahren behilflich sein. So gib uns denn einen deiner Wünsche zu erkennen!“

Da sprang unser lebendig gewordener Lamech vor Freuden auf. Mit großer Bewegung rief er aus: „O Freunde Gottes, o du geheiligter Bruder aus den Höhen! Nimm meine Tränen der Ergriffenheit als bleibenden Dank für deine herrliche, weise Lehre! Doch lasset mich nun die von mir entheiligte Tafel eigenhändig ans Tageslicht fördern, reinigen und hoch verehren, wenn ich dieser Tat noch würdig bin!“

Und Kisehel sagte darauf: „Siehe hier deine Knechte, die sollen tun, was du lebendig bereits in deinem Herzen getan hast!“ (II/184)

Was Reue und Liebe vermag

Das war zuviel für Lamechs Gemüt. Er warf sich auf seine Knie und sprach mit aufgehobenen Händen: „O Gott, o Gott, wie groß muß Deine Liebe sein, daß Du einem so argen Sünder wie mir so gnädig und barmherzig sein kannst! Welch unendliche Kluft ist zwischen mir und euch, ihr erleuchteten Boten Gottes! O ihr Kinder es ewigen Gottes, hier, wo ich knie, habe ich meine schändlichsten Greueltaten mit der größten gekrönt! Hier ist von mir der allerheiligste Name auf der steinernen Tafel begraben worden!“

Lamech weinte bitterlich. Kisehel aber griff ihm unter die Arme und hob ihn auf mit den Worten: „Geliebter Bruder Lamech! Siehe, ich und wir alle nennen dich einen Bruder; wie magst du da noch von einer großen Kluft zwischen uns und dir sprechen? Welch eine Seligkeit ist es aber für uns, einen verlorenen Bruder wiederzufinden! Sind wir doch alle Kinder eines Vaters!

Mit deiner Liebe hast du schon die Tafel ausgegraben und gereinigt mit deinen Reuetränen. Somit hast du allen Unrat, in den du die Tafel warfst, in lauteres Gold und kostbarstes Edelgestein verwandelt! Lasse die Arbeiter hier diese Stelle öffnen, und du wirst dich überzeugen!"

Und der Lamech sagte darauf zu den Knechten: „Da es des großen Gottes Wille ist, so kommet denn her und öffnet die Stelle!"

Wie erstaunten aber alle Umstehenden samt Lamech, als sie nach der Öffnung des Erdreiches auf lauter Gold und Edelsteine von unschätzbarem Wert kamen. Die Tafel selbst aber fanden sie als einen leuchtenden Karfunkel mit den strahlenden Zeichen Jehovas.

Da fielen alle zur Erde nieder und beteten den allerheiligsten Namen an. Lamech aber schlug sich auf die Brust und schrie: „O Gott, sei mir Sünder gnädig und barmherzig!" (II/185)

Der Auftrag zum Tempelbau

Kisehel hob die Tafel auf, drückte sie an sein Herz und sprach gerührtesten Herzens zu Lamech: „Betrachte dieses heilige Kleinod mit dem Namen Jehovas als Panier deines Herzens und deines Volkes! Erbaue ein Rundhaus auf dieser Stelle mit drei Eingangspforten. Je eine an der Abend-, Mittag- und Mitternachtseite. Die Morgenseite soll jedoch drei Reihen Fenster bekommen; oben fünf, in der Mitte sieben und in der untersten Reihe zehn Fenster. Das Haus soll zwölf Mannslängen hoch und ebenso weit im Durchmesser sein. Die Wände von innen sollst du überziehen mit Gold und Edelsteinen. Das Dach, gleich einer halben Kugel, sollt ihr außen wie innen mit poliertem Golde überziehen. Auf dem Dache aber bringet noch drei goldene Kugeln von je drei Mannslängen übereinander an.

Inmitten des Raumes sollst du aus Rubinen und Diamanten einen Altar errichten und darauf diese Tafel heben. Die goldenen Tore sollen an den Sonntagen für alle geöffnet sein. Wer von euch reinen Herzens in diese Halle treten wird, soll eine große Stärkung erfahren. Die Frevler aber werden ein unvermeidliches Gericht finden.

Den gereinigten Platz umfange eine drei Mannslängen hohe Mauer, durch welche eine Pforte aus Erz führe. Die äußere Wand des Tempels soll in gleichen Höhen von vier Mannslängen, unten mit roter, in der Mitte mit grüner und oben mit weißer Farbe getüncht sein. Jeder, der in dieses Haus geht, soll erinnert werden, daß er sich Gott nur in der Liebe seines Herzens (rote Farbe), im Vertrauen und des Herzens Treue (grüne Farbe) und schließlich in der Lebendigkeit des Glaubens (weiße Farbe) nahen kann.

Nun weißt du, lieber Bruder Lamech, alles, was zu tun ist. Doch niemand soll zu diesem Baue genötigt werden, sondern allein nur die freie Liebe soll daran tätig sein. Denn nur liebende Bauleute werden den Segen in ihrer Arbeit finden! Sende heute noch deine Boten aus, denn morgen soll mit dem Werke begonnen werden. Während der Nacht aber werden sich alle diese Sümpfe, Pfützen und Moräste vollends zum trockenen Lande wandeln. Dies ist der Wille Gottes! Amen.“ (II/186)

Lamechs Botschaft an das Volk

Als Lamech dies alles vernommen hatte, wurde er froh im Herzen und dankte dem Herrn für Seine große Gnade. Sodann wandte sich Lamech an seine Knechte und gebot ihnen, für den morgigen Tag alle Liebe-Freiwilligen zum Beginn des hehren Baues einzuladen. Außerdem sollten sie dem Volke seinen Gesinnungswandel kundtun. Er sprach darum: „Saget es allen, daß aus Lamech, dem Grausamen – der barmherzige Gott Jehova ein Lamm gemacht habe, und daß er alle seine Greueltaten auf das tiefste bereue!“

Die Knechte aber zauderten, denn der Hunger quälte sie sehr. Da segnete der Herr durch Kisehel wunderbar die restlichen Speisen in den Körben der Mägde, und alle wurden gesättigt und erkannten die Kraft Gottes. Sie lobten und priesen Gott und eilten hernach von dannen und dingten eine große Menge Arbeiter für den kommenden Tag. (II/187)

Ja, auch für die irdischen Belange läßt der göttliche Vater Seine Gnade leuchten, damit der Ihm gehorchende Mensch mit Weisheit alle Dinge ordne und löse. So sagte Kisehel zum willigen Lamech: „Siehe, hier in der Erde liegen viele tausend Tonnen reinsten Goldes! Es muß aber zuvor durch einen Erzmeister im Feuer gereinigt werden. Hernach, wenn es zusammenfließen wird, kann es durch Hämmer auf breiten Ambossen zu großen Tafeln ausgetrieben werden. Hast du einen Erzmeister, so sende gleich nach ihm, damit wir ihn anleiten!“

Lamech dachte da gleich an seinen Sohn Thubalkain und sagte: „Mein Sohn, der Thubalkain, ist ein Haupterzmeister. Er versteht es, der Erde das Metall zu entlocken und durch das Feuer und die Gewalt seiner Hämmer zu formen. Wäre das nicht der richtige Mann zu diesem Geschäfte?“

„Ja, Thubalkain ist der rechte Mann! Laß ihn daher kommen," entgegnete Kisehel, „aber zuvor muß er selbst gereinigt werden! Wie das Gold durch Feuer und Salz gereinigt wird, genauso wird er zuvor durch unser Feuer und Salz gehen müssen, ehe er imstande ist, dieses edelste Metall zu reinigen. Dein Bote aber schweige zu ihm von allem, was hier geschehen ist! Amen."

Da aber keine Männer mehr auf dem „Tempelplatze" waren, sandte Lamech drei Mägde als Botinnen zum Thubalkain. Die anderen Mägde holten inzwischen Speise und Trank aus den Kammern Lamechs. (II/188)

Sethlahems Trostrede an die Weiber

Am gemeinsamen Mahl der Boten mit dem Lamech durften nun auch die gereinigten Mägde und Frauen teilnehmen. Ihnen gab Sethlahem eine wichtige Erklärung: „Hört, ihr Frauen und Mägde! Nicht eure Leiber wurden gereinigt, sondern euer Geist! Alles, was mit euch geschah, war nur eine Erscheinlichkeit für euren Geist, nicht aber für den Leib.

Im Geiste ist demnach ein Teil von euch in den Pfützen zugrunde gegangen und wurde zufolge großer Reue wieder in die unbeschädigten Leiber geführt. Ein Teil wurde ebenso der Erscheinlichkeit nach endlich wie verbrannt.

Das Holz trugen die Mägde nur im Geiste zusammen, und alle Zuschauer wurden für die Dauer der Feuerreinigung samt Lamech in die geistige Sehe versetzt und sahen, was geistig geschah! Ihr waret auch leiblich da, denn eure Leiber wurden mit Öl gesalbt, um die Wunden zu heilen, die euch eure Torheit schlug. Und erst nach der nötigsten Reinigung eures Geistes wurden eure Leiber samt dem Geiste wie aus dem Schlafe wieder erweckt und vor die leiblichen Augen der Menschen gestellt. An den Narben aber werdet ihr eure alten Leiber erkennen!"

Da lobten nun die Frauen und Mägde in großer Demut Gott als ihren Befreier und Erwecker des inneren Lebens, und aßen und tranken die gesegneten Speisen. (II/189)

Wer von uns Lesern hätte sich die schrecklich anmutende Läuterung der Mägde und Frauen so vorgestellt, wie es jetzt der Bote Sethlahem offenbarte? So geschieht wohl manches, was mit menschlichen Sinnen betrachtet als ein sehr hartes Gericht Gottes erscheinen mag. In Wirklichkeit aber stellt es nur eine Erscheinlichkeit innerer Vorgänge der Läuterung dar.

Wer hat nicht schon in einem Traum allerlei Furchtbares erlebt und war morgens froh, daß alles „nur ein Traum" war – und dennoch aber eine Wirklichkeit für die Seele des Träumers!

Der grobe Thubalkain

Als sich nun alle hinreichend gesättigt hatten, hieß Sethlahem die Weiber im Hause Lamechs Ordnung machen und die Gemächer zum Empfang des neuen Königs zu fegen, der allen ein Bruder geworden war.

Da kamen auch schon die drei Botinnen und hinter ihnen der rauhe Thubalkain mit einer tüchtigen Schar Bergleute, die mit allerlei Werkzeugen versehen waren. Sethlahem hieß die treuen Botinnen, sich nun auch zu stärken.

Als Thubalkain mit seiner Schar vor seinem Vater Lamech und den Boten halt machte, hob er seinen schweren Hammer von der Schulter und schlug damit so gewaltig auf den Boden, daß die Erde um sie erbebte und fragte mit seiner höchst rauhen Stimme: „Vater Lamech, was soll ich tun? Soll ich etwa diese sieben großen Gebirgslümmel mit meinem Hammer breitschlagen? Oder brauchst du neue Waffen?“

Lamech aber sah seinen Sohn sehr bedeutungsvoll an und sagte zu ihm, auf Kisehel zeigend: „Nicht ich, sondern dieser wird es dir sagen, was du tun sollst. Poche aber nicht zu viel auf deinen schweren Hammer, sonst könnte er dir zu schwer werden!“

Hier wandte sich Thubalkain an Kisehel: „Wenn du mich hast rufen lassen, so rede! Fürchtest du dich denn vor mir? Also rede – wenn du reden kannst!“

Kisehel aber fragte ihn: „Sage mir zuvor, warum du mit deinem Hammer so gewaltig auf das Erdreich geschlagen hast und aus welchem Grunde du uns mit dem Namen ‚Gebirgslümmel‘ benanntest, – sodann erst will ich dir meinen Willen kundtun!“

Da verzog Thubalkain sein Gesicht in tausend grimmige Falten, und wie das Zornfeuer einer Feueresse, so sprühte es wütend heraus: „Was sagst du, Raubvogel der schönen Weiber Hanochs? Soll ich dir deinen Schädel breitschlagen? – Aber dazu wäre mein Hammer zu schade!“ Und zu seiner Schar gewandt sagte er: „Kommt, für solche dummen Lümmel ist unsere Bergkunst zu schade!“

Schon wollte er gehen, da aber hob Kisehel seine Hand und donnerte: „Thubalkain! Ich sage dir, du bleibst!“

Da stutzte der Rohling und sagte dann hohnlächelnd: „Du willst wohl mit deinem Bärengebrüll meinen Willen ändern? Du armseliger Gebirgstropf! Ich aber gehe!“

In Hanochs Höllen stiegen Boten,
den Geist zu wecken in den Toten;
sie brachen Lamechs Tyrannei.
So steigt Erbarmung immer wieder
in tiefste Seelenschächte nieder
und spricht zur Liebe: Werde frei!

Wann taget uns der Wahrheit Morgen,
entknospet, was noch frostgeborgen,
entfaltet freien Geistes Keim?
Wann herzen Menschen sich als Brüder,
wann singen Stumme Jubellieder,
wann führst du, Hirt, die Herde heim?

Sanft tönt die Stimme aller Stimmen:
Ein Kindesherz soll nicht ergrimmen,
folget Mir nach, dem Friedensheld!
Ich blieb, was je Ich war, ein Vater;
den Witwen, Waisen ein Berater,
der Sieger über Tod und Welt!

Aber Kisehels Wort und Wille aus Gott hatten dem Erzmeisters die Füße gelähmt, daß er sie keinen Haarbreit bewegen konnte. Heimlich rief er darum seinen Vater zu sich um sich mit ihm zu beraten.

Lamech aber erwiderte: „Ich sagte dir doch, ‚nimm dich in acht, daß dir der Hammer nicht zu schwer wird!‘ Nun siehe zu, wie du mit den Gesandten des großen Gottes zurechtkommen wirst!“

Thubalkain dachte nun bei sich: „O Vater Lamech! Du bist also ein Besiegter! Da freilich heißt es schlau sein und sich fügen, bis ein anderer Wind weht.“ Darum sprach er zu Kisehel: „Mann von den Bergen! Reden wir doch vernünftig miteinander!“

Doch Kisehel erwiderte: „Willst du mit mir fruchtbringend reden, so mußt du aus vollstem innersten Ernst sprechen, nicht aber mit deiner Schläue uns beschwatzen wollen. Denn mit der Gnade Gottes sehen wir in dein Herz und wissen genau, was darin vorgeht. Du wirst aber diese Stelle nicht eher verlassen, bis du alle Politik aus deinem Herzen verbannt hast. Solches beachte und verstehe wohl!“ (II/190-191)

Thubalkains politische Schlauheit und Wandlung

Da Thubalkain auf dem Wege der Politik nichts erreichte, fing er an ernstlich bei sich nachzudenken: „Soll ich, ein Königssohn und Erzmeister, von dem nun alles Wohl und Wehe des ganzen Volkes abhängt, diese sonderbare Gebirgsmannschaft um Vergebung bitten?“

Und wie der Gebannte so weitersann und ihm allerhand Spitzfindigkeiten durch den Kopf gingen, fragte ihn Kisehel: „Thubalkain, was hältst du für ärger – die Politik der Menschen oder die Schlauheit der Schlangen?“

Hier stutzte Thubalkain gewaltig und schwieg. Kisehel aber belehrte ihn weiter: „Weil du gesehen hast, daß mit uns durch Politik nichts zu erreichen ist, versuchst du es nun mit verschmitzter Schlauheit. Ich aber würde zu einem Gotteslästerer, so ich deiner Schlauheit folgte! Willst du erlöst sein, so kehre dich an den alleinig wahren Gott, den dir noch deine Mutter aus der Lehre Faraks verkündet hat, und nicht zu mir. Nicht ich, sondern Gottes Gnade lähmte deine Füße!“

Daß Kisehel selbst seine geheimsten Gedanken wissen konnte, war zu viel für Thubalkain. Endlich siegte der Gnadeneinfluß und sanftere Worte Thubalkains waren zu hören: „Großer und mächtiger Bote des Gottes Faraks an uns Bewohner der Tiefen! Mir ist diese meine Lage sehr unangenehm! Soll ich dir mit meiner Kunst etwas nützen, da muß ich frei sein. Der Grund meiner Rohheit gegen dich wird dir sicher nicht fremd sein. Siehe, es ist sicher nichts Kleines, wenn man sein über alles geliebtes und schönstes Weib verliert! Und durch wen? – Du weißt es sicher besser als ich! Doch ich will alles vergessen, so du mich frei läßt und ich mit dir offen reden kann.“

Hier ergriff Kisehel die Hand Thubalkains und sagte: „Thubalkain, im Namen Jehovas sei frei, wandle und handle gerecht!“

Der Befreite sprach zum Kisehel: „Lobe *du* statt mir deinen allmächtigen Gott und sage mir dann dein Anliegen! Gewiß wirst du danach dem Arbeiter auch einen kleinen Lohn zugestehen!?“

Kisehel fragte ihn: „Worin soll denn der kleine Lohn bestehen?“ Und Thubalkain erwiderte: „Du liest es ja ohnehin in meinem Herzen. Ich bin seit dem Verlust meines süßen Weibes Naëme sehr einsam und allein! Ich verlange nicht die Naëme – aber belohnet mich mit einem Weibe, daß ich in meinem Herzen wieder froh werde!“

„Gut“, entgegnete Kisehel, „heute noch soll dein Wunsch erfüllt werden, und das im Hause deines Vaters! Wirst du aber damit zufrieden sein?“

Wieder stutzte Thubalkain, faßte sich aber endlich und antwortete: „O! Es gäbe wohl noch etwas; aber das ist nicht für uns Bewohner der Tiefe!“

Doch Kisehel sprach: „Arbeite aus Liebe zu Gott, und du sollst die Höhen betreten und sprechen mit dem Erzvater Adam und dem alleinigen Hohepriester Henoch, und sollst gesättigt werden in der Küche der Purista! Vorerst aber schmelze dies rohe Erz zu unseren Füßen und hämmere es zu Blech, damit der Tempel Jehovas damit gedeckt werde!“ (II/192-193)

Da regte sich gar mächtig das Herz des Erzmeisters. Er fiel auf sein Angesicht und lobte Gott: „Großer, mir noch unbekannter, allmächtiger Gott! Lasse Dich doch von mir blindem und schwachem Menschen finden! Wo bist Du, großer Werkmeister und Schöpfer? Siehe, ich, Thubalkain, ein Sohn der Nacht, liege hier vor Dir im Staube meiner Nichtigkeit! Ein Sünder fleht zu Dir um Erbarmung! Ich möchte Dich loben – aber ich kenne Dich nicht!“ Nach diesen Worten verstummte er und weinte in den Staub der Erde.

Kisehel aber hob ihn auf: „Thubalkain! Nun bist auch du uns ein Bruder geworden!“ Und seine Augen nach oben gerichtet, rief er aus: „O Vater, so hast Du uns einen neuen herrlichen Bruder geschenkt, der nicht nur das edle Erz der Erde im Feuer geschmeidig und beugsam machen soll, sondern auch das Erz im Menschenherzen erwecken und im Feuerofen seiner Liebe zu Dir gar lieblich gestalten wird! O spende ihm einen Strahl Deiner Gnade in sein sehnsuchtsvolles Herz!“

Diese Worte brachen Thubalkain wie auch Lamech vollends das Herz und beide weinten laut. Da senkte sich erneut eine lichte Wolke hernieder und eine väterliche Stimme sprach daraus: „Thubalkain, der Vater der Menschen ist nun vor dir! Ich habe in dein Herz gesehen und es rein gefunden! Meine Boten werden Meinen Geist in dir erwecken. Verherrliche Meinen Namen, und Ich will euch allen gnädig sein! Amen.“ Darauf verschwand die Wolke und alle fielen nieder und gaben Gott die Ehre in aller Demut und Zerknirschung ihrer Herzen. (II/194)

Die heilige Tafel im Thronsaal des Lamech

Nachdem sie so bei einer Stunde Gott gelobt und gedankt hatten, erhoben sich nun alle überaus getröstet und gekräftigt. Und Kisehel wandte sich zu Thubalkain und sprach: „Bruder, höre des Herrn Wille! Lasse deine Arbeiter sogleich mit dem Werke beginnen. So wie sie das Erz der Berge mit Hilfe des Bergsalzes und des starken Feuers geschmolzen haben, so sollen sie auch dieses Golderz schmelzen.“

Und Thubalkain berief seine bei zweitausend Arbeiter, zeigte ihnen das rohe Erz an und lehrte sie, es zu schmelzen und in Klumpen zu formen, denn schon am nächsten Tag sollten die Goldklumpen mittels der schweren Fußhebelhämmer in zierliche Platten ausgetrieben werden.

Kisehel aber lobte den gerechten Eifer Thubalkains und sagte darauf zu Lamech: „Bruder Lamech, nimm nun die Tafel Jehovas und führe uns in dein Haus. Dort wollen wir dieses Heiligtum bis zur Vollendung des Tempels verwahren. Wir möchten solange deine Gäste sein! Und du, Bruder Thubalkain, sollst heute noch deinen bedungenen Lohn empfangen!“

Mit größter Ehrfurcht und Liebe trug Lamech Jehovas Tafel, und das herbeieilende Volk freute sich überaus über die herrliche Wandlung seines tyrannischen Herrschers und gab Gott die Ehre. Lamech aber war gerührt und weinte laut. Die Mägde und Weiber kamen aus Lamechs Residenz dem feierlichen Zug entgegen, verhüllten ihr Angesicht vor der strahlenden Tafel und lobten knieend den Namen des Herrn. (II/195)

Im Thronsaal aber überfiel den Lamech eine große Gewissensangst beim Anblicke seines Greuelherrscherthrones, und er bat, ein anderes Gemach zu bestimmen. Doch Kisehel entgegnete ihm: „Bruder, eben dieses Gemach, in dem du unzählige Freveltaten verübtest, ist das passendste! Soll doch dein Herz völlig gereinigt werden durch das Feuer deines Geistes, das allen Herzensunrat verzehrt! Eben durch den Druck deiner erwachten Gefühlslast entzündet sich dein Geist!

Hier in diesem deinem Gemache aber werden dich die argen Erinnerungen besonders stark drücken. Suche die Wahrheit! Sie allein wird dich befreien, und du wirst das Wesen der Sünde völlig erkennen! Auf dem festlich geschmückten Throne aber werden wir die Tafel zum Zeugnis aufstellen, wem der eigentliche Herrscherthron gebührt!“ (II/196)

Thubalkain war zutiefst ergriffen über die große Wandlung seines Vaters zum Guten und Wahren und sprach zu Kisehel: „Höre, mächtiger Bruder, so mir jemand gesagt hätte, morgens würde ein Baum aus der Erde wachsen und mit seinen Ästen bis zur Abendzeit das Firmament erreichen, so hätte ich das eher für möglich gehalten, als eine solche plötzliche Umkehr meines Vaters. Wahrlich, das ist das größte Wunder, das die Erde aufzuweisen hat!“

An der Tafel Gottes, die nunmehr auf dem Throne stand, aber errang Lamechs Liebe den Sieg über seine sündhafte Seele, denn seine Reue war echt und groß. Herzinnig wurde er von Kisehel umarmt: „Bruder, lieber Bruder! Welch große Freude bereitest du uns! Nur so können die Schranken zwischen der Höhe und der Tiefe verschwinden, ja, es kann dem allerheiligsten Vater wohlgefallen, unseren Hohepriester Henoch herabzusenden, euch den Weg der Liebe zu lehren! Bleibet im Willen des Herrn, so werdet ihr beide bald die heiligen Höhen betreten dürfen!“

Diese Verheißung erfüllte Lamech und Thubalkain mit Wonne, Seligkeit und neuer Kraft. (II/197-198)

Die erste Probe für Lamech und Thubalkain

Kisehel hatte aber dem Thubalkain manche Versuchung und Prüfung angekündigt. Solange der Feind des Lebens seiner Beute sicher ist, macht er sich aus allen Bekehrungen nicht viel. Erst, wenn sich sein Opfer ernstlich vom Bann der Sünde befreien will, rührt er sich gewaltig und kämpft um sein vermeintliches Eigentum!

Manche Menschen sind schon wie die Tugend selbst, nur eine schwache Seite haben sie gewöhnlich noch; sie wissen freilich nicht, daß eben dies eine sehr starke Seite ist und alle anderen guten Seiten überwältigen kann. Man fasse einen solchen Tugendhelden bei seiner schwachen Seite und wird gar bald finden, daß sie stärker ist als alle anderen guten Seiten zusammen!

Satan lauert immer. Wenn er merkt, daß sich dem Geiste des Menschen besonders Heilbringendes naht, reißt er an dem Stricke der schwachen Seite – die sich als sehr stark erweist – und bringt sein Opfer zum Falle!

Lamech hatte viele schwache Seiten, doch das Feuer seiner Liebe zu Gott verbrannte diese argen Stricke, und der Feind fand nichts, woran er die sicher geglaubte Beute hätte wieder an sich reißen können. Was blieb ihm noch? Nichts als List, und wenn diese mißglückte – Gewalt!

So geschah es denn auch: Plötzlich stürzte das auf der Gotteskinderhöhe wohlgeborgene Weib Naëme wie verzweifelt zur Tür herein und schrie mit der Stimme einer Verzweifelten: „Vater Lamech, du bist verraten und verloren! Ich habe auf der Höhe vernommen, welche Falle man dir gelegt hat! Ich eilte darauf, mein Leben nicht achtend, von Tigern, Löwen und von den Bergbewohnern verfolgt, um dir noch rechtzeitig den verruchten Plan mitzuteilen – allein, ich kam zu spät! Du bist schon eine Beute dieser schrecklichen Zauberer der Berge!“

Hier wandte sie sich kurz um, erblickte den Thubalkain und schrie heftigst: „Thubalkain, mein Bruder und Gemahl! Auch du bist ein Opfer dieses schändlichsten Verrates! – Tötet mich, damit ich euren schrecklichen Untergang nicht miterlebe!“

Da verdunkelte sich Lamechs Blick, und Thubalkain ballte grimmig die Fäuste und schrie mit donnerähnlicher Stimme: „Solche Jehovasboten seid ihr also?! O ihr Auswürfe der Hölle! Auf die Berge wollt ihr uns locken, um uns gar völlig zu unterjochen! Dank dir, mein teures Weib, für diese Nachricht! – Thubalkain wird sich zu wehren wissen!“

Lamech aber sagte: „Mein Sohn, bevor wir handeln, wollen wir auch den anderen Teil hören. Daher beruhige dich, denn wer weiß – es könnte alles nur eine Versuchung sein! Ihr Boten, enthüllet mir das Rätsel, oder ich trete zurück und werde, was ich war: Ein unbeugsamer König! Also redet, oder mein Fluch treffe jede Faser eures Wesens!“ (II/199)

Die Entlarvung der falschen Naëme

Kisehel, wohl unterrichtet, worin diese erste Versuchung bestehen werde, sah Lamech und Thubalkain fest an und fragte endlich die beiden: „Dieser Naëme hier wollt ihr glauben?“

Lamech aber fiel ihm heftig ins Wort: „Meinst du denn, ich kenne meine herrliche Tochter nicht?“

Kisehel antwortete ruhig: „So ihr sie für die rechte Naëme haltet, so bleibet dabei. Die Berge aber werden für euch wieder verschlossen werden, und keiner von euch wird je die wahre Naëme zu sehen bekommen. Euer Tempelbau wird unterbleiben und jene herrliche Tafel dort wird von mir selbst auf die Höhe mitgenommen werden! Wählet, die Pforten des Lebens und die des Todes stehen euch nun offen! Amen.“

Hier ergriff Lamech seinen Sohn bei der Hand, führte ihn etwas abseits und sagte zu ihm: „Höre, lieber Sohn! Mir kommt diese Naëme doch etwas sonderbar vor! Sie hat bis jetzt weder mich, noch dich angeschaut; wie sie zur Tür hereingestürzt kam und vor uns niedergefallen ist, so kauert sie noch wimmernd am Boden!

Ich werde ihr befehlen, die bedeutungsvolle Tafel mit dem Namen Jehovas vom Throne zu nehmen und somit mir und ihr wieder den Herrscherstuhl einzuräumen. So sie es nicht vermag, ist sie eine Truggestalt, um uns zu versuchen, und ihr gebührt ein gehöriger Abschied!“

Thubalkain stimmte dem weisen Plane zu und beide faßten nun die angebliche Naëme fester ins Auge. Lamech beugte sich aber zu ihr und sagte: „So du meine Tochter Naëme bist, erhebe dich und zeige mir dein Angesicht! Sodann bringe mir die leuchtende Tafel vom Throne! Ich bin dann wieder der unüberwindliche König – und du meine rechte Hand! Denn in dieser geheimnisvollen Tafel ist die ganze Macht der Gebirgszauberer verborgen! Bist du wahrhaft meine Tochter, so wirst du solches zu meiner Rettung tun!“

Die angebliche Naëme aber gebärdete sich gar jämmerlich, als könnte sie vor lauter Schwäche nicht erstehen, so daß Lamech ergrimmte und sagte: „Warum zauderst du? So wie du dich gewaltigst zu winden und zu krümmen vermagst, kannst du nicht zu schwach sein, meinen Willen auszuführen!“

Hier erhob sich die Naëme und als die beiden ihr fremdes Antlitz sahen, erschraken sie gewaltigst. Dennoch sagte Lamech zu ihr: „Aus deinem Gesichte erkenne ich dich nicht; hole mir aber die Tafel, und ich will dich aus deinem Willen erkennen!“ Da sank die zitternde Naëme in sich zusammen, zerrann und ward unsichtbar!

„Nun, Bruder Lamech“, fragte Kisehel, „wie gefällt dir diese Naëme?“ Und Lamech und Thubalkain fielen vor Kisehel nieder und beweinten ihre Blindheit; denn sie erkannten das arge Täuschungsmanöver. (II/200)

Kisehel aber hob sie auf und tröstete sie: „Sind wir denn nicht Brüder? Wollen wir wahrhaftige Kinder eines Vaters sein, dürfen wir keinen Fußfall von unseren Brüdern verlangen. Ein solch hochgeehrter Mensch würde mit seinen Narren von Verehrern bald zum Unterdrücker der Brüder.

So werden einst weltliche Machthaber in aller Grausamkeit erstehen und ihre Brüder unterdrücken, weil diese so töricht waren, sie anfänglich wegen igendeines hervorragenden Talentes höher zu halten als es in der göttlichen Ordnung vorgesehen war!

Ehre, Hochachtung, Demut, Lob und Anbetung gebühren nur Gott allein! Darum wollen wir ein Königtum einführen, in dem der König ein Leiter und Lehrer der Brüder, durchaus aber kein Herr und Gebieter sein wird! Er wird keiner weltlichen Macht bedürfen, sondern der Macht und Kraft göttlicher Liebe, Weisheit und Ordnung aus seinem erweckten Geiste. Darin wird er sein Volk zu allem Guten und Wahren leiten. Begeben wir uns aber nun in den Speisesaal, denn das Mahl ist schon bereitet – und seid nicht traurig, sondern freuet euch eures Sieges!“ (II/201)

Thubalkains Brautwahl und Hochzeit

Der Speisesaal war bereits auf das festlichste geschmückt. Neun runde Tische, mit schönem Flechtwerk geziert, waren wohl besetzt mit den köstlichsten Früchten. In der Mitte standen noch zwei längliche Tische; darauf stand das wohlgebratene Fleisch. Unsere Gäste dankten und lobten Gott und aßen nach Bedarf von den Früchten.

Dann erhob sich Kisehel und sprach: „Nun, Bruder Thubalkain, wähle dir aus diesen wohlgestalteten, zierlich geschmückten Mägden und Frauen eine Gattin! Siehe, das Hochzeitsmahl ist bestellt: Ein Lamm für deinen Vater Lamech und ein Kalb für dich und deine Braut!"

Diese Rede gefiel dem Thubalkain. Er dankte dem Boten des Herrn und begab sich zu den Frauen und wählte eine, die ihm wohlgefiel. Als er sie aber zu Kisehel führen wollte, trotzte die Erwählte und erwiderte Thubalkain ganz barsch: „Wozu soll uns sein Segen wohl dienlich sein? Willst du dich zu einem ewigen Sklaven Jehovas segnen lassen, so tue es; ich aber bleibe frei und werde dir zeigen, daß ich auch ohne solch einen dummen Segen Kinder gebären kann!"

Hier erstaunte Thubalkain über diese große Frechheit, ließ die Trotzige stehen und begab sich allein zu Kisehel. Dieser wußte wohl, was ihm der Enttäuschte vorbringen werde und sagte sogleich: „Du hast eine arge Wahl gemacht! – Wähle mit Gott, Bruder Thubalkain, so wirst du richtig wählen! Siehe, mit dieser deiner Gewählten verhält es sich so wie mit der Trug-Naëme! Daher gehe hin und spucke ihr ins Angesicht! Dann wähle dir aber sogleich eine andere!“

Thubalkain befolgte sogleich den guten Rat und die arge Gewählte entschwand im Augenblicke. Darauf bat Thubalkain Gott im Herzen, daß Er ihm doch die rechte Gattin anzeigen möge. Und Gott zeigte sie ihm, so daß er sie erwählte und zum Kisehel führte. Die Neugewählte aber folgte Gott lobend und preisend dem Thubalkain. Und Kisehel gab ihnen den Ehesegen im Namen Jehovas, und sie wurden heiteren Mutes.

Da begaben sich alle zu den zwei Brauttischen und segneten das Paar. Thubalkain und sein schönes Weib aber luden alle zum Hochzeitsmahle. So wurde dem Thubalkain der bedungene Lohn wohlgesegnet gegeben. (II/202)

Der Kampf mit den Rebellen

Beim fröhlichen Festmahle erzählten die Boten, was Wunderbares sich auf den Höhen zugetragen hatte, wie der Herr gar liebreichst unter ihnen weilte und sie über das ewige Leben des Geistes und der Liebe belehrte. Wie sie aber so erzählten, drang plötzlich von draußen ein gewaltiger Lärm zu ihren Ohren. In den Gassen der Stadt Hanoch war ein großer Tumult entbrannt, der sich zum Palaste des Lamech bewegte.

Schon vernahmen unsere Feiernden drohende Stimmen: „Fluch dem Lamech! Er hat uns an die Gebirgsbestien verraten! Tötet ihn und seinen ganzen Anhang, ehe wir von den Scharen riesenhafter Streiter aus den Bergen erschlagen werden!“

Eine große Menge der Rebellen drang auch schon in den Palast. Bald vernahm man ihr nahendes Poltern, Fluchen und Schlagen von den Treppen her. Lamech und Thubalkain samt den Mägden und Weibern verloren beinahe die Besinnung vor Schreck und bebten am ganzen Leibe.

Kisehel aber sagte mit starker Stimme: „Bruder Lamech, sei nicht so töricht! So du die göttliche Kraft an uns erfahren hast, wie magst du dich gar so vor diesem Tumulte entsetzen? Mußten sich nicht Hunderte deiner Waffenmänner unseren Worten fügen? Ermanne dich also mit all den Deinen! Sodann erstehet und vertrauet auf Gott! Amen.“

Da wurden die Geängsteten wieder ruhiger und Lamech rief aus: „O Freunde! Zürnet mir nicht, darum ich mich so entsetzt habe! Doch nun soll den Lamech selbst der Tod nicht mehr erschrecken!“

Und Kisehel erwiderte ihm: „Recht so, Bruder, so gefällst du mir schon besser! Nun mache dich aber auf und ziehe allein gegen die Rebellen, und du sollst über sie Sieger sein!“ (II/203)

In dem Augenblicke stürzte auch schon eine große Schar wutentbrannt und furchtbar heulend zur Tür herein. Das war schon wieder zu viel für Lamech. Er entsetzte sich so heftig, daß er wie bewußtlos auf den Boden fiel und kaum noch ausrufen konnte: „Wehe mir – ich bin verloren!“

Thubalkain jedoch blieb diesmal standhaft, trat den Erregten entgegen und donnerte sie an: „Was wollt ihr von uns?“ Da schrie der Pöbel: „Nichts als euer schändliches Leben!“ Da erhob Thubalkain seine Hände wie sein Herz zu Gott empor und sprach: „Heiliger Gott und Vater, verleihe mir Deine Stärke, diese Ruhestörer wieder zur gerechten Ordnung zurückzutreiben!“

Und Thubalkain merkte, wie ihn die Kraft aus Gott erfüllte. Mit starker Stimme rief er: „Höret, ihr habt euer böses Herz gegen Gott gerichtet und seid gegen Ihn mit Keulen und Spießen ausgezogen! Jeder, der seine Keule gegen uns erhebt, soll im Augenblicke zu Staub und Asche werden!“

Da wurden die Rebellen noch wütender, und ihr Toben und Fluchen weckte Lamech aus seiner Ohnmacht, so daß er in seiner Verzweiflung schrie: „Mächtige Brüder, vernichtet doch diese Wüteriche gegen Gott!“

Kisehel sänftete den Erregten und sagte ganz gelassen: „Gott vernichtet Seine Werke nicht. Diese aber haben schon von Thubalkain ein Gesetz erhalten. Wer dem zuwiderhandelt, der wird sein Gericht finden! – Da siehe!“

Gerade hatte ein Meuterer seine Keule gegen den Kisehel erhoben. Doch ehe er sie auch nur von sich werfen konnte, hatte ihn ein Feuer ergriffen und im Angesichte aller zu Asche verbrannt.

Das wirkte! Die anderen stutzten gewaltig und zogen sich ganz bescheiden einer nach dem anderen zurück. Die noch fluchten, wurden von den Besseren zur Reue ermahnt, so daß sich der Aufstand bald verlor und Ruhe in den Straßen einkehrte. (II/204)

Da dankten alle Gott für die Errettung aus und wurden bis auf Lamech wieder heiter, denn dieser war traurig darüber, daß er als Mensch gar nichts Verdienstliches für Gott tun konnte. Kisehel aber erklärte ihm, daß eben die Demut aus dem Erkennen seiner eigenen Nichtigkeit ein Gott wohlgefälliges Dankopfer und der Anfang der wahren Liebe zu Gott ist. (II/207)

Darauf begaben sich alle in den Thronsaal, lobten und priesen den heiligen Namen und begaben sich dann zur Ruhe. Die sieben Boten aber blieben im Vorgemache Lamechs. (II/208)

Am Tempelplatz

Vor Sonnenaufgang gaben alle im Thronsaale Gott die Ehre und begaben sich nach einem guten Morgenmahle auf den Tempelplatz. Wie erstaunte da der Lamech und der Thubalkain, als sie dort statt Sumpf und Morast einen großen, glänzenden Goldklumpenhaufen erblickten. Viele Treibhämmer waren schon in der größten Tätigkeit, und es lagen eine Menge der schönsten strahlenden Goldblechtafeln auf der weiten Fläche.

Als nun auch etwa dreitausend Arbeiter eintrafen, ließ sie Lamech zuerst reichlichst mit den mitgebrachten Speisen bewirten. Die Speisen in den Körben wurden aber statt weniger stets mehr, darob sich die Arbeiter nicht genug verwundern konnten.

Da erhob sich ein vornehmer Mann, der ein Baumeister in der Stadt Farak war, verneigte sich tief vor Lamech und sprach: „Großer, mächtiger König und Herr, heute Nacht sind mir sieben große Männer mit leuchtenden Kleidern im Traum erschienen. Einer von ihnen sagte zu mir: ‚Mura, ziehe nach Hanoch! Du sollst dort einen herrlichen Bau zur Ehre des wahren Gottes, wie ihn Farak lehrte, errichten. Lamech wird diesem Gott einen Tempel erbauen, und du sollst sein Baumeister sein!

So du morgen erwachen wirst, sollst du den fertigen Plan auf deinem Tische finden. Der König wird den Plan als den rechten erkennen und dich zum Bauführer erwählen! Ich aber bin Kisehel und befinde mich mit sechs Brüdern aus der Höhe als Bote bei den Kindern der Tiefe!‘ – Siehe, solches ist zu mir geredet worden. Hier ist der wunderbare Plan, den ich, Mura, heute wahrhaft noch vor dem Aufgange der Sonne auf meinem Tische gefunden habe! O König und Herr, bitte beschaue ihn gnädigst!“

Lamech erkannte alsbald ganz erstaunt die Richtigkeit des Planes und sagte darauf fröhlich zu Mura: „Freund und Bruder! Diese meine königliche Kette soll dich zum bevollmächtigten Baumeister auszeichnen! – Sage mir aber, sieht jener große Mann dort deinem Kisehel ähnlich?“ Und Mura, außer sich vor Freuden, jubelte: „Ja, ja, er ist es!“

Kisehel fragte nun Lamech: „Bruder Lamech, wie gefällt dir denn der Baumeister aus Farak?“ Doch Lamech konnte vor lauter Freude nicht reden und fiel mit Mura vor Kisehel nieder.

Kisehel aber sagte zu beiden: „Erstehet und gebet Gott die Ehre! Du, Lamech, bist nun ein rechter König und du, Mura, ein rechter Baumeister! Daher machet euch ans Werk! Des Herrn Segen sei mit euch und mit dem Werke eurer Hände! Amen.“ (II/209-210)

Muras Anweisungen zum Tempelbau

Wenn sich das Herz mit der Gnade Gottes füllt, erhält auch der äußere Mensch und seine natürliche Umwelt die Kraft zu einer gesegneten Arbeit. So erging es unserem Baumeister Mura. Mit dreißig Unterbauleuten steckte er den besten Platz für den Bau aus und sprach zu ihnen: „Blicket in den Plan und verteilet danach die Arbeiten! Dort am Berg findet ihr die geeigneten Steine für den Grund; daneben im Steinbruch guten, ädrigen Graumarmor für den Unterbau. Den behauet in gleichmäßig viereckige Blöcke.

Für den Oberbau aber sehet ihr dort gegenüber die Steinwände aus feinstem weißen Marmor. Dieses Gestein muß innen und außen beschnitten und mit Öl geschliffen werden. Für die inneren, ehernen Wandklammern wird Thubalkain sorgen. Die Eindachung soll den Zimmerleuten und hernach den Erzarbeitern zukommen.

Beginnet mit dem Segen des allein wahren Gottes Faraks. Um Speise, Trank und gerechten Lohn sorge sich niemand. Jeder Arbeiter bedenke aber, daß dieser Bau zur Ehre Gottes ausgeführt wird, daraus er einen großen Segen ernten wird!"

Gleich Ameisen und Bienen ward alsogleich alles tätig. Lamech und Mura begaben sich aber zu den sieben Boten, wo Kisehel eben dem Thubalkain die Erzarbeiten anordnete. Kisehel sagte: „Liebe Brüder, Gott wird das Werk segnen, und in sieben Tagen wird es vollendet sein. Laßt uns nun zur Stadt ziehen, damit die Arbeiter gehörig versorgt werden.

Du, Sethlahem, unterweise die Weiber und Mägde in ihrer Arbeit, und du, Bruder Lamech, sorge mit meiner Hilfe, daß deine Diener und Knechte ihre Ämter beziehen, auf daß die rechte Ordnung in der Stadt und im ganzen Lande hergestellt werde!

Joram! Du gehe mit den vier Brüdern in die anderen Städte. Gewinnet alles Volk für Gott, indem ihr ihm zeiget, wie groß Seine Güte ist und wie kräftig und mächtig Er an ihrem König Lamech gewirkt hat!

Am siebenten Tage kehret alle hierher zurück und ladet alle Amtsleute Lamechs zur Weihe des neuen Tempels in der Tiefe ein! Also geschehe es nach dem Willen des Herrn! Amen." (II/211-212)

Die Reinigung des Schlangenberges

Jubel über Jubel riefen nun die Bewohner Hanochs, wenn sich der Höhenbote Kisehel mit ihrem erweckten König Lamech in der Stadt zeigte, und gaben dem Gotte Faraks ihres Herzens reinste Freude kund.

Am sechsten Tage bestieg Kisehel mit Lamech einen bedeutenden Berg nahe der Stadt. Lamech warnte zwar: „Diesen Berg kann niemand betreten, weil es darauf eine Unmenge großer und überaus giftiger Schlangen gibt!"

Kisehel aber erwiderte ganz gelassen: „Eben darum führe ich dich dahin, um dir die Kraft und Größe Gottes im Menschen zu beweisen! Denn glaube mir, kein anderes Getier auf der Erde ist so voll böser List wie dieses. Und doch werden alle Schlangen fliehen müssen, um von der Lava des fernen Feuerberges dort verzehrt zu werden!"

Kisehel beschnitt nun eine Haselgerte unten und oben und schlug damit sieben Male an den Berg. Da erhob sich ein unheimliches Gezische, und ein

Heer riesiger Schlangen und Nattern aller Arten entfloh dem Berge und zog über eine große Sandsteppe zum Feuerberge.

Lamech kam außer sich vor Freuden und rief: „Dem Herrn alles Lob und aller Dank, daß Er dem Menschen solche Kraft verliehen! Niemand konnte sich bisher dem Berge auf tausend Schritte nahen, ohne in große Gefahr zu geraten, von den gierigen Bestien gefressen zu werden! Gar lange schon war mir die Reinigung dieses Berges ein sehnlicher Wunsch! Darum Gott alles Lob und alle Ehre!“

„Ja, Bruder“, sagte Kisehel, „Gott allein gebührt Ehre und Dank. Das alte Geschmeiß ist zwar fortgezogen, aber es hat siebenmal soviel junge Brut hinterlassen. Auch diese muß gänzlich vertilgt werden!“

Und Kisehel schlug noch sieben Male an den Berg, daß darauf die junge Schlangenbrut in solch dichten Massen über die Berghänge herabkroch, daß man kaum das Erdreich sah.

Und ängstlich fragte Lamech: „O mächtiger Freund, ist nun der Berg völlig gereinigt?“

Kisehel aber erwiderte dem Lamech: „Bis auf die zehntausend Millionen Eier in den alten Nestern! Zu ihrer Vertilgung aber soll der Berg von innen aus erglühen und alle Eier vernichten!“

Darauf schlug Kisehel nochmals sieben Male an den Berg, daß dieser plötzlich zu dampfen anfing, das Gesträuch und schlechte Gebäume entzündete und alle Schlangeneier vernichtete. (II/213)

Am Berge – Die Entsprechung der Reinigung

Kisehel führte nun Lamech auf die freie Vollhöhe des Berges, denn Lamech war noch nie auf einem Berge gewesen. Als er nun die weitgedehnte Landschaft, die Hochgebirge mit ihren weißen Zinnen und einen bedeutenden Teil der Morgengegend der Kinder der Höhe erblickte, überwältigte diese erhabene Schönheit der Erde so sehr sein Herz, daß er nur weinen konnte.

Er gewahrte den See vor der Stadt Uvrak und die anderen neun Städte. Er überblickte ganz Hanoch und konnte den neuen Tempel erkennen, der bis auf einen kleinen Teil der Ringmauer schon vollendet war.

Wonneerfüllt rief er aus: „O ihr armen Städte in der Tiefe und du mein armseligster Palast! Was seid ihr gegen diesen unendlich herrlichen Bau des allmächtigen Schöpfers! Dort, die fünf weißen Bergspitzen, wie eine gelobende Hand der Treue gen Himmel erhoben!

Dort, welch hehre, himmelanragende Bergspitzen, gekrönt mit leuchtenden Flammensäulen! Ach, Freund und Bruder, sieh hinauf zu den heiligen Höhen, was glänzt denn da so stark?“

Hier erst konnte Kisehel zu Wort kommen: „Lieber Bruder, das ist eben die berühmte Grotte Adams, die du bald näher kennenlernen sollst! Siehe, so wie wir uns diesen Berg dienstbar gemacht haben und ihn erstiegen, kann und soll jeder Mensch sich selbst reinigen. Hernach wird er gar leicht den lichten höchsten Standpunkt seines Lebens erreichen!

Mit einem schwachen Stabe des Glaubens und Vertrauens auf die Gnade und Erbarmung des Herrn trieben wir zuerst die alten Bestien ins Feuer der Vernichtung. Die sieben Schläge bezeichnen das Vollvertrauen durch den festen, unerschütterlichen Glauben.

Doch noch enthielt der Berg zahllose Brut. Abermals schlugen wir sieben Male an den Berg, und du sahst eine unzählige Menge des jungen Geschmeißes dem Berge entkriechen. Siehe, wenn sich der Mensch von den groben Sünden befreit hat, die in seiner Materie hausten, muß er alsbald alle Neigungen und Begierden seiner Seele erforschen.

Hat er sie durch großen Ernst erkannt, muß er abermals mit seinem Glauben und Vertrauen an den Berg seines Lebens schlagen und sich dem Herrn ganz übergeben: Und all die arge Neigungen- und Begierdenbrut wird die Seele verlassen müssen!

Aber noch gibt es eine Unzahl Eier der bösen Brut im Berge des Lebens. Das sind noch allerlei weltliche und eigenliebige Gedanken. Wie aber aus den Eiern die junge Brut ausgeheckt wird und heranwächst zum schädlichen Geschmeiße, also werden auch aus den Gedanken leichtlich wieder Neigungen und Begierden ausgeboren und daraus gar bald wirkliche Taten.

Wie aber werden die Sündeneier vertilgt? – Durch die Erweckung des inneren Liebefeuers zum Herrn und durch das lebendige Vertrauen zu Ihm! Dies ist hernach die rechte Bergbesteigung! Also stellt dieser Berg nun dich selbst dar, und du kannst dir hier eine Wohnung erbauen lassen, um darin noch mehr Gottes Gnade und Erbarmung zu erkennen.“

So verließen die beiden den freien Berg und Kisehel segnete ihn auf Lamechs Wunsch, daß er freibleibe von allem Geschmeiße. Kisehel betonte aber: „Die Reinheit dieses Berges wird dennoch von der Reinheit deines Herzens abhängen! Wirst du und deine Nachkommen darin verbleiben, so wird auch der Berg gereinigt bleiben. Wirst du aber dein Herz durch eine Sünde verunreinigen, wird auch der Berg wieder einen der alten Einwohner bekommen. Dies gelte auch für jene, die dir folgen werden.

Wenn du aber eine Schlange am Berge erschauen wirst, gedenke dieser Offenbarung und tue Buße, bis dein Herz gereinigt wird! Wird dies der Fall sein, so wird der Berg die Schlange auch wieder von sich treiben.

Solange euer Herz Gott lieben wird, werdet ihr bewahrt bleiben! Der alleinige Glaube ohne Liebe aber ist ein schwacher Schutz gegen die Macht der Sünde. Zu glauben, daß ein Gott sei, ist nicht schwer. Lehret darum die wahre Erkenntnis Gottes, und ihr werdet Ihn lieben lernen!" (II/214-215)

Das Gleichnis von der Braut und den Freiern

Zu deinem Verständnis werde ich dir aber ein Beispiel vor deine Augen stellen: „Siehe, in einem verborgenen Teil deines Landes lebt eine überaus herrliche und schönste Tochter, die reif wäre, daß sie ein Mann zum Weibe nähme. Sie sendet darum Boten aus, dies im Lande zu verkünden.

Da sagen die Angesprochenen: ‚Wenn an der Sache etwas wäre, so wäre sie bestimmt selbst gekommen, auf daß wir ihre Vorzüge erkennen, um sie dann zu erwählen.' Sie verlachen die Boten und machen sich über sie lustig. Nur zwei Freier bilden hierin eine Ausnahme!

Der eine spricht bei sich: ‚Ich will denn doch hinziehen und sie mit scharfen Augen besehen. – Ist sie so, wie die Boten von ihr aussagen, so will ich sie schon erwählen für mein Herz!'

Der zweite aber spricht aus der vollen Liebeglut seines Herzens zu den Boten: ‚O führet mich sogleich zu ihr! Ich will sie nicht erforschen, denn in meinem Herzen habe ich sie schon auf das glühendste umarmt und liebe sie mehr als alles auf der Welt.'

Wenn nun beide bei dieser Tochter anlangen werden, wird der erste alsbald hoch erstaunen und wird sie erwählen. Der zweite aber wird zu ihr sagen: ‚O du herrliche Tochter des Himmels, vergib mir armem Tropfe; denn ich habe mich unterfangen dich zu lieben, ehe ich dich erkannt! Denn erst jetzt sehe ich meine große Unwürdigkeit vor dir! Daher laß mich von dannen ziehen und dich im Verborgenen aus allen Kräften meines Herzens lieben!'

Was meinst du wohl, welchem Freier die Braut ihre Hand reichen wird? – Wohl ganz sicher dem, der sie schon eher liebte, bevor er sie gesehen! Siehe, das ist der bedeutende Unterschied!"

Da wurde Lamech wie von einer hellen Flamme durchleuchtet und erwärmt und rief aus: „ O Bruder Kisehel, jetzt sehe ich vollends ein, wo es bei mir und uns allen fehlte! Ich wollte Gott nur in der Gerechtigkeit und einer beschaulichen Weisheit erkennen, aber an der Liebe zu Ihm mangelte es mir gar sehr, und so blieb mein Leben ohne Liebe und entwickelte sich zu solch großer Scheußlichkeit!“

Und Kisehel erwiderte: „Bruder Lamech, begnüge dich einstweilen, bis der Geist des Herrn in dir erstarken wird und dich in alle Wahrheit leitet! Doch nun laß uns wieder die Stadt betreten, da schon viele unser warten!“ (II/215-216)

Henoch spricht zum Volke Hanochs

Vor dem Palaste angekommen, standen da große Menschenscharen, die den großen Gott in der Höhe und Lamech als einen König voll Gnade und Weisheit aus Gott priesen.

Von einem Pfeiler aus, der vor dem Palaste für derlei Kundgebungen errichtet war, sprach Lamech folgende Worte an sein beglücktes Volk: „Höret, ihr nun nicht mehr meine Untertanen und Sklaven, sondern meine geliebten Brüder und Schwestern! Ich will euch kein König mehr sein, sondern ein Bruder, der euch zur wahren Erkenntnis und Liebe Gottes führen will. Diesem alleinigen Herrn und König von Ewigkeit habe ich einen Palast erbaut draußen an der gereinigten Stätte, damit Er allein über uns, Seine Kinder, herrsche als ein guter, weisester Vater!

Morgen ist der Tag, an dem Sein heiligster Name Wohnung nehmen wird in dem erbauten Palaste! Bereitet euch vor, damit wir möglichst würdig, als reine Brüder vor Gott, Seine neue Wohnung betreten! Sein heiliger Wille geschehe allzeit und ewig!“

Nach diesen Worten jubelten und frohlockten die Scharen. Sie weinten Freudes- und Dankestränen in ihrer erwachten Liebe zu Gott.

Da drang auf einmal ein großer alter, aber sonst kräftiger Mann aus der Menge hervor, stellte sich auf den Pfeiler und ließ laut tönend seine Stimme hören: „Höret! Gott, der allerliebevollste Vater hat euch befreit aus aller Sklaverei. Er hat die arge Schlange hinweggetan, indem Er den Lamech mit dem köstlichsten Öle Seiner Erbarmung und Gnade salbte!

Liebet Gott darum aus allen Kräften, denn Er ist euer wahrer Vater! Eilet Ihm im Herzen entgegen, denn morgen will Er, von mir geleitet, hier einziehen! O Kinder der Höhe! Als Du, heiliger Vater, unter uns weiltest, sah man nie so große Liebe zu Dir, wie hier bei diesen armen Kindlein! Oh, so komme, liebevollster Vater und nimm sie gleich uns auf, damit wir Dich mit *einer* Stimme loben und mit *einem* Herzen lebendig lieben möchten!

Freuet euch, ihr Kinder, der Vater wird zu euch kommen, darum hat Er mich, Seinen Hohepriester zu euch gesandt, es zu verkünden! Morgen sollt ihr Seine Herrlichkeit schauen! Amen."

Lamech war tief ergriffen von der Rede des Fremden und fragte Kisehel, ob er denn den Redner kenne? Da kam dieser aber schon auf beide zu, reichte Kisehel die Hand und grüßte ihn: „Die ewige Liebe und Gnade unseres überguten, heiligen Vaters mit dir, deinen lieben Brüdern und mit diesem neuen Bruder Lamech und allem Volke!

Endlos große Freude haben wir alle am Gelingen eures Auftrages! Adam segnete täglich zu hundert Malen die Tiefe und war sehr besorgt um euch. Doch heute früh sagte unser liebevollster Vater zu mir: ‚Henoch! Mache dich auf und zeige es den Vätern an, daß Meine Erbarmung über die Tiefe gesiegt hat! Morgen will Ich, von dir geleitet, in Hanoch einziehen!

Begib dich heute noch hinab und verkündige es Meinen Brüdern! Bedecke anfangs mit der Hand dein Gesicht zum Zeichen Meiner großen Langmut und Geduld. Dann aber ziehe in das Haus des Königs.' So stehe ich denn nun vor euch nach dem Willen des guten, heiligen Vaters! Zuerst aber zeiget mir die Tafel mit dem Namen unseres Gottes, damit ich als Sein Oberpriester Ihm mein Herz darbringe!" (II/217-218)

Hocherfreut ging Lamech voraus, öffnete die Tür des Thronsaales und hieß den Gast aus den Höhen herzlichst willkommen: „O du großer Freund des allmächtigen Gottes, komme, o komme in mein schmutziges Haus und heilige an unserer unwürdigsten Stelle das Allerheiligste!"

Hier wurde Lamech vom Gefühl übermannt, doch Henoch drückte ihn an seine Brust und sprach: „O du mein geliebter, noch schwacher Bruder, jetzt hast du das ewige Leben überkommen! Denn du liebst den heiligen Vater mehr als es dir begreiflich ist! Wahrlich, so viel Liebe habe ich auf der Höhe nicht gefunden!"

Lamech ging nun voraus, und Henoch, die Hand an seine Brust legend, blieb schweigend an der Schwelle stehen; dann eilte er zum Throne, ergriff die Tafel, drückte sie an seine Brust und küßte sie.

Nach solcher Liebeehre stellte er sich seitwärts vom Throne und richtete an die anwesenden Würdenträger Lamechs folgende Worte: „Brüder und Kinder eines Vaters im Himmel! Ihm hat es wohlgefallen, euch Seinen heiligen Namen zu geben. Was aber wollet ihr Ihm bieten? Ihn rühmen und loben? Alle Schöpfung ist Seines Lobes voll! Wird Ihn da wohl euer Dank verherrlichen? Sein größtes Verlangen aber ist allein die Liebe und diese ist das einzige, das wir Ihm in aller Demut geben können! Und so denn gehen wir in den Speisesaal! Amen." (II/219-220)

Mura und Cural melden die Tempelvollendung

Als sich alle in Lamechs Speisesaal beim Mahle gesättigt hatten, kam Thubalkain mit Mura und Cural, einem eifrigen Unterbaumeister, in den Saal. In höchster Freude zeigten sie an, daß der Tempel schon fertig sei (zu solch einem Werke hätte man in Hanoch derzeit mehrere Jahre benötigt). Ein Erzmeister habe noch ein prachtvollstes Tor verfertigt, um den Tempel verschließen zu können. Mura, der Baumeister, sprach zu Lamech: „Mächtiger, weiser König, du möchtest mich nun wohl nach der Rechnung und dem Arbeitssolde fragen, allein jeder Arbeiter ist ebenso wunderbar reichlichst belohnt worden, als da das Bauwerk wunderbar entstand!

Denn kaum war das große Werk vollendet, kamen Männer mit großen Herden edler zahmer Tiere und jeder Arbeiter erhielt ohne Unterschied zehn Ochsen und zehn Kühe, zehn Böcke und zehn Ziegen, zehn Schafe und zehn Widder; ich und Cural samt den anderen Unterbauleuten aber bekamen das Zehnfache. Also sind wir reichlichst belohnt und haben nur noch um dein königliches Wohlgefallen zu bitten!

Cural und ich aber lassen nun noch aus großer Dankbarkeit gegen Gott den ganzen Raum innerhalb der Ringmauer mit weißen, geglätteten Steinen belegen. Hier ist der Torschlüssel des Tempels und der kleinere zum goldenen Gittertor der herrlichen Ringmauer.“

Vor Freuden war Lamech außerstande, Worte des Dankes zu sprechen. So sagte Henoch zu Thubalkain, Mura und Cural: „Als neuer Bote des Herrn aus der Höhe sage ich euch – freuet euch nicht so sehr an dem Lohn und dem vollendeten Werk, sondern freuet euch vielmehr über die große Gnade Gottes! Reinigt eure Herzen und liebet euch untereinander! Darin erst werdet ihr den größten Lohn, nämlich das ewige Leben in Gott finden! Du, Thubalkain, bleibe hier; ihr aber beendet euer Werk und kommet dann wieder!“ (II/221)

Henochs Rede über die Verwandtenehe

Da verneigten sich die beiden und begaben sich zu ihrem Geschäfte. Thubalkain aber stürzte hin zum Henoch und bat ihn um Vergebung, da er nicht eher bemerkt habe, welch hoher Gast sich unter ihnen befinde.

Henoch hob ihn sogleich auf und sagte: „Bruder, was tust du vor mir? Beuge dein Herz vor Gott, nicht aber deine Knie vor Menschen. Doch höre, Thubalkain! Du hattest dir ein Weib genommen, – das ist recht und billig.

Aber daß das Weib deine leibliche Schwester war, siehe, das war vor Gott ein Greuel! Wohl durften dies die ersten Kinder Adams tun, weil Gott das Blut noch nicht geschieden hatte, doch da sich die Menschen mehrten, schied Gott das Blut untereinander, damit es nicht versäure und aussterbe.

Daher ist die Blutsverwandtschaft entstanden, und es darf sich niemand in der engen Verwandtschaft ein Weib nehmen, sondern erst im weiteren Verwandtschaftsgrade. Je ferner jemand die Verwandtschaft wählt, desto besser tut er. Du hast wohl getan, indem du dir nun ein Weib aus fernem Gliede genommen hast! Führe sie her zu mir, damit auch ich euch segne!"

Thubalkain rief sogleich sein Weib herbei und Henoch legte ihnen seine Hände auf und segnete sie im Namen des Herrn.

Nach dieser Handlung berief Henoch die sieben Boten zu sich und sprach: „Brüder! Höret, also spricht der Vater zu euch: ‚Nach einer Mahlzeit mit den Brüdern der Tiefe segnet alle in Meinem Namen und lasset sie zur Ruhe gehen! Ihr aber samt Lamech wachet gemeinsam auf dem gereinigten Berge. Im ersten Grauen des Morgens versammelt euch tief in eurem Herzen; denn da werde Ich zuerst fühlbar, dann hörbar und endlich auch sichtbar unter euch sein!'" (II/222)

Der neue Gast aus der Höhe

Eiligen Schrittes begab sich nun unsere kleine Gesellschaft auf den etwa fünfhundert Meter hohen Berg, um da bei allerlei erhebenden Betrachtungen die Nacht zu durchwachen. Als Henoch aber die Nähe des Morgens merkte, sagte er zu den Brüdern: „Jetzt verstumme unsere Zunge! Ein jeder bereite sich nun vor zum Empfange unseres liebevollsten Vaters."

Im Morgengrauen erheiterte ein frischer Wind die Wartenden und aus den vielen Feuerbergen, wie auch aus anderen Bergen und Hügeln, brachen helle Flammen hervor, so daß die ganze Gegend einem leuchtenden Feuermeere glich.

Lamech wurde darum gar ängstlich, als auch aus seinem Berge stets heftigere Flammen aufzüngelten und wandte sich an Henoch: „Mächtiger Freund, siehe, die Flammen schlagen schon nahe an uns heran! Wenn es auf mich ankäme, so möchte ich wohl schnell diesen Ort verlassen!"

Doch Henoch erwiderte: „Bruder Lamech, im Feuer reinigt der Herr Seine Wege! Und nur durchs Feuer unserer Liebe können wir uns Ihm nahen! Dennoch kommt Er aber weder im Feuer noch im Winde – Sein Wesen ist ein sanftes Wehen. Ängstige dich aber nicht des Feuers wegen. Doch lausche nun, so wirst du die Stimme des Vaters vernehmen!“

Als die Flammen schon einen hellsten Kreis um die Harrenden bildeten, ertönte darüber eine Stimme: „Der Friede sei mit euch! Lamech, heute will Ich in die Hütte einziehen, welche du Mir errichtet hast. Mein Name Jehova soll lebendig darin wohnen. Nur dem sollst du die Pforte öffnen, dessen flammende Liebe ihn zu Mir, seinem Vater treibt!

Auf diesem Berge aber errichte Mir ein Denkmal nach deiner Art, daß jeder erblicke und erinnert werde, daß Ich hier mit dir geredet habe. Wenn aber je die Kinder der Höhe, wie die der Tiefe Meiner vergessen werden, will ich den ganzen Erdkreis richten und Wasserfluten werden alle Kreatur des Erdbodens verderben! Solches spricht zu dir dein Gott und dein Herr!“

Hier erbebte Lamech tiefst in der Seele, fiel vor Gott auf sein Angesicht und gelobte allzeitige Treue. Da ging die Sonne auf und eine kräftige Hand ergriff Lamech und richtete ihn auf. Herrlich erstrahlte ihm da die gereinigte Erde in der Morgensonne, alle Flammen waren erloschen, und er erblickte einen jungen, ernstschönen Mann an seiner Seite.

„Bist auch du ein neuer Gast aus der heiligen Höhe?“, fragte Lamech. Und der fremde Mann erwiderte: „Ja, aus der höchsten Höhe! Laß uns aber hinabgehen in dein Haus; Henoch, geleite Mich! Amen.“ (II/223)

Henoch erkannte hier den heiligen Vater und sein Herz erglühte vor Liebe und Wonne. (II/224)

Die Rede des jungen Mannes an das Volk

Vor dem Hause Lamechs angekommen, bestieg der junge Mann den bekannten Rednerblock und richtete an das versammelte Volk folgende Worte: „Höret, ihr Meine armen Kinder! Denn also spricht der Herr, euer Gott und liebevollster heiliger Vater zu euch aus Seinem Munde. – Der Friede sei mit euch! Erkennet den allein wahren Gott und Vater und liebet Ihn über alles, so wird Er euch in allem helfen und euch geben, was ihr bedürfet!

Ich will euch beschützen, solange ihr in Meiner Liebe bleiben werdet! Weil ihr schwach waret, habe Ich euch gar mächtige Boten gesandt. Wie aber werdet ihr Meine zukünftigen Boten aufnehmen, die nur mit der Weisheit der Zunge zu euch reden werden? Wehe euch, so ihr sie ergreifen und töten werdet! Mein unerbittliches Gericht wird euch treffen, darum Ich euch soviel Gnade und Erbarmung erwies!

Heute gebe Ich euch Meinen Namen – so ihr Ihn verlasset, werde Ich euch verlassen. Denn ihr sollet allezeit frei vor Mir einhergehen. Und so nehmet denn hin Meinen Segen! Amen."

Hier segnete der Herr die Tiefe, und alles Volk fiel vor Ihm nieder und betete Ihn in dem jungen Manne an. Der Herr aber begab Sich, von Henoch geleitet, mit den Boten und Lamech in den Palast. (II/225)

Der Herr und Lamech

Vor der Tür des Thronsaales ging Lamech schnell zum fremden Mann und fragte: „Du noch viel mächtigerer Freund als Kisehel und Henoch, möchtest du noch vor dem Morgenmahle den allerheiligsten Namen besichtigen? Sogleich werde ich die schweren ehernen Türen aufschließen lassen!"

Der Herr aber entgegnete: „Lamech, Ich Selbst bin Schlüssel und Tür! Mit Mir kannst du alles öffnen und durch Mich auch in das Gemach des ewigen Lebens gelangen!" Hier sprach der Herr zur Tür: „Tue dich auf!" und sogleich sprangen die zwei schweren Flügel auf.

Da eilte Lamech schnell zu Kisehel zurück und fragte ihn höchst verwundert: „Bruder, sieh nur, sieh! Hättest auch du solches mit deiner Willensmacht zuwege gebracht?" Kisehel erwiderte: „Jeder vermag mit dem Herrn alles, ohne Ihn aber nichts!"

Der Herr aber ging zur Tafel, besah sie ohne jedes Zeichen von Verehrung und sagte nur zum Lamech: „Mein Freund, gehen wir in den Speisesaal, um das Morgenmahl einzunehmen!" Lamech aber befremdete dies gar sehr, doch Kisehel hieß ihn, nur recht aufmerksam zu bleiben. (II/226)

Im Speisesaal kamen ihnen Thubalkain, Mura und Cural entgegen. Und Mura übergab Lamech den Schlüssel zum Tor der Ringmauer, der ihn dem Hohepriester Henoch weitergeben wollte.

Henoch aber sprach zu ihm: „Bruder Lamech, sei im Willen des Herrn deinem Volke selbst ein Priester. Denn ein Priester ist ein wahrer Bruder der Brüder, ein König aber ist dem Volke ein Gericht! Viel Wehe wird den Völkern von ihren Königen aus begegnen! Darum sei deinem Volke lieber ein Priester denn ein König!"

Da behielt Lamech die Schlüssel und setzte sich überfröhlich zum Mahle. Doch plötzlich fiel ihm ein, daß zuvor niemand die Speisen nach der Art Kisehels gesegnet und Gott dafür gedankt hatte.

Eiligst stand er darum auf und rief aus: „Geliebte Freunde! Es ist entsetzlich! Wie konnten wir eben heute vergessen, dem heiligen Geber aller guten Gaben unser gebührendes Lob darzubringen? Ich will darum eher sterben, als vor drei Tagen etwas zu essen!“

Der Herr aber hieß den Lamech zu Sich kommen und sprach liebreich: „Lamech, würdest du nicht zu deinem Kinde, das einen nichtigen Fehler begangen hätte und darob außer sich wäre, liebevoll sagen: ‚Geliebtes Kind, mache dir nichts daraus, komme aber her und liebe mich darum!‘ Was möchte dir wohl lieber sein: ob dein Kind dich liebend umfaßt, oder ob es beharrt bei seinem strengen Vorsatze des Fastens?

Du sagst: ‚Wenn das Kind mich liebend umfaßt, wäre es mir lieber!‘ Gut, sage Ich dir, also tue auch du gegen den himmlischen Vater, was du als besser erkennst, und es wird Ihm wohlgefälliger sein als dein Fasten!“

Lamech fragte jedoch darauf: „Wo ist aber der Vater, daß ich gleich dem Kinde tun könnte?“ Da sprach der Herr: „Hier steht Er sichtbar vor dir! Ich bin der Vater, der Gott Himmels und der Erde!“

Da fielen alle vor Ihm nieder und Lamech stammelte: „O Du heiliger Vater! Sei mir armem Sünder gnädig und barmherzig! Dein heiliger Wille geschehe ewig! Amen.“ (II/227)

Der himmlische Vater aber hieß alle Kinder der Tiefe sich wieder zu erheben und belehrte sie: „Höret, Meine Kinder! Alles Leben ist aus Mir! Wandelt aufrecht als frei geschaffene Menschen vor Mir und als Brüder und Schwestern untereinander! Ich habe durchaus kein Wohlgefallen, so ihr euren Leib vor Mir krümmet. Nur ein demütig Mich Liebender, der Meinen Willen lebt, ehrt Mich wahrhaftig und ohne Unterlaß!

Dreifach ist euch Mein Wille geoffenbart, nämlich in der Ordnung der natürlichen Dinge, durch den Geist eurer Liebe, und durch Meine Boten und Mich Selbst! Liebet Mich über alles und euch untereinander! Alles andere aber ist eitel und töricht!“ (II/228)

Warnung vor Gesetzen

Nach dieser Rede des Herrn bekamen alle mehr Mut und priesen Gott in ihren Herzen ob Seiner unfaßbar großen Güte, Gnade und Erbarmung. Ja, überwältigend groß war die Freude der Kinder in der Tiefe Hanochs, da ihr Herz den allmächtigen Schöpfer und heiligen Vater in so schlichter und einfacher Menschengestalt erkennen durfte!

König Lamech aber sprach: „Heiliger, allerbester Vater der Menschen, o zeige uns doch genau den vorgezeichneten Weg zu Dir. Gib uns Regeln und Gesetze, damit wir Deiner Ordnung gemäß leben können!“

Der Herr aber sagte zu ihm: „Lamech, wahrlich, Ich sage dir und euch allen: Eher will Ich die ganze Schöpfung vernichten, als Meine Kinder mit Gesetzen fesseln und dadurch aufhören, ihnen Vater zu sein!

Hättet ihr bisher Gesetze von Mir gehabt, so wäre Ich nun nicht als Vater und Helfer zu euch gekommen, sondern hätte als unerbittlichster Richter Rechenschaft für euer böses Tun gefordert! Ihr aber hattet vom Anbeginne keine Gesetze, dadurch ihr auch keines Gerichtes fähig wurdet.

Als Vater offenbare Ich euch Meinen Willen und sage euch nur: Liebet Mich über alles und liebet euch untereinander, wie jeder sich selbst liebt. Alles andere aber tuet aus der Weisheit, welche euch in Meiner Liebe werden wird! Darum, lieber Lamech, nimm deine Bitte zurück! Amen.“

Nach dieser Rede ängstete sich Lamech, denn er vermeinte, der große heilige Schöpfer und Vater sei nun erzürnt. Der Allgütige aber sah Lamech überaus freundlich an und sagte zu ihm: „Mein lieber Lamech, wie könnte ein Gott der Liebe zornig sein? Weißt du mittlerweile nicht, daß Mein göttlicher Liebeeifer nur die allergrößte Erbarmung ist? Also magst du vor Mir wohl reden, was immer du willst, und Ich werde dir darum nicht zürnen!“ (II/229-231)

Das Gleichnis vom Fürsten und seinen Kindern

Diese Offenbarung der göttlichen Vaterliebe erheiterte wieder Lamechs Gemüt und kindlich zutraulich fragte er weiter, wie die Liebe zu Gott beschaffen sein müsse und wie ein schwacher Mensch Ihn über alles lieben könne? Der Vater aber freute sich sehr ob dieser Frage und sprach: „Höre, du nun wahrer Lamech (der Mann nach Meinem Herzen)! Diese deine Frage ist von größter Wichtigkeit, denn mit einer ungerechten oder unwürdigen Liebe soll sich Mir niemand nahen! Damit du es aber leichter verstehst, will Ich dir die Antwort in einem Gleichnis geben:

Nehmen wir an, ein reicher Fürst hätte mehrere Kinder, die sich ihm nur geziemend geschmückt, die Hände kreuzweise über die Brust gelegt und das Haupt demütigst zum Boden gesenkt, nahen dürfen. Wenn diese Kinder vor den Vater kommen, belobt er sie, um sie alsbald wieder zu entlassen.

Nur ein munterer, aufgeweckter Knabe, in Liebe zu seinem Vater entbrannt, durchbricht alle Rituale und Formen, kommt allein zum Vater gerannt und umfaßt ihn mit aller kindlichen Liebeglut. Er ruft dabei: ‚O mein lieber Vater, wie sehr doch liebe ich dich! Lieber möchte ich sterben, als meine Liebe zu dir in meinem Herzen zu unterdrücken!‘

Nun, mein lieber Lamech, was würdest du als Vater solchem ungestümen Kinde wohl tun? Du sprichst: ‚Oh, das würde ich auch über die Maßen lieben!‘ Ich sage dir aber, gerade solch ein Vater bin Ich auch! Wer so zu Mir kommt, wie der stürmisch liebende Knabe, alle törichten Höflichkeitsschranken übersteigend, der wird auch Mir der allerliebste Sohn sein! Siehe, das ist die rechte Liebe; solches beachte wohl!“ (II/232)

Da dankte Lamech aus tiefstem Herzensgrunde dem gütigen Vater und bereitete mit wohlverständlicher Rede sein versammeltes Volk auf die feierliche Handlung vor, in der die geheiligte Tafel Jehovas in den dafür erbauten Tempel getragen werden sollte.

Weil Lamech aber in Sorgen um seine verschollenen Söhne Jabal und Jubal war, versicherte ihm der Herr, daß beide mit Horadal auf der Höhe weilen und er sie mitsamt seinen Frauen Ada und Zilla wie auch seiner Tochter Naëme wohlbehalten vorfinden werde.

Danach sprach der himmlische Vater zu Lamech: „Gehe aber nun in den Thronsaal und hole die Tafel mit Meinem Namen, auf daß Ich sie anhauche und du sie dann vor Mir und dem Henoch in den Tempel tragen kannst. Alles Volk aber soll uns dahin folgen! Amen.“ (II/233)

Im Gottestempel der Tiefe

Unser Lamech begab sich in der größten Andacht zum Throne, um die Tafel zu holen. Er mühte sich jedoch vergeblich, die Tafel auch nur um ein Haarbreit zu heben. Sie war plötzlich so schwer, daß er bei sich ernstlich nachzudenken begann, was dies wohl zu bedeuten habe.

Da kamen ihm die Worte Gottes in den Sinn: „Ohne Mich vermöget ihr nichts, mit Mir aber alles!“ Eiligst begab er sich darum zurück zum Herrn und bat Ihn um Vergebung und Hilfe. Der göttliche Vater beugte sich zu dem vor Ihm knieenden Sohn, hob ihn wieder auf und sagte: „Ja, Mein Lamech, mit Mir vermagst du alles, ohne Mich aber nichts!“

So ging Lamech mit dem Herrn wieder in den Thronsaal, und der Herr trug die Tafel in den Speisesaal. Dort hauchte Er sie an und sprach: „Höre Lamech, und alle ihr Kinder Kahins! Mit der Schwere der Tafel habe Ich euch zeigen wollen, daß der Mensch ein göttliches Gebot nie vollkommen erfüllen kann. Nur die demütige Liebe und das Erkennen darin, daß ohne Mich nichts Gutes und Wahres getan werden kann, vollführt das Werk durch Meine Kraft im Schwachen!“

Nach dieser Lehre verneigte sich Lamech vor der Tafel und trug sie ohne Anstrengung würdevoll vor einer großen Menge Volkes zum Tempel hin. (II/234-237)

Der Baumeister Mura öffnete das goldene Tor des Tempels und alles Volk staunte über dessen wundersame Schönheit und Pracht. Der Allmächtige aber segnete den Tempel und gab dem Lamech eine genaueste Ordnung, nach der der Tempel als Heiligtum in aller Reinheit bewahrt bleiben sollte.

Danach setzte Lamech die Tafel ehrfurchtsvoll auf den Altar. Der Herr aber hauchte sie abermals an und berührte sie mit Seiner Hand. Da erschienen plötzlich, auf lichten Wölkchen stehend, für alle sichtbar, zwei überaus ernste Cherube zu beiden Seiten des Altars, und über der Tafel erhob sich eine lichte Wolkensäule bis hinauf zur goldenen Decke.

Diese Erscheinlichkeiten brachten selbst den Henoch zum Nachsinnen, warum wohl der Herr in der Tiefe solch großartige Zeichen setze, wo Er doch auf der Höhe für derlei Äußerlichkeiten keinerlei Wohlgefallen zeigte.

Der Herr aber sprach zu ihm im Herzen: „Henoch, siehe, hier der Name, auf der Höhe aber der Träger desselben. Hier ein Zeichen, oben der Geber des Zeichens. Hier Mein Schein, oben Mein Sein. Hier des Zeichens Pracht, oben des Vaters Macht. Hier unten alles aus Edelsteinen und Erdgold, oben des Vaters Liebe lebendig! Welches dünkt dir wohl besser zu sein?“

Hier verstummte Henochs Herz in zu mächtiger Kindesliebe; der Herr aber sagte laut vor allen: „Henoch, Mein alleiniger Oberpriester, Ich werde dir nun auch diese Herde anvertrauen! Wenn du sie in Not sehen wirst, dann begib dich hierher und schaffe wieder gute Ordnung in Meinem Namen!

Sage aber Meinem Sehel auf der Höhe, er möge zu Mir kommen wie ein zum Kampf gerüsteter oberster Fürst aller Engel! Solches unterlasse ja nicht; denn des Sehels Zeit ist gemessen gleich der Meinen!“

Und zum Lamech gewendet fuhr Er fort: „Lamech, siehe, nun ist alles geordnet! Bleibe in dieser Ordnung, so wirst du stets in der lebendigen Gemeinschaft der Himmel verbleiben, und dir und allem Volke wird es wohlergehen auf Erden! Wer mich über alles lieben wird, der soll das ewige Leben haben!

In diesem Heiligtume aber sollst du stets Meinen Willen erfahren, so du dich zuvor im Herzen an Mich wenden wirst. Wenn Ich aber den Henoch zu euch senden werde, so richtet euch nach seinen Worten, denn Ich werde aus ihm sprechen! Nun aber nehmet hin Meinen Vatersegen! Meine Liebe ist mit euch allen! Amen.“ Hier entschwand der Herr, und alle ergriff eine große Herzenswehmut. (II/238-240)

Henoch erholte sich zuerst und trat zum Lamech sprechend: „Höre, Bruder Lamech! Ihr alle saht den heiligen, liebevollsten Vater und vernahmet Seine heiligen Worte. Euer Glaube wie auch eure Liebe ist aber noch nicht euer Eigentum. Haltet euch daher dieser Gnade für unwürdig und übet euch in der Demut; so werdet ihr daraus den höchsten Nutzen ziehen!

Für dich, mein geliebter Lamech, lautet der Wille Gottes: Verschließe den Tempel und begib dich erst am 91. Tage wieder hinein. Dann erwarte in völliger Demut und Herzensruhe des Herrn Wort und Willen. So du es hörst, zeichne es sorgfältig auf Tafeln und verkündige es dann deinem Volke. So du es aber nicht vernimmst, gib Gott im Herzen die Ehre und nahe dich erst wieder nach 91 Tagen. Der Vorhof aber soll an diesem Sabbat dem Volke bis zum nächsten Morgen geöffnet sein, und zwei würdige Hüter am Tore sollen der Eintretenden Herz prüfen!“

Danach gaben alle in ihrem Herzen Gott die Ehre und Lamech verschloß den Tempel. Das Volk im Vorhof aber wollte den jungen, herrlichen Mann wieder sehen. Es vermeinte, Lamech habe ihn in den Tempel eingesperrt. Doch als Lamech dem Volke offenbarte, daß der plötzlich unsichtbar gewordene junge Mann der Gott Faraks sei und nun wieder entschwunden wäre, schauderte alles Volk zurück und unsere Gesellschaft zog ungehindert in das Haus Lamechs. (II/242-244)

Das Bruderfestmahl für die Gefangenen

Lamechs Speisemeister war sehr erstaunt, als er den Auftrag erhielt, ein mäßiges, einfaches Mahl zu bereiten, wie Henoch dem Lamech geraten hatte.

Er sann daher: „Ist Lamech kein König mehr? Das verstehe wer kann!" Lamech aber umarmte ihn und sprach: „Mein lieber Brudal, Lamech, der von Gott erweckte Führer, will ja nur den Willen des Allmächtigen erfüllen! Wir wollen heute alle Armen und alle Gefangenen im Thronsaal bewirten, als wären sie alle meine Brüder und Kinder!

Auch meine größten Feinde sollen mit meiner Königskost gesättigt werden! Denn von nun an will ich euch allen kein richtender König, sondern ein weise leitender Bruder in der Ordnung Gottes sein! Schicke sogleich Eilboten in die ganze Stadt! Lade die Armen zum Mahle und lasse alle Gefängnisse öffnen, auf daß all die Gepeinigten Erlösung finden und von mir mit meiner Königskost gesättigt werden!"

Vor übergroßer Freude sprang Brudal auf und rief aus: „O großer, allmächtiger Gott, wie endlos glücklich hast Du mich heute gemacht! Nur Dir war es möglich, das eherne Herz Lamechs in ein warmes Bruderherz umzugestalten! O Wonne, heute noch werde ich mein getreues Weib, meine zwei Brüder und meine sieben Kinder sehen, die zum Tode verurteilt im Gefängnis schmachten, weil sie Lamech nicht als Gott anbeten wollten!"

Mit großer Freude besorgte er sogleich alles. Binnen einer Stunde war der große Thronsaal angefüllt mit den Geladenen und Erlösten. Sie wurden auch sogleich auf das vortrefflichste bewirtet, und ihr Loben und Preisen nahm kein Ende. Die noch vor Angst zitternde Familie Brudals aber hieß Lamech, an seiner Seite am Mahle teilzunehmen und versprach, alle ihre erlittenen Leiden liebreich zu vergüten. (II/246)

Als die Hauptgäste in den Thronsaal kamen, wurden sie mit lauten Jubelrufen empfangen. Wie erstaunten sie aber über die vielen armen Bewirteten und die reichste Auswahl der köstlichsten Früchte. Lamech zeigte auch dem

Speisemeister Brudal sein Erstaunen; doch dieser staunte ebenso und sagte nur: „O hochgestellter Führer des Volkes! Die Herkunft dieser wunderbaren Früchte können uns nur die Gäste aus der Höhe erklären!“

Und Henoch lächelte dazu und sagte zu Lamech: „Du warst voll des Schlechten und Argen; also war auch dein Volk zumeist gegen dich und du ersahst in einem jeden einen tückevollen Schurken, darum hast du viele von ihnen in den Kerker werfen lassen. Der Herr hat sich aber deiner erbarmt, und nun siehst du lauter Brüder und Schwestern an deinem Tische. Wenn aber der Herr dich bessern und reinigen konnte, der du wahrhaft arg und schlecht warst, so wird es ihm wohl auch möglich sein, die Erdfrüchte in Seinem Wohlgefallen zu veredeln!

Diese Edelfrüchte aber entsprechen deinem Herzen, an dem der Herr Sein Wohlgefallen hat! Doch nun laß uns an den für uns bereiteten Tisch gehen und uns stärken im Namen des Herrn! Amen.“ (II/248)

Die Entsprechung des Tempels

Dieses Brudermahl war die Krönung der Wandlung Lamechs, und Henoch umarmte ihn mit den Worten: „O du mein überaus geliebter Bruder, jetzt hat der Herr, unser heiliger Vater, alle Sünde von dir genommen! Du stehst nun reiner da denn die Mittagssonne!

Siehe, das ist die große, lebendige Bedeutung des erbauten Tempels: Du bist der Tempel! Deine Erkenntnisse aus dem Flammenlicht der Liebe gleichen den Fenstern, so wie das goldene Dach dein erleuchtetes Haupt darstellt. Der Altar aber ist dein Herz, bewacht von den beiden Cherubin, die deine Nächstenliebe bezeichnen. Der lebendige Name des Herrn auf dem Altar und die lichte Wolke darüber ist deine lebendige Liebe zum göttlichen Vater. Die bis zur Decke reichende Wolke kündet, daß du mit dem Herrn einen vollkommenen Liebesbund geschlossen hast, während der Vorhof dein Leibesleben, erfüllt mit Nächstenliebe darstellt!“ (II/247)

Die verspäteten Armen

Noch waren alle fröhlich beim Mahle, da vernahm man von draußen einen heftigen Wortstreit, und Lamech ging vor die Türe, um nachzusehen. Seine Diener hatten nähmlich einigen zu spät gekommenen Armen den Eintritt verwehrt. Darüber ergrimmt, verwies Lamech strenge seinen rohen Dienern solche Eigenmächtigkeit und lud die bedrängten Armen zum Mahle.

Einer der Armen aber sah besonders kläglich aus, da er beinahe nackt war, und die Diener ihm auch besonders den Eintritt versagt hatten. Doch Lamech, darum zu Tränen gerührt, sagte zu ihm: „Armer Bruder, komme in meine Arme! Sicher habe ich deinen Jammer verschuldet! Du sollst aber durch die Gnade des Herrn der Reichste werden!“

Da sagte der Arme: „O gerechter König, ich will dir ja folgen, aber vergib doch zuvor deinen Dienern, die mich mißhandeln wollten, wie ich ihnen von ganzem Herzen vergeben habe!“ Diese Worte brachen Lamech völlig das Herz. Liebevoll vergab er seinen harten Bediensteten ihre Rohheit und begrüßte sie als Brüder. Sodann geleitete er den Armen in den Saal und gab ihm seinen eigenen Sitzplatz.

Der Arme aber, gerührt bis zu Tränen, umarmte den Lamech und sagte: „Lamech, jetzt hat dich das ewige Leben umfangen, und Ich, dein Gott und dein Herr, will dir nicht nur ein Vater, sondern auch ein wahrer Bruder sein! Also werde Ich diese Erde ewig bewohnen!“

Hier erkannte Lamech und viele, die um ihn waren, den Herrn in dem armen Bruder. (II/249)

Der Herr als Armer – Der verheißene Sohn

Die Worte des Armen drangen wie Blitze durch die Herzen der Feiernden. Selbst Henoch war nicht gefaßt auf diese Erscheinung. Der Vater in Gestalt des Armen aber richtete folgende Worte an unsere Gesellschaft: „Höret, Meine Kinder! In Meiner Macht, Kraft und Erhabenheit vermöget ihr Mich nimmer zu erkennen, wohl aber in Meiner väterlichen Erbarmung!

Der Vater als die ewig unendlich große Liebe in Gott hat alles aus Sich hinausgestellt. Er behielt nichts für Sich und ist also arm in Sich. Seine Armut aber ist nun Seine Seligkeit, indem Er nun alles zu Sich zurückkehren sieht, und Er alles, endlos vervollkommnet, in Seiner Liebe ergreifen kann. Werdet darum arm, gebet Mir alles, so werdet ihr mit Mir reich werden auf ewig! Amen.“

Und Henoch sprach voll höchster Entzückung: „Wahrlich, diese Enthüllung ist unnennbar groß und heilig! Arm willst Du sein, o heiliger Vater, um uns als einen zurückkehrenden Gnadenstrahl aus Dir, endlos verherrlicht in Dir, wieder aufzunehmen als Vater!“ (II/250 ff)

Der Herr offenbarte aber noch größeres, indem Er sagte: „Einst werde Ich einen Sohn zeugen und ihm Mein ganzes Leben geben.

Was ihr getan habt einem dieser meiner geringsten Brüder, das habt ihr mir getan!
1967

Der Ärmste in Hanoch

Kommst Du, Vater, Selbst nach Hanoch?
In die Tiefe steigst Du nieder?
Lösest Du der Gottheit Schranken?
Einest Du verstritt'ne Brüder?

Lieb' erbittend nur noch, Vater,
suchest Du das Herz der Kinder;
Hanoch, Hanoch, Seele, Seele,
tue auf dem Überwinder!

Komm, Du Gottessohn, verbinde
Ost mit West, wie Süd mit Norden,
weh! im Herzen aller Völker
ist es Hanoch-Nacht geworden!

Tritt in großer Volkes-Armut
zu den Lamechs auf den Thronen,
strahle Deine Gnadensonne
in die Nacht, wo Sklaven wohnen.

Doch im Blitzen, Donnergrollen
weise uns in Geistes-Sprache
in das stille Tal der Demut;
sänfte, sänfte Zorn und Rache.

Bettle aus dem Mund der Armen
alle Welt um Liebe, Liebe.
Vater, wecke das Erbarmen,
wandle Haß in Edeltriebe!

In diesem Sohne werde *Ich* sein und Vater und Sohn werden vollkommen eins werden! Dieser Gottmensch erst wird euch das wahre Leben bringen! Die Welt wird zwar sein Fleisch töten; die darin wohnende Gottesfülle der ewigen Liebe aber wird das Fleisch aus Sich neu beleben und als ewig schaubarer Gott darin wohnen und wesen ewiglich! Amen“ (II/252)

Der Herr und die Zweifler

Es ging bei diesem Brudermahl recht gesprächig zu und einige Gäste, die den Herrn noch nicht erkannt hatten, beschäftigte es sehr, wer doch der so weise sprechende Arme sei, der von der Hauptgesellschaft „Vater“ genannt und förmlich angebetet wurde. (II/253 ff)

Als sie mit dem Essen fertig waren, dankten sie dem Lamech und priesen den Gott Faraks. Lamech aber ergriff auf Geheiß des Herrn das Wort und deutete den Dankenden an, daß der Geber aller Gaben, der neben ihm sitzende allerärmste Mann sei. Ja, daß dieser Jehova selbst sei!

Darüber sehr erstaunt, zweifelten sie aber in ihren Herzen und brachten allerhand Einwände ihres Verstandes zum Vorschein. Bis einer der Zweifler in sich Liebe zu dem Unbekannten erweckte und Ihn umarmte. An der Vaterbrust fühlte er aber in unaussprechlicher Wonne das liebende Vaterherz und rief zu den anderen: „O Brüder, hierher kommet, denn hier ist wahrhaft der Vater“. Und sie kamen, fielen vor Ihm nieder und beteten Ihn an. Nur einer von ihnen blieb weiterhin herzensblind. (II/259)

Diesen einen aber, der vorher ein Hauptredner war, berief der Herr zu Sich und sprach: „Terhad, dein Unverständnis rührt aus deinem ganz verkehrten Weltherzen, das keine Demut und daher keine Liebe hat! Daher sträubst du dich in deinem Gefühle und magst dich nicht heilen lassen. Du willst von Mir einen Beweis Meiner Göttlichkeit!? Du sollst aber kein Zeichen von Mir sehen als das Meiner Liebe und großen Erbarmung. Mit deinem Verstande wirst du Mich ewig nicht begreifen können! – Berate dich aber mit deinen sehenden Brüdern!“

Da machte unser Hauptredner eine tiefe Verbeugung und begab sich sogleich zu einem seiner Freunde. Der Freund aber erzählte ihm eindringlich sein Erleben aus den Jahren der Drangsal und sein Erkennen des Herrn im Herzen und sagte zum Schluß: „Terhad, der Vater will eher geliebt, als erkannt sein! Lieben doch die kleinen Kinder auch ihre Eltern, bevor sie sie erkennen. Warum sollte denn der göttliche Vater es mit uns nicht genauso haben wollen? Daher eile, eile schnell zu Ihm und bete Ihn in aller Tiefe deines Herzens an!“

Da ließ Terhad alle Zweifel fallen und erfaßte den Herrn in seinem Herzen. Das Erkennen der Gottheit flößte ihm aber auch eine große Furcht vor dem Allmächtigen ein, so daß er am liebsten geflohen wäre. Der Herr in Gestalt des Armen aber kam auf ihn zu und sprach zu Terhad, der wie tot zu Boden sank: „Erhebe dich und lebe! Wer Mich im Herzen erkennt, der hat das ewige Leben in sich gefunden!

Terhad, dein ausgedehnter Verstand ließ dein Herz schrumpfen; darum entsetzte es sich vor Meiner Größe. In der Liebe hättest du Mich leichter gefunden als in deinem Verstande – ohne dies kleine Gericht an deinem Körper verkosten zu müssen. Da du Mich aber nun im Herzen erfaßt hast, will Ich dich zu einem treuen Wächter Meines Heiligtumes machen, das Ich euch in dem neuen Tempel gegeben habe! Doch sei nun heiter und fröhlich, denn du wirst es nie nötig haben, Mich zu fürchten!“ (II/260-264)

Terhad wird zum Oberwächter des Tempels berufen

Und Terhads Liebe zum göttlichen Vater wurde stets mächtiger, und sein Mund pries feurig die große und heilige Vaterliebe: „O liebevollster Vater, wie unendlich gut mußt Du sein, daß Du Dich von einem Sünder lieben läßt! O vergib mir, daß ich es wage, Dich zu lieben! Sei mir und uns allen darum gnädig und barmherzig!“

Hier fielen alle vor dem Vater nieder und weinten vor Liebe. Der göttliche Vater aber verbarg Sein Angesicht mit der Hand und sagte wie zu Sich: „O Erde, was gibst du Mir! Wahrlich, deine Kinder sollen Meine Kinder sein! Ich will dich vor Engel und Sonnen erheben und deinen Sündern allzeit barmherzig sein und ihnen ein treuer Hirte werden!“

Und zu Terhad gewandt sprach Er: „Terhad, Ich kannte dich lange schon als einen Mann mit starkem Geist und kräftigem Gemüte. Denn du bliebest Mir, dem Gotte nach der Lehre Faraks, auch im Kerker des Lamech treu. Darum verbarg Ich Mich zuerst auch vor dir und ließ es zu, daß du Mich suchen mußtest, während Mich die andern im Augenblicke erkannten.

Deine Treue zu Mir war auch ein Hauptgrund, darum Ich Mich der Tiefe erbarmt habe! Du bist zu einem Retter der Tiefe geworden und warst ihr eine Schutzwand vor Meinem Gerichte. So soll es auch in der Zukunft bleiben! Solange eine Stadt in der Tiefe zwei Gerechte haben wird, werde Ich sie verschonen der Zwei wegen, und solange ein Land sieben Gerechte hat, soll Meine Heimsuchung unterbleiben. Und solange ein Volk zehn Gerechte hat, soll es Mein Feuer verschonen.

Solange noch zwei Väter unter all Meinen Kindern sind, die Mich lieben und lehren ihre Kinder und Nachbarn in Meinem Namen, will Ich kein Gras zornig ansehen auf Erden. Wenn aber hier in der Tiefe, wie auch auf der Höhe nur noch *ein* Gerechter wird anzutreffen sein, dann werde Ich alle Übeltäter der Erde vertilgen! Zuvor werde Ich aber noch über 100 Jahre Meine Lehre durch Boten aller Kreatur predigen lassen.

Zeichne diese Worte sorgfältig auf und verkünde sie allem Volke, damit niemand sagen kann, er habe sie nicht vernommen. Terhad, du sollst Mir ein Oberwächter an der Pforte des Tempelvorhofes sein! Sooft du am Sabbate die Wache haben wirst, sollst du dem Volke erneut diese Meine Worte kundtun, damit sie ja nie in Vergessenheit geraten möchten! Empfange aber zu diesem deinem Amte nun Meinen Segen, auf daß du kräftig wirst, nach Meinem Willen zu handeln! Amen.“ Diese Worte brachten den Terhad beinahe ums Leben, doch der Herr stärkte ihn, so daß er darauf noch 260 Jahre lebte und dem Herrn treu diente. (II/266-267)

Der göttliche Vater eröffnete dem Lamech noch Seinen Plan für den Tempelbau auf dem gereinigten Schlangenberg und sprach hinzu: „Wenn du Mir in diesem Tempel an jedem Sabbat ein Opfer bringen wirst, werde Ich eure Felder segnen. Die Gebirge und Wälder will Ich von dem bösen Getier reinigen und somit zwischen Höhe und Tiefe eine Verbindung herstellen, damit Henoch auch der Tiefe ein Hirte sein kann. Vollende dieses Werk, Mein Lamech, hernach sollst du auch auf die Höhe geführt werden, und Henoch wird den neuen Tempel zu eurer Heiligung segnen! Amen.“

Hier entschwand der Herr, indem Er die Geistesaugen der Menschen wieder verschloß. Henoch aber tröstete die, die den Vater mit ihren Fleischesaugen suchten, mit der guten Belehrung, daß ein Herz ohne Eigennutz allezeit die Stimme Gottes im Herzen vernehmen kann.

So ging dieser bedeutsame Tag zur Neige. Alle Gäste wurden in den Gemächern Lamechs beherbergt und bekamen ein Ruhelager auf Teppichen und wohlriechenden Polstern. (II/268-270)

Henochs Morgenandacht

Im Morgengrauen erhob sich Henoch, lobte und pries in seiner Liebe den himmlischen Vater und segnete die noch Schlummernden. Nach dieser Gott wohlgefälligen Verrichtung weckte er die Brüder und sprach zu ihnen: „Brüder, wieder schenkt uns der liebevollste, heilige Vater einen neuen Tag. Die Sonne schickt uns schon ihre ersten Strahlen. Daher eilen wir hinaus, um der herrlichen Natur Erwachen im Morgenlicht der Gnade zu erleben und dem Vater unser gemeinsames Lob darzubringen!

O Brüder, mit der Sonne Seiner Liebe, Gnade und Erbarmung erleuchtet, erwärmt und belebt Er uns jeden Tag. O lasset uns Ihm, im großen Thronsaale Seiner Erbarmung, ein wohlgefälliges Opfer in unseren Herzen darbringen! Richtet eure Blicke auf die stets wachsende Glorie des Morgens und beachtet, wie mit jedem Atemzuge eure Brust weiter und lebendiger wird! O Brüder, alles das ist ein Opfer unseres lieben Vaters an uns Kinder!“

Und Henoch sprach weiter von der Güte Gottes und hieß alle ihm auf den nahen gereinigten Berg folgen und erklärte ihnen die Erscheinungen des Morgens im Lichte der Liebe, bis in überschwenglicher Entzückung Lamech ausrief: „Henoch, du herrlicher Bruder! Nun erst erkenne ich die ganze Fülle meiner Schuld vor Gott! Er hat uns allezeit ein solches Opfer Seiner Liebe und Gnade bereitet – doch was haben wir dagegen getan? Wie schändlich war doch allein mein Leben!“

Henoch aber versicherte dem liebeerfüllten, reumütigen Lamech, daß der göttliche Vater ihm längst alle Schuld vergeben habe. (II/271)

Vom Berge zurückgekehrt, legte Henoch nach dem Morgenmahle allen Armen und ehedem Gefangenen die Hände auf und hieß sie von dem, was sie erlebt hatten, allen Nachkommen Kains zu zeugen. Die Frauen aber sollten daheim bleiben und den Haushalt bestellen. Lamech erhielt die Verheißung, nach Vollendung des Bergtempels seine Familie wieder zu sehen. Doch möge er Gottes geoffenbarten Willen getreulichst erfüllen. Darauf entschwand Henoch samt den sieben Boten den Augen der Tiefenbewohner.

Lamech aber berief zum Bau des neuen Tempels sogleich den Mura und den Thubalkain, denn schon am nächsten Tage sollte das Werk begonnen werden. (II/272)

Die Boten begegnen dem Drachen der Lüge

Henoch und die sieben Boten Kisehel, Sethlahem, Joram, Hil, Bael, Julel und Darel aber waren vom Herrn 7000 Schritte von Hanoch entrückt worden, bis zu den Füßen der Berge.

Als sie wieder mit eigener Kraft ihrer heimatlichen Höhe zuschritten, kroch aus einer großen Gebirgshöhle plötzlich ein scheußliches Untier hervor und verstellte ihnen den Weg. Sein Kopf war größer als der eines Riesenochsen und glich dem eines Wolfes. Seine Augen glühten wie kochendes

Erz. Der Leib, mit großen Schuppen gepanzert und mit flügelartigen, scharfgespitzten Doppelflossen bewehrt, hatte einen Umfang von 666 Ellen. Ebenso war sein Schweif 666 Ellen lang und in sieben Ringe gewunden, während seine Füße mächtigen, entwurzelten Eichen glichen.

Henoch erkannte die arge Natur des Ungeheuers und sprach daher: „Höre, du Auswurf der Schöpfung, du eigenmächtiger Bildner dieser deiner scheußlichsten Truggestalt, du hast mich noch nie zu täuschen vermocht! Meine Liebe zu Gott ist mächtiger als deine endlose Tücke. Erfahre, wer vor dir steht! Ich, Henoch, gebiete dir im Namen Gottes zu weichen und nie mehr diese Gegend zu betreten!"

Hier wandte sich der Drache mit der Stimme, wie sie eine Hure gebraucht, zum Henoch: „Ja, Henoch, ich kenne dich und euch alle! War ich doch das Licht in Gott! Doch Gott fürchtete meine Macht und ließ mir nur die Fähigkeit, Böses zu tun, damit nie ein erbarmender Grund für mich entstehe und keine Möglichkeit zur Umkehr bleibe. O, ich bin ein ewig verfluchtes Wesen, nur weil es Gott in Seiner Laune und Seinem Grimme so haben will! O Henoch, das ist ein arger Zustand für mich; schaffe mich daher nicht weg von hier! Kannst du mich aber vernichten, so tue es, und das Bewußtsein dieser Tat soll dir mein ewiger Dank sein." (II/273)

Henoch aber faßte den Drachen fest ins Auge und verwies ihm solche Lügen in ruhigem Tone: „Wenn es so wäre wie du sagst, wärest du wirklich ein beklagenswertes Geschöpf! Warum ist denn der Herr zu uns so barmherzig, daß dadurch unsere Liebe zu Ihm als Vater entflammt? Alles Erdenkliche bietet Er auf, um dich wieder in Sein Vaterhaus heimzuführen! Ja, wie kommt es denn, daß Er aus großer Liebe die ganze materielle Schöpfung deinetwegen ins Dasein rief, um dich zur Umkehr zu bewegen und du dennoch nicht zu Ihm zurückkehren willst?"

Als der Drache das von dem Henoch hörte, versuchte er mit einer anderen List den Henoch und die Boten zu umgarnen, indem er in grenzenlosem Hochmut geiferte: „O du unzeitiger Mensch! Du weißt noch nicht mal, wie tausend Erdjahre schmecken und willst Gott, den Ewigen, schon besser kennen als ich, der ich Ihn schon seit jeher in allen seinen Launen kenne! Höre, solche Schöpfungen, wie diese gegenwärtige, kenne ich schon zu zahllosen Milliarden. Wenn Gott ihrer satt war, machte Er sie alle wieder zunichte!

Wenn du demnach an ein ewiges Leben glaubst, irrst du sehr, denn außer Gott und mir hat nichts einen ewigen Bestand. Denn ich bin nicht gleich euch nur ein Gedanke aus Gott, sondern ein unzerstörbar wesenhafter Teil Seiner selbst! Wenn du es verständest, könntest du gleich mir einen ewigen Bestand nehmen, doch dann würde dich die Gottheit ob ihrer endlos größeren Macht ebenso schrecklich behandeln. Und was hättest du dabei gewonnen? Nichts, sage ich dir, da es doch besser ist, nicht zu sein, als so zu sein wie ich bin!

Da ich aber der Gottheit Launen endgültig müde bin, werde ich Gott alle Macht entreißen und endlich für euch Geschöpfe eine ewige Bestandsordnung gründen – oder aber, falls mir dies nicht gelingen sollte, werde ich mich selbst töten, um dadurch der Gottheit Selbst ein ewiges Ende zu bereiten! Niemals aber werde ich mich Ihr in Demut gefangen geben!

Wahrlich, diesmal will ich der Gottheit meine Macht zeigen, und werde Sie wie einen alten Verbrecher auf ewig züchtigen! – Verstehe solches, Henoch! Amen.“ (II/274)

Mit diesen Worten verschwand der Drache plötzlich. Den sieben Boten schwindelte gewaltig ob dieser Drachenrede. Henoch fragte darum den Kisehel, was ihn so sehr gefangennehme.

Und Kisehel erwiderte: „O Henoch, sage doch *du* uns, der du ein erleuchteter Hohepriester des Herrn bist, was wir im Ernste von dieser Drachenrede halten sollen und was du gegen sie einzuwenden hast! Denn hier haben wir alle des hellsten Lichtes vonnöten!“

Henoch erwiderte dem Befangenen: „Aber Bruder, ich meine gar, du hast dich von diesem Erzfeinde berücken lassen?! Voll grellster Widersprüche war sein Vortrag! Warum entzog er sich so schnell der Verantwortung? Ist das doch seine alte Trugmanier, durch die er den Vater Adam bei der ungesegneten Zeugung und bei der Entweihung des Sabbats zu Falle brachte! Und du möchtest diesem Erzlügner Glauben schenken?!

O wehe dir, du heilige Höhe des Herrn! Wenn deine Kinder so leicht der Lüge glauben, so wirst du dich noch einmal vor der Tiefe schämen müssen und sie verderben bis ins Innerste! So wir als Stütze der Welt wanken, was wird dann wohl mit ihr werden? Brüder – selig ist, der die Anfechtung erduldet, denn in seiner Bewährung wird er das Ziel erringen, das uns der göttliche Vater verheißen hat, so wir Ihn wahrhaft lieben!

Kisehel, sage aber ja nicht, der Vater habe dich versucht. Er sah in dir einen finsteren Lustreiz und ließ dessen Beschauung zu. Wisse aber, wer eine Lust im Falschen hat, der empfängt mit der Lust den Samen der Sünde!

Ich meine aber, der gute Vater wird doch mehr des Glaubens verdienen, denn der alte Lügendrache! Und so lasset uns denn in Frieden weiterziehen!“

Diese Rede des Henoch genügte, die Brüder wieder zurechtzurichten; und so zogen sie hinauf und gelangten in sieben Stunden zu den Kindern des Morgens. (II/275)

Der Boten Heimkehr

Als sich Henoch mit unseren sieben Boten der Gebirgshöhe nahte, wurden sie schon von weitem von den Bewohnern der Morgengegend erkannt. Freudigst verkündeten sie ihrem Stammesvater Uranion, daß sich der Hohepriester Henoch mit den sieben Boten aus der Tiefe nahe.

Alle eilten mit ausgebreiteten Armen den Kommenden entgegen. Und die Purista war wohl die erste, die den Henoch liebevollst begrüßte. In feurigster Gemütserhebung berichtete sie ihm, daß der göttliche Vater vor drei Schattenwenden zu ihr in die neue Küche gekommen sei und ihr aufgetragen habe, Henoch und den Boten ein gutes Liebemahl zu bereiten. Sie habe auch noch zu melden, daß Er sie in der Hütte der Liebe treffen werde.

Das war der schönste Willkommgruß für Henoch und die sieben Getreuen. Fröhlich grüßten und segneten sie alle, die ihnen entgegenkamen.

Unseren Kisehel befiel aber eine kleine Bange ob der Begegnung mit dem Lügendrachen. Doch Henoch sprach mit kräftigen Worten: „Laß ab von deiner Furcht, sie untergräbt deine Kindesliebe zum Vater! Sinne jetzt nicht mehr dem Drachen nach, sondern lasse uns in die Hütte der Purista eilen, dort den liebevollsten Vater zu erwarten! Er wird dir schon alles deuten!“

Dem alten, ehrwürdigen Uranion aber erwiderte Henoch auf sein Fragen: „Lamech, der ehedem so grausame Wüterich der Tiefe, ist nun ein Liebesachwalter des Herrn geworden! Dies genüge euch, bis ihr in der Gegenwart des Herrn mehr erfahren werdet.

Uranion, sende aber sogleich den Lamel zu Adam, zu Seth und zu allen anderen Stammvätern, dann zu Sehel und auch zu Hored und seinem Weibe Naëme, auf daß sie alle samt ihren Frauen herkommen möchten, die herrlichen Früchte aus der Tiefe zu vernehmen! Die Naëme aber soll erst hier erfahren, was aus ihrem Vater geworden ist!“ (II/276)

Adam war einer der ersten, die herbeigeeilt kamen und Henoch stürmisch umarmten. Nach dem ersten Liebeerguß des Wiedersehens, das alle Stammväter in höchste Freude erhob, fragte der wißbegierige Vater: „Mein überaus geliebter Henoch, und ihr meine Söhne des Mittags, erzählet, wie es euch in der Tiefe erging und wie sich Lamech benommen hat. Habt ihr auch mein beständiges Beten und Segnen wahrgenommen?

O wie rührend flehten Naëme und Hored wie auch die beiden Weiber Lamechs um dessen Heilung, daß ich selbst davon tiefst berührt wurde. O Henoch! Die arme Pura aus der Tiefe betete so ergreifend für Lamech, der doch so grausam ihre Eltern tötete! Ich habe sie darum zu mir genommen, und sie soll nun aus deinem Munde, mein Henoch, erfahren, wie es mit der Tiefe steht, für die sie so viele Seufzer zum heiligen Vater sandte!"

Hier segnete Adam den Henoch und die sieben Boten. Henoch aber sprach: „Höre, Vater Adam und ihr alle meine Väter und Kinder! Unerhörte Dinge haben sich wohl in der Tiefe zugetragen – doch die Freude des Verkündens hat sich unser liebevollster Vater selbst vorbehalten. Lasset uns daher mit der Mutter Eva in die gesegnete Hütte der Purista treten. Die anderen Frauen mögen sich samt der Pura und Ghemela in die Hütte des Uranion begeben! Purista aber geleite uns nun in die Hütte des Herrn!"

Purista fragte aber den Henoch, ob denn nicht wenigstens die arme Pura und die Ghemela als das Weib Lamechs mit in die Hütte dürften. Und Henoch sprach: „Purista, wenn es auf mich ankäme, so möchte ich wohl die ganze Welt eintreten lassen. Der Herr hat es aber also angeordnet, daher tun wir, was Ihm wohlgefällt!" (II/277)

Der Fremde mit Pura, Naëme und Ghemela am Hügel

Pura und Naëme aber traten etwas beiseite, beteten in ihrem Herzen zum Herrn und ergaben sich ganz zufrieden in Seinen Willen, indem sie Ihm ihre fromme Neugierde aufopferten und ihre Schritte zu Uranions Hütte lenkten. Als sie aber so dahingingen kam vom Mittag her direkt ein Mann auf sie zu. Darum etwas ängstlich geworden, beschleunigten sie ihre Schritte, um sich zu Uranions Hütte zu flüchten.

Der Mann holte sie jedoch schnell ein und sagte mit sanfter Stimme: „Naëme und Pura! Fürchtet euch ja nicht vor Mir! Gehet mit Mir auf den Rasenhügel nahe der Hütte der Purista, dort wollen wir uns unter die große Zeder begeben und uns über gar herrliche Dinge unterhalten!"

Diese Worte stimmten der beiden Herz fröhlich und Pura fragte den Mann, wer er sei und woher er ihre Namen wisse. Der Fremde aber erwiderte: „Meine geliebten Töchter eines überaus guten Vaters, ihr seid doch als Kinder der Hauptstammväter allen Höhenkindern gar wohlbekannt. Sodann kam Ich vom Mittage her, und von dort bin Ich auch. Da Ich aber Zeuge des Geschehens in der Tiefe war, sollet ihr davon früher erfahren, als die bei der Purista Weilenden. Denn ihr habt für die Errettung der Tiefe am meisten zu Gott gefleht. Daher folget mir nun!"

Ohne Furcht folgten da die beiden dem Manne auf den besagten Hügel unter die Zeder. Sie wußten aber nicht, daß dieser Platz ein geheiligter war und von keinem Weibe am Tage betreten werden durfte. Als dies aber die anderen Frauen, die auch zu Uranions Hütte unterwegs waren, sahen, wie die zwei mit dem fremden Manne sich auf den geheiligten Hügel begaben, liefen sie schnell herbei, um den beiden solches anzuzeigen. Ja selbst die Ghemela rief die beiden ängstlich zurück.

Der Fremde aber fragte die Frauen, besonders die Ghemela anblickend: „Ist nicht die ganze Erde vor Gott geheiligt? Es ist darum kein Platz auf ihr weniger heilig denn dieser! Wenn ihr Kinder des Morgens diesen Platz in eurem Brauche erwählt habt, hier vor Sonnenaufgang eure Kinder zu zeugen und mit eurer fleischlichen Begierde den Platz nicht zu verunreinigen wähnet, so werden ihn diese zwei reinsten Wesen in ihrer Begierde zu Gott um so weniger verunreinigen! Ziehet euch daher nur wieder zurück, denn Ich werde mit diesen Meinen zwei Geliebten hier verweilen! Dir, Ghemela, aber sei es gestattet, zu uns heraufzukommen!"

Die Ghemela aber fragte: „Weißt du nicht, daß meine Liebe dem Herrn gehört und Er mich mit dem Lamech in der Liebe verbunden hat?"

Der Mann aber sprach zu ihr: „Eben, weil Ich solches gar wohl weiß, rufe Ich dich zu Mir! Es steht dir aber frei meinem Rufe zu folgen, oder mit den anderen zu Uranions Hütte umzukehren!"

Erwidert Ghemela in ihrer lieblichen Zartheit: „Guter, weiser Mann, deine Stimme zieht mich gewaltig zu dir hin; so du mich bei meinem, mir vom Herrn anvertrauten Manne Lamech entschuldigen möchtest und könntest, käme ich wohl gerne sogleich zu dir!"

Der Mann aber sprach zu Ghemela: „Ghemela, Lamech, dein Mann, wird dich selbst bei Mir entschuldigen! Daher tue, was dir gut dünkt!"

Hier entriß sich Ghemela den anderen Frauen und eilte zu dem Manne, setzte sich zu seinen Füßen und erschaute Seine Reinheit. Die unten stehenden Weiber aber schmollten ganz gewaltig über die Dreistigkeit des Mannes, wie im besonderen der drei weiblichen Wesen.

Und Uranions Weib schrie laut: „O welch unerhörte Schande gerade an dem Tage, da wir den Herrn in der Hütte der Purista erwarten! Was werden nur die Väter sagen, wenn sie solcher Schande ansichtig werden? – Die drei schönsten Frauen der Höhe mit einem Fremdling am hellen Tage an dem Orte der Zeugung! O Schande, Schande, Schande!"

Der Fremdling aber sprach: „Eure Torheit ist wahrlich eine Schande! Gehet aber und schweiget, sonst werde Ich euch den Mund zu binden wissen!" Hier verstummten die Frauen, und der Mann gab den dreien alles kund, was sich in der Tiefe zugetragen hatte. Die drei aber jauchzten vor Freude und Dankbarkeit und priesen Gott für solche Erbarmung über die Tiefe.

Das sahen die Frauen vor der Hütte der Purista, und weil sie solche freie, ungezügelte Herzenswonne in Gegenwart des fremden Mannes für unschicklich hielten, schrieen sie nach den Männern in der Hütte. (II/278)

Nach längerem Rufen aber kam endlich der Uranion heraus und fragte etwas ärgerlich nach dem Grund ihres unsinnigen Geplärrs. Die Frauen aber zeigten mit den Fingern zum Hügel hin und sprachen: „Da sieh nur diese Schande! Ein Fremder hat gerade die drei jüngsten und schönsten Frauen der Höhe gekapert, führte sie auf den geheiligten Hügel und hat dort seine Sache mit ihnen. Sieh nur hin, wie sie ihn umarmen und sich an ihn schmiegen!"

Uranion aber erwiderte ganz gelassen: „Wenn euch diese Sache so sehr in die Augen sticht, so sehet hinweg und störet uns nicht, die wir des Herrn harren!" Darauf ließ er sie stehen und ging zurück in die Hütte. Die Frauen aber waren darum sehr ärgerlich und schmähten in der Stille weiter.

Ghemela erkennt den Vater

Auf dem Hügel fragte inzwischen Ghemela den Mann, ob er auch die wundervolle Gegenwart des Herrn auf der Höhe miterlebt habe, so daß dieser erwiderte: „Höre, du Geliebte des Herrn, ich weiß sogar, wie dich der Herr auf den Händen trug, wie Er die Naëme tröstete und die Pura an Sein Herz drückte und ihr eine große Verheißung gab!"

Hier errötete die schöne Ghemela und sagte, so ganz sehnsüchtig seufzend, zu sich selbst: „Ach! Solch allerseligsten Augenblickes werde ich mich auf Erden wohl nimmer erfreuen dürfen?!"

Der Mann aber sprach zu ihr: „Wer weiß, was heute noch alles geschehen wird, so der Herr kommen wird – oder gar schon hier weilt? Ghemela, sieh' Mich so recht an! Gefiele es dir nicht, Mir recht nahe zu sein?"

Hier blickte Ghemela den Mann recht herzenstief an, und ihre Liebe entbrannte insgeheim immer mächtiger, denn sie entdeckte eine starke Ähnlichkeit mit dem allergeliebtesten Abedam, dem Herrn und Vater Himmels und der Erde, und sagte darum nach einer Weile Stillschweigen: „Höre, du aller Liebe Würdigster, deine Erzählung entzückte uns über alle Maßen.

Wenn ich Dich dazu noch näher betrachte und Deiner Einladung süßeste Stimme mich gar so mächtig ergreift, siehe, da möchte ich mich sogleich in Deine Arme werfen! Wenn nur die schlimmen Mütter nicht gar so herumspionierten, um zu sehen, was wir da machen. O, wenn es auf mich ankäme, da wäre ich schon längst seligst in Deinen Armen! Nein – ich getraue mich denn doch nicht! Denn, wenn dann etwa der Herr dazu käme – oder der

Lamech! – ach, da könnte es mir schlecht ergehen! Ich habe dich freilich nur so lieb, weil du so viel Ähnlichkeit mit dem Herrn hast und deine Stimme so ganz der Seinen gleicht, das müßte mich eigentlich entschuldigen?! Ja, ja, das müßte mich ganz vollkommen entschuldigen!“

Der Mann aber sprach zur Ghemela: „Höre, du meine Tochter, sei des Herrn wegen ganz unbesorgt! Wen der Vater auf Seine Arme nimmt, den wird der Herr dafür nicht zornig ansehen! Meine liebe Ghemela, komme daher getrost zu Mir, deinem liebevollsten Vater!“

Da erkannte Ghemela vollends den Vater, tat einen Schrei höchster Entzückung und warf sich Ihm an die Brust! Der Herr drückte dies herrliche Kind der Höhe an Sein allumfassendes Vaterherz und sagte zu allen dreien: „Meine liebsten Töchter, nun liebet euren Vater mit aller Herzenskraft! Ihr seid die Ersten, zu denen Ich komme! Genießet nun aber auch die Fülle Meiner Liebe und verratet Mich noch nicht den anderen, denn diese sollen Mich aus sich selbst erkennen!“

Diese Liebesszene auf dem Hügel aber war für die Frauen vor der Hütte Puristas zu viel. Sie erhoben ein derartiges Zetergeschrei, daß alle Väter samt der Purista erschreckt aus der Hütte stürzten. Die Frauen aber deuteten auf den Hügel und machten sie auf diese Szene aufmerksam.

Doch Henoch gebot Schweigen und sprach: „Wie unnötig war euer Lärmen, doch des Friedens wegen will ich hingehen und den vieren bedeuten, sich von dieser dummen Stelle zu entfernen!“

Als Henoch aber zu den Liebenden kam, erkannte er alsbald den Herrn und dieser sagte zu ihm: „Henoch, sende Mir noch zur Heilung der großen Torheit der Frauen die Purista her, damit ihre Torheit in der Wurzel erstickt werde! Verrate Mich aber noch nicht! Nur dem Sehel zeige an, daß Ich hier bin und sende ihn nach einer Zeit zu Mir!“ (II/279)

Die Verklärung des Sehel

Als Henoch solches vernommen hatte, dankte er in seinem Herzen dem Vater, kehrte zu den verwunderten Vätern zurück und sprach: „Ihr meint nun, der Fremde mit den drei Töchtern hätte sich meinem Willen widersetzt?! Ich habe ihnen gar nicht geboten, die Stelle zu verlassen, da ich es nicht für nötig befand. Der Grund dazu wird euch noch offenbar werden!“

Purista aber trat zum Henoch sagend: „Erhabener Hohepriester des Herrn, meinst du denn nicht, daß etwa der Allerheiligste darum verziehe, weil wir die den Müttern ungebührlich vorkommende Szene also dulden?“

Heimkehr

O reinste Lebenswonne,
im Herz der Geist'gen Sonne
als Kind daheim zu sein!
Ihr Perlen aus der Tiefe,
wenn so mich Abba riefe,
auch ich folgt' Ihm allein!

O seligstes der Lose,
auf Seinem Vaterschoße
der Pura gleich zu sein.
Naëmens Kampf beendet,
zu Ihm so ganz gewendet
Ghemelas Liebeschein.

O Heimkehr in die Weite,
kehr, Abba, in bereite
Puristaküche ein!
Zieh uns in Wohl und Wehe
zur heil'gen Henochshöhe
aus Hanochs Sündenpein!

Bild auf der Vorseite:
Der Herr mit Naëme, Ghemela, Purista und Pura (im Uhrzeigersinn)

Erwiderte Henoch: „Purista, findest du denn etwas Ungebührliches an dieser Szene? Siehe, ich habe in dem Manne nur wahre, reinste Liebe gefunden! Und höre weiter, du herrlichste Purista! Der Mann dort sprach zu mir: ‚Henoch, sende Mir zur Heilung der Torheit dieser Frauen auch noch die Purista hierher!' – Meine liebe Purista, was wirst du nun tun?"

Hier errötete die Purista und sagte nach einer Weile mit großer Verlegenheit: „Aber Henoch, was verlangst du von mir? Weißt du nicht mehr, welches Gebot mir der Herr gegeben hat?"

Und Henoch erwiderte: „Das weiß ich wohl so gut wie du! Gehe aber dennoch zur Wohlfahrt dieser Frauen zu dem Manne, sonst wird *dir* der Herr nicht erscheinen! Ich sage dir aber jetzt im Stillen, daß *Er* der ist, auf den dein Herz so sehnsüchtig wartet!"

Da tat Purista einen lauten Schrei und lief voll höchster Entzückung den Hügel hinauf und warf sich zu Füßen des göttlichen Vaters, umfaßte sie und bedeckte sie mit den Tränen der Freude und der reinsten Liebe. Der Vater aber beugte sich zu ihr und nahm sie auf Seine Arme.

Unseren andern Frauen aber raubte dieses Geschehen fast den Verstand. Sie fingen förmlich an zu heulen und stürzten eiligst zur Eva hin, ihr solchen Greuel anzuzeigen. Eva aber sagte ganz bescheiden: „Greifet nicht den Männern vor! Wenn sie klagen, dann könnt ihr weinen. Es soll aber nie recht sein, wenn ein Weib klagt!

Ich habe nur einmal meinem Herrn vorgegriffen, und dies hätte beinahe alle Schöpfung vernichtet! Wohl erbarmte sich der Herr meiner Schwäche, aber bedenket wohl, die Gerechtigkeit des Weibes besteht allein in der Sanftmut des Herzens! Ein klagendes Weib aber ist ein Dorn im Auge Gottes! So schweiget nun, und füget euch in die göttliche Ordnung!"

Nach dieser Rede Evas verstummten die aufgeregten Frauen, und Henoch berief den Sehel zu sich und sagte zu ihm: „Bruder, es ist der Herr, der auf jenem Rasenhügel deiner harrt. Er wird dich nun verklären zu Seinem großen Weltendienste. Gedenke meiner in deiner großen Klarheit, bis auch mir einst die gleiche Gnade zuteil werden wird!"

Voll höchster Freude und Liebe eilte da Sehel zum Herrn. Dieser reichte ihm die rechte Hand und sprach: „Sehel, Meine großen Äcker sind bestellt, der Same ist in die Furchen gelegt und braucht der guten Pflege, damit er aufgehe und reife zur ewig lebendigen Frucht!

Daher berufe Ich dich nun zurück, und gebe dir eine große Macht, zu wirken im endlosen Weltenraume nach Meinem Willen.

Hier ist das Schwert Meiner Macht, und dort der Feind Meiner Liebe; ergreife es und kämpfe allzeit gegen den Drachen! Amen.“ Hier verschwand plötzlich der Sehel und wurde nicht mehr gesehen.

Als solches die Gäste und Frauen sahen, überfiel sie eine große Angst und alle sagten: „Dieser Mann muß ein großer Machtbote des Herrn sein!“ Und sie fielen nieder auf ihre Angesichter, und beteten Gott an. (II/280)

Purista als Ratgeberin des Herrn

Der himmlische Vater aber fragte die Purista: „Höre, du Meine geliebte Köchin! Was sollen wir nur tun, um die Törichten da unten von ihrer Furcht zu befreien, denn sie meinen ich täte mit ihnen gleich dem Sehel?! Gib Mir doch einen Rat, wie Ich Mich ihnen als Vater zu erkennen geben soll, ohne ihnen dabei zu schaden! Denn gäbe Ich Mich, besonders den Frauen, so ganz plötzlich zu erkennen, würde es ihnen im Augenblicke das Leben kosten.“

Purista aber geriet wegen dieser Frage samt ihren Gefährtinnen ganz aus der Fassung und sagte: „O Du mein liebster, heiliger Vater, das wäre wohl die allergrößte Anmaßung, wenn ich Dir in Deiner unendlichen Weisheit irgendeinen Rat geben wollte! O bitte, verschone mich davor!“

Der göttliche Vater aber erklärte den Bangenden: „Ihr Meine liebsten Töchter, Ich als Vater möchte Mir aber von Meinen Kindern raten lassen, so als hätte Ich diesen Rat vonnöten. Ebenso will Ich sie tätig sehen, so als würde Ich ihrer Hilfe bedürfen! Solches aber tue Ich aus Meiner großen Liebe heraus und leite ihre Tat und Hilfe immer zu Meinem Ziele! Darum mußt du, Mein Töchterchen, Mir diesmal raten, was Ich tun soll, denn Ich werde vorher nichts tun und nichts anderes tun, als was du Mir raten wirst!“

Hier bekam die Purista wieder Mut, fiel dem Vater um den Hals und sagte dann: „Oh, so laß doch auch alle die Frauen aus Liebe zu Dir mit in meine Küche gehen und laß Dich da von allen als den göttlichen Vater erkennen, lieben und anbeten!“ Und der Herr sprach: „Amen, also sei es!“ (III/1)

In der Hütte der Purista

Darauf begab sich der Herr mit Seinen vier geliebten Töchtern in die Hütte, sagte aber im Vorbeigehen zum Henoch: „Henoch, bereite sie alle vor und führe sie erst dann zu Mir. Die Frauen jedoch sollen, außer der Eva, nur bis zur Türschwelle kommen, solange Ich in der Hütte weilen werde!“

Nun erhob sich aber viel Gerede vor der Hütte, ob der Fremde etwa gar der Herr sei. Selbst Adam mißtraute dem fremden Mann, denn, so meinte er, die völlige Zunichtemachung Sehels könnte auch Satan bewerkstelligt und der Herr als Prüfung zugelassen haben.

Und er sprach weiter zum Henoch: „Henoch, mir kommt der Mann etwas verdächtig vor! Wäre er der Herr, da wäre die Purista doch so gut wie belogen, da Er ihr doch offenbarte, daß Er uns in der Hütte erscheinen wolle. Das mußt du doch so gut wie ich einsehen! Also rede du, da du ihn kennst, damit wir bald in die Hütte gelangen und ihm die Gelegenheit abschneiden, mit den vier jungen Tauben nach seinem Wohlgefallen zu machen!"

Hier kam Henoch erst zu Worte: „Höret, ihr meine lieben Väter, Brüder und Kinder! Viele Gedanken eurer Seele haben euch beschäftigt, jedoch eure Herzen sind ohne Tätigkeit geblieben! Ihr habt scheinbar alle meine Sabbatsrede gänzlich vergessen, da ihr die Verheißung an Purista nicht verstehet!

Höret, unser Herz ist die Hütte der Purista und die lebendige Liebe zu Gott das Herdfeuer! Wer von euch aber hat sich in *diese* Hütte begeben und darin seine Brüder aufgenommen und hat darin der Letzte und Geringste sein wollen? ‚Kein Weib außer Eva und Purista soll die Hütte betreten', will aber sagen: Unsere gesammelte Liebe im Herzen zu Gott soll nicht durch Weiberliebe getrübt werden!

Wir waren wohl in der Hütte mit unseren Leibern, aber unsere Herzen steckten in unseren Frauen und fragten: Warum dürfen denn sie nicht in die Hütte? Kein Wunder dann, daß sie uns ein solch Spektakel machten und uns am Ende gar aus der Hütte trieben! – Verstehet ihr das?

Der Herr kam in der Entsprechung unseres Zustandes und nahm zuerst die Ihn kindlich über alles Liebenden auf, die Ihn in der wahren lebendigen Hütte der Purista erwarteten. Während wir noch unsere leeren Zungen wetzen, genießen die vier reinen Liebhaberinnen des Herrn, uns hoch beschämend, schon Seine väterliche Erbarmung und Liebe! So gehet nun im Herzen zu Ihm, und ihr werdet erkennen, wer der Mann ist!"

Hier erst gingen allen die Augen weit auf, und sie erkannten, sich an die Brust schlagend, ihren großen Irrtum. (III/2)

Erst nach einer geraumen Zeit kamen die Väter und die ganze Morgenlandgesellschaft wieder zur Besinnung. Doch keiner wußte so recht, was nun zu tun war, und so blieben der Männer Lippen stumm, derweil die Frauen in einiger Entfernung eifersüchtigen und neugierigen Sinnes hin und her rieten, was wohl mit ihren Männern geschehen sei.

Da trat eine noch junge Schwester der Aora in ihre Mitte und sprach mit beherzten Worten: „Unser Gerede kommt mir vor, als ob wir leeres Stroh rippeln möchten! Ich möchte behaupten, daß aus euch nur die brennendste Eifersucht auf unsere vier beglückten Schwestern spricht! Ihr hättet euch wohl alle gerne von diesem herrlichen Manne verzaubern lassen, allein euch hat er aus gutem Grunde nicht gerufen. – Doch wie wäre es, wenn dieser von euch verhöhnte und geschmähte Mann Jehova Selbst wäre?" Da verstummten die Frauen und gerieten in eine große Furcht. (III/3)

Mira beim Herrn

Als unsere junge Rednerin, die Mira hieß, sah, welchen Schreck ihre Worte hervorriefen, wollte sie bei Henoch erfahren, wie sie die bestürzten, lieben Mütter und Schwestern wieder beruhigen könne. Henoch aber sagte nur: „Höre, du bist ja ganz entsetzlich gescheit, so dürfte es dir nicht schwer fallen, deinen Müttern und Schwestern zu helfen!"

Und unsere beherzte Mira erwiderte: „Lieber Vater Henoch, du weichst meiner Rede aus! – Wenn ich nur zu jenem Manne kommen könnte, der würde mich sicher eher erhören als du?! Vorher hat Er mich zu sich gewunken – allein meine Scheu vor den Schwestern hielt mich zurück. Doch wenn Er mir nochmals winken würde, so würde ich die ganze Welt verlassen und zu Ihm eilen; denn hinter dem Manne ist mehr, das weiß ich ganz bestimmt!"

Sprach Henoch: „Siehe, die Türe ist ja offen! So gehe doch zu Ihm hinein, so du glaubst, daß Er dich eher erhören wird als ich!" (III/4)

Hier ging Mira ernstlich in die Hütte. Der Herr aber stand auf und fragte sie: „Mira, warum kommst du jetzt daher, da Ich dir nicht gewunken habe und zudem kein Weib über die Schwelle dieses Hauses treten soll?"

Mira aber besann sich und sagte schüchternen Tones: „Es ist wahr, daß ich gefehlt habe, aber die Not meines Herzens nötigt mich zu Dir zu kommen und um Hilfe zu bitten!" Darauf berichtete sie die ganze Situation unter den Frauen und wie sehr sie diese durch ihre Einwände nun in Angst und Schrecken versetzt habe.

Der Herr aber prüfte noch mit scheinbar scharfen Worten dieses herzensmutige Kind, sagend: „Mira, Ich will dir deine eigentliche Not kundgeben! Siehe, deine Mütter und Schwestern sind eifersüchtig – und du bist es auch! Deine Mütter und Schwestern schmähten aus Eifersucht über Mich und Mein Benehmen. Du aber hast dir ein größeres Recht auf Mich angemaßt, da Ich dir gewunken habe. Du erbranntest zwar in der heftigsten Liebe zu Mir, als du aber die anderen Mich schmähen hörtest, wurde deine Liebe beleidigt und du rächtest dich durch deine gute Meinung an den Müttern und Schwestern. Weil aber deine Rache bedeutend wirksamer ausgefallen ist, als du sie so eigentlich haben wolltest, so drückt dich jetzt deren Leiden, und du kommst zu Mir um Hilfe! Ich sage dir aber, die Hilfe wird schon kommen, ehe du sie erwartest. Gehe aber unterdessen hinaus und überdenke deinen Fehltritt und komme dann geläutert zu Mir, und Ich will dich segnen gleich den vieren!“

Da wurde die Mira schamrot und sagte: „Wärest Du nicht der Herr, mein Herz stünde Dir nicht so offen! Du aber bist der Herr, darum ist Dir auch nichts verborgen! Da ich Dich gesehen und völlig erkannt habe, gehe ich getrost aus dieser Hütte, wo zu verweilen ich nicht wert bin! O vergib mir meine große Schuld!“

Der Herr aber sprach: „Ja Mira, Ich würde dir endlos viel vergeben, so du eine Sünderin wärest, weil du Mich so mächtig liebst! Du aber bist rein; daher bleibe denn auch bei Mir nach deinem Herzensdrange! Mein Henoch wird draußen alles andere zurechtbringen! Amen.“ (III/5)

Diese Worte hätten der Mira beinahe das Leben gekostet. Denn ihre lange verborgene, große Liebe überwältigte sie so sehr, daß sie wie entseelt zu Boden fiel. Doch der Herr berührte sie mit Seinem Finger, und ein neues Leben wallte durch ihr ganzes Wesen. Es geschah dies aber ganz in der Ordnung Gottes, denn so muß jeder Mensch der Welt völlig absterben, bevor das wahre, neue Leben geboren werden kann.

Als aber Mira so neugeboren aus der göttlichen Liebe des Vaters erstand, weinte sie vor zu großer Liebe zum Vater in himmlischer Ergriffenheit und war keines Wortes mehr fähig, und ihre wie herrliche Diamanten schimmernden Tränen benetzten Seine heiligen Füße.

Der heilige Schöpfer aber sagte hinzu: „Wahrlich, Ich sage euch, also ist auch die Träne eines reuigen, Mich mit aller Liebe ergreifenden Sünders ein größeres Gut für ihn, als hätte er tausend Welten zum ewigen Geschenke von Mir erhalten! Doch die Mira war nie eine Sünderin, darum ist ihre Liebe gleich einer Zentralsonnenglut und ihre Tränen sind gleich Sonnen, die den Planeten leuchten!“

Der göttliche Vater aber wurde durch solch himmelan lodernde Liebeflammen genötigt, sich ein Weilchen zu verbergen. Nachdem sich der Herzenssturm etwas gelegt hatte, trat er wieder sichtbar in ihre Mitte und sprach: „Purista, siehe nach dem Herde und richte uns die Früchte an! Du, Mira, aber gehe hinaus und lade die Väter zum Mahle.“ (III/6)

Das Bundesmahl

Mira ging sogleich überaus fröhlich hinaus und kündete den Vätern, daß sie sich nach dem Willen des Herrn in die Hütte begeben sollten. Da aber Henoch sich bei den Frauen befand, sagte Lamech zu ihr: „Siehe, Henoch ist noch nicht fertig, darum können wir noch nicht kommen!"

Doch Mira erwiderte kurz: „Na, das wird wohl etwas sein! Ist denn der Henoch mehr als der Herr? Aber macht, was ihr wollt! Ich gehe wieder in die Hütte!" Lamech rief sie aber zurück, sagend: „Höre, du mein schönstes Morgenkind, du bist ja etwas schnippisch! Wie wär's denn, da du schon so eilfertige Füße hast – so du dem Henoch das gleiche wie uns sagen würdest?"

Und die Mira erwiderte: „Ah, siehe, was du alles von mir verlangen möchtest! Ich sage dir: Nichts weiter, denn der Herr hat mich nur hierher beschieden, und zwei Herren zugleich ist nicht gut dienen! Wenn dir aber am Henoch mehr gelegen ist als am Herrn, so sind deine Füße noch einmal so lang als die meinigen!"

Hier wollte die Mira wieder in die Hütte treten, doch Lamech hinderte sie, erneut fragend: „Aber Mira, was wird der Herr sagen, so du ohne uns zurückkehren wirst? Wenn Er dich fragt: Wie hast du denn den Auftrag ausgeführt, da niemand dir folgen will?"

Und die Mira erwiderte dem Lamech ganz kurz: „Der Herr hieß mich nicht, euch in die Hütte zu bringen, sondern euch nur einzuladen!" Und Adam hinzutretend fügte noch hinzu: „Ja, mein liebes Kindchen, es wäre schon alles recht, wenn du uns nur nicht eigenmächtig eingeladen hast?!"

Das verdroß aber unsere Mira so sehr, daß sie sagte: „Nein, das ist zu arg; das muß ich dem Herrn sogleich sagen!" Und sprang in die Hütte, allda dem Herrn das Verhalten der Väter zu klagen.

Der Herr kam ihr jedoch zuvor, sie fragend: „Mira, wie kommst du denn allein zurück? Wo sind denn die Väter? Du hast mit den Vätern etwas zu barsch geredet; darum haben sie dir auch zu verstehen gegeben, daß eine junge Frau nie also reden sollte, sondern allzeit in größter Demut! Daher gehe noch einmal hinaus und lade sie ein – dann werden sie dir schon folgen!"

So ging Mira abermals hinaus, die Einladung in aller Sanftmut auszusprechen, und die Väter folgten ihrem neuen Rufe, von Henoch geleitet. Als aber die Väter in die Hütte getreten waren, wurde ihnen die geistige Sehe erschlossen, und alles gezeigt, was in der Tiefe geschehen war. Adam fiel darum dem Herrn zu Füßen und dankte Ihm für Seine große Erbarmung, und alle priesen den Vater in ihrer Lebenstiefe. (III/7)

Der Vater aber hieß alle, sich gemäß Seiner Verheißung an den großen Tisch zu setzen, um zum erstenmal die gekochten Früchte zu genießen. Und als sich alle gestärkt hatten, sagte Er: „Die Erde ist nun wohl geordnet und die Verbindung zu Mir und Meinen Engeln wieder hergestellt. Gedenket dieses Freudenmahles, daß Ich, der Ewige, Meinen Kindern ein wahrer Vater geworden bin und mit ihnen einen Bund geschlossen habe.

Wenn ihr in diesem Bund verbleibt, welcher da ist Meine Liebe zu euch und eure Liebe zu Mir, wird die sichtbare Gemeinschaft zwischen Erde und Himmel bestehen. Zerreißet ihr aber dieses heilige Band, werden allerdichteste Wolken die gesunkene Erde umhüllen und niemand wird Mich, noch Meine Himmel erschauen. Wird die Erde noch mehr sinken, werde Ich nicht mehr als Vater zu ihr reden, sondern als Gott ihr Meine Gerichte zudonnern.

Wo immer ihr am Firmamente die Sterne leuchten sehet, da bewegen sich zahllose Welten mit Wesen eurer Art in ihren Bahnen. Hinter den Welten aber sind die endlosen Wohnstätten der Geister. Wen Ich von euch abberufen werde in seiner reifen Liebe, der wird, der schweren Fleischesbürde enthoben, eingehen in die Herrlichkeit des ewigen Lebens.

Damit ihr aber seht, wie es sich im Geiste lebt, öffne Ich euch eure inneren Augen! Und so besprechet euch denn mit drei aus euren Reihen, die in Mein ewiges Reich eingegangen sind, damit ihr sehet, daß euer Sein in Mir ewig kein Ende nimmt, und auch, daß der Drache ein Lügner ist!“ (III/8)

Ahbel, Sehel und Zuriel erscheinen in der Hütte

Da eilten Adam und Eva hocherfreut zu Ahbel, der Seth zum Sehel und die Ghemela zu ihrem Vater Zuriel, die ihnen plötzlich sichtbar wurden und besprachen sich über das vollkommene, freieste Leben im Geiste. Seth aber fragte Sehel: „Mein Sohn, wie war es dir denn, als der Herr dich für diese Welt aufgelöst hatte?“

Und Sehel erwiderte leuchtenden Antlitzes: „Frei stand ich, als ein Licht und Leben im unendlichen All, und der Vater war der Grund alles Lichtes und Lebens. Nun lebe ich ein ewiges, mächtiges Leben aus Gott. Vater Seth, glaube mir, was du in der Außenwelt siehst, ist der Wahrheit nach nur Hülse und Rinde. Darum hört, was der Vater spricht, denn aus Seinem Worte füllt sich die endlose Schöpfungstiefe mit ewigem Leben!“

Adam fragte darauf den Ahbel: „Mein geliebtester und lange betrauerter Sohn, bist auch du solcher hehren Worte fähig, wie sie soeben, einem mächtigen Strome gleich, aus Sehels Munde flossen?“

Ahbel aber erwiderte: „Vater Adam! Alles in allem ist Gott, der ewige, heilige Vater! Denn unser Wort ist Sein Wort, wie auch Sein Wille stets der unsrige ist. Siehe Vater, darum ist es uns leicht zu reden und zu handeln, indem wir in Ihm lieben, handeln und allerfreiest atmen!“

„O Gott, du heiliger Vater“, rief da Adam aus, „ich lebe zwar noch gerne unter diesen meinen Kindern, aber wo mein und Dein Ahbel lebt, da möchte ich lieber sein!“ Der Herr aber sagte: „Noch eine kurze Zeit Adam, so sollst du auferstehen zum ewigen Leben in Mir!“ (III/9)

Die Verheißung an Ghemela und Pura

Die Ghemela aber fragte ihren Vater Zuriel vieles über das Leben im geistigen Reiche und wurde darum überaus fröhlich. Also erheitert ging sie zum göttlichen Vater und brachte Ihm ihren kindlichen Dank dar.

Damit erfreute sie den göttlichen Vater, und Er sprach zu ihr: „Ja so ist es bei den Menschen – die viel empfangen sind undankbarer, als jene, die da wenig empfangen haben! Siehe, die Gnade ist allen in überschwenglichem Maße zuteil! Sie haben an Meinem Tische gespeist, während du dich noch drüben am Herde befandest und noch keinen Bissen erhieltest. Aber noch keiner kam, dir gleich von Liebe getrieben zu Mir! Ich sage dir aber: Mein Herz ist der beste Tisch, daran sollst du dich nun sättigen!“

Wahrlich, Ich sage dir, Meine geliebte Tochter, die Liebe im Herzen eines Kindes zu Mir, dem Vater, ist mehr wert, als alle noch so erhabene Weisheit und alle erdenkliche Wissenschaft!

Dich aber, Meine Ghemela, werde Ich ob deiner Liebe behüten und dein Sohn soll einst ein neuer Vater der Menschen werden! Deine Nachkommen aber werden den ganzen Erdkreis erfüllen!“

Hier stürzten auch alle anderen weiblichen Wesen hin zum Herrn und baten ihn um Vergebung, darum sie nicht gleich der Ghemela gehandelt hätten. Ganz besonders aber weinte die Pura und wurde von ihrer Traurigkeit derart ergriffen, daß sie sich nicht zu helfen wußte. Der Herr aber hob sie alle auf, nahm die Pura auf Seine Arme und sprach zu ihr: „O weine nicht, du Mein Töchterchen! Ich weiß gar wohl, wie sehr du Mich liebst! Du und die Ghemela, ihr seid Mir so nah wie Mein eigenes Herz!

Pura, dir gebe Ich Mein lebendiges Wort! In der großen Zeit der Zeiten wirst du nochmals für diese Erde geboren werden. Da wird ungezeugt aus dir ein Kind mit Meinem Geiste hervorgehen! Dieses Kind aber wird der Grund alles künftigen Lebens sein!

Daher sei ruhig und heiter, denn Ich habe dich unendlich lieb, da außer Mir wohl weder im Himmel noch irgend auf Erden jemand schöner und herrlicher ist als du!

Siehe aber, dort an der Schwelle der Hütte harrt dein irdischer Zeuger. – Gabriel ist sein Name! Er wird dich in Meine Himmelswohnung bringen, allwo du beständig um Mich sein sollst bis zu jener großen Zeit! Amen."

Pura aber umklammerte mit ihren Armen den Herrn und wollte nicht von Ihm. Er aber sagte zu ihr: „Mein Töchterchen, gehe getrost wohin dich der Gabriel bringen wird! Ich werde schon vor dir dasein und dir entgegenkommen und dich Selbst in Mein Haus führen! Amen."

Hier drückte Pura noch einmal sichtbar des Herrn Haupt an ihre Brust und ward dann nicht mehr gesehen, denn der Engel brachte sie mit vergeistigtem Leibe in das Haus des Herrn, das da ist die Liebe des Vaters.

Tiefst ergriffen umstanden alle ihren Herrn und Vater, und erst nach geraumer Weile ermannte sich Adam und bat den Herrn, ihnen allen recht gnädig und barmherzig zu bleiben. (III/11-12)

Kisehel und der Drache

Kisehel trug aber noch schwer an der giftigen Hetzrede des Urdrachens, darum rief ihn der Herr zu Sich und sprach, nur für ihn hörbar: „Kisehel, folge Mir mit Henoch und Lamech! Ich will euch einen Knoten lösen. Denn was dich drückt, drückt bis jetzt noch keinen andern, deshalb ist es auch nicht nötig, daß alle dein Anliegen erfahren! Sage den Vätern, daß uns niemand nach dem Grund unseres Weggehens befragen soll!"

Darauf begab sich der Herr mit den dreien an eine umwaldete Stelle, die im Norden von einer schroffen Felswand begrenzt war. In der Felswand befand sich ein riesiger Höhlenausgang, ähnlich jenem, an dem damals den heimkehrenden Boten aus Hanoch der Satan als Drache erschienen war.

Dort angelangt sprach der Herr zum Kisehel: „Ich bin vor dir von Meinem großen Feinde übel angeklagt worden. Würde Ich Mich darob vor dir ohne Ankläger entschuldigen, bliebe ein Stachel in dir zurück. So wollen wir diese Sache in der völligen Gegenwart des Drachen abmachen!"

„Satana!" rief der Herr, daß darob der ganze Erdkreis dröhnend erbebte, „dein Gott und ewiger Herr will es, daß du vor Sein Angesicht trittst!"

Nach diesem mächtigen Rufe erschien der Drache, gar gewaltig vor Grimm bebend, vor dem allmächtigen Herrn aller Ewigkeiten: „Was willst Du, mein ewiger Peiniger, von mir? Drohe mir nur, es wird sich bald zeigen, wer der eigentliche Herr aller Welt und aller Kreatur ist! Ich schwöre Dir, nicht ich, sondern meine allerschwächsten Knechte werden Dich gefangennehmen und als einen Verbrecher mit Nägeln ans Holz heften!

Ich habe Dir jetzt meine Verheißung gemacht. Willst Du aber etwa noch mehr von mir, so rede, und es soll geschehen, was Du nicht willst! Amen aus mir, Deinem Herrn!" (III/15)

Als aber Kisehel solchen Frevel vom Drachen vernommen hatte, erglühte er in seinem Eifer und schrie förmlich: „Herr, wie kannst Du solchen erzbösen Frevel anhören? Gib mir die Kraft, die ich aus Dir in der Tiefe hatte, und ich will diesem Satan für ewig ein Ende machen!"

Der Herr aber sänftigte den Erregten: „Werde ruhig Kisehel – und du, Satana, entäußere dich weiter, auf daß deine Tücke vor diesen Zeugen offenbar werde und durch sie aller Welt! Sage Mir aber, wie viele Schöpfungen Ich nach deiner Angabe schon vernichtet habe? Rede jetzt, sonst werde Ich dich durch Meinen Zorn dazu zwingen!"

Der Drache aber spie Feuer aus seinem Rachen und brüllte gegen den Herrn: „Was ist mir Dein Zorn? Nicht ich hab mich vor Dir zu fürchten, sondern Du hast mich zu fürchten!"

Hier sprach der Herr etwas heftig: „Satana, treibe Meine Geduld nicht aufs äußerste!" Da wollte der Drache mit seinem wuchtigen Schwanz nach den vieren schlagen, aber der Herr gab Kisehel einen Stab und sprach: „Nun, Kisehel, züchtige ihn!"

Und Kisehel schlug mächtig nach dem Drachen, daß dieser aufheulte und sogleich seine scheußliche Gestalt ablegte und als ein verhüllter Mensch ersichtlich wurde. Dieser fiel alsbald vor dem Herrn nieder und sprach: „Herr, Du allmächtiger Gott! Strafe mich für meine eigenwillige Bosheit und Lüge nicht ohne Deine Liebe! Denn die Schläge Deines Zornes sind zu unerträglich brennend und schmerzend!"

Und der Herr sprach: „Wie kannst du, Mein sein wollender Herr, Mich um etwas bitten? Du hast Mir ja selbst eine Züchtigung angedroht!"

Der Satan aber sprach: „O Herr, peinige mich nicht, denn Du weißt ja, daß ich aus mir ein Lügner bin, weil ich ohne Dich ein Herr sein wollte! Gib mir lieber eine neue Frist, und ich will mich zu Dir wenden! Aber nimm mir alle meine große Macht, auf daß ich durch sie nicht erneut versucht werde!"

Und der Herr sprach: „Rede nur alle deine Lügen vor diesen Zeugen und behalte ja nichts im Hintergrunde, sonst wird dir all dein Flehen wenig nützen! Amen." (III/16)

Satans Geständnis seiner Lügen

Nun erst bekannte der Tiefstgefallene die Bosheit seines Starrsinns und sprach bebend: „Höre, du Züchtiger aus der Macht deines Gottes, ich habe dir in meiner erschrecklichen Gestalt allerbarste Lügen über den Herrn gesagt, denn ich habe das Wahre in mir verkehrt und daraus Lüge gestaltet.

So es auf mich ankäme, da stünde alle Augenblicke eine andere Schöpfung da, und es wäre für kein Wesen eine Bleibe. Denn ich möchte nur erschaffen, um etwas zum Zerstören zu haben. Ich möchte wohl allerlei reizendst schöne Menschen gestalten und lebendig zeugen, um sie dann in meiner argen Lust zu quälen und alsbald wieder gänzlich zu vernichten.

Groß und herrlich war ich gestellt, aber wenn ich etwas aus der mich durchflutenden Kraft Geschaffenes zerstören wollte, da hinderte mich der Herr, und ich sah mich in meiner Macht beschränkt. Als ich den Herrn durch List blenden wollte, nahm Er mich in meinem Lichte plötzlich gefangen, schuf daraus die Materie und neben mir zahllose Wesenreihen herrlicher Art, die Er mehr liebte denn mich, Sein erstgeschaffenes Weib. Da ging ich in den tollsten Grimm über und trotzte all Seinen Rettungsversuchen in maßloser Eifersucht.“ (III/17)

Satanas Urgestalt und Freiheitsfrist

Hier wandte sich der Herr zu Satana und sprach: „Du sagst, Ich sei dir ein unversöhnlicher Zorngott, der dich seit Ewigkeiten grausamst züchtige. Ich gebiete dir nun, diesen Zeugen die Streiche zu zeigen, die du von Mir bekommen hast! Doch zuvor enthülle dich!“

Hier wurde Satana plötzlich entblößt, und die vier Zeugen erstaunten über die weibliche, endlose Schönheit als Satana, denn etwas Vollkommeneres von einem Weibe hatten sie noch nie gesehen. Und Lamech sprach noch hinzu: „O Herr und Vater, was da die äußere Schönheit betrifft, da sind unsere herrlichsten Frauen wie da die Ghemela, Naëme, Purista und Pura wie ein plumpester Lehmbatzen gegen den allerreinsten, herrlichsten Diamanten! Und bei diesem Aussehen spricht dieses Wesen von der grausamsten Züchtigung von Seiten Deiner ewigen Vatergüte?!“

Und der Herr sprach: „Ja, bis auf Kisehels Hiebe hat sie noch nie eine Züchtigung von Mir, ihrem Schöpfer, Gott, Vater und Manne erfahren! Dennoch haßt sie Mich als die reinste Liebe und will Mein Herz töten, weil es nicht ihr gleich ein Zerstörer sein will!

Alle Welten zeigen, was Ich ihretwegen schon getan habe, und sie bleibt dennoch die alte unversöhnlichste Feindin Meiner Liebe. Daher will Ich nun auf dieser Erde das Äußerste tun! Ich will Mich ihr gefangengeben bis in den Tod und will ihr auf dieser Erde alle Macht belassen. Sie soll Mich sogar töten können! Aber Ich werde in Meiner Macht wieder lebendigst ohne äußeren Stützpunkt erstehen und ihr dann erst ihre Macht über die Gestirne nehmen, die Erde jedoch in ihrer halben Macht belassen. Dann werde Ich ihr eine ganze, eine halbe und eine viertel Frist geben!

Wehe ihr, wenn dies alles fruchtlos bleiben wird. Denn dann erst werde Ich sie zu züchtigen anfangen! Bis zu Meiner Gefangennahme aber – so sie darauf bestehen wird – soll sie die vollste Freiheit haben! Amen.“ (III/18)

Kisehel wurde aber sehr besorgt, da diesem Urlügner noch so viel Macht auf Erden bleiben solle; doch der Herr beruhigte ihn: „Ihr seid frei und kein Feind kann euch binden! Welcher weise Mann aber ist nicht stärker als sein Weib! Der Bund ist errichtet zwischen Mir und euch und keines Weibes und keines Feindes Macht wird ihn zerreißen können!“

Der göttliche Vater sprach noch viele Worte tiefster Erbarmung zu Satana, doch ihre eigenliebige und freche Anklage stimmte unseren heiligen, liebevollsten Vater gar traurig. Zuletzt, bevor sie wieder unsichtbar wurde, begehrte sie noch in einen Mann umgewandelt zu werden.

Da sprach der Herr: „Ich gab dir doch bisher die Macht, dich nach Belieben umwandeln zu können! Doch sage, bist du darum um ein Haar besser geworden? Ich lasse dich aber wiederum ganz frei, und du kannst machen was du willst!“ Hier wurde aus der Satana plötzlich ein kräftig aussehender Mann mit heiterem Angesicht und ward unsichtbar. Der Herr aber begab sich mit den Seinen wieder auf die Höhe. (III/19-27)

Des Herrn ernste Warnung vor der Tiefe

Mit ausgestreckten Armen eilten die Kinder dem göttlichen Vater entgegen und brachten Ihm, dem Herrn der Herrlichkeit, ein großes Liebeopfer im Herzen dar. Er aber wandte sich zu allen und sagte: „Höret, Meine Kinder! Das sanfte Gesetz der Liebe erfülle euch alle! Die Tiefe ist nun geöffnet, ihr könnt nötigenfalls hinab und sie können zu euch herauf kommen, und ihr könnt euch ausbreiten über die ganze Erde!

Aber macht euch nicht in den Städten der Tiefe ansässig, denn dort liegt noch viel des Schlangenunrates voll giftigster Pestilenz. So aber jemand

Meine Gnadenführungen dort erschauen möchte, der bleibe längstens drei Wochen. Henoch und ihr Hauptstammkinder aber bestimmt auch das Verweilen der aus der Tiefe Heraufsteigenden. So jemand unter euch wohnen möchte, befraget Mich darum, sonst könnten Nattern eure Brust und euer Haupt beschleichen!

Also sollet ihr euch auch nie aus der Tiefe ein Weib nehmen und sollte sie euch noch so reizend schön vorkommen. Denn solches könnte euch erneut in die Knechtschaft der Schlange bringen! Es hat aber der Feind des Lebens beschlossen, seine Weiber der Tiefe mit dem reizendsten Fleische zu schmükken, um euch dadurch zu versuchen. Solches sage Ich euch im voraus!

Beachtet Meinen väterlichen Rat zu eurem zeitlichen und ewigen Wohle! Ich bleibe noch bis zum Abend sichtbar bei euch! Wem es da noch an Licht mangelt, der komme zu Mir und rede! Amen." (III/28)

Muthaels Frage nach den Widersprüchen im Weibe

Da trat aus der Reihe der Morgenkinder ein junger Mann voll Mut und Eifer und bat den Herrn in der Demut seines Herzens, eine für ihn wichtigste Frage stellen zu dürfen. Und der Herr sprach: „Muthael, Ich sage dir, rede! Denn Ich sehe, daß du eine gute Frage in deinem Herzen birgst."

Muthael dankte inbrünstig im Herzen für diese Gnade und sprach: „O Herr und Vater, siehe ich zähle schon über 50 Jahre. Allein mir war es noch nie gegeben, mich einem weiblichen Wesen zu nahen. Sah ich ihren anmutigen, zartfühlenden und weichen Körper, so entstand in mir eine große Sehnsucht nach einem Weibe.

Wenn ich mich aber in diesem Drange einer Maid näherte, um mit ihr die sanftesten Liebesworte meines Herzens zu tauschen, da entsetzte ich mich allzeit, da ich nirgends einen Widerhall in ihrem Herzen fand!

Oft dachte ich mir: Wie ist doch solch ein Widerspruch in diesen zarten Wesen denkbar? – Äußerlich wellt schon der leiseste Abendhauch ihr zartes Fleisch – während ihr Inneres selbst einem Geistessturme und Orkane männlicher Weisheit unempfänglich bleibt und ihr Herz kaum anrührt. Dafür aber wollen sie lieber läppisches Lob und förmliche Anbetung ihres Leibes.

Siehe, ich habe darum einen förmlichen Widerwillen gegen alles Weibervolk bekommen, so daß ich mich keiner mehr nahen kann! O Herr und Vater, habe ich dadurch nicht arg gesündigt vor Dir? Was ist denn der Grund solcher Erscheinung in mir?"

„Höre, mein geliebter Sohn Muthael“, sprach der Herr, „du bist erfüllt mit Meinem Liebegeiste, das Weib aber ist erfüllt mit dem Geiste der Welt! Du bist ein Sein aus Mir – das Weib aber nur ein Schein aus Mir! Siehe, das sind die Hauptgründe deiner Erscheinung! Deine Frage aber, ob du dich darum an Mir versündigt hast, ist eitel!

Ich sage dir aber, daß Ich auch das weibliche Geschlecht zu Meinen Kindern angenommen habe, dessen leuchtende Vorbilder die Purista, die Ghemela und die Mira sind! Wenn aber die Frauen denen gleich sind, tragen sie auch Mein Bild in sich, und du wirst dich in der Erhabenheit deines Herzens einem solchen Weibe nahen können!

Da du reinsten Herzens bist, will Ich dir in Kürze auch ein reinstes Weib geben, das dir sicher auch in allem entsprechen wird! Bis dahin aber verbleibe, wie du bis jetzt gewesen bist! Amen“ (III/29)

Viele Väter baten den Herrn um weiteren Aufschluß, da sie Muthaels Erleben nicht nachvollziehen konnten, indem sie ihre Frauen überaus lieb hatten und als die größte Gnadengabe Gottes betrachteten. Denn damals waren die Jungfrauen und Frauen auch überaus sanft, duldsam, ergeben, gehorsam, friedlich und häuslich, dabei aber von bedeutend größerer Anmut und Schönheit als in unserer gänzlich verdorbenen Zeit. Deshalb hielten sie auch ihre Frauen für höher und dem Herrn bedeutend näher als sich selbst.

Der Herr enthüllte ihnen daher eingehend die notwendige Polarität von Mann und Weib, und sprach zum Schluß: „Wie die Sonne keinen höheren Wert hat, als ihre ausgehenden Strahlen, ohne die sie keine Sonne wäre, so verhält es sich auch mit dem Mann zum Weibe!

Wenn das Weib ist, wie es sein soll, so hat es vor Mir den Wert des gerechten Mannes und ist Mir ebenso ein liebes Kindlein wie der Mann, das Ich suchen werde, so es sich verirrt hat.

Es wird aber eine Zeit kommen, da Ich den Strahl im Weibe sammeln werde, um die erloschene Sonne im Manne zu erleuchten!

Verstehet solches, und lasset ab von eurer alten Torheit! Liebet eure Frauen gerecht und achtet sie euch gleich, und sündiget nicht, indem ihr aus ihnen mehr oder weniger macht, als sie von Mir aus sind! Nun verlasse Ich euch wieder, bleibe aber in eurer Liebe fortwährend bei euch! – Mein Segen an euch alle, Mann und Weib! Amen.“

Hier entschwand der Herr mit der untergehenden Sonne. Alle Anwesenden aber verblieben hier in Lob und Preis der Liebe zum Vater bis zum anbrechenden Morgen. (III/30-31)

Satans listiger Plan, die neue Ordnung zu stören

Himmel und Erde waren nun harmonisch miteinander verbunden, und auf der Erde war die vollkommenste Ordnung hergestellt. – Eine Herzensverbindung zwischen Vater und Kind war geschaffen!

Selbst Satan sprach zu sich: „Was will ich denn nun tun? Der Herr hat Sich mit Seinen Menschenkindern fest verbunden. Sogar meine Tiefe hat Er Sich zu Eigen gemacht, was vermag ich noch? Was nützt mir meine Macht in den Gestirnen, wie auf der Erde über all die Elemente, wenn die Menschenkinder die Macht Gottes im Herzen haben und mir entsetzlich mächtig begegnen können?!

Ich aber weiß dennoch, was ich tun will! Ist mir nicht das Recht zur Versuchung gegeben? Ich will dem Menschengeschlechte einen Köder legen, und es wird sich gar bald zeigen, ob des Herrn Kinder auch ohne Seine persönlich-wesenhafte Leitung so unerschütterlich bleiben.

Ich werde die Töchter in der Tiefe so schön und reizend in ihrem Fleische gestalten, daß da jeder, der eine solche Tochter anschauen wird, ganz von ihrem großen Zauber soll gefangen werden! Steht doch das Fleisch noch in meiner Macht!

Kann dann der Herr mit mir rechten, so ich diese Sache zwischen Gut und Böse schweben lasse? Der Tugendhafte kann daran ja nur erstarken, der Schwächling aber wird mir ins Garn gehen! Daher sei's fest beschlossen und in aller Kürze ausgeführt!"

Während Satan noch abwog, damit zu Henoch oder zum Herrn Selbst zu gehen, erscholl ihm eine Stimme von oben an sein Ohr, die lautete: „Was beratest du dich im Argen?"

Satan aber sprach: „Herr, ich will nichts Arges tun, sondern für Deine Kinder nur eine Schwebe errichten, die niemanden in seiner vollsten Freiheit beirren soll! Daher gestatte mir solches!"

Die Stimme von oben sprach: „Satan, tue was du willst in deinen Elementen, und der Herr wird tun, was Seines Willens ist! – Aber den Henoch lasse Mir ungeschoren!"

Und der Satan war mit diesem Bescheide vollkommen zufrieden und legte bald die Hand ans vorbedachte Werk, welches ihm aber lange nicht gelingen wollte. Denn in dieser Generation hatte er keinen Erfolg mit seiner Finte, weder in der Tiefe noch auf der Höhe. Doch wie es den Nachfolgenden erging, wird uns die weitere Geschichte lehren! (III/32)

Henochs Zug nach Hanoch

Am neuen Tag kamen zehn Männer zur Höhe Adams als Gesandte von Horadal. Die beiden Anführer, des Lamechs Söhne Jubal und Jabal, aber baten Adam, er möge ihnen, dem Volke zwischen Mitternacht und Morgen, auch ein Leiter im Namen des Herrn sein. Adam schickte die Zehn zu Henoch, der ihnen im Namen des Herrn seine Hohepriesterschaft gegen ein Früchte-Zehentopfer an den Herrn zusagte. Die beiden Söhne Lamechs aus der Tiefe aber nahm Henoch in sein Haus auf.

Nach dreißig Tagen zeigte der Herr dem Henoch an, daß Lamech den Tempel auf dem ehemaligen Schlangenberge vollendet habe. Henoch berief darauf Ada und Zilla, die früheren Frauen Lamechs, sowie Hored und Naëme, stellte ihnen die beiden Lamechsöhne Jabal und Jubal vor und sprach zu allen: „Höret mich an im Namen unseres liebevollsten Vaters, und füget euch freien Herzens in Seinen heiligen Willen!

Lamech, der Oberpriester des Herrn über das Volk der Tiefe, bedarf euer! Ihr Frauen Lamechs kehret freudig zu ihm zurück und seid ihm wieder das, was ihr ihm gewesen seid! Du Hored, bist zwar ein Sohn der Höhe, sollst aber nun mit deinem Weibe Naëme zur Stütze Lamechs in sein Haus ziehen. Sei stets besorgt um das geistige Wohl der Kinder Kains! Da du dir ein Weib aus der Ebene der Erde genommen hast, gehörst du somit für bleibend dorthin, woher sie stammt. Die Kraft der Kinder Gottes soll jedoch bis zu deinem Lebensende in dir verbleiben!

Ihr beiden Söhne Lamechs aber folget den guten Weisungen eures Vaters! Du, Naëme, bleibe deinem Mann Hored treu, und Thubalkain sei dir nichts als nur ein lieber Bruder! Du, mein lieber Enkel Lamech, aber begleite mich und ziehe mit uns hinab!“

Hier trat Henoch aus dem Vaterhause Jareds, segnete die Höhe und die Ebene und zog mit den Berufenen in die Tiefe. (III/33)

Wie erstaunte aber unser Lamech der Höhe, als er die Großstadt Hanoch mit ihren riesigen, prächtigen Gebäuden erblickte! Verwundert rief er aus: „Vater Henoch, daß die natürliche Kraft der Tiefenkinder solche Werke schaffen konnte – wie ist's möglich?“

Als er aber erst den neuen Tempel auf dem früheren Schlangenberg sah, blieb er ganz stumm in seiner Betrachtung versunken. Henoch aber ermahnte ihn: „Mein lieber Sohn, laß dir diese Dinge nicht zu sehr wohlgefallen, denn an ihnen klebt noch ganz entsetzlich viel Welt! Je mehr du daran Wohlgefallen finden wirst, desto mehr wird sich dein Geist verdunkeln!

Wende daher dein Auge vom Äußeren ab, das dich so sehr besticht, so wird dein Geist bald wieder sein rechtes Licht bekommen, und du wirst wieder jede Frage in dir selbst beantwortet finden."

Zu den anderen sprach Henoch: „Ihr aber sollet euch freuen, wie wunderbar der Herr alles wendet und führt! Bereitet euch aber zum Empfange!"

Denn aus Hanoch kam ihnen soeben eine jubelnde Schar entgegen, da der Herr dem Lamech der Ebene ihr Kommen angezeigt hatte. Naëme aber stärkte die vor Furcht und Freude ängstlich gewordenen Mütter und Brüder, da ein überaus himmlisches Wehen ihr Herz erfüllte. (III/34)

Das Zusammentreffen mit Lamech

Als sie nun vollends zusammentrafen, entblößte Lamech sein Haupt und verneigte sich bis zur Erde vor Henoch. Henoch aber erhob ihn behende und sagte: „Geliebter Bruder Lamech! Erhebe mich nicht vor anderen, die du dadurch ja demütigst, sonst werden wir selbst Schöpfer arger Zeiten! Die Stimme der Natur im Menschen würde sagen: Ist mein Bruder mehr Mensch als ich? Höre, damit stampfen wir Schwerter und Spieße aus der Erde und Unzählige werden in glühendster Rache erwürgt werden!

Wir haben nur einen Herrn, einen Vater; wir unter uns aber sind alle Brüder! Den der Herr über Größeres setzt, den erhöht Er nicht vor den Brüdern, sondern gibt ihm nur Gelegenheit, größere Liebe zu üben! Solches beachte wohl, mein lieber Bruder."

Diese Worte beeindruckten unseren Lamech sehr, denn er hatte in Gedanken schon Pläne eines besseren Kastenwesens entwickelt, das er jedoch, während er noch mit Henoch sprach, als Greuel vor Gott erkannte und darob dem Henoch, wie dem Herrn für solche Gnade herzlich dankte. Als Lamech nun seine gerettete Familie erblickte, die auf Weisung Henochs bei dreihundert Schritten zurückgeblieben war, konnte er vor zu großer Freude kein Wort über die Lippen bringen. Henoch aber stärkte ihn und sprach: „Lamech komme und empfange die Deinen!"

Da war es aber auch aus beim Lamech: Er schrie vor Freude und lief mit offenen Armen den Seinen entgegen – „Kommet zu mir ohne Furcht! Die endlose Erbarmung Gottes hat mich, einen Greueltäter und Brudermörder, umgewandelt zu einem sanften Führer meines Volkes!" – Die Seinen aber umarmten und grüßten ihn, Gott lobend und preisend, und dankten dem Herrn mit dem gerührtesten Herzen.

Wir
haben nur
einen Herrn,
einen Vater;
wir unter uns
aber sind alle
Brüder!

Henoch sprach im geheimen zu seinem Enkel Lamech: „Mein Sohn, siehe, das ist die rechte Art, Gott ein wohlgefälligstes Opfer darzubringen! Hast du aber solches je in so tiefster Innigkeit auf der Höhe erlebt?"

Und Lamech bekannte: „O Vater Henoch, wie viel größer ist dieser Lamech der Tiefe, als ich es auf der Höhe des Herrn bin! Dem gab der Herr nur Geringstes, und er dankt, als hätte er schon alle Himmel überkommen!"

Und Henoch fügte hinzu: „Du hast wahr geredet mein Sohn! Wir auf der Höhe sind dem heiligen Vater für Unendliches weniger dankbar als diese hier für Endliches! Nun wollen wir aber in die Stadt ziehen!" (III/35-38)

Der Einzug in Hanoch

Noch mehr erstaunte Lamech der Höhe, als er die Kinder der Tiefe in reinster Verehrung jener Wege erblickte, auf denen der Herr einhergegangen war. Mit Tränen benetzte man die Gedenkplätze, die als erhabene Erinnerung dienten. Henoch sagte: „Belassen wir ihnen diese Verehrung der Gedenkstätten, da ihre Gefühle noch rein auf den Herrn gerichtet sind!"

Die große Pracht des Lamech-Palastes ließ den Lamech der Höhe erstaunen und zugleich erschaudern, wenn er an die armen Erbauer dachte, die in harter Fronarbeit noch unter schwerster Bedrückung diesen Kolossalbau errichten mußten.

Lamech der Tiefe führte sie in den Thronsaal, in dem sein ganzer Hofstaat versammelt war und rief freudigst aus: „Freunde, Brüder, Schwestern und Kinder! Freuet euch mit mir! Seht hier meine Frauen Ada und Zilla, meine verloren geglaubten Söhne Jubal und Jabal und hier meine Tochter Naëme mit ihrem Mann, den ihr der Herr Selbst gegeben hat!

Brudal, bereite uns allen ein festliches Mahl! Decke auch eine zweite Tafel für alle gottesfreundlichen Bürger und eine dritte für alle Armen! Und du, mein Bruder Terhad, lasse durch Herolde alle von mir Bestimmten laden zu diesem Freudenmahl im heiligen Namen unseres Herrn Jehova Zebaoth, unseres Gottes, Schöpfers und Vaters!

Du, mein Sohn Thubalkain, aber lasse alle Kriegswaffen im ganzen Reiche sammeln und verfertige daraus Pflüge, Sensen, Hacken und Spaten sowie allerlei nützliche Gerätschaften, die dich des Herrn Geist lehren wird. Denn der Herr ist nun unsere Schutzwaffe gegen alle Übel!"

Tief gerührt über solch liebeweises Gebot rief Henoch aus: „Geliebter Bruder Lamech, darum sollst du auch unermeßlichen Segen haben! Von

Milch und Honig soll dein Land überfließen! Wahrlich, ich sage dir, deine Liebe ist mächtiger geworden, denn da ist der ganze Erdkreis! Wenn dies Freudenmahl wird beendet sein, sollst du bei der Tempelweihe erfahren, wie angenehm du dem Herrn geworden bist!

Heute noch wollte ich dich verlassen! Aber nun will ich drei Tage bei dir verweilen und dir im Namen des Herrn die Macht deiner neuen Waffe zeigen! Amen." (III/39-40)

Der Unbekannte beim Festmahl

Das anbefohlene Festmahl war bald bereitet, und die Geladenen kamen herbei. Henoch aber sagte zum Lamech: „Die Ordnung ist die Macht des Herrn, daraus Er alle Dinge erschaffen hat! Es gibt jedoch eine Ordnung, die wir Menschen erfunden haben und die dem Herrn ganz unerträglich ist – das ist die Rangordnung! Laß darum die drei Tische vereinen, damit wir als Brüder und Schwestern an nur einem Tisch gemeinsam speisen!"

Und Lamech ließ sogleich freudigst die Tische zusammenschieben zu einem Brudertisch. Die Gäste aber frohlockten über die Gnade, im Thronsaal bei den erhabenen Freunden Gottes beim Tische zu sitzen, und Lamechs Herz wurde darüber überaus heiter und voll Fröhlichkeit.

Henoch segnete im Namen des Herrn die Speisen und alle aßen und tranken und priesen den Herrn in Seiner Güte.

Nachdem sich alle gesättigt hatten, erhob sich einer der geladenen Gäste und richtete folgende Worte an die Tischgesellschaft: „Brüder, Freunde und Schwestern! Leicht muß es dem Allmächtigen sein, unzählige Welten zu erschaffen; aber den vorher so harten König Lamech in einen so herrlichen Bruder und übergroßen Menschenfreund umzuwandeln, ohne ihn zu richten – wahrlich, das ist mehr, als ein Mensch je fassen kann!

Seine Schöpfungen erschuf Er durch Seinen allmächtigen Willen, doch einen freien Geist kann Er nur durch große Liebe, Erbarmung, Geduld und Sanftmut zur Selbsterkenntnis und zum freiesten Leben in Gott leiten! Oh, darum soll auch der Herr von uns allen über alles geliebt sein, denn jetzt erst erkennen wir Seine Größe!"

Und der Fremde sprach feurig weiter zu der von seinen Worten tief ergriffenen Tischgesellschaft: „Wohlgestärkt sind unseres Leibes Glieder, dafür dem Herrn aller Dank! Der Leib aber ist nur ein Werkzeug unseres inneren Menschen, den nur unsere werktätige Liebe zu nähren vermag!

Die Liebe ist des Geistes Grundgefüge und sättigt ihn und die Seele und durch sie auch den Erdenleib. Müssen schon die leiblichen Speisen zubereitet sein, so muß auch die Kost des Geistes durch das Wort Gottes in uns vorbereitet werden!

Wenn der Leib gesättigt ist, hungert die Seele. Ihre Erquickung durch Betrachtung schöner Formen, edlen Gesanges, ätherischer Wohlgerüche macht wiederum den Geist hungrig. Er möchte die Materie und die schönen Formen begreifen, denn sonst sind sie für ihn ungenießbar. Er löst sie auf im Feuer der Liebe und Wahrheit, die im Worte wesen. Darum begreifen wir durch das Wort und entzücken den Geist mit rechter Speise.

Suchet Gott in allem und teilet es euren Brüdern zu ihres Geistes Sättigung mit, so wird der gekräftigte Geist zu Werken der Liebe gedrängt werden, die das wahre, ewige Leben sind! Amen."

Lamech, aufs höchste gespannt, den wunderbaren Redner näher kennenzulernen, fragte nun den Henoch, ob er ihn zur Tempelweihe einladen dürfe, und Henoch erwiderte: „Mein geliebter Bruder, gehe hin und tue nach deinem Herzen! Es muß dieser Weise bei der Weihe des Tempels ja zugegen sein! – Stellt doch der Tempel in der Tiefe die Weisheit Gottes dar und ist gleich dem gereinigten Herzen!"

Da eilte Lamech so schnell er konnte freudig zum weisen Manne und lud ihn zur bevorstehenden Weihe des neuen Bergtempels ein. Dieser sprach: „Freund und Bruder, da du mich geladen hast, werde ich auch kommen; die ich aber mitnehmen werde, die sollen dir dann auch angenehm sein! Erhebet euch alle, damit der Tempel noch bei Tage eingeweiht werde!" (III/41-49)

Das strahlende Herz über dem Tempel

Als sich aber das ganze Volk erhob, um mitzugehen, wurde Lamech etwas verlegen. Doch der weise Redner sagte zu ihm: „Verwehre niemandem den Weg der Weisheit! Denn was die Tempelweihe bildlich darstellt, soll zuvor lebendig in uns und an allem Volke vollzogen werden! Geht es doch nicht um die Weihe des toten Gebäudes, sondern allein um die Weihe der lebendigen Tempel in den Menschenherzen deines Volkes! So ist also für die bevorstehende Handlung nur das Volk, aber nimmer der Tempel die Hauptsache! Sende darum Herolde in die ganze Stadt, denn ich will das Volk mitnehmen!"

Lamech außer sich, ob der Weisheit dieses Mannes, lief darum zu seiner Dienerschaft und sprengte diese sozusagen in die Stadt, um ja schnell alles

Volk einzuladen. Als er aber wieder eiligen Schrittes in den großen Saal trat, kam Henoch zu ihm und fragte: „Aber Bruder Lamech, warum hast du mich denn nicht um Rat gefragt, ob du tun sollst, was jener Mann dir riet, da *ich* doch darum da bin?“

Da wurde unser Lamech verlegen und sprach zu Henoch: „O Bruder Henoch, zu groß überraschte und überzeugte mich die Weisheit dieses Mannes sowie die Wahrheit in seinen Worten, daß ich nicht umhin konnte, sogleich danach zu tun. O vergib mir!“

Henoch aber umarmte den Lamech und sagte. „Lieber Bruder, du hast vollkommen recht getan! Laß uns aber sogleich losziehen!“ (III/50)

Kurze Zeit darauf zog ein bunt gemischter Zug aus allem Volke zum Bergtempel. Als nun Lamech mit seinem Gefolge sah, daß die große Volksmenge den Tempel dicht umlagerte und kein Weg zu demselben freiblieb, bangte Lamech, daß die Einweihung nicht mehr wie anbefohlen, beim Lichte der Sonne vollzogen werden könnte.

Aber Henoch tröstete ihn: „Bruder, ich meine, das Volk, das uns den Weg zum Tempel abschneidet, ist mehr wert als der Tempel. Denn hier sind tausende lebendige Tempel aus Gottes Liebe und Erbarmung. Weihe doch die vielen Menschenherzen für ein Leben in Gott und kümmere dich wenig um den toten Steinbau vor uns!“

Und der weise Mann sprach zum Besorgten: „Achte nicht der äußeren Zeit, laß deine eigene Geistessonne vor den Herzen deiner Brüder und Schwestern leuchten zur rechten Weihe vor Gott! Segne sie als Brüder und Schwestern, und Gott wird vor deinem Angesicht Selbst den von Menschenhänden erbauten Tempel segnen! Also handle nun auch! Amen!“ (III/52)

Da entbrannte Lamechs Herz zu allen Brüdern und zu allen Schwestern. Der weise Mann aber sagte zu ihm liebemild: „Nun siehe hin zum Tempel und sage mir, was du erschaust!“

Da schlug Lamech die Hände über dem Haupte zusammen, denn er erschaute samt dem Volke den Tempel eingehüllt in eine weiße Wolke und darüber ein sonnenhell strahlendes Herz! Der weise Mann aber sagte zum sprachlos gewordenen Lamech: „Du hast mit deiner lebendigen Liebe zu Gott und allen Mitmenschen ihre Herzen würdig gesegnet und als lebendige Tempel eingeweiht. Währenddessen hat der Herr, dein Gott, den toten Tempel mit Seiner Gnade und Erbarmung entzündet!

Siehe aber, der Platz vor dem Tempel ist nun frei geworden; darum ziehe nun hin mit mir und dem Henoch, auf daß du erfährst, was dir verheißen ist! Amen.“ (III/53)

Wonnetrunken schritt nun Lamech mit seinen Begleitern zu dem allseits offenen Tempel, der noch von lichtem Gewölk eingehüllt war; getraute sich aber ob seiner Unwürdigkeit nicht einzutreten.

Da nahm ihn der weise Mann bei der Hand und sagte: „Höre, du Mann voll Demut! Sind denn die Herzen der Brüder und Schwestern nicht mehr als dieser Tempel? Dennoch gingst du eben mit uns hindurch! Gott hauchte den Tempel nur an, während Seine ewige Liebe die Herzen der Menschen belebte. Ist dies nicht endlos mehr? Zudem wird dir aber auch nicht bange, Mir deine Hand zu reichen, da Ich mehr bin als der Tempel samt der Wolke und dem strahlenden Herzen darüber!"

Hier ermannte sich Lamech und ging ganz ohne Scheu mit den beiden wohlgemut in den Tempel. Der weise Mann aber blieb ihm noch unbekannt. (III/54)

Die Zeichen beim Tempel – Lamech erkennt den Herrn

Beim Opferaltar in der Mitte des Tempels angelangt, sagte der weise Mann zum Lamech: „Habe acht auf alles, was da der Herr zu dir reden wird! Siehe, Er redet schon; darum spitze wohl deine Ohren!"

Lamech horchte, konnte aber außer den Worten des weisen Mannes nichts vernehmen und fragte darum: „Außer deinen Worten vernehme ich nichts; durch *wen* wohl habe ich das Wort Gottes zu erwarten?"

Darauf antwortete der Weise: „Darum ist der Tempel in lichte Wolken gehüllt, weil du Mich nicht erkennst. Das Herz darüber stellt dein eigenes Herz vor, weil du Gott noch in der Höhe suchst und dein Herzenstempel dadurch noch umwölkt ist. Du hast aber nur innerhalb Gott einen Opferaltar errichtet, warum suchst du ihn noch äußerlich?

Gott will kein hoher, reicher, unnahbarer Gott sein, sondern ein Gott in aller Niedrigkeit und Armut vor seinen Kindern. Nicht über den Sternen, sondern im Herzen des Menschen ist Seine Wohnstätte!"

Da begann Lamech wohl Großes zu ahnen und wollte schon vor dem weisen Mann niederfallen, dieser aber hinderte ihn und sprach: „Ordne vorher dein Herz, Lamech! Dann erst handle nach deiner reinen, unumwölkten Erkenntnis! Erwecke deine Liebe in dir zu einem dir nahen Gott und du wirst Ihn erkennen!" (III/55-56)

Da erkannte Lamech in dem Weisen den Herrn und rief reuig aus: „O Gott, wie entsetzlich dumm ist der Mensch in seiner Eigenwilligkeit, und welch große Geduld hast Du, o Gott, mit ihm! So will ich Dich denn lieben, loben und preisen mein Leben lang!“

Da entschwand das Gewölk um den Tempel, und das strahlende Herz senkte sich auf den Altar herab. Alles Volk aber fiel in großer Ehrfurcht zur Erde nieder, und Lamech, ganz zerknirscht durch diese neue außerordentliche Erscheinung, sank dem Herrn zu Füßen.

Dieser aber erhob den Lamech und sagte zu ihm: „Lamech, richte dich auf in deinem Gemüte und erkenne Mich! Bleibe aber nun in dieser deiner Demut und Liebe, und du sollst nimmer nötig haben, dein Herz vom Dache zu holen! Amen.“ (III/57)

Außer sich vor Wonne und Seligkeit wollte Lamech seinem ganzen Volk die heilige Gegenwart des Herrn Himmels und der Erde laut schreiend verkünden. Der Herr aber riet ihm, noch zu schweigen, damit des Volkes Gemüt unbefangen bleibe: „Wenn Ich Mich aber entfernen werde, sollst du dem Volke wohl alles verkünden!“ (III/58)

König Lamechs schreckliches Gesicht

Da das Volk das strahlende Herz als bildliche Erscheinung Gottes anbetete, gebot der Herr Lamech: „Trete hinaus und heiße das Volk erstehen und erläutere ihm dies Bild nach der dir geoffenbarten Wahrheit!“

Lamech aber nährte insgeheim den Wunsch, nachts auf dem Berge bei seinen Frauen zu ruhen. Diese starke Gebundenheit aber berückte ihn derart, daß er diesmal nicht Gottes heiligen Willen erfüllen konnte und er sich wie in einer nächtlichen Phantasie zum Volke begab.

In seinem Erleben aber fand er alle fest schlafend am Boden liegen, und wen er auch aufrichtete, der sank sogleich wieder zur Erde. Seine Verlegenheit steigerte sich aber, denn der Herr, Henoch und die Seinen schienen plötzlich spurlos verschwunden. Er versuchte, neben dem Altar einzuschlafen, doch seine große Angst und Traurigkeit ließ auch dies nicht zu.

Nach sieben Stunden großer Seelenqual haderte Lamech mit Gott, den er wegen seiner fleischlichen Berückung nicht mehr finden konnte. Daher rief er verzweifelt aus: „Ich bin nun ohne Gott, ohne Freunde, ohne Brüder, ohne Weib und Kinder – aber ich bin noch Lamech, König des großen Landes!

Ich wollte dem Herrn redlich dienen – Er aber, Er verließ mich! So will ich denn hier verhungern und nicht mehr leben; ja, dieses Gefühl der Rache befriedigt mich, du ungetreuer Gott; Amen aus mir! Amen.“

Mit dem Rücken an den Altar gelehnt, von dem durch seinen Ärger auch das strahlende Herz verschwunden war, erwartete Lamech nun sein Ende. Anstatt der Morgensonne aber erhob eine ungeheure Riesenschlange den Kopf über den Horizont und zog einen riesigen Schlangenleib nach sich.

Diese Schlange leuchtete so stark wie die Sonne und ihr folgte eine ungeheure Menge kleinerer Schlangen, die gleich der Hauptschlange stark glei-

ßende Strahlenkronen auf den Köpfen trugen. Bald ward das ganze Firmament mit solchen Schlangen erfüllt, die immer heftiger um die Hauptschlange züngelten. Es entstand ein Kampf, und die Hauptschlange biß die kleineren, die zur Erde fielen und entsetzliche Brände entfachten.

Die Erde bebte über solches Ungemach, die Berge bogen sich grimmentbrannt in die Täler, verlegten die Ströme und trieben aus ihren Klüften Massen von Wolken, denen bald gewaltige Regenströme entstürzten und alles Land unter Wasser setzten.

Das Wasser stieg und stieg, verschlang die Stadt Hanoch und erreichte mit furchtbarem Wogenschlag den Scheitel des Tempelberges, wo sich Lamech mit seinem noch immer schlafenden Volke befand. Als aber der Berg zu wanken begann und der Tempel einzustürzen drohte, erschütterte ein mächtiger Blitz mit gewaltigem Gekrache die Erde und – Lamech erwachte aus seinem tiefen Schlafe, rieb sich die Augen und blickte verwundert umher.

Da sah er den Tempel vor sich, den Herrn und Henoch, und das Volk saß munter um den Tempel herum und pries die Herrlichkeit Gottes. Er aber befand sich wohlbehalten unter den Seinen. Da fragte er den neben ihm stehenden Thubalkain: „Mein Sohn, was ist denn mit mir vorgegangen? Wo war ich, wo ihr und wo der weise Mann mit Henoch?"

Der Angesprochene aber erwiderte: „O Vater Lamech, weißt du nicht mehr, daß du allem Volke verkünden solltest, daß es sich vom Boden erheben solle? Siehe, da umarmtest du meine und der Naëme Mutter und schliefst in der Süßigkeit solcher Umarmung ganz fest ein und versäumtest, den geoffenbarten Willen des Herrn zu erfüllen."

„Gott alles Lob", schrie Lamech auf, „daß dies alles nur ein eitler Traum war! Wie aber konnte ich des Herrn Ruf verschlafen?"

Da tröstete ihn der ihm zur Seite stehende Lamech aus der Höhe: „Weil du nicht sogleich des Herrn Willen erfülltest und heimlich gedachtest, nachts bei deinen Frauen zu ruhen, berückte dich das Fleisch, und Gott ließ es zu, daß deine nächtliche Phantasie dich die Früchte der Fleischliebe verkosten ließ. Laß dich aber nun von mir in den Tempel führen!" (III/58-60)

Vor dem Tempel empfing der Herr die beiden Lamechs mit ausgebreiteten Armen und beruhigte den nun Furchtsamen mit den väterlichen Trostworten: „Siehe, Mein Lamech, was dir nun widerfuhr, war nur Meine Zulassung, dir anzuzeigen, was deinen Nachkommen bei zu großer Weiberliebe widerfahren wird. Nun aber komme mit deinem Mir überaus lieben Führer herein, und wir wollen uns beim Scheine des flammenden Herzens noch so über manches beraten und besprechen!" (III/61)

Lamechs Weihe zum Oberpriester – des Herrn Verklärung

Auf den runden Stufen um den Altar sitzend belehrte nun der göttliche Vater Seine wißbegierigen Kinder besonders über das Wesen des Vaters und die göttliche Ehe- und Zeugungsordnung.

Und Lamech erkannte allmählich seine völlige Nichtigkeit vor der tiefen Weisheit des Herrn, so daß der Herr zu ihm sprach: „Lamech, solange du noch mit eigener Weisheit prunken möchtest, kannst du nicht in Meine Weisheit eingehen! Auch dieser Tempel konnte erst nach gründlicher Reinigung der Anhöhe erbaut werden."

Der göttliche Vater aber zeigte ihm noch die ganze Nacht hindurch die vielen Grade der wahren, inneren Weisheit, so daß Lamech vor Aufgang der Sonne in tiefster Herzensdemut vor die Füße des Herrn und himmlischen Vaters sank, um Ihn in aller Glut seiner Liebe anzubeten und für die unermeßlichen Gnadengaben zu danken.

Der Herr aber erhob sich und sagte: „Stehe auf, Mein geliebter Sohn Lamech! In diesem Tempel soll sich der Mensch allezeit erinnern, daß Ich, der Schöpfer Selbst, dich gelehrt habe. Beim ersten Strahl der Sonne aber tritt vor das Volk, das mit uns die Nacht hindurch wachte, und verkünde an der Schwelle des offenen Tempels, daß Ich hier weile.

Das Volk aber soll sich um den Tempel versammeln, da Ich Selbst es unterweisen werde. Da du Mich aber gebeten hast, dich nicht zu verlassen, so wirst du Mich hier allezeit treffen können und in Meinem lebendigen Worte vernehmen, auch wenn Ich deinen Augen des Leibes unsichtbar bleiben werde!" (III/61-77)

Nach dem Geheiß des Herrn trat Lamech an die Schwelle des Tempels und richtete folgende Worte an das schon wache Volk: „Höret mich an, ihr meine Brüder und Schwestern! Endlose Gnade ist uns allen widerfahren! Ihr hörtet gestern den weisen Mann und waret ob seiner Weisheit höchst verwundert. Doch wisset ihr trotz eures vielen Forschens nicht, wer er ist und woher er kam.

Wisset ihr noch, wer damals der arme Mann war, den meine Diener nicht in den Speisesaal ließen? Wir konnten es nicht fassen, daß es Gott, der Allmächtige Selbst sei.

Höret, meine geliebten Brüder und Schwestern, eben in diesem weisen Manne ist Gott wieder unter uns! Bereitet euch daher vor; denn Er Selbst wird Sich euch aus diesem Tempel offenbaren!" (III/78)

Darauf begab sich Lamech wieder in den Tempel und berichtete in größter Liebe-Ehrfurcht dem Herrn und heiligen Vater, was er in Seinem Namen dem lauschenden Volke verkündet habe. Als aber der Herr mit Henoch und den beiden Lamechs an der Schwelle des Tempels vor dem Volke anlangten, wurde alsbald Sein Gewand weiß wie frisch gefallener Schnee der Hochgebirge, und Sein Angesicht, Seine Hände und Füße glänzten stärker denn tausendfaches Sonnenlicht!

Das Volk aber fiel vor solcher Majestät Gottes nieder und rief: „O Jehova, erbarme Dich unser und richte uns übergroße Sünder nicht!"

Hier zog der Herr Sein Licht zurück und sagte liebesanft zur bebenden Menge: „Kinder, stehet auf und fürchtet euch nicht vor Mir, euerm guten Vater, der euch über alles liebt!"

Da erhob sich die Menge wie neu gestärkt und sah erstaunten Blickes den Herrn an, dessen Gesicht nunmehr ohne Glanz von großer Freundlichkeit anzuschauen war und dessen Gewand sich ins Himmelblaue wandelte.

Er aber sprach zum Volke: „O Kinder, warum wollt ihr euren Vater nicht lieber in Seiner großen Liebe als im Lichte Seiner Weisheit erkennen? – Ist denn die Liebe nicht mehr als das Licht? Ich habe euch nun weise Lehrer erweckt, und nur in ihnen werdet ihr Mich hinfort sehen und hören zu eurem ewigen und zeitlichen Wohle!

Dich Henoch, dich Lamech im Tale, und dich Lamech auf der Höhe, rüste Ich mit der Macht Meiner Liebe aus. Zeuget von Mir bis Ich euch ablöse, um euch in Mein ewiges Vaterhaus zu führen! Amen."

Nach diesen Worten entschwand der Herr, und alles Volk weinte und betete Gott an und harrte so noch bei einer Stunde in tiefer Herzensergriffenheit. (III/79-80)

Vom Ursprung des Steins der Weisen

Lange noch verweilte das Volk mit den drei von Gott erwählten Führern in ehrfurchtsvollem Schweigen im Tempel. Da sprach Henoch zum Lamech der Tiefe: „Ehe wir in allen Städten das Heil und das Licht Gottes verkünden, laß uns hier ein sichtbares Zeugnis der Gegenwart Gottes errichten.

Lasse sieben weiße Steine von der Größe eines Menschenkopfes auf die Stufe des Altars legen, auf welcher der Herr geruht hat und uns Selbst die ganze Nacht hindurch die wahre Weisheit des Geistes lehrte!"

Freudig berief Lamech die Baumeister Mura und Cural und behende schafften diese sieben sogestaltige weiße Steine, die beim Tempelbau übriggeblieben waren, herbei.

Und Henoch sprach: „Siehe, wir sind unser nur fünf: Laß zum Zeugnis noch zwei andere Männer hereintreten und jeden Stein mit unseren sieben Namenszeichen beschreiben. Ich will diese Steine im Namen des Herrn segnen. Es wird ihnen dann fortwährend eine Kraft entströmen, durch die alle, die sie anrühren, eine Zeitlang die Weisheit überkommen soll!“

Nachdem auch das Volk von allem Kunde erhalten hatte, begaben sich alle wieder zur Stadt zurück. Dies war aber der eigentliche Ursprung des „Steins der Weisen“, und die Kraft dieses Ortes erhielt sich nach dem Willen des Herrn bis in die Prophetenzeit Israels.

Auf dem gleichen Berge erhielt auch Saul kurze Zeit die Prophetengabe, weshalb das Volk ausrief: „Ist denn auch Saul unter den Propheten?“ (III/81)

Göttliche Ordnung in Hanoch durch weise Lehre

Am selben Tage noch sandte Lamech seine Boten in alle zehn Städte, die Kunde von den großen Wunderdingen Gottes zu bringen. Dies war bald geschehen, da keine dieser Städte mehr als eine knappe Tagesreise entfernt, fast geraden Weges zu erreichen war.

Und Lamech ordnete mit Hilfe Henochs die große Stadt Hanoch und bestellte Wächter für den neuen Weisheitstempel am Berge.

Das Gebot der Gottes- und Nächstenliebe brachte das größte Wunder zustande: Hanoch wurde vollkommen geordnet nach dem Willen des Herrn! Keine bedrängenden Gesetze und Satzungen, sondern weise Lehren von den Lebenskräften erhob die Menschen aus allen Übeln der Unordnung und wurde zur Quelle der Gesundheit und des Segens auf allen Lebensgebieten.

Weise Lehrer zeigten, welche argen Folgen aus der Nichtbeachtung der Liebegebote entstehen müssen. Also lag das geistige und staatliche Wohl in der weisen Erziehung der Menschen! Und das Volk lebte eine geraume Zeit gerecht, allein durch die Heilslehre.

In diesen Zeiten war sowohl die Höhe als auch die Tiefe vollkommen in der Ordnung der Himmel. Hätte sich damals die Schlange gefügt, wäre die Erde wieder in das alte Paradies umgewandelt worden; aber sie begann zufolge ihres freien Willens bald ihr altes, arges Handwerk zu treiben. (III/82)

Henoch vernichtet die Drachenhöhle

Nach drei arbeitsreichen Tagen begab sich Henoch wieder auf den Heimweg und nahm auch den Lamech der Tiefe und mehrere angesehene Männer aus Hanoch mit, denn sie sollten ihren Urstammvater Adam und ihre Urmutter Eva kennenlernen. Die Volksleitung wurde aber unterdessen dem Hored anvertraut.

So gingen sie den bekannten Weg, der an der verhängnisvollen Höhle vorbeiführte. Bei der Höhle angelangt, machte Henoch halt und erzählte mit kurzen Worten von dem Erleben mit dem fürchterlichen Urdrachen, der ihnen beim letzten Heimweg aus der Tiefe begegnet war.

Lamechs Staunen dauerte aber nicht allzulange, denn da brachen auf einmal mit furchtbarem Getöse mächtige Flammen aus der Höhle hervor. Und Lamech erschrak derart, daß er wie besinnungslos zu Boden fiel. Henoch hob ihn auf und sagte: „Aber Bruder Lamech, betrachte diese leere Schaumschlägerei doch wie deine Gefährten mit ganz ruhigem Gemüte!"

Lamech ermannte sich und sah nun furchtlos in die stets zunehmenden Flammen aus der großen Höhle, die bei hundert Mannslängen hoch und bei siebzig Mannslängen breit waren.

Und Henoch unterrichtete ihn: „Siehe Lamech, dieser Brand wird nun bei einer Stunde durch meinen Willen zunehmend fortwähren, damit fürs erste diese gähnende Kluft zerstört wird und fürs zweite, daß da der Urheber derselben seine gerechte Züchtigung finde! Wenn aber die Flammen ihren Dienst verrichtet haben, wird sich bald der Widerspenstling zeigen, und du sollst mit eigenen Augen die denkwürdige Löse erschauen!"

Zur rechten Zeit aber wandte sich Henoch zur flammenden Höhle, hob seine Rechte auf und rief mit gewaltiger Stimme: „Du finstere Wohnstätte des Todes, ich gebiete dir als ein Knecht und Kind Gottes, daß du zusammenstürzest bis in deinen tiefsten Abgrund, natürlich und geistig, auf daß dein alter Bewohner von dannen fliehe wie ein feiger Dieb aus dem Hause, in dem er gestohlen hat!

O mein heiliger Vater! Dies geschehe nach Deinem Willen zur Wohlfahrt Deiner Kinder auf diesem prüfenden Lehrboden der Erde! Amen."

Als Henoch aber diese Machtworte kaum zu Ende gesprochen hatte, stürzte unter fürcherterlichem Getöse und Gekrache die flammende Höhle in sich zusammen, und aus der Tiefe vernahm man noch eine geraume Zeit den schauderhaft dumpfen Nachhall vom Zusammenbruch der vielen unterirdischen Abgründe des Todes.

Dieses Geschehen brachte den Lamech am ganzen Leibe zum Beben, und auch seinen Begleitern wurde ganz sonderbar zumute. Keiner getraute sich auch nur ein Wörtchen an den Henoch zu richten. Und auf der ganzen Erde war kein Punkt, an dem die Menschen diese große Wirkung dieses Zusammensturzes nicht wahrgenommen hätten.

Doch Henoch richtete alle Gemüter wieder auf, und ein kräftiger Wind verwehte die letzten Dämpfe über dem Trümmerhaufen. Aber kaum hatten sich unsere Wanderer von dem Schrecken erholt, entrollte sich vor ihren Augen weit Schrecklicheres als diese Zerstörungsszene. (III/83-84)

Satans Verbannung in den Mittelpunkt der Erde

In furchtbarster, abschreckendster Gestalt trat Satan, der große Feind alles Lebens auf! Auf seinem dampfenden Haupt wanden sich die giftigsten Schlangen, die gleich angebundenen Pfeilen nach allen Seiten hinausschossen, als wollten sie jedermann durchbohren.

Lamech und seine Begleiter erstarrten vor Schreck, doch Henoch sprach zum Satan: „Höre, du Feind des Herrn, unseres und deines allmächtigen Gottes! Du versprachst in meiner Gegenwart dem Herrn, als Er dich durch Kisehels Hand züchtigen ließ, Seine Kinder nur zum Guten durch Prüfungen zu versuchen! O du elender Knecht deines eigenen Verderbens, was aber tatest du bereits in diesen wenigen Tagen! Du hast des Herrn gänzlich vergessen! Auch wolltest du uns hier durch die größte Wut deines Grimmfeuers und deines momentanen Auftretens verderben! Sage mir aber nun deine böse Grundabsicht, sonst werde ich dich im Namen des Herrn züchtigen, daß darob die ganze Schöpfung erbeben wird!“

Da ergrimmte der Satan und fauchte bebend, nachdem er versucht hatte, mit List um die Beantwortung der Frage herumzukommen: „Höre mich an, du stolzer Knecht Gottes auf dem Stäublein ‚Erde‘! Ich werde weiterhin Gott trotzen und würde Er mich ewig in die entsetzlichste Glut stürzen! Und du elender Wurm des Staubes willst mich zwingen, dir meine Pläne zu enthüllen? Siehe, wenn ich in meiner endlosen Macht es für wert fände, so wärest du schon lange nicht mehr!

Ich aber schwöre dir deinen sicheren Untergang! Deinen allmächtigen Gott aber werde ich an ein Holz heften lassen, von dem aus Er vergeblich um Hilfe rufen wird! Und dieses Menschengeschlecht will ich ehestens mit Flammen und Fluten vertilgen, auf daß von ihm keine Spur mehr zu finden sein soll! Jetzt hast du die verlangte Antwort! Ziehe aber mit deinem Geschmeiß von dannen und verlange ja nichts mehr von mir, sonst geschieht sogleich, was ich erst in der Zeit unabänderlich tun werde!“ (III/85-86)

Als Henoch diese Worte Satans vernommen hatte, sprach er folgende bedeutungsvollsten Worte an den Frevler: „Höre nun, du böswilligst Eigensinniger! Was alles hat des Herrn unendliche Liebe getan, um dich Teufel, unbehindert deiner Willensfreiheit, wieder zurechtzubringen! Alle zahllosen Sonnen und Welten schuf Er deinetwegen, und auf jeder hättest du zurückkehren können!

Höre aber, Satan, was der Herr nun durch meinen Mund zu dir redet: ‚Unheilvollster Frevler an Meiner Liebe, Gnade, Langmut, Erbarmung, Geduld, Sanftmut, Milde und Heiligkeit! Bis jetzt habe Ich dir noch nie ein Ziel gesetzt, sondern dir war freigestellt, vor Mir Fristen zu setzen! Du hast Mich aber bei jeder allerweidlichst belogen und hernach als einen dummen Gott voll Schwäche verhöhnt, als wäre Ich blind und taub und vermochte nicht, deine Pläne zu durchschauen!

Nun aber setze *Ich* dir ein Ziel! Wenn das Alter Adams noch sechsmal verronnen sein wird (dürfte etwa 3000 Jahre nach Christi Geburt sein), sollst du mit allen deinen Spießgesellen den gebührenden Lohn im Feuer Meines Zornes finden!

Von diesem aber habe Ich dir als Kostprobe eben ein Fünklein in die Mitte der Erde versenkt und dir darin eine neue Wohnstätte errichtet, auf daß du dort zeitweise deiner Frevel wegen gezüchtigt werdest. Ich gebiete dir daher, dorthin zu ziehen! Amen.‘“

Da spaltete sich flammenspeiend unter dem Satan die Erde und verschlang den gräßlich Aufheulenden in ihrem Abgrund. Die Reisenden aber dankten Gott und wandelten freien Fußes und Herzens weiter. (III/87)

Lamech aber fragte den Henoch unterwegs, wie es denn möglich sei, daß ein Geist in der Materie gefangen gehalten werden könne, worauf Henoch eine sehr aufschlußreiche und bedeutsame Antwort gab: „Mein geliebter Bruder, eigentlich sitzt dir die Antwort auf der Nase!

Du bist deinem Leibe nach doch auch nur pur Materie und doch kann sich dein Geist nicht aus deinem sterblichen Leibe entfernen! Nur durch die Liebe zu Gott, durch größte Demut und Selbstverleugnung wird dein Geist Meister der Materie und kann diese dann durchdringen und in allen ihren Teilen tätig werden. Wenn dein Geist aber nach dem Willen des Herrn einmal die Materie verlassen wird, verläßt er sie in einem völlig neuen ätherischen Leib in alle Ewigkeit! Verstehst du solches?“ (III/88)

Auf der Höhe – Adam begrüßt die Ankömmlinge

Bald erreichten unsere Wanderer die Vollhöhe der Berge. Wie staunten die Männer aus der Tiefe, als sie die einfachen Hütten Adams und die der Hauptstammkinder erblickten.

Lamech fiel ergriffen zur Erde nieder und sprach: „O Gott, Du allerheiligster Vater, welche erhabenen, von Dir Selbst erbauten Wohnungen sind das! Meine ist erbaut aus totem Lehm und Gestein, hier aber sind sie aus lebenden Bäumen errichtet und sind mit ihren Bewohnern lebendig! O, wie unschätzbar mehr wert sind sie doch, als alle die Städte der Tiefe!"

Lamech hätte noch lange also geschwärmt, hätte nicht Henoch ihn aufmerksam gemacht, daß soeben der Erzvater Adam mit der Eva aus seiner Hütte trat, um mit Seth nach ihnen Ausschau zu halten.

Als Lamech samt seinen Gefährten das Urmenschenpaar erschaute, konnte er vorerst vor lauter Ehrfurcht kein Wort über die Lippen bringen. Dann rief er aus: „O du großer Gott, welch erhabene Würde, welch hoher Adel!

Wie erhaben ist doch der erste Mensch, der Ungeborene, aus Deinem allmächtigen Liebewillen allein Erschaffene! O Bruder, ich habe viel von diesem Eindruck erwartet; aber weit, weit mehr habe ich angetroffen!"

Als Adam nach der Vollhöhe blickte und Henoch erschaute, stieß er einen Freudenschrei aus, worauf alle Bewohner aus ihren Hütten kamen und dem Henoch mit seinen Begleitern mit offenen Armen entgegeneilten.

Der alte Adam aber war als erster beim Henoch. Innig drückte er ihn an seine Brust und sagte bewegt: „O du mein geliebter Sohn, wie oft schon hielt ich nach dir Ausschau! Wie oft habe ich dich inzwischen gesegnet!

Auch du, mein Sohn Lamech, du Sohn Mathusalahs, komme her und lasse dich segnen! Wie oft hat dein Weib Ghemela von hier hinabgeblickt und zum Herrn gebetet, daß Er dich segnen und erhalten möchte!

Siehe, dort von der Hütte Jareds eilt sie ja schon nahezu atemlos hierher! Eile ihr doch auch entgegen, um ihr den Weg zu dir zu verkürzen, denn wie sie hat noch kein Weib ihren Mann geliebt!"

Darauf erst wurde Adam der anderen Gäste ansichtig, bewillkommnete sie und fragte sie in seiner gewohnten Neugierde, wer und woher sie wären.

Aber da diese noch zu sehr ergriffen waren, beruhigte Henoch den Adam und gab ihm selbst kund, wer seine Gefährten sind. Adam segnete sie alle und hieß sie, in seine Hütte zu treten, um da eine Stärkung zu nehmen. (III/89)

Das Mahl bei Adam – Muthaels Bitte um Purista

In Adams geräumiger Hütte labten sich die Bergbesteiger an den edelsten Früchten aus Seths Körben, lobten Gott und waren ganz wohlgemut. Nur den Lamech der Tiefe ließ die zu große Ehrfurcht vor dem ersten Menschenpaar der Erde im Gemüte nicht frei werden.

Adam merkte dies wohl und tröstete Lamech: „Höre, du mein armer Sohn meines unglücklichen Kain! Deine Reue und Demut ist mir überaus lieb und wert, denn derlei Worte hörte ich noch nie von meinen Kindern. Weil du dich durch die Gnade Gottes hast wandeln lassen, so haben auch wir dir um des Herrn willen alles vergeben. Sei daher heiter und fröhlich mit uns!"

Diese väterlich milden Worte stimmten unseren Lamech wieder heiter, so daß er essen und trinken konnte. So wurde aber nicht nur für den irdischen Leib gesorgt, sondern ihrem hungernden Geiste erschloß sich in den vielen Gesprächen mit den Kindern der Höhe immer mehr Gottes wunderbar väterliches Walten. (III/90)

Nach dem gesegneten Mahle, als alle Gäste Adams dem Herrn ihren Dank dargebracht hatten, erhob sich Adam und sprach zu Henoch: „Mein geliebter Sohn Henoch, während deiner nahezu fünftägigen Abwesenheit kam Muthael ganz befangenen Herzens wegen seiner Liebenot zu mir. Er bat mich, wir mögen ihm doch nicht aus irgend einer äußeren Rücksicht die ihm vom Herrn verheißene Purista vorenthalten.

Er bittet mich, ihm seine Liebe zu segnen und ihm die Purista so bald als nur möglich zum Weibe zu geben! Was meinst du dazu? – Ist es nun an der Zeit, seine Bitte zu gewähren?"

Henoch aber erwiderte in der Weisheit des Herzens: „Höre Vater, noch hat mir's der Herr nicht angezeigt. Wir können die Sache des Herrn nicht leichtsinnig in die Hände menschlicher Schwäche legen!

Ich meine aber, es wäre für unseren Muthael ratsamer, dem Herrn nicht vorzugreifen; denn der Herr prüft *den* gewaltig, dem Er viel anvertrauen will! Darum soll auch der Muthael seine mächtige Liebe zuvor dem Herrn ganz aufopfern, um damit seinem Geist die Freiheit in aller Selbstverleugnung zu erringen! Meinst du, Vater, nicht auch also wie ich?"

Und Adam erwiderte: „Ja, Henoch, du hast vollkommen recht, also muß es gemäß der göttlichen Ordnung sein! Daher nichts mehr weiter davon. Laßt uns aber nun die große weiße Höhe über der Grotte besteigen! Von dort aus wollen wir die große Güte und Allmacht unseres Vaters im Himmel betrachten! Amen." (III/91)

Der Abend auf der Berghöhe

Auf der weißen großen Höhe angelangt, erschauten Lamech und seine Gefährten zum ersten Male das Meer der Erde und konnten ihre Blicke von der wogenden Wasserfläche gar nicht abwenden, die sich in der weiten Ferne nach ihren Begriffen mit dem Himmel zu vereinen schien.

Als Lamech gar die wasserspeienden Kegel der Adamsgrotte erschaute, starrte er tränenden Auges in diese gottgeschaffene Naturschönheit und rief ergriffen aus: „Fürwahr, mir wird bange ums Herz, so ich daran denke, daß ich all die unaussprechlichen Herrlichkeiten der Erde bald wieder verlassen muß! Unzählige Wunder tauchen vor mir auf!

O Bruder, laß mich noch eine Zeitlang die große Wunderfülle unseres heiligen Vaters ruhig genießen! O Vater, wie endlos erhaben, heilig, gut und mächtig mußt Du sein, da Deine Werke solche Ehre von Dir verkünden!"

Hier verstummte Lamech vor Entzückung. Adam und alle andern aber wurden selbst zu Tränen gerührt. Und Henoch lobte Gott den Herrn in seinem Herzen, da Er Sich derer so mächtig erbarmt hatte, die verloren waren. Erst nach Mitternacht kehrten alle in die Hütte Adams zurück und stärkten sich, denn sie waren durch die reine Gebirgsluft schon sehr hungrig geworden. Nach dem Mahle dankten alle dem Herrn und legten sich zum erquikkenden Schlaf auf duftende Blätter nieder. (III/92-93)

Der Besuch der Adamsgrotte

Morgens war Adam gewohntermaßen als erster auf den Beinen und weckte die andern. Gleich fragte er den Henoch, ob er die Kinder zum morgigen Sabbatsfest einladen solle.

Henoch aber sprach: „Vater, ich meine, da die Sache mit dem Sabbat ja ohnehin einen mehr eitlen als gottesdienstlichen Anschein hat, wollen wir diesmal keine Einladung geben! – Wer da von selbst kommen will, der komme, und er soll den Segen empfangen! Wer aber nicht im Sinne hat, frei zu kommen, den wollen wir auch nicht dazu nötigen!"

Mit diesem Bescheide war Adam auch zufrieden und beschloß, nach dem Morgenmahl mit seinen Gästen die Grotte zu besuchen.

Nach dem Plane Adams in der bekannten Grotte angelangt, rief Lamech überwältigt aus: „O dieser großartigste Naturtempel der Welt! Er ist wie vollkommen aus einem Stücke gefertigt!

Nirgends entdeckt man eine Zusammenfügung, und dennoch meint man, dieses wahrhafte Gottesgemäuer wäre aus den verschiedensten Arten aller Edelgesteine erbaut!

Da leuchtet eine Wand wie die herrlichste Morgenröte, so als wäre sie aus lauter Rubinsäulen, dort erhebt sich ein sicher über hundert Mannshöhen hoher himmelblau strahlender Pfeiler! Hinter ihm eine Seitenkapelle, wie reinstes Gold strahlend und mit allerlei leuchtenden Sternen unterbrochen!

Nein, nein, diese Wunderpracht lähmt meine Zunge! O Herr, was erblicke ich dort in der Mitte des weiten Farbengluttempels? Ist das nicht eine mächtig hoch emporschießende Wasserquelle? O Gott, Du überheiliger Vater, solche Werke für die undankbaren Menschen?!

O Erde, du herrliche Braut und liebliche Mutter zahlloser Wunder Gottes! Sind wir sündigen Menschen es wohl wert, daß du Erhabene uns auf deinem Boden trägst, den täglich die allmächtige Hand Gottes schmückt?"

Adam und seine Kinder umarmten tränengerührt den Lobsänger Gottes, und Henoch rief aus: „Ja, Bruder Lamech, jetzt hast du mir völlig aus dem Herzen gesprochen; also ist es! Der pure Fleischmensch ist der Erde nicht wert, wenn er seinen Geist nicht nährt und zum Leben erweckt!" (III/93-94)

Henochs weise Lebenserfahrungen – Die Ankunft bei Purista

Lamech bat den Henoch, ihm doch von seinen Erfahrungen mit den Menschen auf der Höhe zu berichten.

Und Henoch reichte dem Lamech die Hand und sagte: „Bruder, du hast zwar in der Tiefe andere Erfahrungen gesammelt als ich auf der Höhe, aber auch hier gilt im Allgemeinen das Fleisch mehr als der Herr Selbst!

So du jemanden fragen wirst: ‚Was wohl liebst und achtest du mehr: die Welt oder Gott?', da wird er entrüstet sagen: ‚Wer wohl wird je die Welt mehr denn Gott lieben? Welch ein entsetzlicher Gedanke!'

Habe aber acht auf seine Handlungen und auf sein Leben! Bald wirst du merken, wie er mit dir über gänzlich oberflächliche, weltliche Dinge unaufhörlich plaudern möchte! Willst du mit ihm aber ernstlich über Gott und rein geistig-lebendige Dinge reden, wird er ein verdutztes Gesicht machen und dich entsetzlich langweilig finden!

Unsere Erfahrungen sind da wohl nicht so unterschiedlich! Doch nun laß uns die Grotte gegen Morgen hin durchschreiten." (III/95)

Als die Gesellschaft unter großem Staunen die Grotte durchschritten und den Ausgang erreicht hatte, sprach Henoch: „Lasset uns zur Hütte der Purista ziehen! Dort wollen wir das Mahl des Herrn zur Stärkung unserer Liebe und dadurch unseres Geistes halten!“

Und Adam fügte noch hinzu: „Da wollen wir aber auch sehen, was da mit dem hochzeitslustigen Muthael zu machen sein wird!“

Als unsere Gesellschaft bei der Hütte angelangt war, wurden sie von Purista und vielem Volke, das zugegen war, liebevoll begrüßt. Purista aber sprach als erste: „Erhabene Väter und große Freunde des allmächtigen Gottes, seid mir armen Dienerin des Herrn herzlich willkommen!

Wie sehnt sich mein Herz nach den Worten des göttlichen Vaters aus dem Munde Seines Hohenpriesters! O kommet mit mir in die Hütte des Herrn, die Er uns gegeben hat zu einer Speiseküche fürs ewige Leben!“

Henoch aber fragte den Lamech, wie ihm diese Rednerin gefalle. Und Lamech konnte sich kaum fassen, ob der unbeschreiblich himmlischen Anmut und Schönheit der Purista und gestand: „O diese Tochter des Himmels! Solch eine Schönheit, verbunden mit Liebe und Weisheit! Nur mit der Gnade des Herrn kann ich ihren Anblick ertragen!“

Hier führte Purista alle in die Hütte und legte frisches Holz auf den Herd der Liebe. (III/96)

Puristas Kummer mit Muthael

Als sich die Gesellschaft in der Hütte befand und Purista ihren Herd versorgt hatte, trat sie vor Henoch und schüttete ihr bekümmertes Herz vor ihm aus: „O erhabener Hoherpriester unseres liebevollsten heiligen Vaters! Du weißt, daß letzthin der Herr dem Muthael irgendeine Zusage gemacht hat, derzufolge ich einmal sein Weib werden soll.

Nun aber geht mir der sonst so weise Muthael stets auf der Ferse nach und will mich zu einer sicheren Zusage nötigen. Sage ich ihm: Er solle sich nur an den Herrn halten, so weint er und spricht: ‚Ja, ja, also reden alle Jungfrauen, so der Bewerber ihnen nicht nach dem Gesicht steht!‘

Vater Henoch, der Herr würde mich nie zwingen, daß ich sein Weib werden solle, so ich solches nicht durch Seine Gnade aus mir selbst wollte! O gib mir doch einen Rat aus dem Herrn, was ich da tun soll! Habe ich mich etwa gestern versündigt, da ich der beständigen Plauderei und unnötigen Fragerei überdrüssig, ihn von mir gewiesen und zu ihm gesagt habe: ‚Weil du so zudringlich bist, habe ich vollernstlich einen Widerwillen gegen dich und gebe dir die vollste Versicherung, daß du mich nie vom Herrn wirst abwendig machen! Gehst du aber in deiner Brunst eitler Liebe nur noch einen Schritt, so will ich aus reiner Liebe zum Herrn ledig bleiben!‘

Diese meine Worte haben den Muthael aber so bestürzt, daß er schluchzend von dannen zog und – wie ich bemerkte – schnurstracks zu euch auf die Vollhöhe lief! O Henoch, gib mir einen Rat und einen Trost im Namen unseres geliebten Vaters!“

Und Henoch erwiderte der Purista: „So höre mich denn an! Ich will dir in der Wahrheit sagen, wie die Dinge stehen! Siehe, wohl hat der Herr dich dem Muthael verheißen und im Geiste auch schon völlig angebunden. Nur hatte Er die Segnung des Fleisches bis zur gerechten Zeit aufgeschoben! Dir aber hat der Herr solches in deinem Gefühle kundgetan!

Als aber der Muthael zu dir kam, erkanntest du in ihm den Mann, der dir einst vom Herrn aus werden soll. Da aber hast du ihn mit einem sehr vielsagenden, überaus freundlich-schönsten Blick angeschaut und damit sein Herz derart verwundet, daß er beinahe seine ganze Weisheit verblutet hätte! Seitdem ist er sterbens verliebt in dich, und weiß sich in seiner erwachten sinnlichen Liebe selbst nicht zu helfen!

Siehe, das war sonach ein kleiner Fehler von dir! Mache ihn wieder gut, indem du den Herrn bittest, Er möge den Muthael segnen und ihn auf den rechten Weg des Heils führen! Daß der Herr ihn nun ein wenig prüft, dient zu seiner Vollendung. Verkenne und fliehe ihn aber nicht, noch versuche ihn! – Denn er ist ein von Gott geheiligter, dir bestimmter Mann! Mit Muthael aber werde ich schon noch reden!“ (III/97)

Henoch befreit den Muthael von seiner Begierde

Doch kaum war die getröstete Purista wieder bei ihrem Herd beschäftigt, trat Muthael wie von Sinnen in die Hütte, ging zu Henoch und starrte ihn an, ohne ein Wort zu reden. Henoch aber hob alsbald seine Rechte auf und sprach: „Höre, du stumme Begierde des Fleisches, die du arg diesen von Gott Berufenen gefangennahmst, ich gebiete dir in der Macht des Herrn: Verstumme und weiche aus ihm!“

Hier erwachte Muthael plötzlich wie aus einem tiefen Schlafe und sprach: „O Gott, mein heiliger Vater! Wo bin ich; was ist mit mir nur vorgegangen? Dunkel ahne ich, als wäre ich der Purista wegen mit großer Leidenschaft hierher geeilt. Doch nun ist sie mir so gleichgültig, als wäre sie gar nicht da!

Wohl erfaßte ich sie mit glühender Liebe, doch nun strahlt allein Deine Verheißung wie ein Abendstern in der Dämmerung! Und Du allein bist mir nur alles in allem! O Vater, wie war es denn möglich, daß ich auch nur einige Augenblicke lang diese Purista mehr zu lieben vermochte denn Dich?"

Darauf verstummte Muthael, und Purista, die seine Worte vernommen hatte, weinte heimlich und verwünschte den von Henoch bezeichneten Blick, der Muthael gar so verwundet hatte. Denn sie sah nun *den*, den ihr Herz doch heimlich liebte, für sie verloren.

Henoch aber rief die Purista zu sich und fragte: „Nun, meine liebe Purista, sage mir jetzt, wie dir der Muthael nun gefällt? Bist du mit mir zufrieden, da ich den Muthael durch die Gnade des Herrn also umgestimmt habe?"

Hier wurde Purista sehr verlegen, doch der neben ihr stehende Muthael sagte ohne viel nachzusinnen: „Ich finde, daß alles seine Zeit braucht. Die Dummheit braucht die ihre, die Liebe braucht die ihre wie auch die Heiratslust. Also war es auch bei mir, als ich für die Purista erglühte. Die Gnade Gottes kühlte jedoch meine törichte Weiberliebe ab, und nun kann ich gar leicht auch ohne Purista bestehen!"

Diese Worte Muthaels aber brachen der Purista das Herz. Sie weinte bitterlich und sprach: „O Muthael, hast du denn kein Herz mehr, das mir vergeben kann, so ich zu hart gegen dich gewesen bin?"

Muthael aber sprach: „Purista, – warum klagst du gegen die göttliche Ordnung? Habe nur rechtes Vertrauen auf den Herrn, denn in Seinem Willen allein liegt es, ob und wann wir uns verbinden oder trennen!

War Seine Verheißung nur eine Probe für uns, ob wir uns gegenseitig stärker lieben als Ihn, so muß ich Ihm nun aus allen meinen Kräften danken, daß Er mir meine törichte Glut gedämpft hat. Und du als eine reinste, erwählte Magd des Herrn wirst meine gegründete Ansicht gewiß im Herzen mit mir teilen! Ich erkläre dir aber hier vor Gott und allen Vätern, daß ich nun ganz gelassen den Willen des Herrn abwarten werde! Zu dir werde ich mich aber so wie zu allen Jungfrauen verhalten!

Dir Purista, wünsche ich, Gleiches zu tun. Halte dich aber in deinem Herzen allein an den Herrn, dann wird dir die rechte Abkühlung und der beste Trost werden. Das ist alles, was nun mein ganz Gott ergebenes Herz dir sagen kann! Amen."

Purista aber, ganz ergriffen von der Weisheit Muthaels, verdeckte ihr Angesicht und ging an ihren Herd zurück und bewegte die Worte tief in ihrem Herzen. (III/98-100)

König Lamech setzt Muthael zurecht

Unser Muthael aber wandte sich an den Henoch mit der Frage: „Henoch, sage mir doch, wer sind denn diese kleinen Menschen in deinem Gefolge und besonders der, mit dem du soeben geredet hast? Gehören sie etwa zu den Tieflingen, die sich erdreistet haben, gegen uns zu ziehen?"

Und Henoch erwiderte: „Ich rate dir, wende dich selbst an den kleineren Menschen, der da auch Lamech heißt; er wird dir viel sagen können!"

Adam aber winkte beifällig dem Muthael zu, denn er wußte wohl, wieviel des besten Salzes in Lamech steckt.

So fragte denn Muthael sogleich: „Lamech, du außerordentlich kleiner Mensch, sage mir, wer und woher du bist!"

Hier sah Lamech den Muthael sehr bedeutend an und sagte mit gemessenen Worten und etwas eifriger Stimme: „Höre, du sonst weiser Mann des Morgens, diese Frage macht dir keine Ehre, denn so fragt in meiner großen Stadt Hanoch das niederste Gassenvolk. Du solltest uns aber doch, da wir uns in der Gesellschaft eines Henoch befinden, etwas mehr Achtung zeigen, als so wir dahergelaufene Affen wären!

Mir wird nun auch begreiflich, warum du gegen die himmlische Purista so extrem bist! Einmal wie glühend Erz – so du solches überhaupt schon hast fließen sehen – und jetzt wieder kalt wie ein Eisblock! Die heilige Lebensmitte in der Werktätigkeit zu Gott scheint dir aber noch völlig fremd zu sein!

Die Purista ist aber rein wie Gold, während du ein Tor bist, der kaum erahnen kann, wie der Herr die Menschen zu erziehen pflegt! Gehe aber und erkenne dich selbst, dann erst rede mit mir, dem außerordentlich kleinen Menschen Lamech!" (III/101)

Diese Worte zeigten dem Muthael sogleich, mit wem er es zu tun hatte. Er verneigte sich daher vor Lamech und gedachte bei sich, die Gesellschaft so schnell wie möglich zu verlassen, indem er sich gewaltig vor den Vätern und vor der Purista schämte und in seiner Weisheit verletzt fühlte.

Henoch aber bemerkte, daß sich Muthael so ganz unauffällig der Türe zu nahen anfing und rief ihm ernst zu: „Muthael, so verläßt kein Mann eine Gesellschaft, wie da die unsrige ist! – Willst du denn eine Torheit mit einer zweiten Torheit krönen?"

Und Muthael erwiderte: „Nein, das will ich nicht – wohl aber die erste mit der zweiten vergessen machen. Zudem hat mich ja der gesalzene Lamech gehen geheißen, um mich erst selbst besser kennenzulernen!"

Doch Henoch sagte: „Muthael, du scheinst mir von einem mächtigen Eigendünkel beseelt zu sein, darum der Herr mit dir vor einiger Zeit so manches über die Liebe vom Mann zum Weib und vom Weib zum Mann geredet hat!? Sei doch nicht so töricht! Bist du doch ein mit göttlicher Verheißung erfüllter Mann, dem ich sagen muß: Muthael, bleibe hier!

Erkenne im Lichte der Väter deine Dummheit, und lerne in dir das Salz Lamechs würdigen! Denn siehe, der Herr hat schon zu öfteren Malen am Tische Lamechs gespeist. Er ist ein völlig ausgelernter Schüler des Herrn und wurde von Ihm Selbst zum Hohepriester für die Tiefe gesegnet! Nähere dich ihm wie einem stark geprüften Freunde Gottes, und du wirst sein Salz auf der Stelle bedeutend weniger beißend finden! – Verstehst du mich?“

Hier wandte sich Muthael zu Lamech, um ihn um Nachsicht seines Fehlers zu bitten. Lamech aber kam ihm zuvor und sagte: „Aber Bruder, ich wollte dir nur aus brüderlicher Liebe deinen Hochmut aufdecken, der dich trotz dieser herrlichen Verheißungen verderben würde. Du hast mich nicht beleidigt, da du gerade der bist, an dem ich mein Liebe- und Freundschaftsband knüpfen möchte! Ich liebe dich, Bruder Muthael, überaus! Magst auch du mich, einen Abkömmling Kains, mit Liebe erfassen?“

Da öffnete Muthael weit seine Arme und rief: „Komme her, mein Bruder Lamech, dies hätte ich nicht geglaubt, in dir einen so herrlichen Bruder zu finden! Sei mir darum ein Ratgeber in meinem Verhältnis zur Purista, der reinen Dienerin des Herrn!“ (III/102-103)

Lamech verwies ihn jedoch an den Herrn; sollte doch das Vertrauen zu Gott ungeschwächt im Herzen Muthaels siegen. So begab sich Muthael denn auf ein abgelegenes Plätzchen in der freien Natur und sagte bei sich: „Hier will ich in der Liebe zum Herrn verweilen, bis ich Sein Wort vernehmen werde. Ich will weder essen noch trinken, und koste es mein Leben!“

Es verging aber also der ganze Tag und spät abends gedachte Adam des Muthael und fragte den Henoch, was wohl mit ihm sei. Und Henoch antwortete ganz ruhigen Herzens: „Vater Adam, sei unbekümmert wegen dem Muthael. Er faßt nun endlich den festen Willen, sein ganzes Leben und Lieben dem Herrn zu opfern.

Bald werden wir ohnehin Zeuge sein, wie der Herr jene führt, die Ihm alles zum Opfer dargebracht haben! Er prüft sie nach der Stärke ihres Gemütes! Wir wollen guten Mutes sein und Gott die Ehre geben! Amen.“

Darauf begaben sich alle hinaus ins Freie. Die Väter aber wünschten, in der Hütte des Uranion die Nacht zu verbringen. Und Uranion berief sogleich seine Kinder, ja alles auf das beste vorzubereiten! (III/104-105)

Purista bei Muthael

Die ganze Gesellschaft wurde nun von den Kindern des Morgens in Uranions Hütte auf das herzlichste empfangen. Auch Purista kam hinzu und wollte eben erfragen, ob sie für den morgigen Sabbat in der Küche ein Opfermahl bereiten solle, da erschallte aus der Morgengegend ein Ruf zu ihr: „Purista, du Geliebte Meines Herzens, komme auf die Höhe, die sich hinter dieser Hütte gar sanft erhebt, denn Ich habe mit dir zu reden! Frage aber nicht, wer dich gerufen, sondern komme alleine und fürchte dich nicht!"

Adam meinte, es sei Muthaels Stimme gewesen und war besorgt, was er denn so spät noch mit der Purista allein so Wichtiges zu reden habe. Purista aber lief, ohne sich umzusehen, der Stimme der Liebe nach. (III/106)

Henoch beruhigte den Adam, und unsere Gesellschaft verbrachte mit mancherlei wertvollen Gesprächen recht schnell den Abend. Als aber Adam, ob seines Alters müde geworden, sich gerade mit der Eva zur Ruhe begeben hatte, da trat Purista mit Muthael und zwei Fremden in die Hütte, so daß darum in der noch wachenden Gesellschaft eine große Freude entstand.

Sogleich wurden Fackeln angezündet, die die Hütte hell erleuchteten und feine Düfte verbreiteten. Lobgesänge erschallten, und immer mehr Gäste strömten jubelnd in die Hütte!

Adams Neugierde auf seinem Nachtlager im dunklen Hintergrunde der Hütte aber wuchs so mächtig, daß auch Eva ihn nicht mehr zurückhalten konnte, als er sagte: „Eva, mein geliebtes Weib, wie aber, wenn der Herr nun Selbst zu den Kindern gekommen ist?"

Und Eva sprach: „So will ich denn gleich mit dir gehen!" Da erhoben sie sich und traten hervor unter die vielen Kinder.

Sie wurden freudig empfangen und Henoch eilte ihnen entgegen und verkündete: „Siehe, Vater Adam! Dort sitzt Muthael mit seinem Weibe Purista, vom Herrn Selbst ehelich verbunden! Wie freuen wir uns, daß der Vater die Liebe Seiner Kinder segnet, die sie Ihm ganz aufgeopfert haben!"

Adam wurde zu Tränen gerührt und sah unverwandt auf das neuvermählte Paar und segnete es im stillen in seinem Herzen.

Nun entdeckte er aber auch die beiden Fremden zu Seiten des neu vermählten Paares und forschte in seinem Herzen, wer sie wohl wären. Henoch jedoch kam seiner Frage zuvor: „Siehe Vater, Der da sitzt an der Seite der Purista ist der Herr Selbst! Und der neben Muthael Sitzende ist der Geist Zuriels, der Vater der Ghemela, die mit Lamech zur Linken des Herrn sitzt.

Und so siehst du zwei Ehepaare, deren Kinder mit ihren Kindern die neue Erde betreten werden!“

Da weinten Adam und Eva vor freudigster Wehmut und vermochten nicht zu reden. Der Herr stand aber auf und sprach „Adam, tritt Mir näher! Wirst du Mich erkennen, so Ich dich erwecken werde zum ewigen Leben? Wirst du Mich wohl erkennen auf einer neuen Erde, in einem neuen Himmel, so diese Erde und dieser Himmel vergehen werden wie ein altes Kleid?“

Adam aber fragte, mächtig ergriffen: „O Herr und Vater, wann wird solch Unfaßbares geschehen?“

Und der Herr sprach: „Siehe Adam, es geschieht schon vor dir! Die aus dir sind, werden es in den Zeiten der Zeiten fassen! Du aber wirst es nicht eher fassen, als bis Ich zu dir sagen werde: Adam, erstehe, komme und lebe!“ (III/112-113)

Die Abschiedsrede des Herrn

Danach wandte sich der Herr an alle Anwesenden: „Kinder, Ich habe nun die Höhe wie die Tiefe wohl geordnet und mit gut gangbaren Wegen verbunden, daß ihr euch gegenseitig unterstützen könnt.

Über zwei Monde lehrte Ich euch Selbst, euch wesenhaft sichtbar, Mich als Gott und Vater zu erkennen und in Mir das ewige Leben des Geistes und darin alle Liebe, Weisheit, Macht und Kraft zu finden, wodurch euch alle Dinge untertan werden. Ich erweckte mehrere von euch, die Schwächeren und noch Blinden rechten Weges zu leiten.

Ich gab euch kein Gebot, sondern zeigte euch die Freiheit der Liebe! Ihr erhieltet die vollste Versicherung, daß die, die vollkommen in der Liebe wandeln, den Leibestod nie erleiden und wie Zuriel, Sehel und Pura in das vollkommene Leben übergehen werden!

Ihr seid nun vollkommen versorgt für Zeit und Ewigkeit! Bleibet in dieser Herzensverfassung und lasset euch nicht unweise gelüsten nach den eitlen Dingen der Welt!

Tretet ihr aber eigenmächtig aus Meiner Ordnung und werdet euch des Eigennutzes und der Herrlichkeit der Welt wegen untereinander beherrschen, dann werde Ich Mein Angesicht von euch abwenden. Ihr werdet sodann in den Pfuhl aller Unzucht und tierischen Begierde versinken! Was ihr dabei gewinnen werdet, brauche Ich euch nicht zu sagen. So segne Ich euch und sage: Meine Liebe bleibe bei euch und unter euch! Amen!“

O Bild der Urstammzeichen!

O tröstliches Verheißen!
Trotz aller Welten Gleißen
ein Stern voll Gotteshuld!
O Herz, nur treu verblieben,
denk' an Ghemelas Lieben,
sie tilgt beim Vater jede Schuld!

O Bild der Urstammzeichen,
dir werden Zeiten weichen.
Es naht das Gotteskind
reich an Purista-Gaben,
eröffne, Herr, die Waben,
die nur in Deinem Kinde sind!

Muthael, Überwinder,
zeug' aus dem Geiste Kinder,
die im Gehorsam steh'n.
Lamech, du Fels der Treue,
den Lebensbund erneue,
bis wir den großen Tröster seh'n!

Ihr kommet, sel'ge Brüder,
wie Zuriel uns wieder
im schattenlosen Licht!
Wo immer wir alleine,
ihr seid mit im Vereine,
wenn's uns vor Weltlingen gebricht!

Bild auf der Vorseite:
Der Herr mit den Vermählten Muthael und Purista (links)
und Lamech und Ghemela (rechts).
Im Vordergrund Henoch mit den Urstammeltern.

Hier ward der Herr samt Zuriel wieder unsichtbar, und alle lobten und priesen Gott bis in den Tag hinein und feierten so den Sabbat. Lamech aber kehrte unter vielen Segnungen mit seiner Gesellschaft in die Tiefe zurück und hielt dort weise die Ordnung des Herrn und machte sein Zeitalter zum wahrhaft goldenen. (III/114)

Adams Heimgang

Also waren nun die Menschen der Erde durch des Herrn Erziehung und Lehre gebildet und die Kluft zwischen der Höhe und der Tiefe war aufgehoben. Die wahre Erkenntnis Gottes war in den Menschen lebendig und die erste Kirche gegründet, in der jeder Mensch die innere Welt des Geistes in der reinen Liebe zu Gott finden konnte.

Als aber Adams Zeit erfüllt war, berief er alle seine Hauptstammkinder und sprach zu ihnen: „Kinder, nun habe ich 930 Jahre auf dieser Erde gelebt und bin müde und schwach geworden. Ich habe darum Gott gebeten, daß Er mich stärke oder zu Sich nehme wie einst den Zuriel, den Sehel und die Pura.

Da sprach der Herr zu mir: ‚Da du gesündigt hast in deinem Fleische, kannst du die Erde nicht so verlassen wie die drei von dir Genannten. Dein Leib soll der Erde wiedergegeben werden, aber deine Seele mit dem Geiste aus Mir will Ich dem gerechten Orte Meiner Erbarmung zuführen. Ein Engel wird dich noch an diesem Tage von deinem Leibe erlösen. Wie du aber das Zeitliche verlassen wirst, werden es alle Menschen verlassen müssen, die in ihrem Leibe gesündigt haben!‘

Kinder, so ist heute mein letzter irdischer Tag vor euch. Eure Mutter Eva wird noch einige Zeit hier bleiben; haltet sie in Ehren und sorget gut für sie! Dir, Henoch, übergebe ich meine Wohnung und die Sorge um die Mutter!

Dir Seth, übergebe ich alles Land und dessen Erträgnis. Sorge damit für alle, die in meiner Hütte wohnen werden; denn diese soll fortan dem Hohenpriester zu eigen bleiben, und er soll leben von dem zehnten Teile aller Erträge des Landes.

Meinen Leib aber sollen Henoch, Jared, Mathusalah und Lamech, ohne alle Verehrung, heimlich begraben. – Das alles ist mein und des Herrn Wille! Danach handelt! Amen.“

Darauf segnete Adam zum letztenmal die Seinen, neigte sein Haupt und starb. Sein Leib aber wurde von den Genannten auf einem hohen Berge begraben, und niemand außer ihnen wußte die Stelle. Alle Kinder aber weinten und trauerten bei einem Jahre lang.

Auch die Kinder der Welt in der Tiefe betrauerten den Urvater der Erde. Ihr Führer Lamech aber sandte Boten nach allen Seiten der Erde und ließ allen damals zugänglichen Völkern den Tod Adams verkündigen. Und wohin die Kunde kam, entstand tiefe Trauer über den Verlust des Erzvaters.

Eva aber gewann immer mehr Ansehen, und es geschah nicht selten, daß ganze Prozessionen sich von allen Seiten auf die Höhe begaben, um die Erzmutter zu begrüßen. Selbst Abgesandte Sihins kamen auf das Gebirge der Kinder Gottes und besuchten Eva. Die Kainiten in Afrika und die Meduhediten in Japan aber erfuhren nicht von Adams Heimgang, denn diese zwei Völker waren damals gänzlich getrennt von den Festlandsbewohnern.

Eva aber blieb ungeachtet der vielen Tröstungen tief betrübt bis zu ihrem Lebensende, und selbst die Tröstungen Henochs vermochten sie nicht immer zu erheben. Nur ihr Liebling Seth allein vermochte oft wohltätig ihr Herz zu erheitern, da er seinem Vater Adam sehr ähnlich war in der Gestalt und im Tone seiner Rede. (III/115-116)

Evas Heimholung durch Adam

Also gingen 30 Jahre in guter Ordnung vorüber. Drei Tage vor dem Tode der Eva aber geschah es, als eben Seth, Jared, Henoch, Mathusalah und Lamech die schon sehr schwache Erzmutter liebsorgend umgaben, daß der Geist Adams in die Hütte trat und sprach: „Kinder, seid mir gesegnet! Sehet, der Herr erbarmt sich nun meines treuesten Weibes und will sie mit mir als sanftes Lamm auf den geheiligten Triften Seiner Erbarmung weiden!

Mich hat der Geist Sehels erlöst, Eva aber werde ich selbst ihrer irdischen Last entbinden, in der süßen Ruhe mit ihr harrend jenes Tages, der nach der Verheißung des Herrn als Sonne der Sonnen für die Erde aufgehen wird! Am dritten Tage werde ich sie holen! Was du, Henoch, aber mit dem Leibe der Mutter machen sollst, wird dir wie allzeit der Herr kundgeben!“

Hier verschwand der Geist Adams und kam am bezeichneten Tage, allein dem Henoch und der Eva sichtbar, wieder. Eva segnete alle anwesenden Kinder und lobte Gott für diese Gnade.

Der Geist Adams aber sprach, den anwesenden Kindern hörbar: „Eva, meinen Segen mit dem deinen vereint, hast du allen Kindern gegeben. So komme denn in meine Arme im Namen des Herrn!“

Hier sank die Eva darnieder und verschied im Kreise der Kinder. Ihr Geist und ihre Seele aber entschwand mit dem Geiste Adams und wurde fortan nimmer gesehen.

Ihr Leib wurde nach dem Willen des Herrn von den Söhnen, die Adam begraben hatten, an derselben Stelle beerdigt, und niemand durfte den Ort wissen. Auch ihr Heimgang hinterließ jahrelange Trauer und bewirkte, daß sich viele Menschen verbargen und ein überaus frommes Leben in der Einsamkeit führten. Besonders mächtig wirkte es auf die Abendlandbewohner – die sich nun Abedamiten nannten – denn Abedam war ein besonderer Liebling Evas, so wie er sie auch besonders lieb hatte. (III/116)

Noahs Geburt und Henochs Verklärung

Viele Menschen auf der Höhe aber hatten nach dem Tode der Ureltern keine rechte Lebensfreude mehr, da sie den Leibestod nun vor Augen gesehen hatten. Ihre ganze Sehnsucht war, so bald als möglich den Hauptstammeltern nachzufolgen.

So entstanden im Laufe von hundert Jahren viele Sonderlinge, die ein barstes Einsiedlerleben führten. Die Verachtung der Welt ging bei einigen so weit, daß sie sich unter großen Feigenbäumen Hütten erbauten und da kümmerlich lebten, solange der Baum Früchte trug. Andere wieder sagten: Wozu noch Kinder zeugen? – Hat ein jeder von uns doch nur den Tod und das Verderben des Fleisches zu erwarten! Wir werden uns nimmer dazu gebrauchen lassen, um unglückliche Wesen unserer Art ins Dasein zu rufen!“

Da nützten auch Henochs Reden und Bemühungen nichts, sie von diesen Torheiten zu heilen. Und als er einsah, daß bei diesen superklugen Menschen unter Belassung ihres freien Willens nichts mehr auszurichten war, bat er endlich den Herrn, daß Er ihn zu Sich nehmen möchte.

Der Herr aber sprach zu Henoch: „Mein getreuester Diener! Siehe, noch in diesem Jahre wird Lamech, dein Enkel, einen Sohn bekommen! Diesen mußt du zuvor segnen! Dann will Ich auch dich von der Welt erlösen, wie Ich es dir verheißen habe!“

Und Ghemela gebar diesen Sohn im 182. Jahre Lamechs, den Henoch nach dem Auftrag des Herrn segnete. Lamech aber sprach nach der Segnung hinzu: „Noah sei dein Name! Du wirst uns trösten in unserer Mühe und Arbeit auf Erden, die Gott der Herr verflucht hat!“

Aus diesem Ausrufe können wir ersehen, daß sogar die Gemütsstimmung Lamechs nicht mehr in der Ordnung war. Denn darin lag der offenbare Vorwurf, es gäbe bei Gott keine Tröstung mehr wegen des vermeintlichen Fluches der Erde. Er meinte, Gott hätte Freude am Leibestode der Väter. Daher sollte sein Sohn Noah ein Tröster werden.

Henoch aber verwies dem Lamech solche Rede und zeigte ihm an, daß der Herr das Verhalten Seiner Kinder mit wehem Herzen sehe, indem Er doch Selbst allen ein ewiges Leben im Geiste nach der Ablegung des versuchenden Fleisches allzeit überzeugend gelehrt hatte.

Aber Lamech erwiderte: „Solches weiß ich so gut wie du, Vater Henoch! Wenn ich auch in mir das gewisse ewige Leben erschaue, warum denn kann ich die nicht mehr sehen, die hinübergegangen sind? Könnten sie uns doch zeigen, daß sie auch ohne Leib leben und selig sind!"

Und Henoch sprach: „Sahst du nicht den Geist Adams, Zuriels, Ahbels und Sehels? Was begehrst du noch mehr?"

Lamech aber sagte: „Kann Er nicht die Getöteten wieder ins scheinbare Leben und Dasein rufen, nur daß wir glauben, sie leben noch? Wir leben auf dieser Erde, um getötet zu werden; wir sind zum Fluche, aber nicht zum Leben hier! Wo Leben ist, da sollte es auch allzeit ersichtlich sein!

Der Sünde Adams wegen muß aller Menschen Fleisch getötet werden! Welch ein Fluch! So ich nie gesündigt habe, warum soll mein Leib getötet werden der Sünde Adams willen? Siehe, das finde ich grausam!"

Da segnete Henoch seinen Enkel Lamech, ging hinaus und weinte vor dem Herrn. Der Herr aber tröstete Henoch und nahm ihn zu Sich mitsamt seinem Leibe. (III/117)

Lamechs Umkehr und Berufung zum Hohepriester

Lamech wartete diesmal vergeblich auf die Rückkehr des Henoch. Lange suchte er nach ihm die ganze Höhe ab und sandte Boten nach allen Richtungen, sogar in die Tiefe. Ein ganzes Jahr lang dauerte dies Suchen in allen Gegenden, ohne nur das geringste von Henoch in Erfahrung zu bringen. Als aber der Lamech der Tiefe 10.000 Boten ausrüstete, um auch in fernen Landen nach dem Henoch forschen zu lassen, da sprach der Herr zu ihm: „Lamech, mache dir nicht gleich Meinen törichten Höhenkindern eine vergebliche Mühe. Ich habe den Henoch zu Mir genommen! Rüste aber zwei Boten aus und sende sie mit dieser Kunde zur Höhe!"

Nachdem die Boten aber solches dem Lamech der Höhe verkündet hatten, sprach er zu einer Versammlung der Höhenbewohner: „Der Herr hat uns nun auch den Henoch genommen, oder gar getötet, darum bleibe ab nun seine Stelle als Hohepriester leer! Mache jeder, was er will – und der Herr mag tun was Er will! Ich meinesteils werde nicht viel tun für den Tod! –

Zeuget keine Kinder mehr, und lasset das Land brach liegen, damit die Erde entvölkert werde! – Da mag dann Gott töten, wie und wen Er will!“

Diese Rede Lamechs aber fand großen Anklang, und es waren nur wenige, die der alten Ordnung Gottes treu verblieben, so daß in den darauffolgenden 30 Jahren kaum mehr Kinder in die Welt geboren wurden.

Nach dieser Zeit, als sich der Trauergroll des Lamech etwas gesänftet hatte, erschien ihm der Herr zuerst in einer Feuerwolke, dann leibhaftig in Begleitung der verklärten Urväter Henoch und Adam und entdeckte ihm sein frevelhaftes Verhalten und seine unaussprechliche Undankbarkeit an Ihm, dem göttlichen Vater.

Da ging Lamech in sich und erkannte sein großes Unrecht vor dem Herrn, fiel schluchzend vor Ihm nieder und sprach aus zerknirschtem Herzen: „O Gott und Vater, nun erschaue ich die ganze Fülle meiner Bosheit! Ich war blind und glaubte, mit Dir rechten zu können! Strafe daher, o Herr, mein dummes Fleisch und laß Meinen Geist nicht völlig zugrunde gehen!“

Der Herr sprach jedoch zum Lamech: „Erhebe dich, Mein Sohn! Meinst du denn, Ich hätte tatsächlich Lust am Strafen Meiner Kinder? Ich sage dir: Ein jeder Streich, den Ich dir geben würde, täte Meinem Herzen mehr weh, als deiner Haut! Daher will Ich dich nicht schlagen, sondern segnen!

Gedenket aber alle, daß die Erde Mein Land ist! Bearbeitet sie darum zum Nutzen der euch nachfolgenden Menschen! Mehret euch weiter und zeuget Mir Kinder! Und gedenket der vielen, die noch in der Materie gefangen sind und ihrer Erlösung harren!

Du aber, Mein Lamech, werde Mir ein treuer Nachfolger Meines Henoch und bringe alles Arge wieder in die rechte Ordnung! Amen.“ (III/118-121)

Des Herrn Warnung an Lamech

Nach diesen väterlichen Worten gelobte Lamech dem Herrn, die alte Ordnung mit Seiner Hilfe wieder herzustellen und dafür zu sorgen, daß sie bei allen Nachkommen eingehalten werde.

Der Herr aber sprach zu ihm: „Lamech, tue, was du kannst! Breche aber nichts übers Knie, denn siehe, es liegt viel Eigensinn im Volke! Habe aber acht, daß dir die Schlange keinen Streich spielt, denn sie hat in der Tiefe schon begonnen, das Fleisch der Töchter zu kultivieren und gar glatt und fein zu machen. Warne daher Meine Kinder vor den häufigen Besuchen der Tiefe, daß sie der Falle entgehen, die Satan ihnen gestellt hat!

Solches merke dir aber für alle Zeiten der Erde: Wenn du sehen wirst, daß das Aussehen der Weiber stets üppiger wird und sie mit bloßem Kopfe und nackter Brust einhergehen werden; wenn sie lüstern den Männern nachlaufen und sich putzen und schmücken, um selbe zu fangen; wenn das Weib sich über den Mann erheben wird, um ihn zu beherrschen – dann, Lamech, hat sich die Schlange zum Herrn der Welt gemacht!

O höre Mich, Mein lieber Lamech, dann werde Ich die Welt verlassen und sie dem übergeben, dem sie huldigt! Meine Ohren aber werde Ich verstopfen und zur bestimmten Zeit Mein Gericht senden! Wahrlich, Ich sage dir, die Welt hat schon einen großen Schritt zu ihrem Verderben gemacht! Daher rufe alles Volk zur Umkehr! Beachte diese Worte wohl, und sei Mir ein rechter Diener! Amen."

Hier entschwand der Herr mit den Vätern, und Lamech ging, ernster Gedanken voll, nach Hause, zeichnete das Gehörte auf, und berief die Ältesten zu sich, um ihnen des Herrn Worte getreuest zu offenbaren. (III/122)

Die Ältesten aber erkannten in den Worten Lamechs den Herrn, der sie erneut heimgesucht hatte, und gingen festen lebendigen Glaubens und frohen Mutes auseinander, um die Botschaft in alle vier Richtungen der Höhe zu tragen. Allein, der größte Teil des Volkes glaubte ihnen nicht, sondern verlachte sie ob der Warnung vor den Reizen der Weiber der Tiefe und schickte sie unverrichteter Dinge wieder zum Lamech zurück.

Zum darob erbitterten Lamech sprach der Herr im Herzen: „Lamech, Ich sagte dir ja: ‚Breche nichts übers Knie!' Daher beachte nun dieses: Wer kommen will, der komme – wer aber nicht kommen will, den lassen wir laufen, wohin er will! Wer Lust hat nach den Weibern der Tiefe, der soll sich nur um sie bewerben, aber danach nimmer die Höhe betreten! Daher sei ruhig und bleibe mit den Mir Treuen in Meiner Liebe ewig! Amen." (III/123)

Der Verfall der ersten Kirche auf Erden

Da nun die Urväter alle abberufen waren, nahm der Weltsinn weiterhin überhand. Die Menschen waren bald nur noch materiell gesinnt und ließen sich von Gottes Geist weder führen noch strafen. Die alte Schlange der Eigenliebe aber bot den ganzen Trug der Hölle und des Fleisches auf, dem Herrn und liebevollsten Vater besonders die Kinder der Höhe abtrünnig zu machen. Sie wußte die Natur des Erdbodens mit ihrem Fluche so üppig zu gestalten, daß die Menschen gar bald verweichlichten und aus ihnen Faulenzer und Müßiggänger wurden.

Die kräftigsten Jünglinge und Männer fingen an, die Tiefe stets öfter zu besuchen, da sie dort in hohem Ansehen standen und auch eine Menge der reizendsten Mädchen fanden. Diese nahmen sie meist zu Frauen, siedelten sich in der Tiefe an und zeugten mit ihnen kräftige und weltmächtige Söhne.

Das heißt: Diese Vermengten aus Höhe und Tiefe waren Gesegnete der Schlange, die sie mit aller Weltmacht, Kraft und Gewalt ausrüstete! Sie bauten neue, große Städte, befestigten diese mit starken Ringmauern und spielten bald die Herren des großen Landes.

Der vom Herrn für die Tiefe gesegnete König Lamech aber mußte mit großem Bedauern mitansehen, was die Höhenabstämmlinge in seinem Land anrichteten. Vor seinem irdischen Ableben im Alter von 630 Jahren (für die Tiefe beispiellos) berief er seine Kinder zu sich und ermahnte sie: „Kinder, der Herr wird mich zu Sich rufen! Haltet fest an Ihm und Seiner heilvollen Ordnung! Wenn ihr Ihn je verlaßt, werdet ihr zu ohnmächtigen Sklaven dieser Weltmächtigen werden, die nun täglich von den Bergen herabkommen und unsere Völker zu unterjochen beginnen! Des Herrn Geist sei mit euch, wie Er mit mir war!"

Bald darauf starb Lamech und wurde von den Völkern der elf Städte viele Jahre lang beweint. Solange Lamechs Sohn Thubalkain noch den Hored und den Tempelwächter Terhad sowie Mura und Cural hatte, erhielt sich der Staat Hanoch mit den zehn Fürstentümern so leidlich, obschon man gegen die stets mächtiger werdenden Siedlungsstädte der Gebirgsvölker eine Art Militär aufstellen mußte. (III/126-127)

Uraniel wird König der Tiefe

Als Thubalkain starb, hinterließ er zwei kleine Mädchen und keine männlichen Nachkommen. Darum sandte man zu Lamech der Höhe um einen Nachfolger für das Königsamt, indem auch Hored, Terhad, Mura und Cural schon vordem gestorben waren. Lamech aber segnete Uraniel, den 30jährigen Sohn von Muthael und Purista, zum neuen König der Tiefe.

Uraniel wurde mit großen Ehren und Jubel in Hanoch empfangen und in die herrliche Residenzburg geleitet. Zehn Jahre ging es unter seiner Leitung in der Ordnung Gottes ganz gut vonstatten, da er erfüllt war mit dem Geiste Gottes. Als jedoch die beiden Töchter Thubalkains erwachsen wurden, begann das Übel seinen Lauf zu nehmen. Denn diese zwei Töchter waren von solch äußerer Schönheit, daß alle Männerwelt vor ihnen niederfiel und ihnen förmlich göttliche Verehrung angedeihen ließ.

Lamech segnet Uraniel zum König der Tiefe

Die zwei waren zwar von guter Erziehung und verwiesen solches jedermann, allein es nützte nicht viel. Täglich wurde morgens und abends vor dem Palast eine Lobeshymne zur Ehre der beiden „Göttinnen" angestimmt und diese mußten sich am Fenster zeigen, so sie des sonst darauf folgenden Geheuls der Männermenge entbehren wollten.

Nachdem dieser Unfug schon ein Jahr währte, wandte sich Uraniel endlich an den Herrn und bat Ihn um Abhilfe. Der Herr aber sprach: „Warum fragst du Mich so spät, und warum hast du dein eigenes Herz vom Fleische der beiden Töchter gefangennehmen lassen? Siehe, hier ist ohne eine Beschränkung deiner Freiheit kein Rat mehr möglich! Berate dich daher in deinem Herzen und tue, was dir gefällt! Mich aber laß vorderhand aus dem Spiele!"

Diese Antwort gefiel dem Uraniel nicht, und so beschloß er, heimlich mit den beiden zu entfliehen. Doch kurz bevor er entfliehen wollte, kamen die angesehendsten Männer aus Hanoch zu ihm und rieten ihm, doch die beiden Töchter zu seinen ordentlichen Frauen zu nehmen.

Dieser Antrag gefiel dem Uraniel, so daß er sich ohne den Segen seines Vaters auf der Höhe mit den Töchtern Thubalkains vermählte. Diese Heirat verminderte bei der Männerwelt zwar etwas die Vergötterung der beiden Frauen, doch eiferten sie nun um so mehr, sich zur Ehre des Königs auch jeweils zwei schöne Frauen zu nehmen. Uraniel aber war im Geiste schwach geworden und konnte gegen ihre Argumente nichts einwenden. (III/127-129)

Die Errichtung von Verschönerungsanstalten

Da nun alle fleischlich gesinnten Männer ehrenhalber auch zwei schöne Frauen haben wollten und es in der Regel auch damals mehr unschöne als besonders schöne Frauen in Hanoch gab, sann man auf künstliche Mittel, diese schön zu machen.

In Kürze entstand eine Weiberverschönerungsanstalt in welcher mehrere tausend Mädchen im Alter von 12-20 Jahren, so sie nur irgend gerade Glieder hatten, aufgenommen wurden und darin mit den feinsten Speisen genährt und mit den feinsten Ölgattungen gewaschen wurden.

Wer sich nun aus dieser Anstalt zwei verschönerte Frauen nehmen wollte, mußte an die Vorsteher einen tüchtigen Tribut entrichten und noch zwei junge Mädchen dafür geben. Damit aber jeder sich seine Frauen von dort holte, wurde ein Erlaß vom König unterzeichnet, daß da niemand bei seinem Hofe erscheinen dürfe, der nicht seine Frauen aus dieser „Königsehranstalt" hatte, wie man diese zu nennen pflegte.

Damit wurde der Grund zum Menschenhandel gelegt und große Standesunterschiede waren die Folge. Man kann sich denken, daß Satan alles nur Mögliche aufbot, um diese Unternehmungen der Menschen zu unterstützen. Von Jahr zu Jahr erfand man neue Verschönerungsmethoden, so daß eine Frau bald keinen Wert mehr hatte, so sie nicht aus dieser „Königsehre" war.

Schon bald entstanden neue Anstalten und die Verschönerungskünstler nahmen des guten Lohnes wegen auch ältere Frauen in ihre Institute und putzten und mästeten sie, daß es eine Schande war. Es erfuhren auch alle Nachbarvölker von den schönen Frauen, die in Hanoch erzeugt wurden und kamen mit Schätzen beladen, um diese zu kaufen. (III/129-130)

Zehntausend Frauen der Höhe fallen der Tiefe anheim

Die Höhe hatte sich in dieser Zeit sehr gereinigt, denn alles, was schiefen Sinnes war, zog in die Tiefe. Und wer von den Männern einmal das bezaubernde, süße Gift der Tiefe und des Fleisches verkostet hatte, zog nicht mehr zurück zu seinen Brüdern und Schwestern. Selbst die ausgesandten Boten der Höhe kamen nicht mehr zurück. Zu viele Vergnügungen und Ehrungen wurden ihnen dort bereitet. So zogen sie das weltbequeme Fleischesleben dem harten, überwindungsvollen wahren Leben auf der Höhe (der Reinheit des Herzens) vor.

Und so konnten Lamech, Muthael und Noah, letzterer war schon 80 Jahre alt, nichts mehr aus der Tiefe erfahren. Weil es aber die Ehefrauen der untreuen Männer und viele Ledige auch gelüstete, in die Tiefe zu ziehen, sprach der Herr zu Lamech: „Halte sie nimmer auf, die da Meiner vergessen haben! In der Tiefe sollen sie ihren Lohn empfangen!"

So berief Lamech die über zehntausend Frauen zusammen und sprach zu ihnen: „Höret, der Herr hat wegen euch zu mir geredet! Ich will euch nimmer aufhalten! Die aber bleiben wollen aus Liebe zu Gott, die mögen bleiben!"

Als die Frauen das vernommen hatten, versahen sie sich mit Speise und liefen alle jubelnd in die Tiefe. Dem Lamech und Muthael aber wurde es traurig zumute, doch Noah sprach zu ihnen: „Lassen wir es geschehen! Der Herr sieht nur auf die Seinen und nicht auf die Fremden! Hat Er doch im Anfange auch nur ein Paar erschaffen und die Erde ist voll von Menschen! Wenn wir Ihm treu bleiben, können sich auch die Höhen wieder füllen!"

Das beruhigte den Lamech wie den Muthael, und sie lenkten ihre Gedanken von der Tiefe zum göttlichen Vater und sannen nach, wie sie Ihm am meisten lieben und dienen konnten. Der Herr aber besuchte des öfteren die wenigen Getreuen auf der Höhe. (III/131)

Die Nachkommen der Höhenfrauen und der Hanochiten

In Hanoch aber frohlockte man über den herrlichen Fang von Höhenfrauen und brachte sie sogleich in die berühmte Verschönerungsanstalt, um sie dann später an die fremden Völker verkaufen zu können.

In eineinhalb Jahren waren sie von den Professoren und Künstlern zu solch betörender, blendender Schönheit geformt worden, daß sie hernach den Hanochiten besser gefielen als ihre eigenen Frauen. Deshalb tauschten sie ihre eigenen Frauen samt Töchtern mit diesen in den Anstalten der Hölle aus und zeugten sehr eigenartige Kinder mit ihnen.

Diese Kinder der Höhenfrauen mit den Hanochiten waren, männlich wie weiblich, überaus schön und voll Erfindungsgeistes, und das besonders im Fache der Mechanik, der bildenden Künste, der Chemie sowie in tausend anderen Fächern.

Das Glas war eine Haupterfindung dieser Mischlinge. Man fing an, Geld zu prägen, und der Handelsstand des Staates Hanoch hob sich mächtig. Alles wurde stets glänzender und größer. Auch allerlei Schulen und Bildungsstätten wurden errichtet, und nach dreißig Jahren strotzte Hanoch von prächtigen Gebäuden und Palästen. (III/133 ff)

Die Errichtung einer Aristokratie über Asien

Die Kinder der Höhenmänner mit den Frauen der Tiefe waren aber inzwischen so mächtig geworden, daß sie die zehn Außenstädte Hanochs unterjochten. Lediglich die große Stadt Hanoch konnten sie wegen der starken Ringmauern nicht mit Gewalt erobern. Nach langer Belagerung und durch Aushungerung zwangen sie den Hanochitern aus ihren Reihen 1000 Räte auf. Diese rissen mit großer List immer mehr Macht an sich, und der schwach gewordene König Uraniel mußte bald nach ihrer Pfeife tanzen.

Durch Einsetzung höriger Fürsten über alle Städte entstand ein Volksadel und eine Volkskastenführung, durch die besonders die männlichen Nachkommen Hanochs für die niedrigsten Arbeiten verknechtet wurden.

Der schon bejahrte König Uraniel weinte über dieses furchtbare Ungemach und sprach vor den 1000 Räten: „Wenn ihr uns schon vernichten wollt, so ergreifet eure Waffen und tut es bald, aber martert uns nicht so langsam zu Tode!“ Die Räte aber erwiderten: „Übergib uns ganz die Leitung von Hanoch, so wirst du deine Stadt bald in blühendstem Zustande erschauen! Du bleibe aber, verhüllt in ein mysteriös-geheiligtes Wesen, unser König, der überall hoch verehrt werden soll!“

Der schwache König unterschrieb alle Beschlüsse der schlauen Räte, so daß sich aus deren Verfassung die schändlichste Aristokratie herausbildete. Die neuen Herren wurden stets mächtiger und dehnten ihr Reich immer weiter aus. Sie unterjochten alle Nachbarvölker und zwangen ihnen riesige Tribute ab. Nur die hohen Gebirgsgegenden und das Reich Sihins blieb von den Hanochiten verschont. Es entstanden hundert lehenspflichtige Fürstentümer, deren Fürsten willkürliche Gesetzgeber in ihren Ländern und zugleich auch Priester des Volkes waren. (III/136-137)

Uraniels Familie

Diese Aristokratie bestand etwa hundert Jahre lang, als Uraniel in größter Not sterben mußte, um dadurch wieder die verwirkte Gnade Gottes zu erlangen. Er hinterließ fünf Töchter und zwei Söhne, die aber alle, samt seinen beiden Frauen, auf der Höhe lebten.

Das geschah so: Als sich Uraniel bei Einsetzung der Räte, in seiner großen Drangsal, wieder zum Herrn gewandt und Ihn um Abänderung des Elends gebeten hatte, sprach der Herr zu ihm: „Höre Mich an, du Blinder, hättest du Mich doch früher darum gebeten – nun ist es zu spät! Ein blindes und dummes Volk, wie es im Anfang unter Lamech war, ist leicht zu bekehren, denn es hat noch ein offenes, gläubiges Herz; aber ein so hoch kultiviertes Industrievolk hält sich für weiser als Ich es bin. Ja, es braucht Mich nicht, denn die Welt hat sich nach seiner Meinung selbst erschaffen!

Meine Kinder haben ihre Höhen verlassen und haben mit den Frauen der Tiefe kräftige und des Weltverstandes volle Kinder gezeugt, die überall die Herren sind. Siehe, auf der Höhe leben noch Mathusalah, Lamech, sein Sohn Noah und dein Vater und deine Mutter. Diesen gib deine Kinder zur Erziehung; denn würdest du sie hierlassen, würden sie dir geistig und leiblich von den Räten getötet werden.

Wenn du nicht mehr auf Erden sein wirst, werde Ich aber deine beiden Söhne als mächtige Lehrer in die Tiefe senden. Wird sich das Volk bekehren, will Ich Meine strafende Rechte zurückziehen. Sonst aber werde Ich alle richten und Mir ein neues Geschlecht auf der gereinigten Erde ziehen!“

Da sandte Uraniel seine zwei Frauen mit den Kindern, geleitet von bewährten Freunden, auf die Höhe in das Haus seines Vaters Muthael, allda sie von der Mutter Purista in aller Gottesfurcht und Liebe erzogen wurden.

Als nun Uraniel gestorben war, unterdrücken die 1000 Räte das Volk noch mehr als je zuvor. Da sandte der Herr die beiden Söhne Uraniels hinab nach Hanoch und ließ durch sie Reue und Umkehr predigen. Die Söhne wurden jedoch bald ergriffen, gebunden und gewaltig verprügelt. Sodann bedeutete man ihnen, ja nie wiederzukommen, denn das Volk Hanochs kenne Gott besser, als so ein paar dumme Gebirgslackel! Sollten sie sich aber wieder gelüsten lassen, noch einmal als Gottesverkünder nach Hanoch zu kommen, so würden sie die Todesschaukeln zu verkosten bekommen.

Traurig kehrten da die beiden Söhne Uraniels zurück auf die Höhe und erzählten, was ihnen begegnet war. Und die wenigen Väter waren ganz bestürzt über die Gefallenheit der Tiefe, die doch einst so herrlich dastand.

Lamech bat seinen Sohn Noah, den Herrn um Abhilfe zu bitten. Doch dieser sagte: „Lieber Vater, damals brauchte nur Lamech bekehrt werden, und mit ihm war alles Volk bekehrt. Nun aber ist es anders! Fast in jedem Herzen sieht es nun so aus, wie damals in Lamech! Wie verheerend groß müßte da ein Wunder sein, Millionen von Menschen zu bekehren, die alle ums hundertfache ärger sind! Der Herr wird daher die zwei Söhne Uraniels mit der Kraft der Klugheit ausrüsten und sie wieder hinabsenden."

So wurden die beiden vom Herrn mit göttlicher Klugheit erfüllt und begaben sich wieder in die Tiefe. (III/138-139)

Die zwei Boten als Ratgeber in Hanoch

In Hanoch angekommen, verdingten sie sich alsbald als einfache Maurer bei den großen Verbindungsbauten, die geradlinig von Hanoch zu den zehn Städten erbaut wurden. Die kürzeste dieser Straßen war eine halbe Tagereise lang und diente zugleich als Festungswall.

Die beiden zeichneten sich aber als Maurer so aus, daß sie bald zu Bauführern und später zu Oberbaudirektoren ernannt wurden. Denn ihre Bauten waren so zierlich und gleichmäßig, als wären sie gegossen. Mit Hilfe von mehreren Millionen Händen wurden diese ungeheueren Bauwerke in zehn Jahren beendet, wobei tausende Fronarbeiter an Entbehrungen und Mißhandlungen zugrunde gingen. Unsere Boten aber wurden Miträte und erhielten die oberste Bauleitung des Landes.

Durch die maßlose Vergrößerung Hanochs aber stieg die Not, und die auswärtigen Fürsten mußten immer mehr Lebensmittel für das Herrenvolk in Hanoch herbeischaffen. Da widersetzten sich einige Fürsten mit Gewalt, während andere der furchtbaren Willkür wegen in ferne Länder entflohen.

Hanoch aber war bald dem größten Hunger preisgegeben, und die beiden Weisen wurden um Rat gefragt. Sie erschienen in der Mitte der 1000 Räte und sprachen: „Unsere älteste Stadt der Erde hat eine zu ungeheure Ausdehnung! Bedenket, wir sind nun 1000 Könige und ein jeder von uns führt einen Hofstaat mit noch einmal so vielen Menschen beiderlei Geschlechts zu seiner Amtsverherrlichung! Und diese wollen alle gut leben!

In jeder der zehn Vorstädte sitzen nun auch noch bei 100.000 Beamte, Waffenmänner und müßige Dienerschaft und viele Adelige. Die rühren sich nicht auf ihren Feldern und wollen doch alle bequem leben. Aber nur weiter! Wir zählen in unserer Stadt zehn Weiberverschönerungsanstalten. Fast jede birgt 10.000 - 20.000 Frauen und Mädchen und daneben gut ein Drittel soviel Professoren und andere Diener. Diese wollen überaus gut fressen, bearbeiten aber nicht den Boden der Erde, den sie gar nicht kennen!

Nach unserer Zählung leben in Hanoch 200.000 adelige Familien mit ihrer Dienerschaft, zusammen bei 3 Millionen Menschen! Durch die dauernde Vergrößerung der Stadt wird der Boden der Erde zwecklos getötet. Die Prachtbauten locken die Landbewohner in die Stadt, so daß diese den Boden nicht mehr bearbeiten. Wir machen dem Volk das Landleben verächtlich durch unsere starken Steuern. Sie fliehen oder widersetzen sich! Wer aber wird uns die Nahrungsmittel liefern? Seht, also geht es mit dieser Staatsverfassung in keinem Falle weiter!“

Es beschwor aber der ganze Rat die beiden, nur weiterzureden, denn er erkannte die Wahrheit ihrer Aussage und wollte nun die Mittel zur Abhilfe erfahren. (III/140-141)

Ein kluger Rettungsplan

„So höret uns denn an, ihr hohen Räte! Wenn ihr nicht nach unserem Rate handelt, werden binnen 14 Tagen mehr als eine Million Leichen zu zählen sein. Dazu würde sich ein Volksaufstand gegen uns erheben, desgleichen die Erde noch nie gesehen! Es gilt also schnellstens zu handeln, denn wir wären die ersten, die erschlagen werden!

Das erste ist, daß wir die entsetzlich kostspieligen Weiberverschönerungsanstalten auflassen und aller Welt die Frauen mit einem Zuschusse aus den angehäuften Schätzen anbieten. Die dortigen Professoren und sonstigen Diener erhalten eine Abfindung und müssen auswandern. Die Gebäude werden niedergerissen, und auf den großen freien Plätzen werden fruchtbare Gärten angelegt! 10.000 fleißige Menschen können schon nach einem Jahr ihre Nahrung darauf erzeugen!

Ferner gibt es bei uns eine kaum zählbare Menge echter Müßiggänger, die sich Adelige nennen, aber nichts haben als ihr betrügerisches Maul. Hinaus mit ihnen! Auf den Gebirgen werden sie sicher ihr Weiterkommen finden.

Auf die gleiche Weise reduzieren wir unsere Leibgarden von tausend auf hundert und geben den Entlassenen eine halbjährige Versorgung mit. Und schon haben wir der Stadt eine Menge unnötiger Esser entzogen.

Der erwerbsmäßige Bürgerstand hat alle großen Plätze in fruchtbare Felder und Gärten zu verwandeln. Die breiten Gassen sind mit Fruchtbäumen zu besetzen! Ebenso die Söller der Häuser wie auch die Stadtmauer, die allein für 100.000 Menschen allerlei Gemüse und Früchte bringen kann.

Das äußere Schaukelgelände werde ebenso in fruchtbare Äcker verwandelt. Jedes unnötige Gebäude werde abgerissen und in einen Garten umgestaltet. Werdet ihr diesen unseren gut gemeinten Rat ausführen, so werden wir dann erst zu einem weiteren schreiten!“

Dieser Rat wurde mit großem Beifall aufgenommen, und es wurde sogleich Hand ans Werk gelegt. In 14 Tagen waren die Menschenmengen in Hanoch schon sehr gelichtet, obgleich noch über 2 Millionen fleißige Bürger darin wohnten, die alles in fruchtbare Gärten verwandelten. (III/142)

Die zwei Weisen raten zur Umkehr zu Gott

Als sich nach einem Jahr so ziemlich alle Ratschläge bestens bewährt hatten, berief der Tausendrat die zwei weisen Räte, um weitere Verhaltensregeln zu erfahren.

Die beiden aber redeten also: „Ihr hohen Räte der Stadt Hanoch! Ihr überzeugtet euch vom Erfolg unserer Ratgebung. So wir nun auch unseren Vasallen die Steuern ermäßigen, werden diese unseren Forderungen nachkommen können, und wir werden wieder Frieden im Lande bekommen. Unsere mäßige Lebensweise wird wenig Neusiedler anlocken, aber um so mehr Kauflustige für unsere vielen nützlichen Erzeugnisse, die wir billigst liefern können. Werden die mächtigen Außenvölker an uns keinen Reichtum entdecken, wird es sie auch nicht gelüsten, uns zu unterjochen.

Aber eines haben wir noch nicht ausgesprochen, sondern als die Krone unseres guten Rates aufgehoben! Und dies ist, daß wir uns ernstlich wieder zu Gott, dem Allmächtigen, wenden müssen, Ihn im Grunde erkennen, Ihn anbeten und alles Volk Ihn lieben lehren!“

Ohne dem wird unser bester Rat in den Staub der Nichtigkeit versinken, und in wenigen Jahren wird wieder allergrößtes Elend herrschen. Darum müssen wir die beiden Tempel Lamechs wieder öffnen und Gott, dem alleinigen Herrn, darin unser Dank- und Bittopfer gebührend darbringen!“

Bei dieser Rede rümpften viele Räte ganz gewaltig die Nase. Aber eine nicht geringe Zahl war dennoch einverstanden und bestand sogar auf die Errichtung mehrerer neuer Tempel. Der andere Teil aber stimmte dafür, daß auch die Plätze der zwei Lamech-Tempel in Gärten zu verwandeln seien! So entstand ein Streit unter den Räten. (III/143)

Die zwei Boten verlassen Hanoch

Ein ganzes Jahr verstrich über diesem Streit, ohne daß man sich einig wurde. Wohl wollte man dem Volke eine Gotterkenntnis zugestehen, nur sollte diese nicht durch ein auf blinden Glauben gestütztes leeres Predigergewäsche erzielt werden, sondern auf reine Wissenschaft; also durch Naturforschung, durch Mathematik, durch Philosophie und durch Kunstdarstellungen! Dadurch würde das Volk etwas Überzeugendes haben, klügelte man.

In diesem Sinne waren sich die meisten Räte einig. Die beiden Boten aber sprachen: „Warum habt ihr unseren Plan verworfen? Jede Sache hat nur *einen* Plan nach dem Willen Gottes! Wir aber wollen an der Ausführung eures Planes keinen Anteil haben.

Wir haben euch nicht getäuscht und euch nie zu unserem, sondern nur zu eurem Wohle beraten. Ihr aber habt den vor einem Jahr ausgesprochenen Plan zur Erkenntnis und Ehrung Gottes gleich am Anfang verworfen und seid nun im Allerverwerflichsten übereingekommen!

Tuet demnach, was euch gut dünkt! Wir haben in eurer Mitte ausgedient und verlassen euch darum, fordern aber keinen anderen Lohn, als daß ihr erkennen möget, wie wir um euer Wohl besorgt waren! Wer von euch mitziehen will, der tue es, bevor es zu spät wird!“

Darauf verließen die beiden den großen Ratssaal und begaben sich mit ihrer Dienerschaft zurück auf die Höhe. Was aber weiter in Hanoch geschah, wird die Folge zeigen. (III/144)

Die zehn feuermächtigen Boten in der Tiefe

Die noch lebenden Urväter wurden traurig, als sie den Bericht der beiden heimgekehrten Boten vernahmen. Der alte Lamech seufzte: „Alles Volk der Tiefe versinkt in Götzentum und Gottlosigkeit. – O Herr, was wirst Du tun?"

Da sprach, allen vernehmlich, die ewige Liebe: „Gehet in die Mittagsgegend; dort wohnen noch 107 Familien als Abkömmlinge jener sieben Boten, die Ich einst zu Lamechs Zeiten in die Tiefe sandte. In ihrer Mitte werdet ihr zehn junge ledige Männer finden. Diese will Ich mit Feuergewalt ausrüsten und sie in die Tiefe schicken, auf daß sie dort sieben Jahre lang Buße predigen sollen! Bekehrt sich das Volk, sollen sie ihm als Priester bleiben; sonst aber sollen sie Meine Tempel in Hanoch mit unverlöschbarem Feuer umgeben und sich dann wieder auf die Höhe begeben!"

Als die zehn Jungmänner gefunden waren, berief sie Lamech wie ihm der Herr befohlen hatte. Sie erprobten auch sogleich ihre Feuergewalt und begaben sich unter vielen Segnungen hinab in die Tiefe. (III/145)

An den Toren Hanochs wurden sie angehalten und streng richterlich befragt. Als sie sich aber als Bußprediger Gottes auswiesen, wollte die Torwache sie sogleich als Spione und Volksaufwiegler ergreifen und gefangennehmen. Doch da schlugen plötzlich Flammen aus der Erde und trieben die argen Schergen stadteinwärts in die Flucht. Unsere Boten aber gingen ungehindert in die Stadt.

Die goldene Burg der 1000 Räte war jedoch noch eine Tagereise weit entfernt, und unsere Boten waren dadurch genötigt, in einem der vielen Gasthäuser einzukehren. Die Wirtsleute, schon unterrichtet von ihrer Feuerkraft, versperrten ihre Speisekammern und flohen, um ihre Anwesenheit dem nächsten Polizeiamte zu melden.

Daß aber die flüchtigen Torwachen sowieso schon längst zu den 1000 Herren eilten, versteht sich von selbst. Die polizeiliche Kultur Hanochs war derzeit auch ein Meisterwerk des Bösen! Fürs erste mußte jeder Hausbesitzer einen Polizeimann auf eigene Kosten erhalten. Dann mußte die gesamte Bürgerschaft einer jeden Gasse noch zwei bis drei Anstalten erhalten, in denen alle Nachrichten gesammelt und dem Hofe weitergemeldet wurden.

Jede Gasse hatte eine vorgeschriebene Farbe und Tracht. Der Hausbesitzer hatte das Recht, ein Stückchen numeriertes Goldblech auf seinem Oberkleid zu tragen. Jeder andere aber mußte die Nummer seines Wohnhauses auf einem weißen Aufnäher an seinem Kleide tragen. So konnte man bei dem geringsten Verstoß gegen die Unmenge von Vorschriften leicht die

Übertreter erfassen und bestrafen. Und da alle Gassenämter ein Drittel der Strafgebühr behalten durften, so wimmelte es nur so von Strafen wegen polizeiwidrigen Verhaltens.

Als unsere zehn Boten morgens das ungastliche Haus verlassen wollten, traten ihnen mehrere tausend mit Spießen und Lanzen bewaffnete Krieger entgegen. Doch die zehn wurden vom Herrn gestärkt und riefen alsbald Feuer aus der Erde. – Und im Augenblicke schlugen mächtige Flammen aus dem Boden empor und trieben die ganze Mannschaft hinweg.

Da sie nun so allein standen, kam der flüchtige Gastwirt zu den Boten, fiel vor ihren Füßen nieder und flehte sie um Gnade an: „O ihr lieben Männer, ich möchte alles wieder gut machen, was ich an euch versäumte. Kehret daher wieder in mein Haus zurück, auf daß ich euch auf das beste bewirte!"

Und die Boten sprachen: „Gott der Herr ist voll Erbarmen, darum vergeben wir dir dein Benehmen! Wenn wir von den vornehmen Herren zurückkehren werden, werden wir von deiner Einladung Gebrauch machen!" Nach diesen Worten aber schritten sie stadteinwärts. (III/146-147)

Vor den tausend Räten im Ratssaale

Der Herr bahnte ihnen den Weg, und so kamen sie denn auch, unterstützt durch die Feuermacht, bis zu den versammelten Herren von Hanoch. Der Herr gab ihnen aber noch eine besondere Weisung: „Zwinget niemanden mit Gewalt zur Umkehr! Verlanget die Öffnung der beiden Tempel und warnet die Räte eindringlich vor allem Bilder- und Götzendienst und verkündigt scharf Mein nahe bevorstehendes Gericht!

Wird sich der Hof danach kehren, so bleibet hier als Priester. Verweiset strenge jede Heuchelei und habt keine Furcht vor den Waffen dieser Ohnmächtigen! Predigt drei Jahre lang in der Stadt! Wird man euch da verhöhnen, predigt noch vier Jahre dem Landvolk! Kehrt sich ein Volk zu Mir, so lasset es auf die Höhe ziehen, wo Ich es wohl versorgen will."

In einem ungeheuer großen Saal trafen sie die 1000 Räte gerade bei der Beratung an, wie sie sich der „Feuer-Ungeheuer" ledig machen könnten. Ihre heuchlerischen Pläne aber machten die zehn sofort zunichte, indem sie zu den völlig Überraschten sagten: „Der Friede sei mit euch! Mit eurer Niederträchtigkeit werdet ihr uns nicht aus der Stadt bringen! Wenn aber unsere Zeit erfüllt ist, werden wir zu eurem Untergange ohnehin die Stadt verlassen! Verstehet solches zum voraus und öffnet eure Ohren unserer Botschaft!"

Als die schlauen Räte sahen, daß ihre Heuchelei klein durchschaut wurde, gaben sie sich recht freundlich und forderten die zehn Boten auf, sich in die Mitte des Saales zu begeben und sich ihres Auftrages zu entledigen.

Das taten die zehn Boten und einer sprach für alle: „Freunde und Brüder! Eure Väter waren Kinder Gottes, die die reinen Berge der Frauen der Tiefe wegen verließen, oft Frau und Kinder zurücklassend. Ihr aber, als Kinder der Kinder Gottes habt euch zu mächtigen Herrschern der Tiefe aufgeworfen, ohne dazu von Gott nur im geringsten berufen zu sein!

Den rechtmäßigen König Uraniel habt ihr zuerst verführt und dann erdrückt! Seine Söhne habt ihr gestäupt und verhöhnt, als sie euch zur Umkehr zu Gott riefen. Anstatt der befohlenen Tempelöffnung habt ihr eine elende Stadtpolizei geschaffen. Ihr habt vielseitig den Götzendienst eingeführt und den Glauben an den einen wahren Gott förmlich verboten und habt das Volk mit den fluchwürdigsten Steuern belastet. Urteilet selbst, was ihr vom ewig wahren Gott aus verdient habt! Redet, und wir wollen euch mit aller Geduld anhören! Amen.“ (III/150)

Da rümpften die 1000 Räte ganz entsetzlich ihre Nasen und besprachen sich heimlich untereinander. Doch der Herr zeigte Seinen Boten deren Politik und einer von ihnen sprach: „Der Herr des Himmels hat uns eure geheimsten Gedanken hören lassen. Meint ihr etwa, wir wären nicht imstande, euren elenden Verstandeskniffen zu begegnen? Entweder ihr leistet blinden Gehorsam oder euch trifft das Gericht! Entscheidet selbst, denn der Herr tut nun mit euch, wie ihr mit dem Volke bisher getan habt!“

Hierauf verließen die unerschrockenen Boten den Saal und kehrten zu dem bekannten Gasthause zurück, wo ihnen der Wirt reuevoll Kost und Wohnung angetragen hatte.

Die Räte aber kratzten sich gewaltig hinter den Ohren und sprachen unter sich: „Tun wir nach den Worten der zehn Feuermänner, entblößen wir uns vor dem Volke; handeln wir aber nach eigenem Rat, haben wir die Drohung der zehn vor uns!“ (III/151)

Die Auswanderung der Räte nach Oberägypten

In der größten Verwirrung und Ratlosigkeit der 1000 Herren erhob sich endlich ein Rat und sprach: „Brüder, auf einen Sieg unseres Verstandes gegen die Weisheit dieser Männer ist nicht zu rechnen. Wir sehen, daß es mit unserer Herrschaft zu Ende geht. Sollen wir uns vom empörten Volke zerreißen lassen oder im Gerichte Gottes vergehen?

Eines ist so dumm wie das andere! Mein Rat aber ist dieser: Die Erde ist weit und groß! Wir beladen unsere Kamele mit allen unseren Schätzen und wandern mit Frauen und Kindern dahin aus, wo es auf der Erde einen geeigneten Platz für uns gibt und lassen den alten Gott einen guten Mann sein!"

Diesem Vorschlag schlossen sich 650 Räte an und zogen eiligst mit ihrem ganzen Troß vor den erstaunten Blicken des Volkes hinweg. Sie siedelten sich im oberen Teil Ägyptens, in der Gegend des heutigen Elephantine an. Die Schrecknisse des Landes nötigten sie jedoch, sich wieder des alten Gottes zu erinnern und sich ihm zuzuwenden. Und so ward ihr Land auch bald reich und mächtig. (III/152-153)

Was aber taten die zurückgebliebenen Räte? Bei der Ratsversammlung am dritten Tag erhob sich einer aus ihnen und sagte: „Sahen wir nicht, daß die klugen 650 Miträte ungehindert die Stadt verlassen haben? Ergreifen doch auch wir die sichere Ferne und ziehen als Herren hinaus, als am Ende als Volksbetrüger hinausgeprügelt zu werden! Wir waren die Böswilligeren und schufen Götzendienst, Polizei und übermäßige Steuern! Was wird uns blühen? Wer mir folgen will, – der komme mit mir!"

Hier erhoben sich abermals 250 Räte und zogen bald mit Frauen, Kindern und Dienern von dannen. Sie begegneten zwar den Feuerboten aus der Höhe, doch diese ließen sie ungehindert ihres Weges ziehen. (III/154)

Die Öffnung der Tempel durch Ohlad

Auf das Geheiß des Herrn kamen die zehn Boten zu den verbliebenen 100 Räten und setzten ihnen eine Frist von sieben Tagen zur strengen Befolgung ihres Willens, ansonsten sie der Herr züchtigen werde.

Es war jedoch ein edelgesinnter Rat namens Ohlad unter den Zurückgebliebenen, der wußte die anderen so umzustimmen, daß sie die beiden Gottestempel aus Lamechs Zeit zur Eröffnung freigaben. Er erklärte sich bereit, alle Schuld der Räte vor dem Volke allein auf sich zu nehmen und selbst die Tempelpforten zu öffnen.

Mutig verkündete Ohlad darauf mit 100 Herolden drei Tage lang allerorts seine verübten Schändlichkeiten, indem er die der 1000 Räte allein auf sich bezog, erklärte seine Umkehr zu Gott, dem Allmächtigen, und lud alles Volk zur Eröffnung der beiden Gottestempel ein. Das Volk aber segnete ihn, statt wie erwartet, ihm zu fluchen, denn es gewahrte im Ohlad den reuigen Sünder und rief ihn bald zum Volksführer aus.

Am achten Tage, einem Sabbat, nach Ablauf der gesetzten Frist, öffnete der mutige Ratsherr unter dem Segen der zehn Boten die Pforte zum Tempelvorhof. Da wurde die runde Kuppel des Tempels plötzlich mit einer feurigen Wolke bedeckt, und unzählige Blitze unter starken Donnerschlägen zuckten daraus. Das Volk erwartete wehklagend ein schreckliches Gericht. Nur Ohlad blieb unerschrocken und bat ganz demütig für das Volk zu Gott um Gnade und Erbarmung.

Doch der Herr prüfte den neu Erweckten. Der Himmel verdüsterte sich und mächtige Orkane begannen zu toben. Millionen Blitze entstürzten dem glühend wogenden Gewölk, und um den Tempel herum schlugen plötzlich mächtige Flammen aus dem Boden wild tobend empor. Das anwesende Volk war starr vor Entsetzen. Ohlads Liebe aber blieb kräftig. Ja, er wollte sogar durch das Feuermeer ins Innere des Tempels dringen.

Doch da hielten ihn die zehn Boten zurück, sagend: „Ohlad! Der Herr zeigt dir mit den Feuerstürmen nur Seinen Ernst mit euch, aber nicht Seinen Unwillen gegen die Öffnung des Tempels. Siehe, die Starken prüft der Herr allzeit mit Seiner Stärke, – die Schwachen, Sanften und Demütigen aber mit Seiner Liebe und Sanftmut! Fühle aber ein Fünklein Seines Ernstes und demütige dich vor Ihm!

Denn willst du wahrhaft und gottwohlgefällig demütig sein, so mußt du deinen eigenen Willen ganz gefangennehmen und dafür den rein göttlichen Willen zu dem Deinen machen. Denn bist du durch deinen eigenen Willen demütig, dann ist deine Demut ein Kind deiner Selbstliebe! Hinter solcher Selbstliebe steckt aber allzeit eine Selbstzufriedenheit, ein Eigenlob und schließlich ein verkappter Hochmut! Doch siehe, die Flammen um den Tempel sind erloschen! Begeben wir uns darum zur Türe und öffnen dieselbe!“

Als Ohlad aber mit dem vom Feuer heiß gewordenen Schlüssel, den er zuvor siebenmal küßte, die Türe öffnete, da brachen plötzlich aus allen Bergen ringsumher Flammen, und die Erde fing an, ganz entsetzlich zu beben. Verzehrende Flammen vernichteten alle Götzenbilder in Hanoch und schonten auch deren Verehrer nicht, wo immer sie sich auch befanden.

Das Volk aber drang vor großer Angst in den Tempelvorhof, und keine Seele war da, die da nicht gebebt hätte vor Erwartung schrecklicher Dinge. Wolken und Rauchmassen verdunkelten die Sonne, so daß die grellen Blitze und die Bergbrände die einzige Beleuchtung der Gegend ausmachten.

Von den zehn Boten geleitet ging Ohlad in den Tempel und fiel vor dem Altar auf sein Angesicht, auf dem der Name Jehovas stand und der bewacht war von den beiden Cheruben und über dem die weiße Wolkensäule stand, die bis zur Decke des Tempels reichte. (III/155-163)

Ohlad wird König über die Tiefe

Als Ohlad bei einer Stunde lang gebetet hatte, da rief aus der lichten Wolkensäule eine Stimme: „Ohlad, Ich habe deine Bitte erhört! Erhebe dich, auf daß Ich dich mit dem Öle Meiner Liebe und Erbarmung salbe und mit Meiner Weisheit gürte! Ich will dich zum rechten König über dieses Volk setzen!

Komme hierher hinter die Wolkensäule, und du wirst Den ersehen, der mit dir gerredet hat! Denn Ich, dein Gott, dein Herr und Vater harre hier schon gar lange deiner! Daher komme und überzeuge dich, daß Ich es bin!"

Von der größten Ehrfurcht und Liebe ergriffen, ging Ohlad sogleich hinter den Altar zum Herrn aller Schöpfung, der ihm in dem Abbild seiner eigenen Gestalt erschien, und bat Ihn demütigst, ihn, den Allerunwürdigsten vor Ihm, doch mit solchem Amte zu verschonen.

Doch der Herr sprach zu ihm: „Ohlad, nun erst erkenne Ich dich wieder als Meinen Sohn und nähere Mich dir als Vater! So Ich dich, Meinen wahren Sohn, zum Könige mache und dir die gesetzgebende Gewalt einräume, und du nur Meinen Willen tust, so stellst du ja nicht dich selbst, sondern nur Mich dar! Daher laß dich von Mir zum Könige über alles Volk der Tiefe salben – denn Ich weiß es, warum Ich solches tue!"

Und der Herr salbte den Ohlad zum König und die zehn Boten zu seinen Ministern und sprach: „Ohlad, nun bist du ein wahrer König! Empfange Meinen Geist und leite mit Hilfe deiner zehn Minister das Volk in Meinem Namen! Nun aber lasset uns hinaustreten und euch dem Volke vorstellen!"

Während der Salbung hatte aber der Feuersturm und das Erdbeben seinen Höhepunkt erreicht, und das Volk schrie laut zu den Hinaustretenden um Errettung. Da hob der Herr Seine allmächtige Hand in die Höhe und sprach: „Erde, nun sollst du schweigen, wenn Ich zu Meinen Kindern rede! Alles Ungetüm weiche zurück und du, Sonne, scheine wieder ungetrübt!"

Da verstummte plötzlich aller Sturm in, auf und über der Erde, und die Sonne strahlte golden am blauen Himmelszelt. Und der Herr sprach: „Kinder, fürchtet euch nicht vor Mir, eurem Vater! Denn es war nur Meine Gnade, die euch heimsuchte! Durch das Feuer mußte Ich Mir den Weg zu euren Herzen bahnen und durch große Todesangst eure zerstörten Seelen sammeln.

Ich gebe euch nun in Ohlad einen neuen König, der euch auf Meinen Wegen leiten wird! Folget seinen Anordnungen! Denn fortan sollt ihr gute Könige haben, so ihr in Meiner Liebe bleibet – aber harte Tyrannen, so ihr euch von Mir entfernet! Wenn ihr aber mit einem Könige unzufrieden seid, dann wendet euch zu Mir, und Ich werde für einen rechten König sorgen!"

Nach diesen Worten behieß der Herr alles Volk nach Hause zu gehen und begab sich mit dem Ohlad und den zehn Boten zu dem Bergtempel auf dem ehemaligen Schlangenberge.

Dort sprach Er zu Ohlad: „Mein Sohn, siehe, hier salbte Ich den Lamech mit der Weisheit zum Priester, darum er aus großer Liebe zu Mir diesen Tempel erbaut hat und ihn nach Meinem Willen zum Lobe der Weisheit weihte! Bedenke aber, in welchem geistigen Sinne dieser Tempel hier steht, und erinnert euch, so ihr ihn betretet, daß Ich allein der Herr bin!

Wären die Menschen der Tiefe gleich Meinen nunmehr wenigen wahrhaftigen Kindern auf der Höhe, so bedürften sie keiner sichtbaren Tempel. Aber sie sind so grob wie diese äußere Materie des Tempels. Darum muß ihr eigener Weltsinn daran zerschellen, um danach in den inneren, lebendigen Tempel einzugehen! So lehre das Volk vor allem den lebendigen Tempel in sich zu suchen und zu finden, um zur wahren inneren Weisheit zu gelangen!"

Der Herr segnete den Tempel erneut, segnete den König und die zehn Boten und entschwand ihren Blicken. Ohlad aber wurde voll Weisheit des Geistes und begab sich mit seinen Ministern in die Lamechsche Königsburg! (III/164-169)

Ohlads Triumphbogen wird von Gott getadelt

Nachdem Ohlad in der Königsburg seinen Ministern ihre Wohnungen angewiesen hatte, begab er sich mit ihnen zu den 99 Räten in die neue goldene Residenz. Die Räte aber versuchten in ihrem Hochmut, zuerst gegen Ohlad zu meutern und schließlich zu fliehen.

Mit der Hilfe des Herrn und Seiner Boten, gelang es ihm aber, aus ihnen Brüder und sogar Sendboten Gottes zu gewinnen, die drei Jahre lang in allen Landen der Erde ernste Buße predigten und widrigenfalls das bevorstehende Gericht Gottes verkündeten.

Im vierten Jahr kamen diese 99 Räte wieder wohlbehalten zurück, und Ohlad und seine zehn Minister errichteten darum dem Herrn einen ungeheuer großen Triumphbogen als Dankopfer. Ein Jahr währte es bis zur Vollendung dieses überaus majestätisch-prachtvollen Kunstwerkes, auf dem zu oberst ein hoher Altar mit einer neuen großen Namenstafel Jehovas errichtet ward. Der Altar mit der Tafel war aus reinstem Golde und der allerheiligste Name mit Diamanten und Rubinen besetzt. Viele tausend Menschen jeden Ranges hatten daran gearbeitet.

Nach der Fertigstellung hielt Ohlad im Angesicht einer zahllosen Volksmenge mit seinen zehn Ministern und den neunundneunzig Boten, den Herrn laut lobend und preisend, einen gar feierlichen Umzug, um danach im Tempel dem Herrn in seinem Herzen ein lebendiges Opfer darzubringen.

Der Herr aber sprach zu ihm: „Ohlad, du tatest aus eigenem Wollen, was Ich nicht von dir verlangte! Der Bogen deiner Dankbarkeit freut Mich wohl, doch hast du damit Meinen Namen bloßgestellt! Mein Name aber muß das Inwendigste sein und bleiben! Darum erbaue aus Buße über dem Bogen einen Tempel, sonst wird aus ihm ein Götzenwerk werden!"

Da ging Ohlad zerknirschten Herzens aus dem Tempel und begann schon am nächsten Tage das anbefohlene Werk. (III/170-188)

Der neue Tempel und das beginnende Heidentum

Nach einem Jahr war der neue Tempel fertig und wurde täglich von tausenden Bewunderern besucht. Im Verlauf von zehn Jahren hatte sich um ihn eine ganze Stadt von Gasthäusern gebildet, um die große Menge von Wallfahrern zu beherbergen.

Es begann aber ein neues Übel einzureißen. Die Wallfahrer stritten sich nämlich darum, in welchem der drei Tempel Gott am gnädigsten und liebreichsten sei. Im inneren Lamechschen Tempel sicher nicht; denn da blitze und donnere Er allezeit vom Dache. Im Tempel auf dem Berge sehe es zu luftig aus und habe nicht das Aussehen besonderer Gnade. Aber im neuen Tempel sei Gott am freigebigsten und daher am besten zu besuchen.

Waren auch die vielen Belustigungen wie Theater, Tiergefechte und galanten Gesellschaften eingestellt worden, so gaben aber diese frommen Wallfahrten viele Gelegenheiten, Unkraut zwischen den Weizen zu säen.

Und Dronel, der Sohn Ohlads, der sein Nachfolger nach seinem Leibestode wurde, war schon viel fahrlässiger. Wenn der Herr ihn im Tempel ermahnte, sprach er: „Herr, gib mir die Wunderkraft der zehn Minister des Vaters, der dadurch 30 Jahre das ganze Volk glücklich leitete, und ich will es noch 100 Jahre glücklich führen! Sonst aber setze Du Dich auf den Thron und regiere selbst diese Massen!"

Da Dronel oft mit Gott in einem Zerwürfnis stand, darum Er ihm auch seiner Spielsucht wegen keine Wunderkraft geben konnte, so war er auch ganz lau in seinen Regierungsgeschäften. Die Wallfahrtsorte mehrten sich und waren bald mehr Götzentum als lebendige Gottesanbetung.

Der König kam wohl, wenn er in Not war, in den Tempel, aber nur um mit Gott zu hadern und seine spitzfindigen Vorwürfe anzubringen. Als der Herr wegen einer ganz gewaltig einreißenden Unzucht in einer Woche 200.000 Menschen durch eine Pest umkommen ließ (Hanoch hatte damals samt den Vorstädten 12 Millionen Einwohner), rügte Dronel den Herrn, sagend: „Warum würgst Du, Herr, so langsam? Laß doch mit einem Schlage die ganze Stadt samt mir aussterben!“

Züchtigte ihn der Herr darum, so sprach er: „Schlag nur zu, Herr, es ist ja eine Ehre, so ein schwacher König von seinem Gott geschlagen wird!“

Fürwahr, Dronel wußte gehörig die Geduld Jehovas auf die Probe zu stellen! Dennoch ließ ihn der Herr 50 Jahre regieren, weil er Ihn außer seinen Gramstunden doch noch liebte! (III/189-190)

Dronel übergibt Kinkar die Regierung

Da aber Dronel des Regierens müde wurde, übergab er seinem erstgeborenen Sohne Kinkar noch bei Lebzeiten die Regierung, und der Herr sprach zu ihm: „Höre Dronel, die Menschen achten Meiner nicht mehr und tun, was sie wollen! Du hast nach deinem Rat deinen Sohn zum König gemacht. Darum lasse Ich nun das Volk wie den König frei, zu handeln nach seinem Gutdünken und werde niemand züchtigen noch strafen bis zu Meiner festgesetzten Zeit.

Meine Wolke und Meine Engel werde Ich aber aus dem Tempel nehmen, und sie sollen nimmer darin wohnen! Wohl euch, so Ich euch in Meinem Willen handelnd antreffen werde!“

Von all dem unterrichtete Dronel seinen Sohn Kinkar und schärfte ihm ein, ja an der Ordnung Gottes festzuhalten, wie sie der Herr dem Ohlad gegeben hatte. Und Kinkar beschwor solches beim lebendigen Namen Jehovas im Tempel. Da aber wich des Herrn Geist, indem Kinkar einen Schwur tat, den er zu brechen gedachte, sobald sein Vater sterben würde.

Dronel wurde sehr traurig, als er den nackten Altar erblickte, doch Kinkar sprach zu ihm: „Vater, die gesamte Natur ist ja auch ein Werk Gottes! Will Er nicht mehr, daß wir Seinen Namen ehren, so wollen wir darum Seine Werke ehren! Ist das nicht gleichviel?“

Dronel lobte darum seinen Sohn Kinkar und legte damit den Grundstein zu aller Naturanbetung und Abgötterei! (III/191)

Kinkar als Verfasser von heiligen Büchern

Nach einem Jahr sprach Kinkar zu seinem Vater Dronel: „Gott ist uns zwar untreu geworden, wir aber wollen Ihm nicht Gleiches mit Gleichem vergelten. Siehe, hier in den Händen der Träger erblickst du ein Buch, von mir selbst auf 100 starken Metallblättern mit einem spitzen Griffel beschrieben. Es enthält alles ganz getreu, Wort für Wort, was ich von Gott in der Höhe und in der Tiefe erfahren konnte und beinhaltet sonach in allem den Willen Gottes an die Menschheit der Erde.

Ich sandte sogar Boten auf die Höhe. Die brachten mir von uralten dort lebenden Weisen, die den ersten Menschen der Erde noch gekannt haben, ein ganzes Buch voll göttlicher Weisheit, das von einem Oberpriester sein soll, der sich in der beständigen heiligen Gegenwart Gottes befand.

Siehe, solcher wahrhaft heiligen Schätze habe ich mich zu bemächtigen gewußt und sie in diesem Werke hier gesammelt! Es soll darum ein ewiges Regierungsbuch werden, das wir mit großer Zeremonie in den Tempel auf den nun leeren Altar legen und als Heiligtum betrachten wollen!

Ich werde Priester einsetzen, die nach diesem Buche das Volk lehren sollen. Und das Buch soll heißen: ‚Die heilige Schrift und euer Heil‘. Ich habe aber noch ein zweites Buch in Arbeit, darin alle Führungen und Taten Gottes aufgezeichnet werden, das ich: ‚Die heilige Geschichte Gottes‘ nennen werde!“ (III/192)

König Kinkar als „Statthalter Gottes auf Erden“

Da lobte Dronel seinen eifrigen Sohn über alle Maßen, und in seiner Eitelkeit ließ Kinkar schon am nächsten Tage das von ihm zusammengeschriebene Gesetzbuch mit großer Zeremonie in den Tempel tragen und dort auf den leeren Altar legen. Hundert Priester setzte er ein, die dies Buch fleißig zu studieren und dem Volke daraus vorzutragen hatten. Er selbst aber machte sich zum Oberpriester und verlangte als solcher göttliche Hochachtung.

„Statthalter Gottes auf Erden“, „Erforscher des göttlichen Willens und der göttlichen Weisheit“, „Sohn des Himmels“ und „Machthaber Gottes“ waren nur einige seiner von ihm festgesetzten priesterlichen Titel. Alle mußten ihn für den Alleinwürdigsten, sich aber für die Allerunwürdigsten halten. Kurz und gut, Kinkar wurde arg aus der Ordnung gerückt und ließ, nachdem er nach zehn Jahren mit der Geschichte Gottes fertig war, auch dieses Buch in einem goldenen Kasten in den Tempel bringen.

Doch die von ihm eingesetzten Priester wußten seine Schwächen bald zu gebrauchen und legten ihm Titel bei, die bei großen Feierlichkeiten, auf einem fast kilometerlangen (1100 Ellen) Streifen geschrieben, spiralförmig um den Tempel gelegt wurden, und jeder der 100 Priester hatte dann elf Ellen lang der unvorstellbar dümmsten Ehrenbezeugungen vorzulesen. Also sah es schon nach kaum 20 Jahren in Hanoch aus. (III/193)

König Kinkar war sehr erfinderischen Geistes und durch das Schreiben der beiden Bücher voll von eingelernter Weisheit. Darum wurde er vom Volke hoch verehrt und bis über die Sterne erhoben. Er war stets darauf bedacht, sein Ansehen weiter auszubauen, indem er vielerlei Künste erfand. Sein Eifer belebte auch das Volk zu neuen Erfindungen, so daß Hanoch bald vor Erfindungen und Künsten aller Art nur so strotzte.

Die Stadt Hanoch glich bald einem ungeheuren Zauberpalast, und Kinkar fühlte sich beinahe wie Gott, wozu sein noch lebender Vater wohl das meiste beitrug. Kinkar sagte stets: „Würden wir Gott in Seinem unerforschlichen Wesen ehren, ständen wir noch auf der niedrigsten Stufe der Bildung. Wir aber sind nun fast Gott gleich, da wir Ihn in Seinen Werken ehren, denn auch wir sind Schöpfer, und das von edelster Art!“ (III/194)

Japells Politik

Durch die unzähligen Erfindungen sowie den regen Handel mit auswärtigen Völkern wurden die Hanochiten ungeheuer reich an irdischen Gütern. Die natürlichen Folgen dieses Wohlstandes aber waren: Herrschlust, Gefühllosigkeit gegen Arme, Geilheit, Wucher, Geiz, Neid, Haß, Zorn, Gottvergessenheit, Völlerei, Abgötterei, Raub und Mord.

Zu Kinkars Lebzeiten waren diese Laster noch verschleiert, als aber nach einer 43jährigen Regierungszeit Kinkar in einer Maschinerie einen gewaltsamen Tod fand und sein Sohn Japell die Regierung übernahm, war bald jeglicher Sünde Tür und Tor geöffnet.

So duldete dieser selbst das Stehlen bis zu einem gewissen Betrage, wenn sich der Dieb nicht erwischen ließ. Andernfalls hatte der Bestohlene das Strafrecht nach willkürlichem Belieben. Dieses Gesetz war tauglich, die raffiniertesten Diebe hervorzubringen und in einen angesehenen Stand zu heben. Auf Diebstahl an priesterlichem und staatlichem Eigentum war jedoch die Todesstrafe gesetzt. Jeder hatte das Recht, sich an den Bürgerstöchtern zu vergreifen, wenn ihre Väter sie nicht durch einen erkauften Adel für ein Jahr zu schützen vermochten.

Japell errichtete zahllose neue Schulen, Gymnasien, Kunstschulen, in denen Tanz, Musik, Bildhauerei, Malerei, Schwimmen, Fliegen, Reiten, Schießen und eine Menge ungenannter Künste gelehrt wurden. Daraus gingen alsbald allerlei Volksbelustiger und Spektakelmacher hervor. Denn um das gemeine Volk so dumm als möglich und unempfindlich gegen alle Verknechtung zu machen, war bisher kein Mittel tauglicher als ihm tausenderlei Rummel und Zeremonie zur Zerstreuung zu bieten.

Die wenigen nüchternen Denker, die Gottes Wort noch nicht vergessen hatten, mußten schweigen und wurden so lange von Spionen umgeben, bis auch sie schließlich Gefallen an den Kunstvorführungen und Kunstwerken fanden und Bewunderer derselben wurden. Von allen Künsten aber wirkte besonders der Tanz und die Musik auf das Volk.

Zur Versorgung der Armen baute Japell Hospitäler, in denen die Menschen sich ein mageres Brot selbst verdienen mußten. Dadurch sah man nirgends Bettler auf den Straßen, sondern überall nur Wohlstand. Japell war ein Ausbund von einem Politiker. Obwohl er auf raffiniertesten Wegen das Volk aussaugte und knechtete, wurde er von diesem noch über die Maßen gelobt und verehrt. All sein Tun war nur berechnende Politik. Liebe und Politik aber sind entgegengesetzte Pole, da die Liebe himmlisch, die Politik aber höllisch ist, wenn sie Habsucht und Herrschsucht zum Grunde hat! (III/196)

Einführung des Kastenwesens

Japell entdeckte, daß es noch viele Völkerschaften auf der weiten Erde gab, die ihm noch nicht untertan waren. Seine Kriegsleute rieten ihm, die Völker mit Waffengewalt zu unterjochen, während die schlauen Priester einen listigen Plan entwickelten.

Dieser bestand darin, daß 1000 Abgesandte in alle Welt geschickt werden sollten, um die fremden Völker für Hanochs Wunderwerke und „herrlichstes Leben“ zu begeistern und sie danach einzuverleiben.

Gesagt, getan! Am leichtesten waren die Bewohner der Gebirge zu finden. Zuerst die Kinder Gottes, dann die Nachkommen Horadals.

Durch die zuvorkommendste Artigkeit und überaus feine Beredsamkeit der zumeist aus Tausendkünstlern bestehenden Gesandtschaften wurden in kurzer Zeit alle Völkerschaften für Hanoch gewonnen.

Bis auf das Haus Lamechs, der in dieser Zeit von der Erde abberufen wurde, ließen sich alle von den Aposteln Hanochs blenden. So blieb nur noch

Noah mit seiner Familie und seinen drei Brüdern und fünf Schwestern dem Herrn treu.

Über die Erfolge seiner Priester hocherfreut, schenkte ihnen Japell das Privilegium der vollen Freiheit und dazu die volle Versicherung, daß er und alle seine Nachkommen sich jederzeit ihren Anordnungen fügen werden.

Im selben Jahre noch teilten die nun unbeschränkt herrschenden Priester das Volk in Kasten ein, in denen jeder bei Todesstrafe so lange zu verbleiben hatte, bis er sich durch Geld loskaufen konnte. Es wurde eine Sklavenkaste unter dem Namen „Menschenlasttiere", eine Militärkaste, eine Bürgerkaste, eine Adelskaste, eine Künstlerkaste und eine Priesterkaste festgesetzt. Die Sklavenkaste aber war die Größte. (III/197)

Die Machtpolitik der Priester

Nun erst wußte Japell, daß er der Betrogene war und nach der Pfeife der Priester tanzen mußte. Doch diese späte Erkenntnis nützte ihm nichts mehr. Die Priester hielten das Volk in seiner Beschränktheit völlig am Zügel, und den heller sehenden Adel wußten sie von sich abhängig zu machen. Als sie des Goldes und der Schätze übergenug in ihren Schatzkammern angehäuft hatten, war fast nur noch ein Einkauf aus der Sklavenkaste in die niedere Bürgerkaste möglich. Der Eintritt in die Adelskaste war fast unbezahlbar.

Die geheimnisvoll tuende Priesterkaste blieb jedoch jedermann völlig unerreichbar! Sie wußten ihre Pläne so schlau und feinstgesponnen einzurichten, daß niemand mehr dahinter kam, was sie etwa im Schilde führte. Selbst der König war mißtrauisch geworden und sperrte sich gänzlich ab.

Das gefiel den Priestern, denn nun war ihre Herrschaft vollkommen. Ein Gesetz nach dem andern wurde als vom König ausgehend verkündet, von welchem dieser keine Silbe wußte.

Als aber eine Kette um die andere um die Sklavenkaste geschmiedet wurde und diese sehr zu klagen begann, wurde ihr als Buße von den Priestern das Reden bei Todesstrafe verboten. Bei jedem geringen Vergehen schon konnte ein Bürger in die Sklavenkaste verdammt werden, und seine Habe fiel den Priestern zu.

Wie aber lebten die Sklaven? Die Adeligen und Großbürger kauften die Sklaven von den Priestern. Sie durften keine Kleidung tragen und wurden wie das Vieh in Stallungen gehalten. Mittels eines Metallringes um ihre Lenden wurden sie an den Futtertrog gekettet und nur zur Arbeit losgemacht.

Auf die Anzahl der Sklaven gründete sich das Ansehen des Adels und der Großbürgerkaste, daher sie auch so viel als möglich Sklaven kauften.

Die Priester wiederum, hatten da nichts Wichtigeres zu tun, als nur immer Sklaven zu machen. Dazu führten sie in den anderen Kasten eine Art Beichte und Inquisition ein, und wer zur Beichte berufen war, dem half nichts mehr vor dem Sklaventum. So war Hanoch 20 Jahre nach der ersten Kastengründung zur Hölle der armen Menschheit geworden. (III/198)

Japell starb im 25. Jahre seiner Regierungszeit. Er war aus Gram schwer erkrankt. Die schlauen Priester hatten ihm nämlich die Ernennung seines zweiten Sohnes zum König verweigert und wollten diesen sogar töten, weil der geistesschwache und verkrüppelte Erstgeborene als Scheinkönig besser in ihren Plan paßte. Japell war ein Ausbund von einem Politiker gewesen und wurde am Ende selbst ein Opfer seiner Machenschaften. Er fing sich in dem Garn, das er selbst gelegt hatte.

Der zweitgeborene Sohn aber floh heimlich mit seinen drei Schwestern und einiger Dienerschaft auf die Höhe, wo früher die Kinder des Mittags wohnten, und lebte da in aller Verborgenheit. Nach drei Jahren fand ihn Noah, nahm ihn auf, lehrte ihn wieder die Wege Gottes und dingte ihn zur Zimmermannsarbeit. Das Volk Hanoch aber bekam den neuen König gar nicht zu Gesicht, denn er blieb in seiner Burg unter göttlicher Verehrung eingesperrt. (III/199)

Noah und die erpresserische Karawane

Abermals sandten die Priester ganze Karawanen auf Entdeckungsreisen, um in den entferntesten Ländern nach Völkern und deren Schätzen zu suchen. Währenddem wurde in Hanoch und allen Orten und Städten Geschlechtsforschung betrieben um festzustellen, wer da ein Nachkomme Kains oder Seths sei. Denn es waren die Priester, der Adel, wie der König lauter Nachkommen Seths aus der Höhe, die da mit den Töchtern der Tiefe gezeugt wurden!

Fünf Jahre dauerte diese Untersuchung und es ergab sich, daß – außerhalb der Sklavenkaste – die Nachkommen Seths in der Tiefe die Nachkommen Kains um neun Zehntel übertrafen. Daraufhin wurden alle Kainiten einberufen und ohne Unterschied ihres bisherigen Standes zu Sklaven gemacht. Die noch kräftigen Männer wurden als Menschenlasttiere verkauft und die jüngeren Frauen und Mädchen in öffentliche Hurenhäuser gesteckt. Die Alten und Schwachen aber wurden männlich wie weiblich vertilgt.

Die ausgezogenen Karawanen fanden tatsächlich die Sihiniten, die Meduhediten, wie auch in Afrika die schon zahlreichen Nachkommen der ausgewanderten Räte – wurden aber von diesen gar übel bedient! Denn sie mußten entweder bleiben und niedrigste Arbeiten verrichten, oder wurden getötet.

Nur eine kleine Karawane von 100 Mann traf auf ihrem Rückzug aus den damals noch wüsten Gegenden Europas das Haus Noahs an und forderte als Tribut gleich 100 Pfunde Goldes von ihm und drohte ihm zum Schluß: „Wenn du das nicht sogleich zahlst, wirst du samt deinem Hause verkauft und in den Sklavenring geworfen!"

Noah aber hob seine Hände empor und rief: „O Du mein Gott, Du mein lieber, heiliger Vater! Siehe, jetzt hat Dein Knecht Deiner Hilfe vonnöten! Errette mich aus den Händen dieser reißenden Bestien!"

Und kaum hatte Noah ausgesprochen, da schlug ein mächtiger Blitz mitten unter die Karawane. „Besteht Ihr noch auf eurer Forderung?" fragte Noah die Erschrockenen, und als diese mit scheußlichem Geschrei bejahten, schlugen zehn weitere Blitze mitten unter sie und töteten 30 Mann und deren Kamele. Wieder fragte Noah und bis auf zehn Mann bejahten alle ihre Forderung. Da stieß Noah mit seinem Fuß ganz erregt auf die Erde, und die Erde öffnete sich und verschlang bis auf die zehn alle, die da tot und lebend waren.

Jetzt war das Entsetzen der Übriggebliebenen groß, und sie flehten um Gnade. Noah aber sprach: „Verkündet allen Teufeln in der Tiefe, daß das Maß eurer Greuel voll ist! Der Herr hat über euch ein großes Gericht beschlossen! Dies sei mein Tribut an euch und nun ziehet von dannen!"

Darauf flohen die zehn zu den Priestern und berichteten über das Ergebnis ihrer Forschungsreisen. (III/201)

Die Entstehung des Hochlandvolkes

Als aber die zehn Kundschafter von der Wundermacht des alten Mannes auf der nahen Gebirgshöhe erzählten und vorgaben, auch menschenleere Länder mit von Riesen bewachten, goldenen Bergen angetroffen zu haben, da wurden die Priester noch habgieriger und wollten sich die zehn durch Aufnahme in ihren Priesterstand völlig hörig machen.

Die zehn aber erkannten diesen Plan und sannen, wie sie das geknechtete Volk und sich selbst aus den Klauen dieser Wüteriche retten könnten. Es gelang ihnen mit der Zulassung Gottes, die Priester zu bewegen, alle über 4 Millionen Sklaven von ihren Besitzern loszukaufen und ihnen zu überlassen, um mit diesen die Riesen vor den goldenen Bergen besiegen zu können.

Hatten auch viele der Oberpriester starke Bedenken, so siegte doch die Schlauheit der zehn, indem sie alles Mißtrauen zu zerstreuen wußten. Das riesige Sklavenheer wurde im Waffendienst ausgebildet und zog mit den zehn an der Spitze, mit reichem Eßvorrat und Gerätschaften versehen, auf 200.000 Kamelen und viermal so viel Eseln aus Hanoch.

Zwei Tagereisen nördlich von Hanoch ließen die zehn in einem schönen, mit vielen Früchten bewachsenem, unbewohntem Gebirgstal haltmachen und ein Lager mit 500.000 Zelten errichten. Dieses Hochtal war von allen Seiten von unübersteigbaren Bergen eingeschlossen und hatte nur einen einzigen Zugang, der in einer schwer passierbaren Schlucht bestand. Die zehn wußten um dieses große Tal und hatten schon vor Jahren bei seiner Entdekkung geplant, es einmal in Anspruch zu nehmen.

Nun beriefen sie die Heeresobersten aus den Sklaven zu sich und offenbarten ihnen ihre Absicht. „Höret“, sprachen sie, „ihr habt als Sklaven und Lasttiere die unersättliche, allerschändlichste Priesterregierung verkostet! Ihr seid mit eurer übernarbten Haut Zeuge der ruchlosen Grausamkeiten dieser eingewanderten ehemaligen Gebirgsbewohner gegen uns arme Nachkommen Kains. Gott hat uns nun befreit, und wir als seine Werkzeuge wollen euch zu Herren von Hanoch machen!

Vertrauet euch uns an! Hier werden wir ihnen eine schreckliche Niederlage bereiten und dann erst unseren Einzug in Hanoch halten und dort alles unterjochen, was nicht unseres Stammes ist! Jetzt aber heißt es, Wohnhäuser und Fruchtgärten errichten und jeden Zugang zu uns zu verrammen und zu vermauern. So geht nun, gebet alles dem Volke kund und beginnet sogleich mit dem Werke!“ (III/202-218)

Der listige Plan der zehn Heerführer

So wurden die Schluchten hochauf zugemauert, flache Hänge einfach zu unbezwingbaren Steilwänden abgetragen und somit das Tal völlig unzugänglich gemacht. In einem halben Jahre standen auch schon 200.000 fertige Wohnhäuser, und hunderttausende Gärten und Felder waren angelegt, so daß das Tal bald einem Eden glich.

Bei Umgrabungen stieß man auf reiche Goldadern und gewann tausende Zentner des reinsten Goldes, so daß im Verlaufe von drei Jahren schon jeder Bewohner dieses Hochgebirgstales goldene Gerätschaften hatte. Sodann ließen die zehn den Hauptzugang mit riesigen Mauern zu beiden Seiten mittels zubehauener Quadersteine befestigen und mit Gold überziehen. Und da sie des Goldes in Überfülle fanden, machten sie dasselbe mit den großen freistehenden Felsen, die gen Hanoch standen, daß sie dann das Aussehen hatten, als wären sie aus purem Golde.

Nach fünf Jahren war das Volk in dem Gebirgstal so glücklich und kultiviert, daß die Obersten samt den ersten Hauptleuten zu den zehn sprachen: „Höret uns an, ihr lieben weisen Männer! Lassen wir doch Hanoch Hanoch sein! Wir haben Früchte, Getreide, Schafe, Kühe, Kamele, Esel, Hirsche, Ziegen, Hühner, Tauben, Hasen und des Goldes in Überfülle. Wir leben hier in Frieden und bester Eintracht, sind gut bekleidet und haben feste Wohnhäuser. Wir sind hier abgeschlossen und leben wie in einer Festung, die nur Gott allein besiegen kann! Daher sollten wir ruhig leben und die Hanochiter in Ruhe lassen. Denn erfahren diese einmal von unserem Wohlstande, so werden wir keine Ruhe mehr vor ihnen finden!"

Aber die zehn entgegneten: „Das versteht ihr nicht! Wir werden keine Narren sein und nach Hanoch ziehen, aber wir werden sie ganz schlau hierher locken und vernichten! Darum wollen wir eine Gesandtschaft ausstatten und die Oberpriester hierher zum Empfange des Goldes laden, daß ihnen darob Hören und Sehen vergehen soll! Und also hat es zu geschehen!" (III/219)

Noahs Bußboten bei dem Hochlandvolk und den Hanochiten

Der Herr aber zeigte dem Noah, wie es in der Tiefe zuging und was dieses Hochlandvolk im Schilde führte und sprach zu ihm: „Noah, sende einen Boten zu den Hochlandbewohnern, der sie von ihrem arglistigen Vorhaben abwenden und zur wahren Buße, zur Demut und zum lebendigen Vertrauen auf Mich und Meine Liebe ermahnen soll.

Einen zweiten Boten sende nach Hanoch zu den Oberpriestern! Er soll ihnen anzeigen, wie sie von den zehn hintergangen wurden; soll ihnen aber jegliche Rache widerraten. Die Oberpriester sollen sich in Meinem Namen wieder vereinen und ernste Buße tun, so werde Ich Mich ihrer erbarmen und Freundschaft zwischen ihnen und dem Hochlandvolke stiften!"

Noah sah sich sogleich nach zwei Boten um, unterrichtete und segnete sie und sandte sie dann aus, wie der Herr ihm befohlen hatte. Der erste Bote stimmte die zehn Führer des Hochlandvolkes so ziemlich zum Frieden; nur mußte er ihnen das Verteidigungsrecht zugestehen.

Keine so günstige Aufnahme fand jedoch der Bote in Hanoch. Er wurde von der Priesterschaft nach vielen Angsttorturen in den Kerker geworfen, bis sich seine Aussagen nach Aussendung von Spionen zu dem Hochgebirgstal bestätigten. Hernach aber wurde er gezwungen, Oberpriester zu werden. (III/220)

Hanochs Krieg gegen die Hochländer

Ein Jahr verging unter den Beratungen der Oberpriester, bis ein ganz verschmitzter Unterpriester namens Gurat aufstand und nach gleisnerischen Ehrbezeugungen an die Oberpriester einen Racheplan gegen das Hochlandvolk entfaltete und sprach: „Wir sind im Stollenbau wohl bewandert! Machen wir uns diese Kunst zu Nutze und überfallen diese Gebirgsbestien, indem wir des Nachts durch den Erdboden zu ihnen dringen und sie sämtlich umbringen!

Außerdem sind wir ja immer noch die größten Politiker! Locken wir sie doch mit erheuchelter Freundschaft aus ihrer Festung! Sind sie einmal in unser Garn gegangen, soll sie kein Teufel mehr unserer Rache entziehen!"

Ein ungeheurer Beifallssturm ergoß sich da über den Redner, und er wurde sogleich erwählt, seinen letzten Vorschlag sofort anzuwenden.

So erschien er nach einigen Tagen, reich beladen mit kostbaren Geschenken, mit noch dreißig Unterpriestern als politische Freundschaftsdeputation vor dem Haupteingang der Hochlandbewohner. Er wurde auch sogleich vor die zehn Volksführer gebracht und unterbreitete diesen den oberpriesterlichen Friedensantrag. Durch seine Gebärdensprache und sein Augenrollen gab er aber den Hochlandführern zu erkennen, daß alle seine vorgebrachten Freundschaftsbezeugungen der Beherrscher Hanochs nur pure Heucheleien seien und er seiner dreißig Untergebenen wegen nur so mit ihnen rede.

Die zehn verstanden aber seine Mimik und sagten darauf: „Ihr habt gesehen, daß wir bei unserem Goldreichtum eurer Schätze nicht bedürfen. Daher nehmt euer mit Blut der Armen besudeltes Gold wieder mit, und glaubt ja nicht, daß wir eure erheuchelte Freundschaftskundgebung nicht bis auf das letzte durchblicken! Wollt ihr aber unsere Freundschaft gewinnen, müssen zuerst alle Oberpriester abtreten und der Bote aus der Höhe muß zum alleinigen König und Hohepriester gesalbt werden! Vorher sei uns jede Freundschaft ferne, denn mit Teufeln wollen wir keinen Umgang pflegen!"

Darauf schickten sie die Gesandtschaft kurzerhand samt ihren Geschenken nach Hanoch zurück. Den Gurat aber behielten sie zurück, damit er alles berichte, was die Oberpriester im geheimen beraten hatten.

Die abermals betrogenen Oberpriester in Hanoch aber schäumten vor Wut und Rachegelüsten und steinigten den Boten aus der Höhe, darum er ihnen erneut geraten hatte, Buße zu tun und sich zum allmächtigen Gott zu bekehren. (III/222-225)

Der Abfall der Provinzen von Hanoch

Als die fernen Provinzen von Hanoch von dem so unglücklichen Ausgang mit dem riesigen Sklavenheere und dem Machtverlust der Oberpriester hörten, erhoben sie sich und fielen gänzlich von Hanoch ab.

Da war es aber ganz aus mit den Oberpriestern. Einen ganzen Tag heulten und brüllten sie durch die Straßen und riefen zur furchtbarsten Rache gegen die Hochlandbewohner und gegen alle abgefallenen Völker auf.

Am nächsten Tage wurde rekrutiert. Jeder Mann, so er nicht vom höchsten Adel war, mußte zu den Waffen greifen, und selbst das weibliche Geschlecht war davon nicht ausgenommen. In wenigen Tagen wurde eine schlagfertige Armee von 5 Millionen Kriegern ausgerüstet.

Die Waffen bestanden aus Spießen, Schwertern, Bogen und Feuerrohren, wie sie von den Türken in der Zeit ihrer ersten Kriege verwendet wurden, als sie noch mit steinernen Kugeln schossen.

2,5 Millionen Krieger zogen gegen die abtrünnigen Provinzen und ein gleich großes Heer gegen das Hochland. Dort mußten sogleich 150.000 Mann an 500 Stellen tiefe Stollen in die Berge treiben, um zu den Hochländern zu gelangen. Nach unsagbaren Schwierigkeiten stießen sie auf die Ebene des Hochlandes.

Die Hochlandbewohner aber beobachteten die Hanochiter genau und berechneten, wo sie durchkommen mußten. Sie belegten solche Stellen hochauf mit Holz und zündeten es an, wenn die Hanochiter durchbrachen. Rauch und Feuerdampf erfüllte dann die Schächte und erstickte Tausende und Tausende. Selbst mehrere Oberpriester kamen dabei als Feldherren ums Leben.

Dreimal erfolgte ein Angriff auf das Haupttor, der aber stets auf das entschiedenste zurückgeschlagen wurde. Der übriggebliebene Teil der Armee mußte nach einem zweijährigen vergeblichen Kampf mit Schande abziehen.

Die andere Armee, die die abgefallenen Provinzen zurückerobern sollte, hatte sich mit diesen verbündet und ihre Feldherren und alle, die zu ihnen hielten, erschlagen. (III/226-227)

Hanochs Unterwerfung unter die Hochländer

Noch hielt sich der Bote der Höhe bei dem Hochlandvolk auf. Die zehn Volksführer beriefen ihn und Gurat zu einer Versammlung, um zu beraten, was nun gegen die Hanochiter zu unternehmen sei.

Der Bote Noahs aber warnte sie: „Lasset ab von Hanoch, denn der Herr wird es züchtigen, so das Sündenmaß voll ist! Bleibet, wie ihr nun seid, so wird euch der Herr mehren und das Tal überaus fruchtbar gestalten! Werdet ihr aber hinausgehen und Kriege führen, werdet ihr gar übel umkommen, wenn Gott die arge Welt in Seinem Ernste richten wird! Dies ist mein letzter Rat an euch! Ich werde wieder dahin ziehen, von wannen ich gekommen bin. Euer freier Wille aber bleibe gewahrt!"

Nach dieser Rede wurde der Bote von der Kraft Gottes ergriffen und schnell auf die alte Höhe zu Noah entrückt. Dies machte auf die zehn Hochlandführer einen mächtigen Eindruck, und alle Worte des Boten, die er zu ihnen geredet hatte, wurden auf reinst polierte Goldplatten geschrieben und erhielten Gesetzeskraft für das ganze Hochland.

Fünf Jahre gingen so gut dahin. Danach wollte sie der Herr aber in ihrem Vertrauen festigen und ließ eine kleine Prüfung über sie kommen. Es kamen nämlich 1000 Spione aus Hanoch ins Hochland. Diese wollten angeblich Handelsbeziehungen anknüpfen, insgeheim aber die Machtverhältnisse des Hochlandes erforschen.

Die zehn durchtriebenen Volksführer aber witterten den geheimen Grund solchen Besuches und zwangen die 1000 Spione, nachdem sie zwei vom hohen Felsen ihrer Burg gestürzt hatten, die Verhältnisse in Hanoch zu verraten. Nachdem diese in der Todesangst alles haarklein berichtet hatten, wurden sie alle bis auf zehn den Felsen hinabgestürzt. Diese zehn aber mußten den Oberpriestern in Hanoch anzeigen, wie im Hochland Spione behandelt werden. (III/228)

Als die zehn nach Hanoch zurückkamen und den Oberpriestern berichteten, frohlockte die eine Partei der Oberpriester, die schon einmal die Weisheit der Hochlandbewohner im vergeblichen Kampfe verkostet hatte. Sie hielten daher unter sich Rat und gedachten des Boten, den Noah zu ihnen gesandt hatte und beschlossen, seinem Rate zu folgen. Konnten sie auch nicht mehr den gesteinigten Boten zum König machen, wie die Hochlandfürsten gefordert hatten, so wollten sie aber dennoch einem von ihnen oder einem von ihnen Ernannten die Alleinherrschaft einräumen.

Da sie ohnehin noch die Hauptmacht in Hanoch innehatten, nahmen sie die 1000 Kronen der Räte und die großen Goldschlüssel Hanochs und sandten eine Deputation unter einem beredten Oberpriester, beladen mit den Reichskleinodien, zum Hochland. Dort angekommen, wurde diese sogleich unter starker Bewachung vor die zehn Führer gebracht.

Als die zehn Hochlandfürsten des Oberpriesters und der 100 Deputierten ansichtig wurden, regte sich sogleich ihr alter Grimm, doch der Oberpriester sprach: „Höret mich an, ihr Fürsten! Wir kommen in Frieden zu euch! Unser Kampf gegen euch kam uns teuer zu stehen. Die fanatischen Oberpriester sind nun unsere größten Feinde und sammeln emsig Streitkräfte, um uns zu vernichten. Wir aber halten die Macht Hanochs in den Händen und folgen nun dem guten Rat des Boten aus der Höhe Noahs.

Der Bote wurde leider von den feindlichen Oberpriestern getötet, als ihr verlangtet, daß er ein Alleinherrscher über Hanoch werden soll. An euch liegt es nun, einen König über Hanoch einzusetzen, und wir wollen seine getreuesten Knechte sein! Hier sind die Kronen und die Schlüssel Hanochs! Wir alle aber stehen mit unserem Leben für die Wahrheit dieser Worte!"

Da berieten sich die zehn Hochlandfürsten mit allen Obersten des Volkes und wählten schließlich Gurat zum König über Hanoch, da sie alle unzertrennlich beisammenbleiben wollten. Gurat müsse aber für alle Zeiten den Zehent an das Hochland entrichten und habe sich bei allen wichtigen Unternehmungen bei den Fürsten des Hochlandes Rat zu holen. Darauf wurde Gurat zum König gesalbt und nach Hanoch gesandt. (III/229-231)

Gurat und der schlaue Priester – Neues Götzentum

In Hanoch angekommen, gab es für Gurat noch die vielen feindlichen fanatischen Oberpriester, die ihn zu vernichten suchten. Einem schlauesten Unterpriester aus ihrer eigenen Partei gelang es jedoch, sie dem neuen König untertänig zu machen. Als Dank und Anerkennung wurde dieser dafür zum Generaloberpriester ernannt. Als solcher entthronte er den Scheinkönig, züchtigte die den Scheinkönig umgebenden Hohenpriester und degradierte schließlich die fanatischen Oberpriester zu Unterpriestern. (III/232-239)

Der Generaloberpriester aber beriet den König Gurat vor dem Priesterrat, wie die neue Gotteslehre nun beschaffen sein soll, indem er sprach: „Stellen wir dem Volke die Gottheit plump vor und verleihen ihr nicht den größten Prunk und Pomp, so fehlt ihr jegliche Wirkung.

Wir wollen darum dem Volke eine Menge großartigster Tempel mit neuen Gottheiten erbauen, in denen es recht mystisch zugeht und in denen die Gottheiten in furchterregender, kolossaler Gestalt das dumme Volk beeindrucken sollen. Die Priester aber müssen mit allen Mitteln geistlicher Politik gesalbt und nebenbei wahre Tausendkünstler sein, um ihre Gottheiten die scheinbar tollsten Wunder wirken zu lassen.

Es sei aber ferne von uns, die Priester aus der Staatskasse zu besolden. Der Tempel muß ihr eigener und des Staates Fettstock sein. Auf diese Weise brauchen wir dem Volke nicht einmal Steuern auferlegen, denn die Tempel werden ihm schon ohnehin auf unschuldigste Weise die Schätze herauskitzeln, und die Regierung wird im besten Rufe stehen.

Die Priester aber müssen völlig verschwiegen sein und sehr geheimnisvoll tun. Und wenn sie sprechen, müssen sie so unverständlich als möglich reden – denn was der gemeine Vernunftmensch versteht, hält er nicht für göttlich!" (III/241)

Gurats Verrat

Und weiter reizte die Hölle den Hochmut der Menschen, und ihr williges Werkzeug hetzte fort und fragte: „Du, hoher König, sollst die Oberherrlichkeit der Oberländer anerkennen? Wozu? Wir nehmen ihnen die Treppe weg, dann mögen ihnen Flügel wachsen, um zu uns zu kommen!"

König Gurat und alle ihm hörigen Oberpriester aber waren von diesem Rate überaus angetan. Und bald sah man schon Ingenieure und Mineure mit 200.000 Mann sämtliche Zugänge zu den Gebirgen des Hochlandvolkes bei 200 Mannslängen senkrecht abtragen, und in drei Monaten war es einem Hochlandbewohner unmöglich, über die Steilwände in die Tiefe Hanochs zu gelangen. Diese Urvölker hatten das Eigentümliche, eine Arbeit zwar wohl zu berechnen, dann aber mit allerstärkstem Einsatz baldigst zu beenden.

Weltlich genommen hatten sie recht, und wer diese Regel des größten Einsatzes geistig beachten möchte, würde weit besser fahren als auf dem Wege seiner lauen Saumseligkeit!

Auf diese Weise wurden auch für die Erbauung von 1000 Tempeln bei zwei Millionen Arbeiter verdingt, und in einem Jahr war alles samt Nebengebäuden fertig! Dem alten Lamechschen Tempel aber durfte sich niemand bei Todesstrafe nahen, während im Weisheitstempel allerlei mystische Zauberei getrieben wurde und sich jedermann fürs Geld weissagen lassen konnte. Natürlich hielt der gemeine Mann alles für bare Münze.

Im Verlauf von zehn Jahren hatte jede Ansiedlung schon mehrere Tempel und alle wetteiferten miteinander, dem König die reichsten Opfer zu bringen, weil der König gewisserart alle Götter repräsentierte und darum auch der Diener aller Götter genannt wurde. (III/241-242, 250)

Noahs neuer Bote bei den Hochlandfürsten

Was aber taten die Hochlandbewohner als sie entdeckten, was ihnen der abtrünnige Gurat angetan hatte?

Die zehn Fürsten ließen die ganze, weite Gebirgsgegend genauestens untersuchen, ob wohl nirgends mehr ein Ausweg möglich wäre. Alles vergeblich! Gurat ließ ständig an der Abgrenzung des Hochlandes weiterarbeiten, so daß man nichts als kahle Wände von weiten Ausdehnungen erschaute.

Zehnmal wurde ein großer Rat gehalten, aber es kam zu keinem Entschluß gegen Hanoch. Da wollten die Hochländer schon neue Gesetze zur Einschränkung der Kinderzeugung herausgeben, als ein neuer Bote von Noah erschien und sie daran hinderte, indem er sagte: „Euer Land hat noch einen freien Ausgang auf die Höhe Noahs, meines Herrn! Von dort ziehen sich große Länder gegen Norden hin, die größtenteils unbewohnt sind.

Doch ich kam, euch das nahe Gericht Gottes zu verkünden. Also aber lauteten die Worte Gottes zu Noah vor hundert Jahren: ‚Die Menschen wollen sich von Meinem Geiste nicht mehr leiten lassen! Ich aber will ihnen noch eine Frist von 120 Jahren geben!‘

Und abermals redete der Herr: ‚Noah, sende Boten in alle Gegenden der Welt und lasse Mein Gericht verkünden!‘

Nun sind es zehn Jahre, da mein Bruder bei euch war und ein anderer in Hanoch. Einer kam zurück, aber der in Hanoch wurde ermordet. Von da an sandte Noah jährlich geheim einen Boten nach Hanoch und dreißig nach den anderen Städten; aber sie wurden von den Götzen Hanochs geblendet und vergaßen des Herrn. Darum sprach der Herr vor drei Tagen zu Noah: ‚Noah, ziehe mit deinen Leuten in den Wald und fälle 1000 schlanke Tannenstämme, behaue sie im Viereck, lege sie zusammen und laß sie fünf Jahre lang liegen. Dann will Ich dir sagen, was du damit tun sollst!‘

Die Zimmerleute haben die Axt schon an die Wurzel gelegt! 100 Jahre sind fruchtlos verflossen! Daher kehret euch zum Herrn, wenn ihr dem Gerichte entgehen wollt! Denn wenn das zwanzigste Jahr, von heute an, abgelaufen sein wird, wird der Herr die Schleusen öffnen und große Fluten werden die sündigen Menschen ertränken! Gleiches redet mein Bruder jetzt in Hanoch, wohl dem, der sich danach kehren wird! Amen.“ (III/250-251)

Ratlos und höchst erstaunt fragten die zehn Fürsten den Boten: „Wie können wir solchem Weltgericht entgehen? Und wozu wird wohl Noah die 1000 gefällten Stämme gebrauchen?“

Der Bote antwortete entschieden: „Was fragt ihr, ihr kennt noch den alten Gott, von dem euch mein Vorgänger vieles verkündet hat. Zudem habt ihr tausend Mundüberlieferungen, die einstimmig das Walten Gottes bezeugen! Eure zweite Frage aber kann ich euch beantworten, wenn Gott weitere Weisungen an Noah ergehen läßt."

Nach diesen Worten entfernte sich der Bote so schnell, daß es niemand merkte. Ratlos blieben die zehn Fürsten, bis sie von den Trugworten vieler Obersten beschwichtigt wurden, die da sagten: „Hat doch nur die Politik einen Gott erfunden! Der alte Zauberer möchte uns nur nach seiner Pfeife tanzen lassen! Aber wir sind zu aufgeklärt, um uns derart übertölpeln zu lassen!" So blieb auch diese Gnadenbotschaft Gottes erfolglos. (III/252)

Der Bote beim Generaloberpriester in Hanoch

Mit großer Zuvorkommenheit wurde der andere Höhenbote vom Generaloberpriester empfangen. Der Bote sagte ohne Rückhalt die gleiche Botschaft wie sein Gefährte im Hochland. Der General aber entgegnete ihm mitleidig lächelnd: „Mein schätzbarster Freund, du bist wohl noch sehr einfach in deiner Weisheit, da dir ein tieferes Denken mangelt. Wie dumm müßte ein Gott sein, würde Er einem Millionenvolke verschweigen, was er einem uralten Gebirgsmenschen offenbaren sollte! Dein Gott kommt also nur zu dem, der keine Macht hat, weil er nichts bewirken kann.

Dein alter Noah hat so wenig als ich irgend einen Gott je gesehen und gehört, – sondern im Besitze einiger alter Zauberkünste möchte er wieder einmal die Oberherrschaft über alle Völker gewinnen und nimmt daher zu solcher Politik seine Zuflucht!

Hast du jemals Gott mit Noah reden hören, oder Gott selbst gesehen? Hat dich Gott mit irgendwelchen Wunderkräften ausgerüstet? Du verneinst das! Sollte Gott nicht wissen, daß ein so armseliger Bote nur höchst mitleidig ausgelacht wird gegenüber 500 Millionen aufgeklärten Menschen? Schau, schau, mein lieber Freund, wie dumm deine Botschaft ist! Sieh, wir leben in der schönsten Ordnung! Wir haben keine Kriege, wir fordern keine Steuern; nirgends gibt es Sklaven, unsere Gesetze sind sanft wie Wolle, und wir leben vergnügt. Kann ein Gott noch eine bessere Ordnung aufstellen?"

Hier stutzte der Bote und wußte nicht, was er sagen sollte. – O des großen Truges der höllischen Politik! Der General aber sagte darauf: „Du bist ein recht artiger junger Mann und scheinst nicht ohne Talente zu sein. Bleibe doch bei uns, ich selbst will für deine Ausbildung sorgen. Du kannst auch wieder auf deine Berge ziehen, aber überzeuge dich doch zuvor von unserem vortrefflichen Leben! Und so folge mir nun zum König!" (III/253)

Waltar vor Gurat – Die Jagd auf Agla

Mit größter Auszeichnung empfing der König Gurat den Boten Noahs, und dieser verneigte sich tief vor dem König und sagte, eingeschüchtert durch Hanochs Blendwerk: „Großer König und Herr, ich hatte nur den Auftrag, den Generaloberpriester zu sprechen. Er zeigte mir aber darauf mit erstaunlicher Weisheit die völlige Leere meiner Gesandtschaft, und so möchte ich sie nicht mehr wiederholen!"

Der König ersah daraus, daß der Bote Verstand besitze und versprach ihm volle Ausbildung in allen Künsten und Wissenschaften.

Der Bote, der Waltar hieß, aber freute sich und sprach: „O gütiger, großer König! Mein Vater heißt Mahal und ist ein Bruder Noahs. Er ist schon bei 500 Jahre alt, aber so kräftig, als zählte er erst fünfzig. Ich, sein jüngster Sohn bin siebzig und meine Lieblingsschwester Agla ist ein Jahr älter. Wenn ich sie bei mir hätte, ich bliebe noch tausendmal lieber hier, gleicht sie doch der herrlichsten Morgenröte!"

König Gurat aber lächelte und zeigte lebhaftes Interesse für die Schwester Waltars und sagte ihm seine volle Unterstützung zu, sie zu holen. Er beauftragte auch sogleich den General, und schon am nächsten Tag sollte auf diese Schwester eine überaus listige Jagd begonnen werden. (III/254)

Waltar mußte seine Kleider einem Verbrecher leihen, dem Erlaß der Todesstrafe zugesagt wurde, falls er die Schwester vor den König brächte. Nach zwei Tagen Fußmarsch nahte sich der Fänger mit drei bewaffneten Wegekundigen der Höhe.

Sein listiger Jagdplan kam aber gar nicht zur Anwendung, denn die Agla war selbst schon ihres Bruders wegen auf dem Weg nach Hanoch und verriet sich als Waltars Schwester selbst. Denn als sie den Menschenjäger in ihres Bruders Kleidung sah, rief sie: „Waltar, Waltar!" Der Jäger aber erklärte ihr den Sachverhalt und sie folgte ihm voll Freude in die große Stadt. (III/255)

Der betrogene Waltar

Wie erstaunte aber der König über die Schönheit der Agla und sagte zu Waltar, der höchst erfreut seine Schwester umarmte: „Höre, du mein lieber Waltar, ich will deine himmlisch schöne Schwester zum Weibe nehmen und ihr eine königliche Krone aufs Haupt setzen! Bist du mit meinem Antrag zufrieden, aus dem für dich unermeßliche Vorteile erwachsen werden?"

Hier erschrak Waltar, doch seine Schwester Agla sagte, da ihr dieser Antrag wohl gefiel: „Waltar, was willst du hier im Hause dessen machen, dem Millionen zu Gebote stehen? Segne mich, Bruder, für den König, und tritt deine Vorteile nicht mit Füßen!“

Waltar aber sprach ganz erregt: „Du Treulose! So leicht erlischt deine Liebe zu mir! Wahrlich, ich kann dir nur fluchen, indem du dich dem König schon selbst gegeben hast!“ Und zum König gewandt sagte er: „Ich segne sie für dich, aber in meinem Herzen sei sie verflucht, darum sie mich um alles betrogen! – Lass mich aber wieder auf die Höhe ziehen, damit ich dort meinen Gram ausweinen kann!“

Doch der König beschwichtigte ihn: „Nicht also, mein Waltar! Ich werde dir königliche Kleider anlegen lassen und dich dann selbst in den Tempel der Schönheitsgöttinnen führen. Wirst du an einer dein Wohlgefallen finden und sie erwählen, so bleibe hier als ein förmlicher Vizekönig. Ansonsten aber kannst du wieder auf deine schaurigen Berge heimziehen!“

Um sich so gewisserart an Agla zu rächen, willigte Waltar ein. Agla liebte aber Waltar noch mächtig, und ihre vorschnelle Zustimmung war mehr ein weiblicher Liebe-Erforschungskniff als eine feste Zusage. Gurat jedoch ließ sogleich für beide königliche Kleider holen. (III/256)

Als König Gurat mit seinem großen Gefolge in den Venustempel kam, war schon alles vorher in der verführerischsten und üppigsten Weise vorgerichtet. Hunderte der Hauptgöttinnen schwärmten, von den Untergöttinnen bedient, durch die Irrgänge des weiten Gartens. Einige tanzten, einige sangen, so daß der warmblütige Waltar ganz verwirrt wurde und nicht wußte, welche er begehren sollte.

Als aber Gurat dies zu seinem größten Vergnügen bemerkte, sagte er: „Mir scheint, du wirst deine schöne Schwester leicht vergessen? Wähle dir die eine oder die andere hier aus! Oder willst du mehrere Frauen?“

Hier sah Waltar nach den vorbeischwärmenden Göttinnen, die ihn so holdseligst als nur möglich anblickten, und sagte nach einer Weile: „O König! Ich bitte dich um alle! Denn zu herrlich sind sie, auf daß ich nur einige wählen könnte! Darum gib mir lieber alle, auf daß keine beleidigt werde, so sie nicht erwählt würde!“

Der König aber lächelte: „Ich will dir vorderhand nur sieben geben. Willst du nach einem Jahr noch mehrere, sollst du so viele haben wie du willst!“

So begab sich der betrogene, arme Waltar mit seinen nun bekleideten Göttinnen und deren Untergöttinnen ganz überseligst wieder in den königlichen Palast zurück. (III/257)

Aglas Rache

Als aber Agla ihren Bruder mit den sieben schönen Frauen sah, wurde sie zornig in ihrem Herzen und verlangte nun um so mehr des Gurat Hand, um sich dann als Herrscherin an Waltar, wie auch an den Göttinnen der Schönheit rächen zu können. Dem Gurat aber gefiel die Agla überaus, und er machte sie schon am dritten Tage zur Königin über Hanoch.

Als Königin wurde Agla äußerst herrschlustig, und alle mußten sich vor ihr bis zur Erde beugen. Das verdroß jedoch den Waltar, und er bat den König, ihn auf die Berge zu entlassen. Gurat aber, der von Agla förmlich besessen war, tat nichts mehr ohne ihre Einwilligung, und so ließ Agla ihren Bruder in einen tiefen Kerker werfen.

Da aber der Generaloberpriester den Waltar sehr gut brauchen konnte, befreite er ihn heimlich und verhalf ihm zur Flucht. Agla jedoch erfuhr dies und jagte ihm Häscher nach, die ihn erschlugen und seinen Kopf ihr als Pfand brachten. Darauf befahl sie den Häschern, seinen Kopf im Garten der Venusgöttinnen zu bestatten und seine Frauen zu ihr zu bringen, die sie darauf eigenhändig samt ihren Dienerinnen kaltblütig mit einem Dolche ermordete.

Das war Waltars Ende und sein Lohn, darum er sich vom rechten Wege Gottes entfernt hatte. Das war aber auch der Anfang der grausamsten Regierung, die je in Hanoch stattgefunden hatte! (III/258-259)

Aglas und Drohuits Intrigenspiel

Ein Hauptmann der Knechte der Königin namens Drohuit aber entflammte in heißer Leidenschaft zur Königin Agla und verriet ihr den Plan des Generaloberpriesters Fungar-Hellan, der sich an ihr ob ihrer schrecklichen Morde an Waltar und seinen Frauen rächen wollte. Fungar Hellan war nämlich mittlerweile der eigentliche Machtträger in Hanoch, während König Gurat nur als sein Busenfreund noch in großem Ansehen stand.

Drohuit wußte es mit allerfeinster List so einzurichten, daß Agla ihn selbst als Vermittler zum empörten General schickte, um diesem vorzuheucheln, sie hätte die Morde nur zu seiner eigenen Rettung, aus großer geheimer Liebe zu ihm, dem allein Mächtigen von Hanoch, begangen.

Und Fungar-Hellan fiel der Satanslist Drohuits zum Opfer, ging mit diesem zu Gurat und dann zu Agla, die ihm, auf das reizendste geschmückt, entgegeneilte, ihn glühend umarmte und rief: „O Fungar-Hellan, wie konntest du meine Liebe so verkennen? Nur deinetwegen ließ ich ja meinen Bruder und seine Buhldirnen töten, denn sie trachteten dir nach dem Leben!

Nachdem du Waltar aus dem Kerker befreitest, wollte der Undankbare die Hochlandvölker gegen dich aufhetzen und ihnen einen gangbaren Weg in die Ebene zeigen. Doch da erreilte ihn meine gerechte Rache! Nun höre weiter, Waltar hatte seinen Frauen aufgetragen, das ganze Schönheitsgöttinnen-Kollegium gegen dich aufzuhetzen, um dich und den König aus der Welt zu räumen, daß er später selbst den Thron ohne große Mühe besteigen kann.

Folge mir nur in das geheime Kabinett der Frauen Waltars und du wirst sehen, auf welche Weise euer sicherer Tod vorbereitet war.“ (III/262-267)

Das höllische Gift

Im Kabinette angekommen, öffnete Agla sogleich einen geheimen Wandschrank, deutete auf ein kristallenes Gefäß und sprach: „Hier seht jene entsetzliche Schale! Sie ist voll mit Nadeln, die mit dem stärksten Gifte getränkt sind. Bringet ein Tier oder einen Verbrecher und verletzet nur ein wenig dessen Haut, und es soll euch die Wirkung dieser Waffe offenbar werden!“

Fungar-Hellan befahl sofort, ein großes Kalb zu bringen, ließ dasselbe ein wenig mit solch einer Nadel stechen, und das Kalb brach im Augenblicke tot zusammen. Da entsetzte sich der General und fragte: „Agla, wie kamst du hinter all diese geheimen Verschwörungen?“

Und Agla erwiderte: „Siehe, dies alles erfuhr ich von unserem großen Freund und Lebensretter, dem Hauptmann Drohuit, der in diese schändlichsten Pläne eingeweiht war, aber aus Treue zum König und zu dir, meinem Freund, mir dies alles bis auf das kleinste offenbarte!

Mich ergriff darauf im Gemüte eine mächtige Rache, und ich ließ diese Frauen mit ihren Dienerinnen durch meine Schergen holen, um an ihnen, als Königin und Herrin über Leben und Tod, meine glühendste Rache zu kühlen! Dein nächster Besuch bei den Schlangen von Schönheitsgöttinnen aber hätte dich ohnehin zu Fall gebracht! Gehe mit uns hinaus zu ihren Wohnungen, und du wirst überall diese kleinen Mordwerkzeuge finden. Dort kannst du dich auch davon überzeugen, wie weit diese Verschwörung schon gediehen war und warum ich diese Göttinnen verfolgte!“

Da zog Fungar-Hellan sogleich mit seinem Gefolge, der Agla, dem Gurat und Drohuit zum Tempel der Schönheitsgöttinnen und untersuchte allda die Wohnungen und den Garten und fand überall diese tödlichen Nadeln.

Agla aber zeigte ihm in einer abseitigen Ecke ein gläsernes Lusthäuschen und sprach: „Bestimmt willst du auch wissen, woher diese Göttinnen das schreckliche Gift nahmen. Sieh an, dies üppige Bäumchen in der Mitte dieses Glashauses. Seine perlenartigen Tropfen am Stamme sind eben jenes Gift, das für dich bestimmt war!"

Der Generaloberpriester wurde da samt dem König ganz blaß und befahl seinen Leuten, dies Glashaus samt dem Bäumchen sofort zu vernichten. Die Agla ergriff aber schnell seine Hand und schrie: „Mein allergeliebtester Freund, tue nur das nicht, denn würdest du dieses Haus des Todes öffnen, so würden wir allesamt im Umkreise sofort durch die starke Ausdünstung dieser Pflanze den Tod finden!

Willst du aber schon dies Bäumchen ohne Lebensgefahr vernichten, so mußt du aus harzigem Holze einen riesigen Scheiterhaufen um dies Lusthaus bauen und diesen von allen Seiten entzünden!" (III/267-269)

Aglas Sieg über den General

Hier stutzte der General, sah der Agla scharf in die Augen und sprach: „Weib, was redest du – als hättest du selbst dies Bäumchen geschaffen?! Woher weißt du dies alles? Rechtfertige dich sofort, sonst wird es mit dir keinen guten Ausgang nehmen! Fortan sollst du mich nicht mehr täuschen; entkleide dich daher, auf daß du nackt mir die Wahrheit bekennest!"

Diese Aufforderung brachte die Agla nicht im geringsten aus der Fassung. Sie behieß die ganze Gesellschaft in ein großes Zimmer im Wohnhaus der einstigen Göttinnen und entkleidete sich da sogleich, wie der Fungar-Hellan ihr geboten hatte. Diese Entkleidung aber war eben das Gefährlichste für den stark sinnlichen General, denn nun kamen erst die verborgenen Reize dieses schönsten Weibes so zur Geltung, daß bei ihrem Anblicke sogleich mehrere Männer wie wahnsinnig wurden.

Fungar-Hellan aber vergaß ganz seinen Verdacht; denn wie die aufgehende Sonne in den Tälern den Nebel verzehrt, so wirkte auch die zu große Schönheit der Agla auf den General. Er forderte nichts mehr und begehrte allein nur ihre Liebe. Er versprach ihr, alles zu tun, um sich ihrer nur wert zu erweisen. Agla aber triumphierte in sich über diesen Sieg, da sie sonst offenbar ertappt und gefangen worden wäre.

Der König Gurat und der ebenfalls für Agla entflammte Drohuit machten freilich lange Gesichter. Aber was half es ihnen; Fungar-Hellan brach die ganze Untersuchung sofort ab und führte die Agla als sein Weib unter allen Ehren in seinen Palast!

Drohuit und Gurat aber verstanden es darauf, solchen Verlustschmerz zu heucheln, daß Agla wieder zu Gurat zurückkehrte und dennoch die Freundin des Generals Fungar-Hellan blieb. Ihm und Drohuit versprach sie aber, ihre beiden ebenfalls so schönen Schwestern für sie von der Höhe herabzuholen. Damit waren alle zufrieden, und es wurde sogleich eine Karawane mit 1000 Mann ausgerüstet, die zwei Schwestern zu holen. (III/269-271)

Die Gesandtschaft bei den Hirten Mahals

Auf halbem Wege schon traf die Gesandtschaft auf einer schönen Gebirgstrift mehrere Hirten Mahals, die eine große Herde von Schafen und Ziegen weideten. Die wohlbewaffneten Hirten aber fragten die Fremden nach ihrem Begehren, und der Karawanenführer sprach zu ihnen: „Höret mich an! Agla, die Tochter eures Herrn hat uns um ihre beiden Schwestern hierher gesandt. Agla bedarf ihrer schönen Schwestern, denn sie ist nun in der Tiefe eine große Königin und beherrscht mit unumschränkter Macht den halben Erdkreis."

Der erste Hirte sprach: „So möget ihr hier bis morgen warten! Mahal wird mit seinen Töchtern selbst zu euch kommen. Mit ihm könnt ihr dann alles weitere verhandeln!" Damit gab sich die Karawane zufrieden.

Am Morgen dankten die Hirten dem Herrn für die Bewahrung ihrer Herde des Nachts, da sie wieder viel mit wilden Tieren zu kämpfen hatten. Da erscholl vom Himmel plötzlich eine mächtige Stimme, gleich einem Donner, die lautete: „Treibet die Herde in den Stall Noahs. Denn sein Bruder Mahal will mit seinen Töchtern in die Tiefe ziehen, um dort sein Glück zu suchen. Euch aber wird Noah Arbeit geben, die Ich ihm anzeigen werde!"

Da fielen die Hirten zur Erde und gaben Gott die Ehre. Der Karawanenführer aber fragte einen Hirten, was das für ein Donner gewesen wäre? Und der Hirte erwiderte: „Das war die Stimme Gottes, die uns anzeigte, daß Mahal nicht mehr unser Herr sein wird. Denn er will samt seinen Töchtern in die verfluchte Tiefe ziehen! Doch nun laßt uns mit den Herden heimwärts ziehen und wartet hier auf den Mahal samt seinen Töchtern!" (III/272-273)

Mahals Gang in die Tiefe

Da es aber schon Abend wurde und immer noch kein Mahal kam, zog die Karawane der Höhe zu. Bald nahte sich ihnen jedoch eine Gesellschaft, in deren Mitte sich Mahal mit seinen zwei Töchtern und einem Sohne befand. Als Mahal die Botschaft von der Karawane erfuhr, verabschiedete er sich von seinen Begleitern und zog mit seinen Kindern gar frohen Mutes mit der jubelnden Karawane in die Tiefe.

Als sie, in Hanoch angekommen, durch die Straßen zogen, wollte Mahals Staunen kein Ende nehmen. Desgleichen waren auch seine Kinder ob diesen Palästen, Kunstwerken und glänzenden Kaufgewölben gewaltig beeindruckt.

Beim Palast kamen ihnen sogleich der König, die Königin, Fungar-Hellan und Drohuit mit einem überaus glänzendem Hofstaate entgegen und empfingen sie auf das allerfreundlichste. Mahal konnte sich aus lauter Freude gar nicht helfen, da er seine geliebteste und viel beweinte Tochter in so glücklichsten Umständen wiederfand.

Fungar-Hellan machte sich sogleich an die Pira, die ihm überaus wohlgefiel, und auch Drohuit fand an der Gella sein unschätzbares Vergnügen. Agla aber lag ihrem Vater und Bruder Kisarell ganz wonnetrunken in den Armen und konnte vor Seligkeit kaum reden. Gurat bestellte sogleich ein Festmahl und ließ königliche Kleidung für die neuangekommenen Verwandten bringen. (III/273-274)

Mahals unzerstörbare 500jährige Gebirgskleidung

Gurat ersuchte nun den Mahal, seine harte Gebirgskleidung abzulegen und dafür die herrlich weiche königliche Kleidung anzuziehen.

Doch Mahal gedachte seines Gottes und sprach: „Mein hoher Schwiegersohn! Siehe, ich habe ein hohes Alter und erlebte schon viele Könige in der Tiefe. Mein Bruder Noah kennt noch die Zeiten Lamechs, und ich habe den Uraniel gekannt, der dem Thubalkain gefolgt ist.

Siehe, dieses Kleid hat mir durch Jahrhunderte gedient und ist unzerstörbar; denn es ist noch mit der Wurfschütze gewebt worden, die Jehova den ersten Menschen der Erde gegeben hat. Welch Undank wäre es wohl von mir, so ich dies Kleid, das mich beinahe 500 Jahre vor Hitze und Kälte geschützt hat, nun ablegen würde! Mein Kleid hat zwar keine Verzierungen und keinen Glanz, ist aber viel kostbarer denn eure Kleider! Denn es wird nie schmutzig und hält obendrein den Leib rein und allzeit gesund!“

Gurat erstaunte über diese Beharrlichkeit, Agla aber flüsterte ihm zu: „Laß ihm nur einstweilen seinen Willen, er kann schon auch so sündigen wie wir! Rede heute nichts mehr davon, am Abend aber lege ihm die weißen Kleider in sein Schlafgemach, und morgen wird er sie über sein altes Kleid ziehen!“ Damit gab sich der König zufrieden.

Vom königlichen Mahle aber genoß Mahal nur wenig, denn sein Gaumen war solche Leckereien nicht gewöhnt und noch weniger sein gesunder Gebirgsmagen. Aber Pira und Gella trieb die Neugierde, von jeder Speise wenigstens etwas zu verkosten.

Am nächsten Morgen vermißte man Mahal, und als man sein Gemach betrat, fand man ihn beschäftigt, wie er über sein unverwüstliches Kleid die weichen Königskleider anprobierte. Man belobte ihn darum und zog ihn dann unter tausend Schmeicheleien zum Morgenmahl.

Und so war an diesem nächsten Tag schon die ganze Familie aus der Höhe in königlichen Kleidern und gefiel sich darin. (III/275-276)

Mahals Erkenntnis von der Hölle Hanochs

Nach dem Frühstück erhob sich Fungar-Hellan und sprach zur Agla: „Agla, du Zierde der Schönheit aller Frauen der Erde, wenn ich so ganz von Herzen aufrichtig sein soll, so möchte ich lieber alle zwei deiner Schwestern zu meinen festen Frauen nehmen, so sich der Drohuit freiwillig zu seinem Verzicht bekennen würde! Er würde sich da an mir einen gar mächtigen Freund erwerben!“

Und Agla wandte sich im geheimen sogleich an den Drohuit, versicherte ihn ihrer Liebe, so daß dieser dem Begehren Fungar-Hellans gewährte und ihm seine Segenswünsche übermittelte.

Fungar-Hellan aber umarmte Drohuit und sagte zu ihm: „Drohuit, so wahr ich alle Macht in meinen Händen halte, so wahr setzte ich dich dafür als König ein. Die Agla ist sonach *dein* Weib! Den Gurat aber kannst du, da er recht dumm und schwach geworden ist, recht gut vor dem Volke als Scheinkönig belassen. Die Macht aber liegt in meinen und in deinen Händen!“

Nach diesen Worten küßten sich die beiden Freunde, und Drohuit lief sogleich zur Agla und erzählte ihr von seinem Glück. Und Agla ergriff sogleich die Hand Drohuits, drückte sie an ihre Brust und sprach: „Nun ist mein Wunsch erfüllt! – Du bist mein!“

Es vernahm aber der alte Mahal solche Kuppelei und begehrte von Agla näheren Aufschluß. Diese beschwichtigte ihn sagend: „Höre, lieber Vater, auf der schroffen Höhe hättest ganz natürlicherweise du gefragt werden müssen, ob und was für einen Mann deine Töchter nehmen dürfen! Hier ist aber eine ganz andere Ordnung der Dinge, und es muß dir recht sein, was da die ersten Machthaber des Reiches wollen und bestimmen.

Setze dich aber mit diesen drei Machthabern in die beste Freundschaft, so wirst du das beste, sorgenloseste Leben haben – im Gegenteil aber große Beschwernisse! Zeige lieber dem Fungar-Hellan eine große Freude, daß er deine Töchter erwählt hat, denn dadurch bist auch du groß geworden!"

Da erst merkte Mahal, wohin er geraten war und fragte weiter: „Wird denn Gott von euch nimmer zu Rate gezogen?"

Agla zeigte mit der Hand auf die Stirne und sagte spöttelnd: „Da sitzt der Rat Gottes! *Den* soll der Mensch ausbilden!"

Hier schwieg Mahal, denn er erkannte nun klar, daß in der Tiefe die Hölle ihr Regiment aufgerichtet hatte! (III/277-278)

Fungar-Hellans beschönigende Weltverstandeseinwürfe

Agla aber beredete Fungar-Hellan, ihren Bruder Kisarell in irgend einem vortrefflichem Amte unterzubringen, um damit ihren Vater zu beschwichtigen. So wurde Kisarell Residenzplatzwachtmeister, und als Agla dies ihrem Vater mitteilte, sprach dieser: „Tochter, ich bin ja mit allem zufrieden, aber machet ihr Großmächtigen dieses Reiches nicht gar zu große Pläne! Darum ihr alle von Gott abgewichen und in ein barstes Götzentum verfallen seid, wird man von euch und eurer Größe samt der ganzen Stadt nach höchstens siebzehn Jahren keine Spur mehr finden! Darum werde ich euch auch wieder verlassen und zu meinem Bruder Noah auf die Höhe ziehen; nur möchte ich zuvor noch meinen Sohn Waltar sehen und sprechen!"

Agla wurde darum ein wenig verlegen, erfing sich jedoch bald und sprach: „Waltar ist auf neue Landentdeckungen aus und hat uns alle für immer verlassen. Er war mir gram, weil ich als seine Schwester nicht sein Weib werden wollte. Wir hindern dich aber nicht, wieder auf deine Höhen zu ziehen!"

Hier wurde Mahal ganz erregt und sagte nach einer Weile nur: „Also – ist Waltar tot! – Agla, Agla! Dich wird der Herr schwer strafen!" Darauf bedeckte er sein Angesicht und weinte. (III/279)

Dies merkte Fungar-Hellan und fragte Mahal nach dem Grunde seiner Wehmut. Mahal aber sprach zu ihm: „Wüßtest du, was ich in diesem Augenblicke sehe, so würdest du auch weinen. Mein Sohn Waltar, von Gott zu euch als Prophet gesandt, ist von euch im Geiste getötet worden, – und wer weiß, ob nicht auch dem Leibe nach! Doch so ihr ihn tausendmal dem Leibe nach getötet hättet, so würde ich dazu lachen, – denn mein Sohn wäre vor Gott dennoch im Geiste lebendig geblieben.

Die Agla aber ist schon dreifach tot, und meinen anderen Kindern wird es hier genauso ergehen! Der Herr hat mir jetzt ein inneres Licht gegeben, und ich erschaue euer Götzentum sowie eure großen Gebrechen vor Gott und sehe euren nahen Untergang!“

Fungar-Hellan bedachte sich da eine kleine Weile und sagte endlich mit größter Gelassenheit: „Mahal, du magst recht haben, aber wir sind hoch entwickelt und unsere Plastiken versinnbilden dem Volke ja nur die wirkenden Kräfte der einen allwaltenden Gottheit! Das kann doch Gott nicht als Götzentum ansehen? Ich will dich im ganzen Reiche umherführen, und du wirst keine Klage hören. Was will dein Gott eigentlich von uns? Nirgends ist Armut, allenthalben blühen Künste und Wissenschaften! Gehe mit mir, und ich werde es dir beweisen; dann erst rede, was dir unrecht an uns erscheint!“ (III/280)

Mahals Kritik über die Politik in Hanoch

Als Mahal solche Worte vom Fungar-Hellan vernommen hatte, rief er aus: „Mein Gott und mein alleiniger Herr! Du wirst Deinen alten Diener doch nicht also weit verlassen wollen, daß er die Nacht der Tiefe für ein Licht ansehen sollte?!“ Und zum General gewendet: „Meinst du wohl, daß sich der äußere Weltverstand mit dem innern Lichte des Geistes messen kann?

Deine Rede klang wohl vernünftig vor den Ohren der Welt, aber sie ist ein Greuel vor den Ohren des Geistes! Denn der Grund eurer Verfassung zum Scheinwohl des Volkes ist ein ganz anderer als den du vorgibst! Ich sehe durch die dichte, gerecht scheinende schöne Maske eurer Verfassung das faule Totengerippe hindurch! Und du willst mir ein wohlgeordnetes Leben beweisen, wo ich nichts als Moder und Aas entdecke?

Du, der Gurat und der Drohuit und viele tausend andere Große des Volkes, ihr glaubt doch an gar nichts, und all euer Göttertum ist somit ein Trug für das Volk! Ihr redet anders als ihr denkt und sucht durch eure äußerlichen Handlungen nur stets verborgene Zwecke zu erreichen!“

Da freilich stutzte Fungar-Hellan ganz gewaltig, denn er sah seine Politik durchschaut. Dennoch wollte er dem Mahal mit großem Gefolge alle Pracht und Herrlichkeit von Hanoch zeigen.

Mahal aber sprach: „Ziehe du zuerst mit mir, wohin dich *mein* Sinn leiten wird, dann erst werde ich dir folgen!“

Fungar-Hellan entgegnete: „Du geheimnisvoller Mann, wohin willst du als Fremdling mich hier führen?“

Doch Mahal führte ihn im Gefolge Kisarells, der Pira und Gella geradewegs in den Garten der ehemaligen Schönheitsgöttinnen und ließ ihn dort eine frischgesetzte Mauer aufbrechen, hinter der alsbald eine Urne sichtbar wurde, in der sich das Haupt Waltars befand.

Fungar-Hellan rief entsetzt: „Wie kommt dies Haupt hierher?" Und Mahal sprach: „Das göttliche Licht in meinem Herzen sieht mehr als dein geheimstes Spionagewesen! Wußtest du denn nicht, was Agla ihrer Dienerschaft anbefohlen hatte?" (III/281-282)

Die Entdeckung der Giftfallen

Mahal führte die kleine Gesellschaft weiter zu den Särgen der ermordeten Frauen Waltars und sagte, auf die Särge deutend: „Die Eifersucht meiner ungeratenen Tochter Agla hat den eigenen Bruder getötet und hernach diese Frauen! Das ist der wahre Grund seines Todes!"

Danach kamen sie in das Wohngebäude. Allda ließ Mahal im dritten Stockwerke eine zierliche Türe behutsam öffnen. Sie sahen in ein enges, zierliches Gemach, in dem sich ein Lotterbett befand, an dem Fungar-Hellan nichts Besonderes entdecken konnte. Doch Mahal ließ sich eine Lanze bringen und stieß mit ihr an einen Knopf des Bettes, so daß jäh der Boden in zwei Flügeln nach unten klappte und ein tiefer und finsterer Abgrund den Entsetzten entgegen gähnte.

„Was ist denn das?" schrie der General. Und Mahal sprach: „Ein wohlbereitetes Grab, das Agla in jüngster Zeit für dich anfertigen ließ! Hierher wollte sie dich locken, und nachdem du ihr beigewohnt hättest, hätte sie dich mit ihrer Ferse in den Abgrund befördert! – Wie gefällt dir diese Einrichtung?" Hier fing der General förmlich vor Wut an zu schäumen und konnte vor Zorn und Grimm nicht reden. (III/283)

Darauf führte Mahal den General wieder in den Garten zu einem der vielen Lusthäuschen, das mit der Aufschrift „Hier ist des Königs Lust und Wonne" geziert war. In diesem war ein gar zierlicher Thron sowie wieder ein Lotterbett. Mahal aber führte den Fungar-Hellan zu dem Thron und sagte: „Siehst du hier aus dem Polsterwerk bei tausend feiner Nadelspitzen gucken, eine jede den sicheren Tod bringend? Du kennst die Wirkung der Nadeln! Auch sie sind ein Werk der Agla, wenn auch ihr Erfinder der Drohuit selbst ist. Er war der Pflanzer jenes Giftbäumchens in dem Glashause!

Nun folge mir aber zu einem entlegenen Teil der Stadt, denn was du dort sehen wirst, das wird vom größten Belange zu deiner Rettung sein! Darum gehen wir nur schnell, auf daß wir nicht zu spät kommen!" (III/284-285)

Die Entdeckung der Verschwörer

Nach zwei Stunden Weges durch völlig abseitige Gassen Hanochs kamen sie zu einem weit gedehnten Platz, auf dem gerade ein riesiges Heer von etwa einer Million Kriegern in den Waffen geübt wurde. Und Mahal sprach zum General: „Komme nun wieder mit mir stadteinwärts, denn Drohuit ist es, der dies Heer gegen dich gesammelt hat. Er darf uns auf keinen Fall erblicken, denn da wären wir sofort des Todes!“

Der Generaloberpriester aber schlug die Hände über dem Kopf zusammen und folgte dem Mahal.

Bald blieb Mahal vor einem alten riesigen Gebäude stehen und sprach zum Fungar-Hellan: „Siehe hier in diesem Gemäuer, einer ehemaligen Weiberverschönerungsanstalt, ist ein abseitiger und daher günstiger Versammlungsort von über 200 000 Meuterern gegen dich und Gurat. Gegenwärtig befinden sich bei 70 000 Großbürger dieser Stadt darin, um mit den Abgesandten Drohuits und Aglas einen gar schmählichen Rat gegen dich zu halten. Warten wir daher in dieser gegenüberliegenden Ruine ein Weilchen, so wirst du eine Menge dir gut bekannter Freunde herauskommen sehen!“

Sie brauchten auch nicht lange zu warten, um die Worte der heraustretenden Verräter gar wohl zu vernehmen, die noch weiter über die Vernichtung Fungar-Hellans ratschlagten.

Als dieser solches vernommen hatte, umfaßte er den Mahal und sprach: „Nun erst erkenne ich dich als meinen größten Freund! Ich sage nun nicht mehr ‚Komme und siehe meine Staatsverfassung‘, sondern ich bitte dich um deinen Rat, was ich nun tun soll!“

Und Mahal sprach: „Den Rat bekommst du, nur folge mir vorher weiter, denn es gibt noch einiges, das du unbedingt sehen mußt!“ (III/285-286)

In der Priesterburg

Mahal führte den Fungar-Hellan darauf zur Priesterburg, seiner eigenen Residenz, und allda zuerst in die große Gemeinschaftswohnung der Unterpriester. Diese fand er in der größten Regsamkeit. Denn diese vormaligen Oberpriester, die er selbst degradiert hatte, waren gerade damit beschäftigt ihre Waffen zu schärfen und in das bekannte Gift zu tauchen. Und Mahal riet ihm: „Lasse sogleich deine Kriegsknechte kommen und die ganze Rotte binden, denn diese sind des Drohuit und Aglas Hauptstütze aus altem Haß gegen dich und die eigentlichen Urheber dieser Verschwörung!“

Und der Generaloberpriester dankte ihm für diese Enthüllung, ließ sofort etliche tausend Krieger kommen und die Unterpriester binden und in die festesten Kerker werfen.

Darauf führte ihn Mahal vor seine eigene Wohnung und sagte: „Fungar-Hellan, laß vorerst deine Kammerfeger kommen, denn einige deiner Oberpriester haben den ganzen Boden mit feinen vergifteten Glassplittern übersät, so daß uns jeder Schritt den sofortigen Tod bringen würde. Ebenso sind alle Speisen, Betten und Stühle sowie dein goldener Brunnen vergiftet.

Begnadige aber deine Dienerschaft, denn sie mußte unter Androhung der schwersten Mißhandlungen dem Verrate zusehen. Bereite aber ein Gastmahl und lade alle deine Feinde, daß sie sich an den vergifteten Speisen laben mögen. Die sich weigern werden, nehme gefangen, die Unbefangenen aber hindere du rechtzeitig, auf daß ihnen kein Schaden geschehe!"

Fungar-Hellan ließ sogleich seine Dienerschaft vortreten, auf daß sie ihm alles gestehe und befahl ihr dann, nach dem Willen Mahals zu handeln. Mahal aber wies sie an, wie sie mit all den vergifteten Gegenständen umzugehen hatten, um sich nicht selbst zu gefährden.

Dann sandte Fungar-Hellan seine Herolde aus, um die bestimmten Gäste zum Mahle zu laden. Seine Kriegsobersten aber mußten seine ganze Streitmacht schlagfertig aufstellen. (III/289)

Das Gericht über die Verschwörer

Dies alles geschah in Kürze nach den Anordnungen des Generals. Die geladenen Gäste hatten aber den Braten gerochen und ließen sich einer nach dem anderen entschuldigen. Fungar-Hellan sandte darum nach dem Rate Mahals sogleich seine Kriegsknechte, die die Geladenen binnen einer Stunde bei tausend an der Zahl gebunden herbeischleppten. Auch der Drohuit und die Agla waren unter den Gefangenen. Letztere ließ er in zwei Käfige sperren und auf den Mitteltisch setzen. Die Geladenen aber, die meist aus Oberpriestern bestanden, flehten um Gnade, zeigten ernsthafte Reue und beteuerten, alles nur aus Furcht vor den Unterpriestern getan zu haben.

Darum fragte der General abermals den Mahal um Rat und dieser sagte: „Fungar-Hellan, nimm sie gefangen – aber nicht in deine Kerker, sondern in dein Herz – und vergib ihnen, so wird auch dir vergeben werden. Lasse aber an ihrer statt die Unterpriester aus den Kerkern bringen, auf daß sie an ihrem Frevel sterben. Die Agla und den Drohuit aber laß am Tische in ihren Käfigen an dieser Mahlzeit Zeuge sein!"

Dieser Rat Mahals wurde vom Fungar-Hellan sogleich vollzogen, und fast tausend Unterpriestern kostete schon das Niedersetzen auf die vergifteten Nadeln in den Polstern das Leben. Die zwei Käfigzeugen aber wurden ohnmächtig ob der schauervollen Szene.

Nachdem sich alle ein wenig erholt hatten sprach Mahal zum Fungar-Hellan: „Laß nun sofort alle deine Schätze aus dieser deiner Burg in den Königspalast räumen, und in spätestens drei Stunden laß sie an allen Ecken und Enden, samt der vielen Leichen, in Brand stecken. Die beiden Käfigbewohner aber laß ebenfalls in den Königspalast bringen. Sie sollen während der Branddauer, die zehn Tage dauern wird, ihre Käfige weiter bewohnen und sich in der Geduld und Demut üben, bis das Urteil nach dieser Probe zur Wohlfahrt ihrer Seele gefällt wird!“ (III/289-292)

Fungar-Hellans Anklage gegen Gott – Mahals Entgegnung

Fungar-Hellan tat alles nach dem Rat des Mahal, und als sich nach zehn Tagen der Brand gelegt hatte, befahl er auf den erneuten Rat Mahals, mit dem Wiederaufbau des riesigen Palastes zu beginnen, der bei 30.000 Räumlichkeiten zählte und noch ein guterhaltenes Gemäuer hatte. Da geschah es aber, daß an diesem Tage ein Ruf vom Himmel durch die Stadt erschallte, der lautete: „Dies wird euch eine vergebliche Arbeit werden!“

Das machte selbst den Mahal stutzen. Fungar-Hellan aber wurde ganz erbost und sprach zu ihm: „Was will denn der allzeit mürrische Gott von uns? Ich bin Seiner andauernden Gerichtsdroherei satt! So Ihm meine Verwaltung nicht recht ist, so komme Er und zeige uns Seinen Willen, und ich werde alles danach gestalten! Du wirst wohl sagen, der Herr habe zu öfteren Malen Boten zu uns gesandt! Ich aber sage dir: Solche Boten machen einem wahren Gott keine Ehre, die wie Waltar uns noch an Schwäche übertreffen!“

Mahal war ganz verwirrt und wußte nicht, was er darauf entgegnen sollte. Da aber Fungar-Hellan gegen ihn stets ungestümer wurde, hob Mahal endlich seine Hand in die Höhe und bat: „Großer Gott! Siehe, Dein alter Diener befindet sich in Gefahr! Erbarme Dich seiner und lege ihm die Worte ins Herz, durch die er einen ohnmächtigen Rebellen gegen Dich bekämpfen kann!“

Hier kam ein Strahl göttlicher Kraft in das Herz Mahals. Er dankte Gott und richtete folgende Worte an den General: „O du ohnmächtiger Wurm von einem Menschen! Du willst mit Gott hadern und den Herrn menschlicher Schwächen zeihen? Du hast die göttliche Weisheit und ewige Ordnung angegriffen und Ihn als einen Narren erklärt! Du warst immerhin noch eines besseren Herzens als alle anderen, doch nun ist das Gericht vor der Tür!

Es werden nicht zweimal zehn Jahre vergehen, so wird Gott das Menschengeschlecht vertilgen, soweit da die Flut eurer Sünde reicht! Dies nimm als meine Antwort für dich und dein Volk!“

Diese Worte betrübten den Fungar-Hellan gewaltig und er geriet in große Angst, denn er hielt viel auf Mahal. Er sann darum, wie er Gott und den Mahal wieder besänftigen könnte. (III/295-297)

Des Herrn Bußruf

Da ertönte von Oben eine mächtige Stimme im großen Thronsaal, allwo sich noch König Gurat und eine Menge der ersten Minister befanden: „Wer mit Reue und Liebe sich Gott, dem Vater naht, braucht nicht verzagen noch bangen, denn der wird Vergebung seiner Sünden erlangen! Wären im ganzen Reiche, wie nun in Hanoch, noch einige bessere Menschen, da möchte Gott wohl noch tausend Jahre mit dem Gerichte warten! Aber gehet in die anderen Städte, dort werdet ihr Greuel über Greuel antreffen und kein Augenblick vergeht, in dem nicht die vielen Untertanen von euren Vasallen auf das grausamste mißhandelt werden!

Der Herr hat dem Noah geboten, nach seinem Plane einen Wasserkasten zu bauen! Wer von euch errettet werden will, der tue Buße und suche auch andere zur wahren Buße anzuregen! Wer das tut, wird bei Gott Gnade finden, und Er wird ihn rechtzeitig aus diesem Lande des Verderbens führen!

Du, Fungar-Hellan, aber zerstöre mit deiner Kriegsmacht alle Götzentempel, wenn dir an der Vergebung deiner großen Sünde vor Gott gelegen ist! Enthalte dich aber vor zu großer Grausamkeit! Amen.“

Diese Rede setzte alle Anwesenden in das größte ängstliche Erstaunen, und Fungar-Hellan gebot sogleich seinen Kriegsobersten, binnen drei Tagen die ganze große Kriegsmacht bereitzustellen. Und Mahal erklärte sich bereit, ihn im Namen des Herrn zu begleiten. (III/298)

Aglas Reue und Begnadigung

Ehe der General an der Spitze des großen Heeres auszog, besuchte er nochmal mit Mahal die Agla, um sie von Drohuit räumlich zu trennen. Agla aber flehte zu den Kommenden: „O, ihr Machthaber des Reiches, erbarmt euch meiner! Betrachtet mich, o Vater Mahal, und auch ihr, meine lieben Schwestern, und du, mein Bruder Kisarell, als ein von der Hölle gefangengenommenes, verblendetes und verführtes Wesen!

O großer, allmächtiger Gott, wäre meine Sünde nicht so groß, da möchte ich Dich wohl um meine Erlösung bitten! Allein ich erkenne meine zu große Unwürdigkeit vor Dir, darum getraue ich mich nimmer, Dich, o heiligster Vater, um Erbarmung anzurufen! Erweiche aber die Herzen dieser Deiner Machthaber hier, daß sie mich töten möchten!“

Nach diesen Worten brach die unglückselige Agla in ihrem Käfig ohnmächtig zusammen. Fungar-Hellan aber ließ sie aus ihrem Gefängnis herausheben und mit verschiedenen Spezereien wieder ins Bewußtsein holen. Er fragte sie: „Agla, ist das dein Ernst, daß du lieber sterben möchtest, als in den Käfig zurückzukehren? Siehe hier meinen scharfen Dolch und dort den Käfig! Wähle nun ernstlich zwischen beiden!“

Da enthüllte Agla sogleich ihre Brust und sprach mit etwas bebender Stimme: „Siehe, hier schlägt mein vielfach betrogenes und gefangenes Herz, o erlöse es mit dem Stahl in deiner starken Hand!“

Hier warf Fungar-Hellan den Dolch von sich und sprach zu Mahal: „Damit habe ich deiner Tochter alles vergeben; Gott und du aber möget weiter über sie verfügen!“

Und Mahal sprach: „So sei ihr auch von mir aus alles vergeben, aber hierbleiben darf sie nicht, sondern sie muß mit uns ins Feld ziehen!“

Da fiel Agla vor ihrem Vater nieder und weinte, im Herzen tiefst ergriffen, ob solcher Gnade. Und alle anderen waren über ihre Wandlung hoch erfreut.

Es wollte zwar Drohuit durch erheuchelte Reue auch aus dem Käfig frei werden, aber Fungar-Hellan durchschaute ihn und beließ ihn in der Obhut Gurats weiterhin in seinem Käfig. Agla aber bat den General um ein härenes Bußgewand, da sie ihre Königskleider wie ein mächtiges Feuer in der Seele brannten. (III/300-302)

Fungar-Hellans Rede über die Weisheit der Einfachheit

Als der General sah, wie Agla im selbstgewählten härenem Gewande an der Brust ihres alten Vaters weinte, gab auch er sein tiefes Mitempfinden kund: „Agla, nun gefällst du mir besser als in den königlichen Kleidern, die aus dir bald eine Dienerin der Hölle gemacht hatten. Ich erkläre somit hier, daß ich fürder jedem Glanz an dir und mir, wie an jedermann, ein abgesagter Feind sein werde mein Leben lang!

Wer mein Freund sein will, der werfe alles Glänzende von sich und gehe in einfachen Kleidern einher. Das Gold und das Silber aber soll in nützliche

Münzen verwandelt werden. Denn was nicht aus sich selbst leuchtet wie die Sonne und wie die Sterne, ist nur ein Lichtdieb und prunkt nur, solange die große, heilige Leuchte am Himmel strahlt mit ihrem Lichte aus Gott!"

Hier warf er allen Schmuck von sich, und ihm folgten der König und alle anderen hohen Häupter. Mahal lobte diese edle Handlung und sagte: „Solche Weisheit wohnt nicht im Menschen!" (III/304)

Die Zerstörung der Götzentempel

Nach drei Tagen brach nun Fungar-Hellan mit einem Heer von 2 Millionen Mann nach dem Willen Gottes auf, alle Götzentempel zu zerstören. Der erste war der Tempel des Gottes der Erze und Schmiede, der zu Ehren Thubalkains errichtet worden war. Mit allerlei Feuerkünsten verteidigte die bei 5000 Mann zählende Priesterschaft einen Tag lang hartnäckig den Tempel und verweigerte ihrem Generaloberpriester den Eintritt.

Deshalb ließ er die große Festungsmauer unterminieren und einen großen Durchlaß sprengen. Die Priester nahm er gefangen, und da sie rein höllischer Art waren, allesamt töten. Darauf wurde das ganze Bauwerk in Schutt gelegt und alles Gold und Silber zu Münzen geprägt. Das alles aber dauerte nur drei Tage. (III/305-307)

Dem folgte der Tempel des großen Stieres. Auch dieser mußte mit Sprengung und Waffengewalt bezwungen werden, doch erhielten die Priester nach strengem Verhör ihre Freiheit. (III/309-314)

Des weiteren beim Sonnentempel ergaben sich sogleich die Priester, und die Zerstörung ging ohne alles Blutvergießen. Weit mehr Zeit und Mühe kostete es, die weit verbreiten Feuertempel zu zerstören. 2000 Kamele waren vonnöten, die aus diesen Tempeln erbeuteten Schätze zu bergen.

Der Tempel des Gottes der Winde, der auf einem hohen Fels erbaut war, trotzte über ein halbes Jahr dem General, denn die Priester waren im Besitze elektrischer Künste, mittels denen sie die ganze Gegend schier unzugänglich machen konnten. So mußte der ganze Felsen, auf dem der Tempel stand, unterminiert und gesprengt werden, und alle Bewohner desselben fanden in den Trümmern den Tod. (III/315)

Den Tempel des Wassergottes, der sich auf einer Insel eines großen See's befand, konnte Fungar-Hellan nur erobern, indem er 20.000 Flöße bauen ließ, jedes mit 100 Kriegern bemannte und so die ganze Insel umlagerte. Als die Inselbewohner aber der Belagerer ansichtig wurden, sandten sie noch am selben Tag eine Abordnung zu ihnen und ließen bereitwillig 10.000 Mann auf ihrer Insel landen.

Als diese die Insel absuchten, konnten sie nicht die geringste Spur von irgendeinem Tempel entdecken. Stattdessen fanden sie nur recht artige Landhäuser, in denen ganz gewöhnliche Landleute wohnten. Als Fungar-Hellan dies erfuhr, wunderte er sich hoch und wußte nicht, was er davon halten sollte, da er doch selbst vor ein paar Jahren den Tempel besucht hatte.

Mahal aber gab ihm Aufschluß: „Siehe, die Priester erfuhren längst, was da mit den anderen Tempeln vor sich ging, brachen alles den Götzen Geweihte ab und leben jetzt schon über ein Jahr nach Verteilung ihrer Schätze in den schnell erbauten Häusern. Aber geistig sind sie tot und beten nun das Wasser an. Sie lehren eine Art Göttlichkeit des Wassers, daß du selbst nicht sicher wärst, davon durch und durch ergriffen zu werden!"

Mahal schlug darum vor, die völlig Vernarrten durch Agla und Kisarell belehren zu lassen, doch als die Priester deren strahlende Schönheit erblickten, blieben sie wie versteinert vor Bewunderung und waren in ihrer großen Sinnlichkeit keines klaren Gedankens mehr fähig. (III/316-318)

Fungar-Hellans Unglaube

Fungar-Hellan konnte nicht verstehen, warum hier alle Bemühungen zur Bekehrung der Weltpriester, selbst nach dem Rate Mahals, scheitern mußten. Doch dieser gab ihm dafür eine gute Entsprechungslehre: „Siehe, diese ganze Begebenheit stellt unser Verhältnis zu Gott dar! Diese weltsinnigen Priester entsprechen uns Menschen in der Allgemeinheit, die wir, auf Gottes Liebe und Nachsicht vertrauend, weiter sündigen und Ihn förmlich für unfähig halten, als könnte Er je wieder zu einem Gerichte schreiten!

Je mehr Liebe und Geduld uns Gott erweist, desto mehr kehren wir uns von Ihm ab, werden eigenliebig, selbstgefällig und wollen am Ende außer uns niemand mehr achten, und darum auch Gott nicht. Bekennen wir Gott auch mit dem Munde, so verleugnen wir Ihn aber mit unseren Taten! Verstehst du nun das Mißlingen meines Rates? – Siehe, es ist das Bild des Mißlingens der göttlichen Liebe an uns Menschen!"

Fungar Hellan aber sagte: „Mahal, mir scheint, deine Erklärung über das Mißlingen deines Rates ist mehr eine ersonnene Ausflucht als die Wahrheit! Wahrlich, es wäre mir um vieles lieber gewesen, du hättest mir deinen Irrtum offen gestanden, als mir mit dieser Weisheitsfloskel zu kommen!"

Mahal sagte darum bewegten Herzens: „Freund und Bruder, du hast nun nicht mich, sondern Gott als einen Lügner bezeichnet! Das wird dich bald einen schweren Kampf kosten, indem du von Gott schwer gezüchtigt werden wirst! Siehe, du fühlst dich vor den Hochlandbewohnern sehr sicher. Doch eben steht ein Mensch vor den zehn Fürsten und entwickelt ihnen einen Plan, wie sie die Tiefe trotz aller Steilwände dennoch erreichen können. Morgen wird mit der Arbeit schon begonnen, und du wirst mit Millionen Augen schauen und sie dennoch nicht daran hindern können. Das wird dir zum Wahrzeichen werden, daß meine Erklärung ewig Wahrheit aus Gott war!

Diese unbelehrbaren Priester aber laß ziehen, woher sie kamen. Wann das Gewässer kommen wird, werden sie die ersten sein, die in den Fluten den Tod finden werden!“

So entließ Fungar-Hellan die durch Unzucht des Fleisches innerlich toten Priester und zog schnell mit seiner Armee zu jener Stelle, die ihm Mahal bezeichnete, allda die Hochländer durchzubrechen gedachten. (III/319-320)

Der Einsturz der unterminierten Gebirgswand

Der Ort, an dem sich die Hochlandsbewohner den Weg in die Tiefe bahnten, mündete 100 Meilen von Hanoch in einer weit ausgedehnten Wüste. Dennoch war auch hier das Gebirge längs einer 20stündigen Ausdehnung auf eine Höhe von 30 Klaftern skarpiert, so daß man also nirgends, weder von oben herab noch von unten hinauf gelangen konnte.

Als sich die Armee nahe der Felswand gelagert und Fungar-Hellan sein gelb-rotes Zelt errichtet hatte, sagte er zu Mahal: „Solltest du mich gefoppt haben, würde dir dies teuer zu stehen kommen!“

Mahal aber antwortete: „Habe nur acht, daß dir die Fopperei von oben her am Ende nicht zu teuer kommen wird! – Was aber mich betrifft, so bin ich schon längst außer aller Rechnung mit dir!“

Als Mahal kaum ausgeredet hatte, entstand von der Höhe der Gebirge her ein schauderhaft dröhnendes Donnern. Alle eilten sogleich aus den Zelten, um nachzusehen, was da vorgegangen sei. Die Höhen hatten sich in Rauch gehüllt, und man sah wie unter fortwährenden Explosionen hunderte mächtige Erd- und Steinlawinen zur Tiefe stürzen, durch die der rechtwinklige Raum zwischen der skarpierten Wand und der wüsten Ebene völlig ausgefüllt wurde und der Weg von der Höhe in die Tiefe entstand.

Untätig mußte Fungar-Hellan diesem verderblichen Akte zusehen, indem immer neue Lawinen nachstürzten. Mahal fragte ihn darum, ob er dies auch für eine Fopperei halte? Fungar-Hellan aber rief aus: „O du schrecklicher Prophet aus der Höhe Gottes! Warum mußt du lauter schreckliche Dinge verkünden? Sage mir nun aber, wie wir die Rachsüchtigen besiegen können!“

Und Mahal sagte zu ihm: „Unser Hiersein wird ihnen sagen, daß wir nur von höherer Macht aus wissen konnten, wo sie ihre Abwege in die Tiefe errichten werden. Wenn du ihnen nicht feindlich begegnest, werden sie sich in friedliche Verhandlungen einlassen!“

Als sich Fungar-Hellan selbst überzeugte, daß schon Spione des Hochlandes die Lage erkundeten, verteilte er seine Abteilungen an die gefährdeten Stellen und hielt sie zur Verteidigung bereit. Da erschien auch schon eine ungeheure Menge der bestgeübtesten Hochlandkrieger, untersuchte die Festigkeit des Lawinenweges und ging unerschrocken der ihr gegenüberstehenden Hanochitischen Kriegsmacht entgegen und stellte sich in Schleuderwurfweite in Kampfposition. (III/321-322)

Die große Schlacht

Alsbald kamen drei Deputierte in das Zelt des Generals und fragten ihn, was die vor zehn Jahren vorgenommene Abskarpierung der Berge gekostet habe. Denn ihr oberster Feldherr sei nun gekommen, die Schuld zu begleichen. Dann erst würden sie den vor zehn Jahren bedungenen Zehent einbringen, der mit dem König Gurat vereinbart war.

Als Fungar-Hellan solch spöttische Rede vernommen hatte, ward er sehr entrüstet und sprach: „Ich bin Fungar-Hellan und bin mit einer Macht von 2 Millionen der auserlesensten Krieger hier! Wollet ihr mit dem freveln, dem der alte Gott und Herr genau die Stelle bezeichnet hat, wo ihr von euren Rabennestern herabbrechen werdet?“

Die Abgeordneten sprachen: „Du führst wohl eine mächtige Sprache, aber zu uns hat ebenderselbe Gott durch einen Propheten gesprochen und Seine Worte lauteten: ‚So ihr euch auf der angezeigten Stelle den Weg in die Tiefe gebahnt habt, werdet ihr die große Macht Hanochs treffen; denn Ich werde sie durch den Bruder Noahs, der Mir abhold geworden ist seiner Kinder wegen, allda in eure Hände liefern! Den Bruder Noahs und seine Kinder aber schonet mir, denn diese werde Ich Selbst züchtigen!‘ Willst du alles Blutvergießen vermeiden, so ergib dich uns nun gutwillig!“

Als Fungar-Hellan solches vernommen hatte, da entbrannte er in seinem Grimm und tötete mit eigener Hand die drei Unterhändler! Mahal aber erhob sich mit den Seinen und ging, von höherer Macht geleitet, unaufhaltsam zu den Feinden über und gab ihnen den Frevel Fungar-Hellans kund. Das war das Signal zu einer Schlacht, die nachher nie ihresgleichen hatte; denn von Hanochs Heere blieben nur 1000 Mann übrig, und von dem 3 Millionen Mann zählenden Hochländerheere nur 3007 Mann! (III/322)

Der Rat Mahals an die Hochlandfürsten

Fungar-Hellan war unter den Überlebenden und floh mit dem Rest der geschlagenen Armee nach Hanoch, lange von den Kriegern der Hochländer verfolgt. Sogleich verkündigte er dem König den traurigen Ausgang seines Feldzuges und ließ in Eile ein neues Heer mit 4 Millionen Kriegern aufstellen, um furchtbarste Rache an den Hochländern zu nehmen.

Aber auch die Hochländer sammelten ein neues kräftiges Heer von über 2 Millionen Mann und berieten sich mit ihren zehn Fürsten, wie sie abermals die Hanochiten züchtigen könnten.

Da riet Mahal, den die zehn Fürsten gastfreundlichst samt seiner Familie aufgenommen hatten: „Freunde, lasset ab! Hanoch wird zwar ein Heer von 4 Millionen gegen euch aufstellen, aber sie werden sich hüten, zu euch heraufzuziehen! Denn an den geschaffenen Abwegen wütet die Pest und würde sie gar übel umbringen! Daher wird diese Stelle vor 20 Jahren weder für sie, noch für euch passierbar sein! Über die geheiligte Höhe meines Bruders Noah aber können sie nicht ziehen, denn sie steht im Schutze Gottes! Befolget daher meinen Rat, und ihr werdet damit gut fahren!“

Die zehn Fürsten entgegneten: „Fungar-Hellan hat eine entsetzliche Unternehmungslust, wird er nicht alles aufwenden, um sich auf tausend anderen Stellen Zugänge zu uns zu verschaffen?“

Doch Mahal beruhigte sie sagend: „Wahrlich, ehe Fungar-Hellan neue Wege wird schaffen können, wird Noah mit seinem Wasserhause fertig werden! Dann aber wird der Herr gegen alle Welt ziehen und nichts mehr schonen – der großen Bosheit der Menschen wegen!“ Und die Fürsten befolgten den Rat Mahals. (III/323-324)

Hanochs Friedenshändler und Mahal

In Hanoch hatte inzwischen Fungar-Hellan sein neues Heer geordnet und Bauleute ausgesandt, die an den Felswänden des Hochlandes hohe Türme mit breiten Aufgangsstufen errichten sollten. König Gurat aber trauerte um Mahal und sagte daher zu Fungar-Hellan: „Was nützt uns unsere ganze Kriegskunst mit den 100 geplanten Aufgangstürmen? Mahals Weisheit wird dich von großer Ferne durchschauen und alles zu vereiteln wissen! Er müßte wieder der Unsrige werden!“

Fungar-Hellan beriet sich darum mit dem König, nach Fertigstellung wenigstens eines Turmes eine Abordnung in das Hochland zu senden, die Mahal wieder umstimmen sollte, nach Hanoch zu kommen. So wurde ein Turm an der Hauptaufgangsstelle ins Hochland erbaut, daß man sogar mit Kamelen auf ganz bequeme Art dorthin gelangen konnte. Eine Friedensdeputation von weiß gekleideten, redegewandten Männern erreichte nach einer fünftägigen Reise das Hochland. Sie wurde sogleich von den Wachen gefangengenommen und vor die zehn Fürsten geführt.

Diese befragten sie, was sie bewogen habe, ihren Untergang auf der Höhe zu suchen. Und der Hauptredner aus Hanoch sprach: „Erhabene, weise Fürsten! Keine böse Absicht führt uns hierher. Ihr habt als Sieger das vollste Kriegsrecht, eine Siegessteuer von uns zu verlangen. Fürs zweite bittet euch unser König um eure Freundschaft, zu welchem Zwecke er 100 Verbindungstürme bauen möchte. Dazu haben wir aber noch einen Auftrag an Mahal, so er sich noch bei euch befindet."

Die zehn Fürsten sandten darauf nach Mahal, der sehr ernsten Angesichtes im Ratssaal erschien und sprach: „Der Grund ihres Kommens ist weniger die Kriegssteuer als der Auftrag, mich zu bewegen, wieder an ihren Hof zu kommen. Laßt sie aber in Frieden nach Hause ziehen und setzt ihnen eine Frist zur Zahlung der Kriegsentschädigung!"

Und zu den Boten aus Hanoch gewandt sprach er: „Euren Machthabern in Hanoch laßt wissen, daß Mahal sich nie von Menschen, sondern allein nur von Gott bewegen läßt! Saget ihnen aber auch, daß ich im Namen des Herrn sehr darauf achten werde, wie sie ihr Anerbieten von Freundschaft und Entschädigung halten werden!" (III/325-327)

Die zweite Abordnung im Hochland

Die beiden Herren von Hanoch aber machten saure Gesichter, als sie hörten, daß sie in drei Monaten 20.000 Kamele, 40.000 Ochsen und 200.000 Schafe sowie je 100.000 Malter Weizen, Korn und Gerste abzuliefern hätten. Sie sandten daher eine zweite Abordnung ins Hochland, die eine Steuerfrist von zehn Jahren aushandeln sollte. Allein, die zehn Fürsten bestanden auf ihrer Forderung, und die Boten kehrten unverrichteter Dinge zurück.

Da ergrimmte Fungar-Hellan und Gurat aufs neue, und sie faßten den Entschluß, keinen Stater von der Kriegssteuer zu zahlen. Und Fungar-Hellan sprach: „Wir wissen, daß wir Sehts Nachkommen sind und das Sklavenvolk des Hochlandes nur von dem verworfenen Kain abstammt! Sollte unsere Kraft gar so eingeschrumpft sein, daß wir dieser hochmütigen Sklaven nicht Meister werden sollten?"

Erwiderte Gurat: „Laß uns abwarten und uns auf ihren Angriff wohl vorbereiten. Doch inzwischen treiben wir hundert je 1000 Klafter tiefe Minen in die Hochlandberge, und laden jede solche Mine mit 10.000 Pfunden von Sprengkörnern. Wenn wir dann die Minen zünden werden – dürfte das dort oben bei den hochmütigen Hochländern eine starke Verwirrung geben!" Dem stimmte Fungar-Hellan zu und ließ den Rat Gurats sogleich ins Werk setzen. (III/328-329)

Mahals Aufbruch zur Höhe

Die zehn Hochlandfürsten aber berieten sich auch, was sie tun möchten, so die Hanochiter wortbrüchig würden. Den Mahal hatten sie diesmal nicht dazu eingeladen, weil sie ihm nicht mehr vertrauten. Erst nach drei Monaten ergebnislosen Beratens suchten sie Mahal auf, der ganz abgesondert lebte, und fragten ihn um seinen Rat.

„Meine Freunde, ihr kommt zu spät," sprach Mahal, „während eurer Beratung haben die Hanochiter Zeit gewonnen und unbeirrt auf hundert sehr günstigen Punkten über 1000 Klafter tiefe Minen geschlagen. Heute noch werden diese Minen gezündet werden und euer Land ganz gewaltig zerstören! Ihr werdet die Flucht ergreifen müssen, wollt ihr ihrer wütenden Rache entgehen. Machet euch daher lieber sogleich auf den Weg!"

Da lachten die zehn Fürsten und verließen Mahal. Es fragten aber Mahals Kinder ihren Vater, was sie wohl beginnen werden, so die Hanochiter einen solchen Gewaltstreich führen werden.

Vater Mahal sprach zu ihnen: „Meine Kinder! Vertrauet auf Gott und seid vollkommen ruhig! Wir sind überall geborgen, solange der Herr mit uns ist! Haben wir aber Seine Erbarmung, Gnade und Liebe verscherzt, dann wird uns alles verfolgen und uns feindlich begegnen!

Also wie es nun auf der Erde steht, kann sie keine zehn Jahre mehr bestehen! Ein Mensch ist wider den anderen, und ein Volk zieht wider das andere. Ein jeder will nur herrschen und achtet keines Vorstandes und keines Königs!

Die auswärtigen Vasallen sind ganz unabhängige Herren geworden. Kein Tag vergeht ohne Blutvergießen, und ein jeder Straßenräuber will ein Diktator sein! Besonders arg aber verfahren die ausgewanderten Kinder der Höhe mit den Kindern der Tiefe!

Niemand will sich mehr vom Geiste Gottes leiten, ziehen und strafen lassen! Seit der höllischen Erfindung der Sprengkörner, der Erdbohrer und der

Steinerweichungsbeizen ist kein Berg mehr sicher. Lasset uns bei Nacht und Nebel diesen Boden verlassen und zu Noah auf die Höhe ziehen! Denn von nun an wird für uns sonst nirgends mehr eines Bleibens sein!“ (III/330-331)

Mahal bei Noah

In zehn Tagen kam Mahal bei Noah an, der ihm schon eine ziemlich weite Strecke entgegenkam. Innig umarmten sich die beiden Brüder, und die Freude ihres Wiedersehens war groß.

Noah fragte sogleich den Mahal nach dem Stand in der Tiefe und dieser sprach: „O Bruder, die gänzliche Gottlosigkeit aller Völker ist ja besonders der Grund, warum ich jetzt schon hier bin!“

Und Mahal schilderte dem Noah, wie es mit den Völkern der Tiefe steht, so daß dieser tief aufseufzte und sprach: „So zeigte es mir auch der Herr im Geiste! O Welt, warum willst du dich nicht vom sanften Geiste Gottes strafen lassen und willst lieber in dein Eigengericht?“

Beide Brüder gingen darauf stumm zur Vollhöhe, wo früher Adam gewohnt hatte, und weinten zusammen über die so herrlich geschaffene Erde. Mahal bemerkte auch bald den fast vollendeten großen Wasserkasten, und als er ihn innen und außen gründlich beschaut hatte, fragte er: „Bruder, sage mir doch, wie dir der Herr diesen seltenen Bau anbefohlen hat, daß auch ich wisse, was ich seinerzeit zu tun habe!“

Und Noah sprach: „Bruder, du weißt die Zeit, als sich die Menschen seit den Zeiten Lamechs sehr vermehrten und zeugten gar schöne Töchter. Da verließen unsere Kinder die Höhe und zeugten mit den Töchtern in der Tiefe Kinder. So wurde unsere Höhe nahezu ganz entmannt, da sogar die Ehemänner ihre Frauen verließen, worauf dann auch die Weiber zur Tiefe zogen und sich unten mit den Söhnen der Erde vermählten.

Damals sprach der Herr zu mir: ‚Noah, die Menschen sind pur Fleisch geworden! Ich will ihnen aber dennoch eine Frist von 120 Jahren geben!‘ Du weißt, was wir zur Bekehrung der zu gemeinsten Weltmenschen gesunkenen Kinder Gottes 100 Jahre lang tun konnten, – alles ohne Erfolg! Denn die Kinder Gottes zeugten aus den Töchtern der Tiefe mächtige und berühmte Menschen, Meister in bösen Dingen vor Gott, harte Tyrannen gegen die Kinder der Welt. Und da die Menschen stets böser wurden, ward Er sehr bekümmert in Seinem Vaterherzen und sprach – ungefähr vor zweimal sieben Jahren – zu mir: ‚Ich will die Menschen vertilgen von der Erde!‘ Ich, Noah, aber fand Gnade vor dem Herrn.

Dennoch sandte Gott immer wieder Boten zu den Verlorenen in der Tiefe, zu retten was sich noch retten läßt. Die Boten aber redeten zu tauben Ohren. Darauf sah der Herr in sehr kurzer Frist wieder zur Erde und sprach zu mir: ‚Alle Meine Mühe und Liebe ist vergeblich!‘

In jener Zeit mußte ich die Bäume zum Bau des Kastens fällen. Willst du aber den Bauplan sehen, so folge mir! In meinem Hause wollen wir zuvor eine Stärkung zu uns nehmen.“ (III/332-333)

Mahals Betrübnis ob seiner Ausschließung aus der Arche

Als Noah mit seiner Familie und Mahal mit seinen Kindern die Leibesstärkung zu sich genommen hatten, sprach Noah zu Mahal: „Mein Bruder, so du willst, werde ich dir nun den Bauplan Gottes zu diesem Kasten kundtun!“

Und Mahal sagte: „Ja, mein Bruder, ich bitte dich darum, auf daß ich daraus sehe, was dann für mich zu tun sein wird!“

Sprach Noah: „Gut, so höre denn! Als das anbefohlene Tannenholz behauen war, gab der Herr mir kund: ‚Mache dir einen Kasten mit Kammern und verpiche ihn innen und außen mit Pech. 300 Ellen sei die Länge, 50 Ellen die Breite und 30 Ellen die Höhe. Nur am Dache mache ein Fenster, mit einem wohl verschließbarem Türlein versehen. Das Eingangstor setze mitten in die Seite. Der Kasten soll durch Böden abgeteilt werden, daß es drei Stockwerke ergibt. Das dritte Stockwerk aber soll für die Menschen sein.

Denn Ich will eine mächtige Flut über die Erde kommen lassen, um alles sündige Fleisch auf Erden zu verderben! Aber Mit dir will Ich einen Bund machen. Du sollst mit deinen Söhnen, mit deinem Weibe und mit deiner Söhne Weiber in den Kasten gehen und durch diesen vor den Wasserfluten gerettet werden! Daneben sollst du aber auch allerlei Tiere mit in den Kasten nehmen, von jeglichem ein Paar. Von den Vögeln nach ihrer Art, vom Vieh auf der Erde und auch allerlei Gewürm. So sollst du auch für ausreichend Speisevorrat für Mensch und Tier sorgen.‘

Ich aber fiel vor dem Herrn auf mein Angesicht und flehte: O Herr, wie soll ich das alles verrichten? Wie die Tiere fangen und ihr Futter finden? Wie soll ich mit dem großen Kasten fertig werden? Der Herr aber verhieß mir gerechte Hilfe. Und so fügte sich alles wunderbar, und ich hatte mit meinen wenigen Helfern eine leichte Arbeit.“

Als Mahal das alles gehört hatte, wurde er sehr traurig, denn er hatte nicht vernommen, daß auch er in den Kasten gehen dürfe. (III/334)

Mahals Gerechtigkeitsdünkel und Hochmut

Noah merkte wohl die tiefe Bestürzung in seinem Bruder und dessen Kindern und sprach daher: „Betrübe dich doch nicht, Mahal! Weißt du denn nicht, wie gut der Herr ist? Wende dich reuigen Herzens in der Liebe wie ein Kind zu Ihm, und du wirst sicher nicht nötig haben zu trauern!“

Da ermannte sich Mahal und rief aus: „O Bruder, zeige mir eine Sünde, die ich je wider den Herrn begangen habe, und ich will darob trauern und um Vergebung und Erbarmung flehen mein Leben lang! Bin ich nicht so rein wie du? Warum versperrt Er vor mir den Kasten? Daß ich meine Kinder in der Tiefe wiederfinden wollte, wo der von Ihm Selbst hinabgesandte Waltar fiel und zugrunde ging, – war das meine Schuld? Du sagst, Gott reue es, den Menschen geschaffen zu haben? Siehe, ich sage dir: Die Erschaffung der Menschen ist eine Sünde Gottes! Gott kann mich keiner Sünde zeihen, ich aber will Ihm Seine Sünde an mir zeigen, dem allzeit Gerechten!“

Da erschrak Noah, als er solche bitteren Worte hörte. Mahal aber stand zornig auf und ging mit seinen vier Kindern auf die Vollhöhe. (III/335)

Noah folgte aber dem Mahal in seiner Bruderliebe und fand ihn ganz verstört mit seinen schönen Kindern. Er sprach zu ihm: „Höre mich an, Bruder, du beschuldigst Gott einer Sünde gegen dich, weil du dich für den gerechtesten Menschen der ganzen Erde dünkst und dir dein Gewissen sagt, daß du Gottes Gebote immer auf das gestrengste beachtet hast.

Aber eben diese deine Gewissensreinheit hat in dir eine große Selbstzufriedenheit erzeugt. Dieser Gerechtigkeitsdünkel in dir ist aber vor Gott dem Herrn noch viel schlimmer als irgendeine gesetzwidrige Handlung und ist die Hauptwurzel des Hochmutes! Du wolltest Gott als Mensch übertreffen und noch vollkommener sein, da du in Seiner Schöpfung überall Mängel sahst.

Auf diese Weise galt dir der Herr schon lange als ein Sünder gegen dich vermeintlich Gerechten. Meinst du denn, daß dein Verhalten keine Sünde gegen Gottes große Liebe ist? Bereue sie, so wird dir der Herr zur Zeit des Gerichtes und der Not den Kasten nicht versperren!“

Mahal aber sprach zu Noah: „Bruder, ich habe mit dir nichts zu rechten und zu schlichten, denn allezeit habe ich mit dir als ein wahrer Bruder gelebt und dir nie deine Stammherrlichkeit gefährdet! Hier aber rechte ich mit Gott und fordere Ihn in Seiner Heiligkeit heraus. Er muß es mir erweisen, wann ich vor Seinem Angesicht gesündigt habe!“

Hier entstand plötzlich ein mächtiger Sturm, und der Herr kam sichtbar auf die Vollhöhe vor Mahal und Noah. (III/337)

Der Herr und Mahal

Es erschraken aber alle gar gewaltig, als sie den Herrn sahen und wohl erkannten. Der Herr aber sprach zu Noah, der selbst von einer großen Furcht ergriffen war: „Noah, fürchte dich nicht vor Mir, denn Ich bin nicht gekommen, um dich, noch jemand andern zu richten. Dein Bruder Mahal aber hat Mich vor den Richterstuhl seiner Weisheit gefordert und verlangt von Mir Rechenschaft ob Meiner Sünde an seiner Gerechtigkeit. So komme Ich nun, Meine Ehre vor dir und euren Kindern zu retten!"

Hier wandte sich der Herr zu Mahal: „Mahal, Mein Sohn, zeige Mir solche Sünde an – und Ich stehe bereit, sie tausendfach gutzumachen!"

Hier erhob sich Mahal und stellte sich verwegen dem Herrn gegenüber und sprach: „Herr, rede! Warum reut es Dich, den Menschen geschaffen zu haben? Sahst Du doch schon von Ewigkeit her, wie der Mensch wird! Wer nötigte Dich, Dir Selbst mit dem Menschen eine Sünde an den Hals zu binden? Wäre es nicht endlos besser für uns und für Dich, nie geschaffen zu sein? Dich kann doch nur die unvollkommene Erschaffung der Menschen und die damit an Dir selbst begangene Sünde reuen? Zeige mir, wo ich je gegen Deine Ordnung gesündigt habe! Warum willst Du mich aber also richten, und warum nicht auch meinen Bruder?"

Und der Herr sprach: „O Mahal, Mein Sohn, wie entsetzlich finster muß es in dir aussehen, daß du so zu Mir redest, wie da noch nie ein Wesen geredet hat! Könnte ein Mensch wohl vollkommener gedacht werden, als so er freigestellt ist aus Meiner Allmacht, daß er wie ein zweiter Gott mit Mir um seine eigen geschaffene Ordnung rechten kann? Daß er sein eigener Richter ist und sündigen kann wider Meine Ordnung, in der doch sonst die ganze Unendlichkeit ewig gerichtet ist?!"

Mahal schwieg hier, denn er sah die unbegreifliche Vollendung des Menschen in dessen höchst freiem Zustande wohl ein.

Der Herr aber sprach weiter: „Meine Reue ist nicht wie die eines Menschen, sie ist ein Schmerz in Meiner Liebe, die da zusehen muß, wie die von Mir so höchst vollkommen gestellten Menschen sich selbst zugrunde richten und verderben! Siehe, die Menschen haben eben sogar einen Krieg gegen Mich begonnen und wollen die ganze Erde mit ihren Sprengkörnern zerstören, wie sie nun auch schon einen Berg um den andern in die Luft sprengen. Unter den Bergen aber sind riesige Behälter mit Wasser. Dieses wird hervorbrechen und die Hochgebirge dieser Wohnbezirke übersteigen und den Erdkreis in Dünste hüllen, aus denen es gewaltig regnen wird!

O sage, tat Ich nicht recht, so Ich Noah den Rettungskasten bauen ließ? Sage du Mir aber jetzt, wann Ich dir verboten habe, von dem Rettungskasten auch Gebrauch zu machen?“ (III/338)

Mahal blieb stumm, und der Herr redete weiter: „Siehe Mein Sohn Mahal, der du Mich so streng herausgefordert hast, du bist nun still und magst nicht rechten mit Mir ob Meiner Sünde! So sage, was dir an Meiner Schöpfung nicht recht ist, und Ich will es im Augenblick ändern!“

Hier richtete sich Mahal auf und sprach zum Herrn: „Herr, hältst Du *den* für klug, der ein kunstvollstes Werk in seiner höchsten Vollendung einfach zerbricht und in eine Grube zur Fäulnis wirft?“

Und der Herr erwiderte: „So der Werkmeister damit einen höheren, heiligen Zweck verbindet, der ohne einen solchen, dir töricht dünkenden Vorgang, nicht zu erreichen ist, tut er sicher sehr weise. Siehe, ein Samenkorn ist gewiß ein kunstvollstes Werk und muß doch in der Erde verwesen, um hernach hundertfältig wieder zu erstehen! Wenn aber dies schon bei einem gemeinsten Samenkorne, um wie vieles mehr erst beim Menschen als der vollkommensten und höchsten Lebensform?!

O Mahal, wie blind mußt du sein, da du an Mir einen so törichten Werkmeister wähnst! Sagt dir nicht dein eigen Gefühl, daß du ewig leben möchtest und beschauen meine endlos vielen Werke in aller Tiefe?

Da du aber einen ewigen Lebenstrieb in dir hast und kannst das Unendliche sehen, da trägst du ja schon den lebendigen Beweis in dir, daß du in deiner Grube nicht verwesen wirst, sondern durch dieses dir unklug erscheinende Mittel in der Fülle zum ewigen Leben im Geiste erstehen kannst!“

Als der Mahal solche Rede vom Herrn vernommen hatte, war er überzeugt, daß der Herr *vollkommen* handle, gedachte aber noch an Satan und sagte: „Herr, ich ersehe, daß alle Deine Einrichtungen gut sind, woher aber kommt das Böse im Satan?“

Und der Herr sprach: „O du blinder Verfechter der Rechte deiner Selbstsucht! Meinst du, der Satan als ein freies Wesen solle unvollkommener sein als du? Wenn *du* Mir gegenüber tun kannst, was du willst, solle das dem freien Geiste unmöglich sein? Besteht die Vollendung der Wesen doch darin, daß sie ganz frei in ihrem Wollen in Meiner Ordnung – oder gegen diese handeln können!“ (III/339)

Hier war der Mahal wieder stumm und wußte nicht, was er antworten sollte. Da der Herr aber sah, daß in ihm noch ein geheimer Ärger gegen Ihn war, sagte Er: „Mein Sohn, so du noch etwas gegen Mich hast, so rede, denn ein wider seinen Gott erboster Geist kann sich nimmer mit Ihm einigen!“

Und Mahal sprach: „Herr, habe ich in meiner 490 Jahre langen Lebenszeit je gegen Dich oder gegen Menschen gesündigt? Habe ich Dich nicht oft gebeten, meine Kinder, die in die Tiefe zogen, zu schützen? War es daher nicht eine bitterste Pflicht für mich alten Greis, den weiten Weg nach Hanoch zu machen, um dort womöglich meine Kinder zu retten? Wie aber traf ich sie an? Waltar war tot und Agla in der Hölle – doch ich murrte nicht gegen Dich und pries Dich allezeit mit Wort und Tat. Nun aber läßt Du mich sitzen wie einen ärgsten Sünder. Daher werde ich von nun an nimmer zu Dir rufen: ‚Herr, errette mich!‘, sondern ‚Herr, verderbe mich!‘“

Hier ward des Herrn Angesicht betrübt, und Er sprach: „O Sohn, weil Ich dich so lieb hatte, darum wollte Ich dich auf dieser Erde zu einem Großfürsten Meiner Himmel erziehen! Du aber sahst darin nur eine Vernachlässigung; oh, wie blind hat dich deine eigene Gerechtigkeit gemacht!

Damit du aber siehst, daß dieser Kasten nicht nur für Noah, sondern für jedermann bereit ist, sollen nun Engel aus den Himmeln wie Menschen unter die Menschen gehen und sollen sie warnen und einladen, in diesen Kasten zu gehen zur Zeit der Not! So sollst du nun auch deinen Sohn Waltar sehen und sprechen, und er soll dir Zeugnis geben, ob Ich ihn je verlassen habe!“

Hier blickte der Herr empor, und im Augenblick erschienen viele tausend Engel auf der Vollhöhe. Auch Waltar war in leuchtender Gestalt darunter, trat hervor zu seinem irdischen Vater, tröstete ihn und zeugte von der endlosen Liebe, Sanftmut, Geduld und Erbarmung Gottes.

Da erst dämmerte es in Mahal. Aber in diesem Moment entschwand der Herr, auf daß Mahal nicht gerichtet werde. Die Engel und Waltar aber blieben. (III/340)

Mahals Reue und Belehrung durch Waltar

Und Mahal besprach sich mit seinem Sohne Waltar, und es fiel ihm wie eine Decke von den Augen. Er erkannte sein großes Unrecht, das er an dem Herrn und göttlichen Vater verübt hatte, daß er darob zu weinen anfing und laut ausrief: „O Du ewig guter Vater, wirst Du mir wohl meine gröbste Anmaßung gegen Dich je vergeben können?“

Und eine Stimme sprach aus einer nahen lichten Wolke: „Mein Sohn, Ich habe dir schon lange eher vergeben, als du gesündigt hast; daher sei ruhig und liebe Mich, deinen heiligen Vater!“ Darauf zog sich die lichte Wolke gen Morgen und wurde dort unsichtbar. Alle Engel und Menschen auf der Höhe aber beteten die große Herrlichkeit Gottes an. (III/341)

Nach einer Weile sagte der Engel Waltar zu Mahal: „Nun, du irdischer Zeuger meines Leibes, gilt es den letzten außerordentlichen Versuch, die Menschen zu retten! Gelingt dieser nicht, wird es der Herr zulassen, daß die Argen in ihrer törichten Mühe im Eigengericht ihren Untergang finden.

Gott hat unter die Berge riesige Wasserbecken gesetzt. Diese unterirdischen Gewässer sind gleichsam das Blut der Erde. Da die Menschen tiefe Löcher in die Erde bohren, öffnen sie deren Adern und werden ihren selbstverschuldeten Untergang in den hervorbrechenden Wassern finden.

Bleibe du aber hier und belehre die, die Rettung suchen werden. Doch hadere fortan nicht mehr mit dem Herrn, sondern bleibe in der Ordnung, und du wirst gleich Noah nach des Herrn weisestem Plane gerettet werden!"

Nach dieser Rede sprachen die Engel „Amen" und begaben sich in die Tiefe. (III/342)

Die Tätigkeit der 12.000 Engel in der Tiefe

Die 12.000 Engel begaben sich zuerst nach Hanoch, wo sie sich verteilten. Hundert von ihnen aber erschienen mit Waltar vor Gurat und dem längst freigelassenen Drohuit. Mit großer hofmännisch-politischer Artigkeit wurden sie empfangen und um ihr Anliegen befragt.

Da trat Waltar hervor und sprach: „Gurat, kennst du mich, den ermordeten Vizekönig, nicht mehr?" Hier erschrak Gurat und noch mehr der Drohuit; denn beide erkannten den unverkennbaren Waltar und wußten nicht, was sie aus dieser Erscheinung machen sollten. Nach einer Weile erst fragte Gurat: „Wie? O Waltar, bist du denn nicht von den Schergen deiner Schwester Agla ermordet worden? Wir sahen doch dein einbalsamiertes Haupt?"

Und Waltar sprach: „Ja, Gurat, ich bin derselbe Waltar, lebe aber jetzt für ewig in einem neuen geistigen, unzerstörbaren Körper! Ich komme nun als ein Bote Gottes aus den Himmeln, wie noch gar viele, die mit mir sind und schon in der Stadt verteilt sind, dem Volke das nahe Gericht Gottes zu predigen; denn ihr seid beinahe rettungslos verloren!

Eure Kriege wider die Hochlandvölker haben euch den unfehlbaren Untergang bereitet! Durch eure Minenstollen habt ihr Berge zerstört, die Deckel von großen unterirdischen Gewässern sind. Diese werden hervordrängen und über die höchsten Gebirge steigen und euch alle ersäufen! Zwanzig starke neue Ströme haben schon angefangen, 120 Meilen von hier das Flachland in einen See zu verwandeln, und neue werden laufend hinzukommen!"

Hier machte Gurat große Augen und erschrak gewaltigst. Waltar aber hieß ihn, alsbald auf die Höhe zu fliehen, um Rettung zu finden. (III/343)

Der ungläubige Gurat aber erwiderte: „Ihr seid wohl verkappte Gesandte des Hochlandes und möchtet mich ins Bockshorn jagen, daß ich von hier fliehe und ihr von Hanoch Besitz ergreifen könnt?! Weißt du, mein lieber Waltar der Zweite, so dumm sind wir hier in Hanoch nicht, daß wir euch Gebirgsvagabunden alles glauben, was ihr uns aufbinden wollt!

Anfangs überraschte mich deine große Ähnlichkeit mit Waltar, aber du kannst ja sein Zwillingsbruder sein, denn so körperlich wie du sehen Geister wohl nicht aus! Ich könnte euch zwar in einen Kerker werfen lassen für eure Keckheit; allein Grausamkeit war mir nie eigen! Daher lasse ich euch ziehen; aber glauben werde ich eurer Aussage nicht eher, als bis die Großebenen um Hanoch mit Kähnen befahren werden! Und nun geht!"

Waltar entgegnete noch: „Gurat! Wenn du eine große Menge Tiere sehen wirst, die wir hinauf zu Noah führen werden, dann werden bald darauf die dem Innern der Erde entstiegenen Dünste als gewaltige Wassermassen herabstürzen! Dann wird es für dich zu spät sein, und Noah wird sich mit den Seinen schon im Wasserkasten befinden! Jeder Nahende wird aber dann von Blitz und Hagel getötet werden. Unsere Sendung an dich ist damit beendet!"

Die Engel begaben sich darauf im Augenblicke zu Fungar-Hellan, der an den Bergen herumoperierte, und richteten an diesen Helden gar kräftige Mahnworte. Aber dieser bedrohte sie und sprach: „Noah wohnt mir zu hoch; daher werde ich im nächsten Jahr auch *seine* Berge etwas niedriger machen und werde mir dann den Rettungskasten ansehen!"

Die Engel aber verließen ihn, denn er war schon ganz böse und völlig wider Gott. Von da an gingen sie unters Volk und predigten Buße und Umkehr zu Gott – fanden aber trotz vieler Wunderwerke kein Gehör und keinen Glauben. Daher beendeten sie auch bald ihre Mission und sammelten die Tiere. (III/344)

Der Zug der Engel mit den Tieren durch Hanoch

Als die Engel Gottes nach einem Verlaufe von vier Jahren, seit ihrer Aussendung, mit den gesammelten Tieren in Hanoch ankamen, um sie durch die Stadt zu führen, erregte das ein großes Aufsehen.

Alle Tiere folgten ihnen frei in der friedlichsten Ordnung gleich Lämmern. Die Boten zogen mit ihnen durch die Straßen und Gassen und riefen dem

Volke zu: „Bekehrt euch zu Gott und ziehet mit uns auf die Höhe Noahs, denn ein großes Strafgericht nahet euer!

Sehet, wir sind nicht Menschen gleich euch, was der Gehorsam dieser Tiere euch wohl anzeigt. So ihr euch reuig zu Gott wendet, sind wir mit großer Macht imstande, 100.000 gleiche Rettungskästen zu bauen wie Noah einen zur Rettung für Tausende bereit hält. Höret, das ist der letzte Ruf Gottes! Verlasset alles und folget uns; denn von jetzt an in einem Jahre werden alle Ländereien 3000 Klafter tief unter Wasser und Schlamm stehen!"

Da lachte man über solche Aufrufe der vermeinten Zauberer und Tierbändiger und ließ sie ungehindert von dannen ziehen. Auch zum König kamen die Engel nochmals wieder und luden ihn ein, ihnen zu folgen. Er aber gab ihnen gar keine Antwort, und die Boten zogen betrübt aus der Stadt und begaben sich mit den Tieren auf die Höhe. (III/346)

Als die Engelsboten mit den gesammelten Tieren auf der Höhe anlangten, kamen ihnen staunend Noah und sein Bruder Mahal entgegen. Die Engel sprachen zu Noah: „Öffne die Türe der Arche, denn wir wollen die verschiedenen Tiere in die für sie bestimmten Zellen bringen. Ihr Futter wollen wir dazulegen, und sie werden nach einem inneren Triebe täglich das ihre davon verzehren; du aber sorge stets für ausreichend Wasser.

Bohre im mittleren Stockwerk ein Loch in die Außenwand, und setze von innen einen Faßhahn an. Solange der Herr nicht regnen läßt, lasse die Tür offen, und die Tiere werden sich Futter und Trank selbst besorgen. Auch sorge dich nicht um die Reinigung der Tierzellen, und laß das Fenster am Dache noch offen, daß die Vögel einziehen können. Der Herr Selbst wird es dir anzeigen, wann du die Arche schließen und die Tür fest verpichen sollst! Wenn vor dem Regen noch Menschen bei dir Schutz suchen möchten, so nehme sie auf! Der Herr sei mit dir! Amen!"

Darauf verschwanden die Engel, und Noah lobte und pries den Herrn mit all den Seinen. Mahal aber war gleich seinen Kindern nur mit der Betrachtung der Tiere beschäftigt. (III/347)

Mahals Hadern wider Gott

Als Noah Gott gelobt und gepriesen hatte, ging er in die Arche und besah da, wie die Tiere untergebracht waren und bestieg dann das dritte Stockwerk. Dort fand er Mahal, der eben mit seinen Kindern Rat hielt, warum die Engel seiner und seiner Kinder mit keiner Silbe erwähnten, sondern alles nur dem Noah anbefohlen hatten.

Er war darum voll Ärgers und sprach, ohne den Noah zu sehen: „Bin ich denn vor dem Herrn weniger als die Tiere? Von unserer Erhaltung war gar keine Rede! Aber ich weiß, was ich tun werde! Ich will mit Noah sprechen, daß mir ein eigener Kasten erbaut werde, indem noch eine Menge des behauenen Holzes vorhanden ist. Will uns der Herr erhalten, so ist es gut, wenn nicht, will ich Ihn auch nicht darum bitten, denn mir ist nun das ganze Leben zu einem Ekel geworden!"

Hier lenkte die Agla ein und sprach: „O Vater, warum murrst du schon wieder gegen den Herrn? Ich aber sage bei mir: O Herr, mir, der größten Sünderin, geschehe nach Deiner Erbarmung! Sollte ich auch eine Beute des Todes werden, so sei der Herr auch darum gelobt und gepriesen!"

Mahal staunte über die Rede seiner weinenden Tochter, und Noah lobte die Agla ob solch gerechter Rede vor Gott. Im Augenblicke aber stand ein lichter Engel vor der Agla und sprach zu ihr: „Agla, du sollst nimmer eine Beute des Todes, sondern eine Beute des ewigen Lebens werden! Reiche mir, deinem Bruder Waltar, daher deine Hand und folge mir!"

Hier reichte Agla dem Engel Waltar die Hand und verschwand im Augenblick; und es blieb von ihr nichts zurück als ihre Kleider und in selben ein wenig Asche.

Dies setzte alle in größtes Erstaunen. Noah allein faßte sich und fiel aufs Angesicht und lobte Gott über alle Maßen, der sich der verloren gewesenen Tochter seines Bruders so gnädigst erbarmte. (III/348)

Der Bau des Starrsinnkastens für Mahal

Dann aber sagte Noah zu Mahal: „Bruder, möchtest du schon wieder zanken mit Gott, ob solcher endlosen Gnade? In dir ist viel versteckter Hochmut! Frage dich selbst, ob ein solches Benehmen gegen Den, der dich so liebevollst vor vier Jahren Seinen Sohn nannte, recht ist?! Meinst du wohl, der Herr wird Sich von dir etwas abtrotzen lassen?

Siehe, Satan trotzt dem Herrn und bleibt daher der geschlagene Sklave seines eigenen Starrsinns, der eine Frucht seiner Torheit ist! Ist's denn gar so schwer, sich vor dem heiligen, liebevollsten Vater zu demütigen und Seine Ordnung anzunehmen?"

Diese höchst wohlgemeinte Rede machte aber auf den Mahal keinen Eindruck, und er bestand auf seinem eigenen Kasten. Da ließ Noah für ihn einen Kasten von vier Klafter Länge und zwei Klafter Höhe erbauen. Nach dessen

Vollendung sprach er zu Mahal: „Hier ist der Kasten deines Starrsinns! Siehe aber zu, daß ihn der Herr für dich und deine drei Kinder segnet! Ich habe ihn bereits durch den Bau gesegnet!“

Mahal aber entgegnete barsch: „Mich ließ der Herr meiner Kinder wegen wie ein wildes Tier herumlaufen und sagte mir nichts von meiner Rettung. Will Er also den Kasten segnen, so soll Er es tun, ich werde Ihn dazu nicht nötigen! Will Er es nicht, so will ich von dem Kasten gar keinen Gebrauch machen und mit den vielen Millionen zugrunde gehen und dazu noch Zeuge sein, wie die argen Menschen ihren Frevel büßen werden!“

Darauf ging er mit seinen Kindern in einen Wald und harrte da auf des Herrn Wort. Der Herr aber ließ Mahal warten, bis sich am vierten Tag das Firmament finster umwölkte. Da ward er ärgerlich über den Herrn und haderte gewaltig mit Gott in einem Tone, der niemals wieder auf der Erde wiedergegeben werden soll!

Als Mahal sich so heiser gelästert hatte, sank ein Feuer aus den Wolken vor Mahal zur Erde nieder, und es sprach daraus des Herrn Stimme: „Mahal, du Ungeratener! Ich bin deines Lästerns satt geworden! Hältst du Mich keiner Ehre wert, so halte auch Ich dich keiner Rettung wert! So bleibe hier und sei ein Zeuge Meines Zornes über die Erde und über dich!

Deine Kinder will Ich jedoch zu Mir nehmen, darum sie dir nicht zugestimmt haben! So lerne du Mich nun in Meinem Zorne kennen, da du Mich in Meiner Liebe nicht erkennen wolltest! – Es geschehe!“ Hier ergriff das Feuer die drei Kinder und verzehrte sie im Augenblick. Mahal aber war allein und stumm vor Entsetzen. (III/349-350)

Der Anbruch der Finsternis und Mahals Umherirren

Noah suchte zwar seinen Bruder, aber der Herr wollte nicht, daß er je wieder von ihm auf Erden gefunden werde. Mahal bestieg einen hohen Felsen und nahm genießbare Wurzeln, Brot und Käse für 20 Tage mit sich. Da der Felsen eine Quelle hatte, war er gut versorgt und brachte dort sieben Tage zu. Als sich aber der Himmel stets mehr und mehr verdüsterte, zog Mahal in die berühmte Adamsgrotte.

Dort sprach er zu sich: „Ich bin alt und mühsam geworden, und der Herr hat mir alle meine Stützen genommen; will Er dafür etwa noch meinen Dank. Soll ich Ihn darob noch rühmen und preisen?

Ja, Herr, da ich jetzt ein Sünder bin, will ich Dich wieder rühmen, loben und preisen! Denn nun hat mich der zu große Schmerz gefühllos gemacht, und ich empfinde weder Ärger noch Trauer noch Zorn! Daher kann ich Dich, o Herr, wieder loben, rühmen und preisen! Aber laß mich, o Herr, nicht Zeuge Deiner gerechten Wasserflut über alle Deine Kreatur sein! Dein Wille geschehe allezeit! Amen."

Da ertönte aus den inneren Räumen der Grotte wie ein Echo: „Mahal, Ich habe Mich gedämpft in Meinem Zorne gegen dich, weil du dich gedämpft hast. Dennoch mußt du deine Torheit noch auf der Erde büßen, bis Ich dich annehmen werde – denn dein Frevel gegen Mich war groß! Sei aber geduldig in allem, was da über dich kommen wird und harre Meiner. Ich werde dich nicht von der Flut ersticken lassen, wenn auch deine Fußsohlen noch von derselben bespült werden!"

Da ergab sich Mahal in den Willen des Herrn und blieb stille. Als er sieben Tage in der sonst hellen Grotte zugebracht hatte, da wollte es nimmer Tag werden. So ging er aus der Grotte und suchte überall nach Licht und irrte vergeblich in der Finsternis umher. Dennoch murrte er nicht, sondern erwartete geduldig, was da kommen werde.

Das war aber auch schon die Zeit, als der Herr den Noah mit den Seinen hieß, in die Arche zu gehen. (III/351)

Die letzten Versuche des Herrn, die Menschen zu retten

Als das Gewölk schon die nächsten Bergspitzen in dichte Nacht hüllte und es in der Tiefe dampfte, kam der Herr voll Wehmut und Trauer zu Noah und sagte zu ihm: „Noah, fürchte dich nicht! Siehe, wie traurig es nun aussieht auf dieser alten Erde. Der Menschen Kunst hat ohne ihr Wissen und Wollen die argen gefangenen Urgeister der Erde vor der Zeit frei gemacht, wodurch ohne ein Gericht alle Himmel gefährdet würden.

Der ganze Raum bis zum Monde ist von solch argen Geistern angefüllt, und der Sonne Licht vermag nimmer durch solche Massen von Wolken und Dünsten zu dringen. Aber die Menschen der Tiefe beleuchten ihre Städte mit Fackeln und sind lustig dabei. Sie freien noch und halten Gastmähler, Spiel und Tanz, während Ich, ihr Schöpfer, um sie traure und ihnen nicht helfen kann, um sie nicht auf ewig in ihrem Geiste zu vernichten!

O du Mein lieber Noah, das ist ein harter Stand für einen Vater! Siehe, die Nachkommen Kains in den weit entfernten Gebieten ringen jetzt in dieser allgemeinen Nacht des herangekommenen Gerichtes die Hände, und Ich will Mich ihrer erbarmen.

Aber dieser große Erdkreis, den da Meine Kinder im Gemische mit den Kindern der Welt bewohnen, soll nun Mein unerbittlichstes Gericht erfahren!

Bevor Ich aber die Wasser aus den Wolken werde fallen lassen, will Ich noch sieben Tage lang in der Tiefe die Menschen durch allerlei Erscheinungen schrecken und sie womöglich dadurch nötigen, sich hierher zu flüchten. Ich werde eine schwache Helle von hier bis Hanoch und noch weiter ziehen, und so jemand kommen sollte, und wäre es der Fungar-Hellan, soll er in die Arche aufgenommen werden!"

Da wurde es dämmerlich helle von der Höhe, da die Arche stand, bis zur Tiefe, und der Herr öffnete Noah die geistige Sehe, daß er in die Tiefe schauen konnte. Es geschahen gewaltige Rufe wie Donner, doch niemand kehrte sich daran. Es brachen in Hanoch Feuer aus und setzten viele in große Angst und Schrecken; aber dennoch wollte niemand aus der Stadt ziehen. Unterirdische Wasser setzten Hanochs Gassen mannstief unter Wasser, so daß die Armen wohl auf die naheliegenden Hügel flohen. Die Reichen aber nahmen Boote und Kähne und fuhren jubelnd umher, und niemand begab sich mehr auf die Höhe.

Solcher Verblendung sah der Herr sieben Tage zu! Dann brach Ihm die Geduld, und Er führte Noah zur Arche. (III/352)

Die Sündflut

Bei der Arche angelangt, sprach der Herr: „Noah, gehe jetzt mit deiner ganzen Familie in den Kasten; denn Ich habe nur dich allein vor Mir gerecht gefunden! Nimm aber vom reinen Vieh jetzt je sieben Paare, desgleichen auch von den Vögeln unter dem Himmel je sieben Paare mit! Denn Ich dachte ehedem in Meinem Herzen: Es werden ja doch die Menschen aus der Tiefe hier Schutz suchen!

Da diese aber nicht kommen, sollst du nun an Stelle der unreinsten Menschen, die unter alles Getier hinabgesunken sind, mehr der reinen Tiere zu dir nehmen und auch mehr der Vögel unter dem Himmel. Denn ab jetzt in sieben Tagen will Ich es 40 Tage und 40 Nächte lang regnen lassen und alles Leben auf diesem Erdkreis vertilgen! Nimm dir aber kein künstliches Licht mit in den Kasten, denn Ich Selbst werde ihn dir erleuchten! Amen."

Hier ging Noah und tat alles, was der Herr ihm befohlen hatte, und der Herr war mit ihm. Noah war 600 Jahre alt, als der Herr an einem 17. Februar mit eigener Hand das große Tor verschloß und der Arche Seinen Segen gab. Dann erhob Er Seine allmächtige Hand und gebot den Wolken und den

Brunnen in der Erde, daß sie ihre Schleusen öffneten. Zahllose mächtige Springquellen trieben da ihre Gewässer bis zum Himmel, und der Regen fiel wasserfallartig aus den Wolken. Die Wasserflut kam aber so schnell, daß die Menschen sich kaum mehr auf die Berge zu flüchten vermochten.

Nur wenigen gelang es in der größten Not, die Höhe Noahs zu erklimmen. Als sie da unter beständigem Blitzen den mächtigen Rettungskasten ersahen, schrien sie um Hilfe. Doch des Herrn Macht trieb sie von dannen, daß sie mit blutenden Händen die nächsten Bergspitzen erklommen. Aber zahllose Blitze rissen sie von den Wänden und stürzten sie hinab in die mächtig wachsenden Fluten. (III/353)

Mahal und die Flüchtlinge in der Grotte

Der gewaltige Regen trieb Mahal aber wieder in die verlassene Grotte. Er mußte staunend und verzweifelt zusehen, wie die gewaltigen Wasserströme über Felsen dahinstürzten, größte Bäume entwurzelten und sie mit entsetzlicher Gewalt in die Tiefen schleuderten, ganze Felsen lostrennten, daß diese mit Tausenddonnergetöse in die Schluchten hinabrollten.

Da er den offenbaren Untergang aller Welt ersah, bebte der einst so heldenmütige Mahal aus großer Furcht und sprach bei sich selbst: „O Herr, – Deine Macht lernt man erst in Deinem gerechten Zorne kennen! Der gewohnheitsstumpfe Mensch achtet Deiner nicht im Frieden, doch solch eine Szene zeigt dem Wurm der Erde, wer Du, o Herr, bist! Wenn ich nur nicht so ganz allein diesen schauerlichsten Untergang erleben müßte! O Herr, nimm mich von dieser Welt! Dein heiliger Wille geschehe!"

Als er so bei sich gesprochen hatte, da kamen drei Flüchtlinge aus der Tiefe und suchten Schutz in der Grotte. Er ging ihnen sogleich entgegen und fragte sie in der Düsternis nach ihrem Namen.

Und die drei sprachen: „Wir sind die drei größten Toren aus der Tiefe, die sich noch vor wenigen Tagen als Herren von Hanoch dünkten! Nun zeigt uns der alte Gott, daß Er allein der Herr ist! Wir flohen, von der schrecklichsten Not getrieben, hierher und sind vielleicht die letzten Überlebenden aus Hanoch! Unsere Namen aber sind: Gurat, Fungar-Hellan und Drohuit!"

Hier schrie Mahal auf: „O Herr, welch wunderbare Fügung! Deine größten Feinde hast Du wieder in meine Hand gegeben! Sehet, ich bin Mahal, der euch oft vor diesem Gerichte gewarnt hat! Wo ist nun eure Macht und Herrlichkeit?" Hier erschraken die drei und wollten fliehen; aber in diesem Augenblick trat der Herr in die Grotte und ließ sich sogleich von allen vieren erkennen. (III/354)

Des heiligen Vaters Zeugnis von Seiner Allerbarmung

Mahal aber, als er den Herrn sah, fiel als reuiger Sünder vor Ihm hin auf sein Angesicht und bat: „O Herr des Himmels und der Erde! Mein liebevollster, heiliger Vater! Ich habe mich an Deinem Herzen in diesen meinen letzten Tagen schwer versündigt! O heiliger Vater, wie werde ich wohl je wieder Erbarmung und Gnade finden?"

Der Herr aber sprach: „Mahal, Mein Sohn, stehe auf! Vor Meiner ewigen und unendlichen Liebe und Erbarmung ist niemand so weit gefallen, daß Ich ihn nicht annehmen möchte, so er in reuiger Erkenntnis seiner Sünde zu Mir käme! Aber wer da nicht kommt, hat sich sein Urteil selbst an die Stirn geschrieben! 2000 Jahre lang habe Ich Meine Kinder gerufen, gelehrt und gewarnt; sie aber legten ihr Ohr und Herz nur an den alten Lügenmund Satans, und dieser hat sie in ihr Verderben gelockt.

Nicht Ich rief dieses Gericht über die Erde, sondern diese drei hier sind es! Sie wollten die Erde zerstören und haben tollkühn aus Zorn gegen Mich, ihren Schöpfer, in die Erde gestochen. Satan aber führte sie auf jene Punkte der Erde, wo ihre Adern am seichtesten liegen. Da rissen sie mit ihrer Beize und mit ihren Höllenkörnern die feste Haut von den Adern der Erde, und diese alles verheerende und tötende Flut über ihrem Wohnkreis ist nun die Frucht ihres Eifers für die Hölle!" (III/355)

Der Lohn der drei Fürsten Hanochs

Bei diesen Worten des Herrn fingen die drei ganz gewaltig an zu beben; denn sie merkten es wohl, daß ihr Frevel vielen Millionen Menschen den Tod gebracht habe, und daß sie die Hauptschuldträger dieses schrecklichsten Selbstgerichtes waren.

Der Herr aber berief den Satan; und als dieser, vom Grimme entbrannt im Augenblick dastand, sprach der Herr zu ihm: „Elender Versucher Meiner Langmut, Liebe, Geduld und Erbarmung! Siehe, hier stehen deine drei getreuesten Knechte! Sie haben deinen Plan meisterhaft vollbracht! Welchen Lohn wirst du ihnen darum nun geben?"

Und Satan sprach: „Hatten sie nicht auf der Erde alles, wonach sie gelüstete? Welchen Lohn darum noch? Der Tod sei ihr Los!"

Hier sprach der Herr: „Habt ihr es nun vernommen, wie euer Meister seine Knechte lohnt?" Die drei aber heulten vor Furcht und Angst und baten den Herrn um Hilfe. Der Herr aber sprach: „Ich sehe bei euch nur die Angst, aber keine Spur von Reue! Daher weichet von Mir, ihr Satansdiener, und büßet mit ihm in seinem Feuer euren Frevel!"

Hier fuhr ein mächtiger Blitz durch die Grotte und tötete die drei im Augenblicke. Und des Herrn Macht trieb die vier Geister zur Hölle. Mahal aber klammerte sich an den Herrn, Der ihn alsbald aus der Grotte hin zur Arche führte. (III/355)

Mahals Verklärung und neue Aufgabe

Es strömte aber so mächtiger Regen über Mahals schwachen Leib, und die große Kälte setzte ihm so sehr zu, daß er den Herrn abermals um den Tod seines Leibes bat. Doch der Herr sprach: „Mahal, wie magst du über Regen und Kälte in Meiner außerordentlichen Nähe klagen? Jeder Tropfen, der auf dein Haupt fällt, würde dir eine Labung sein, so du in deinem Herzen ganz bei Mir wärest, so wie es der wunden Erde nun ist, über die eben diese Flut kommen mußte, damit sie unter dem Frevel der Menschen nicht vergehe!

Diese Fluten werden die Erde heilen! – Sie wird genesen und wieder den Menschen dienen. So soll auch dich die Tätigkeit der Liebe und die Flut der Reue heilen und erwärmen zum Leben des Geistes, denn nur die Lüge hat Kälte und Tod in aller Unendlichkeit ausgestreut!"

Hier erbrannte Mahal und sprach aus der neu entfachten Herzensglut: „O du überheiliger, der allerhöchsten Liebe vollster Vater! O wie unbegreiflich reut es mich nun, Dich so sehr verkannt zu haben, ja mit Dir gehadert zu haben wie ein loser Bube mit seinesgleichen! – O Vater, Du heilige, ewige Liebe, wie ist es wohl möglich, daß Du mir solchen Frevel vergibst?"

Hier rührte der Herr den Mahal mit einem Finger an, und im Augenblick sank der sterbliche Leib in Staub und Asche zusammen. Der verklärte Geist Mahals aber stand als ein leuchtender Seraph neben dem Herrn und lobte und pries mit unsterblichen Lippen die ewige Liebe des Vaters, die noch im Gerichte von gleicher endloser Fülle ist, wie im Frieden ewiger Ordnung! (III/356)

Als Mahal vom irdischen Leibe erlöst wurde, da dauerte die Sündflut schon sieben Tage, und das Wasser erreichte schon die Stelle, an der Mahal mit dem Herrn bei der Arche stand. Der Herr aber gab dem erlösten Mahal einen Auftrag: „Dein erster Engelsdienst bestehe darin, daß du diese kleine Welt sicher über die Fluten leitest, bis Ich komme und über die neue Erde den Bogen des Friedens spannen werde! Mein Wille sei ewig deine Kraft!"

Darauf entschwand der Herr in Seiner außerordentlichen Persönlichkeit, und Mahal sah gleich den anderen Engelsgeistern nur die Sonne der Himmel, in der der Herr im unzugänglichen Lichte wohnt von Ewigkeit zu Ewigkeit.

Das Wasser aber stieg weiter auf Erden, daß es am siebenten Tage schon den Kasten behutsam hob. Denn Mahal leitete ihn, daß er nicht schaukelte nach dem Schwung der Wogen, sondern ruhig dahinschwamm wie ein Schwan auf einem ruhigen See.

Nach wiederum sieben Tage überschwemmte das Wasser schon die höchsten Berge dieses Erdkreises bis zum höchsten Himalajagebirge, das das Land der Sihiniten von dem ganzen anderen Asien trennte. Dieses Gebirge allein ragte 15 Ellen aus dem Wasser. (III/357)

Mittelasien, der Hauptort der Flut

Der Hauptteil der Flut ergoß sich über Mittelasien, wo noch heute der Aralsee und das Kaspische Meer Überbleibsel denkwürdigster Art sind. Denn wo das Kaspische Meer ist, stand einst das übergroße und stolze Hanoch. Es ließen sich auch heute noch Überreste finden, wenn auch erst in einer Tiefe von mehr als 1000 Klaftern. An der Stelle des Aralsees war einst jener See mit der Wassergottinsel. Ebenso sind auch der Baikal- und Tsanysee ähnliche, die sündigen Reste der Vorsündflut in sich bergende Denkmäler.

Von diesen Hauptpunkten ergoß sich das Gewässer reichlichst nach Sibirien, wie auch nach Europa, das damals noch unbewohnt war. Ein Teil brach nach Süden ins heutige Ostindien und am stärksten über Arabien. Auch das nördliche Afrika wurde bis zum Hochlande stark mitgenommen, während Amerika nur von Sibirien aus im Norden etwas betroffen war.

Wohl heißt es in der Heiligen Schrift: „Die Flut ergoß sich über alle Berge der Erde und außer, was die Arche trug, blieb nichts Lebendes auf dem Erdboden!" – Doch ist das nicht wörtlich auf die Naturerde zu beziehen! Denn unter „Berge" wird nur der Hochmut und die Herrschsucht verstanden. Und daß auf der Erde kein Leben übrigblieb, besagt, daß Noah allein ein geistiges Leben in Gott hatte.

Die Sündflut war demnach nur eine großörtliche, weil nur die Menschen in Mittelasien durch Tollkühnheit sich das große Selbstgericht zugezogen hatten, was in anderen Weltteilen nicht der traurige Fall war. Schon das Wort „Flut" bezeichnet ein Sich-Ergießen und kein Standgewässer. Die Flut konnte aber über Asien, trotz des mächtigsten Abflusses nach allen Seiten, eine solche Höhe erreichen, weil zu dem stärksten Regen noch hunderttausende der mächtigsten Springquellen hinzukamen. (III/357-359)

Die Arche auf dem Ararat

Am 150. Tage wandte der Herr wieder Sein Angesicht zur Erde, und die Brunnen der Tiefe wurden verstopft und die Wasserschläuche des Äthers zugebunden. Das Wasser verlief sich, und am 17. Juli fand die Arche Grund auf dem sehr geräumigen Gipfel des Berges Ararat, durch die Kraft des Herrn vom Geiste Mahals dahin geleitet.

Am 10. November öffnete Noah zum ersten Male das Fenster am Dache und ließ einen Raben ausfliegen. Dieser fand schon seinen Lebensraum und kam nicht wieder. Darauf ließ Noah eine Taube ausfliegen. Diese kam jedoch bald wieder zurück, da alles noch kahl und feucht war und in den Tälern noch gewaltige Wasserströme tobten, und setzte sich auf Noahs ausgestreckte Hand. Noah harrte weitere sieben Tage und ließ am achten Tage wieder eine Taube ausfliegen. Diese kam erst am Abend zurück und brachte in ihrem Schnabel ein Blättchen eines Ölbaumes.

Nach abermals sieben Tagen ließ Noah wieder eine Taube fliegen. Diese kam nicht mehr zurück, da sie auf dem trockenen und neu bewachsenen Boden schon Nahrung fand. Noah harrte aber von da an noch bis auf den ersten Monat des neuen Jahres, da er sich im 601. Jahre seines Alters befand. Bis dahin war das Wasser abgelaufen in die großen Meere, und die Erde war wieder trocken durch ein fortwährendes Wehen warmer Mittagswinde.

Am 1. Januar entfernte Noah mit seinen Söhnen das Dach des Kastens und blickte zum ersten Mal auf die erneute Erde vom hohen Ararat herab und harrte weiter auf das Wort des Herrn bis zum 27. Februar. Da kam der Herr zu Noah und hieß ihn, aus der Arche zu ziehen. Und alle Tiere folgten ihm ins Freie und suchten sich Wohnungen auf der gereinigten Erde. Der Herr aber sorgte, daß alle wieder ihre Nahrung fanden. (III/360)

Noahs Dankopfer und des Herrn Segen

Noah hatte mit den Seinen ein ganzes Jahr und zehn Tage in dem Rettungskasten verbracht und so das schrecklichste Gericht, das die damalige Menschheit sich selbst bereitet hatte, auf wunderbarste Weise durch Gottes väterliche Liebe überlebt.

Er errichtete deshalb als erstes mit seinen Söhnen dem Herrn einen Altar aus glatten Steinen, schichtete darauf Holz von dem Dache der Arche, schlachtete von allen reinen Tieren ein männliches und brachte dem Herrn ein großes Dankopfer dar. Mit seinem Weibe, seinen drei Söhnen und deren Frauen aber lobte und pries er den Herrn aus liebeerfülltem Herzen.

Der Herr sah die Liebe Noahs und der Seinen und sprach zu ihm: „Noah, Ich werde hinfort der Menschen wegen die Erde nicht mehr verfluchen, und alles, was da lebt, will ich hinfort nicht mehr schlagen! Solange die Erde sein wird, soll Saat und Ernte, Sommer und Winter und Tag und Nacht nicht mehr aufhören!“

Darauf legte der Herr Seine rechte Hand auf das Haupt Noahs, segnete ihn und sein Haus und sprach: „Seid fruchtbar und mehret euch! Und erfüllet mit eurem Geschlechte und mit eurem Geiste die Erde!“ (III/361)

Der neue Bund auf Erden

Und weiter sprach der Herr: „Ich errichte mit euch und euren Nachkommen einen Bund, nach dem hinfort keine solche Flut mehr über die Erde kommen soll und gebe euch ein sichtbares Zeichen in diesem Meinem Bogen, den Ich in die Wolken gesetzt habe!“ Da blickte Noah zum Himmel und sah einen herrlichen farbenprächtigen Regenbogen den Erdkreis umspannen.

Nach dieser Bundesrede führte der Herr den Noah in eine sehr fruchtbare Gegend die heute Eriwan heißt, segnete diese dreimal und gab sie ihm und seinen Kindern zu eigen. Noah dankte dem Herrn und fragte: „O Herr, welchen Dienst verlangst Du nun von mir und meinen Nachkommen?“

Und der Herr sprach: „Noah, du kennst noch die Ordnung, die Ich dem Henoch für euch gab! Darin verbleibet und liebet Mich als euren Vater über alles! Doch höre, da es Mir nun auf dieser Erde wohlgefällt, will Ich Mir als ein wahrer Fürst und König aller Könige unweit von hier eine Stadt erbauen und in derselben wohnen bis zur großen Zeit der Zeiten!

Also soll die Erde der Ort sein, darauf Meine Füße ruhen und wandeln werden! Und du sollst Mich wie einen Menschen in ein Land ziehen sehen, das da Kanaan (gesegnetes Land) heißen soll! Du wirst in siebzehn Tagesreisen Meine Stadt, die da ‚Salem‘ heißen soll, erreichen. Mein Name aber wird ‚Melchisedek‘ sein, ein Ältester von Ewigkeit! Du bist frei, aber deine Nachkommen werden Mir den zehnten Teil von allem geben müssen!“

Hier zog der Herr sichtbar gen Abend hinauf. Noah aber blickte dem Herrn nach und betete, solange er Ihn sah. (III/362)

***

Damit endet die Erzählung nach der Haushaltung Gottes, die die Gründung und den Verfall der ersten Kirche auf Erden beinhaltet. Die weitere Entwicklung der Nachkommen Noahs finden wir in den Büchern des Mose ohnehin in aller Kürze beschrieben.

Schlußwort

Zuletzt diene uns noch das Schlußwort unseres himmlischen Vaters an alle Leser der „Haushaltung Gottes“, daß niemand, der guten Willens ist, in dieser Zeit größter Gottentfremdung verzage.

So sprach der liebevollste göttliche Vater zu Jakob Lorber: „Also sei mit diesem Werke euch allen Meinen lieben Freunden und Kindern Mein reichster Segen, Meine Vaterliebe und Meine vollste Gnade geboten! Wandelt treu und unerschrocken auf diesen Wegen des Lebens, und Ich, euer aller Herr und Vater und Gott, werde euch an Meiner Hand in Mein Haus führen! Und es soll niemandem ein Haar gekrümmt werden! Amen.“

Liebe Leser, liebe Jugend, wachen wir auf im Herzen, im Gemüt, im Gewissen und in der Vernunft! Möge uns allen das Erkennen geschenkt sein und der Wille und die Kraft, danach zu handeln! *Mehr* zu sagen als die Geschichte der Urmenschheit bis zu Noah offenbart, vermag allein der darin wesende Geist Gottes! *Eines* ist not in dieser Zeit größter Wandlung: Die Wege des Herrn zu gehen, denn diese sind Wahrheit und Leben!

Zur Entstehung dieses Buches

Diese Nacherzählung der „Haushaltung Gottes“ erschien erstmals in den 60er Jahren in den Gemeindebriefen der Freien Christlichen Gemeinde Bethsehel. Erwin Zitta, dem Gründer der Gemeinde, war es damals ein besonderes Bedürfnis, die so herrliche Neue Offenbarung unseres Herrn durch Seinen Schreiber Jakob Lorber der Jugend und den Kindern der Freunde nahezubringen und ihrem Verständnis zu erschließen.

Nach vielen Jahren haben wir diese Schriften inhaltlich überarbeitet und erweitert und möchten sie in diesem Buche einem weiteren Leserkreis zur Verfügung stellen. Dem Lorber-Verlag danken wir für die gute Zusammenarbeit und für die Aufnahme dieser Schrift in sein Verlagsprogramm. Möge sie Kindern, Jugendlichen und auch „erwachsenen Kindern“ unseres Vaters im Himmel zum Segen gereichen! Möge sie auch als Anregung dienen, zum Originalwerk zu greifen!

See, im Frühjahr 1997
Freie Christliche Gemeinde Bethsehel e.V.

Anhang

Die materielle Schöpfung

Der Makrokosmos

nach der Neuen Offenbarung
durch Jakob Lorber

UNSER SONNENSYSTEM

mit 9 Planeten, mit Monden und Mondesmonden, dem Asteroidengürtel und etwa 10 Milliarden Kometen.

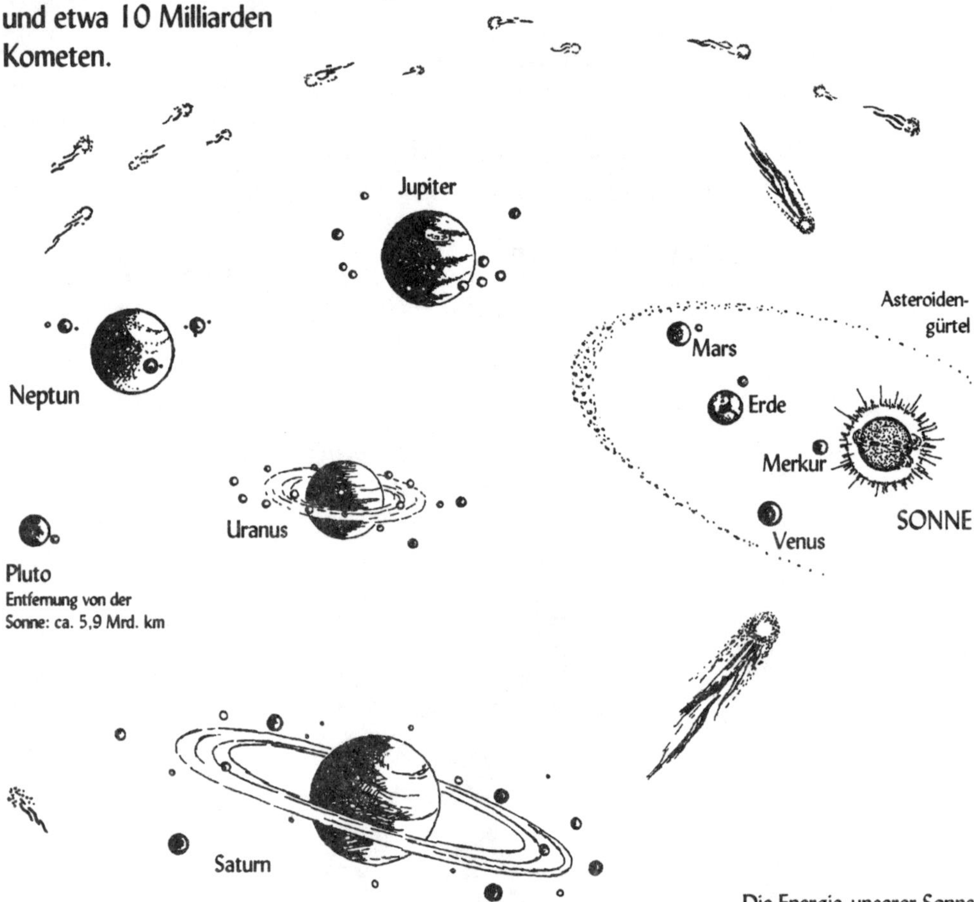

Die Energie unserer Sonne ist Reflektionsenergie und kommt von der Allall- und Urzentralsonne sowie als reflektierte Strahlung von der Hülsenglobe. In der Korona wird die Strahlung in Licht umgewandelt und von der Lufthülle reflektiert. Die Sonnenprotuberanzen sind flammende Gasmassen aus denen die Kometen werden.

Der Asteroidengürtel besteht aus Trümmern eines geborstenen Planeten

Die Sonne
im Verhältnis zu den Planeten
Ihr Durchmesser beträgt 1.384.460 km
Ihre Masse beträgt 99,87 % des ganzen Systems
(lt. wissenschaftlichen Berechnungen)

KUGELSTERN-HAUFEN

In etwa 28 000 Jahren kreist unsere Sonne einmal um die Gebietssonne. Das entspricht dem Lauf durch die Sternbilder des sogenannten Tierkreises.

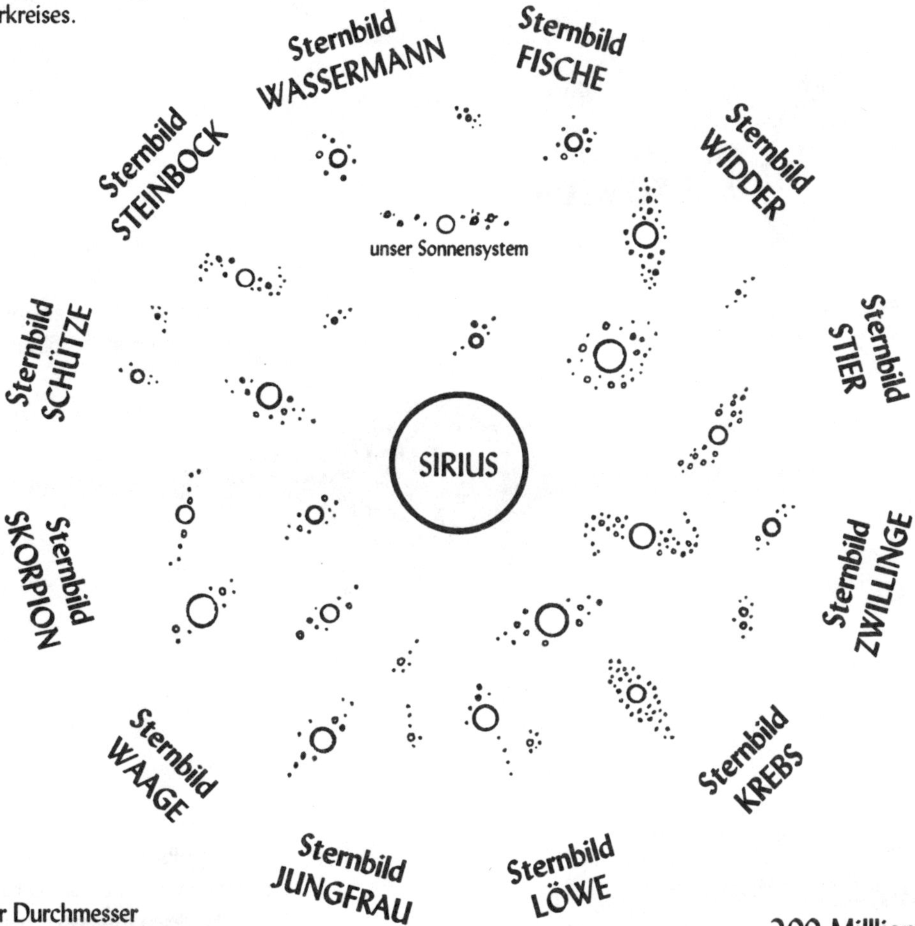

Der Durchmesser unserer Gebietssonne, ist um 10 Millionen mal größer als der unserer Planetarsonne.

200 Milllionen Planetarsonnen schwärmen um unsere Gebietssonne, den Sirius, im Sternbild des großen Hundes.

unser SONNENGEBIET

unsere

GALAXIS – die Milchstraße

achsial gesehen (von der Seite)

Die Nachbargalaxis
ANDROMEDA

Unser Sonnensystem im
Sonnengebiet des Sirius

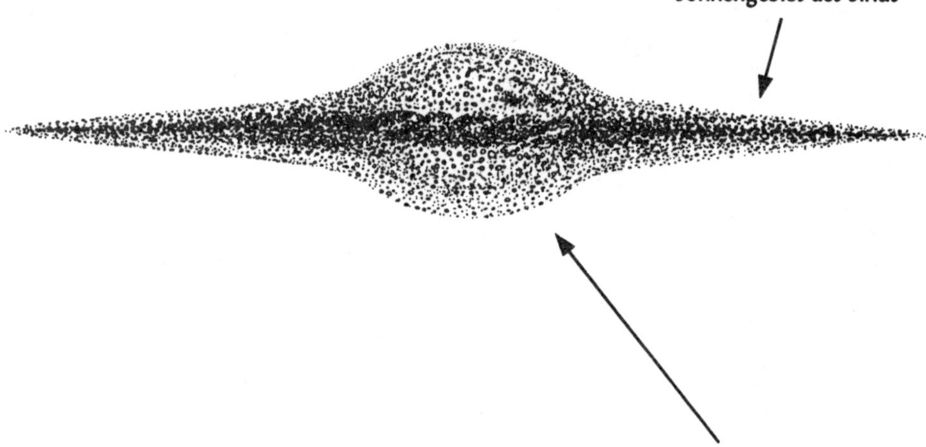

Viele Millionen von
Kugelsternhaufen
kreisen um unsere
Allsonne

Die Allsonne ist im Zentrum
unserer Milchstraße oder Galaxis.
Die vielen Kugelsternhaufen
verdecken sie für unser Auge
im Sternbild des Schützen.

SONNEN - ALL

GALAXISHAUFEN

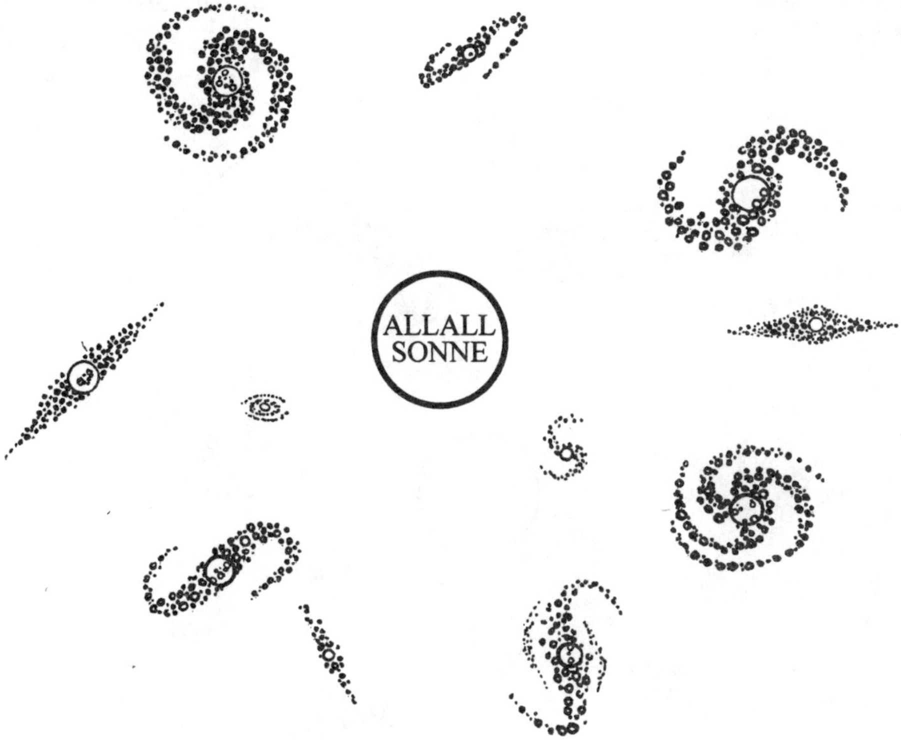

Viele Millionen von Galaxien kreisen um eine Allallsonne

Die Durchmesser der Allallsonnen sind 10^{12} - 10^{18} Lichtjahre groß. An den Oberflächen wird energiereichstes Gas verbrannt.

SONNEN-ALLALL

7 Mio. Galaxishaufen kreisen um unsere Urzentralsonne -

Der Durchmesser des Regulus = 10^{49} km
das entspricht etwa 10^{36} Lichtjahre
1 Lichtjahr = 10^{13} km

Die Urzentralsonne ist der uns sichtbare Stern Regulus im Sternbild des Löwen.

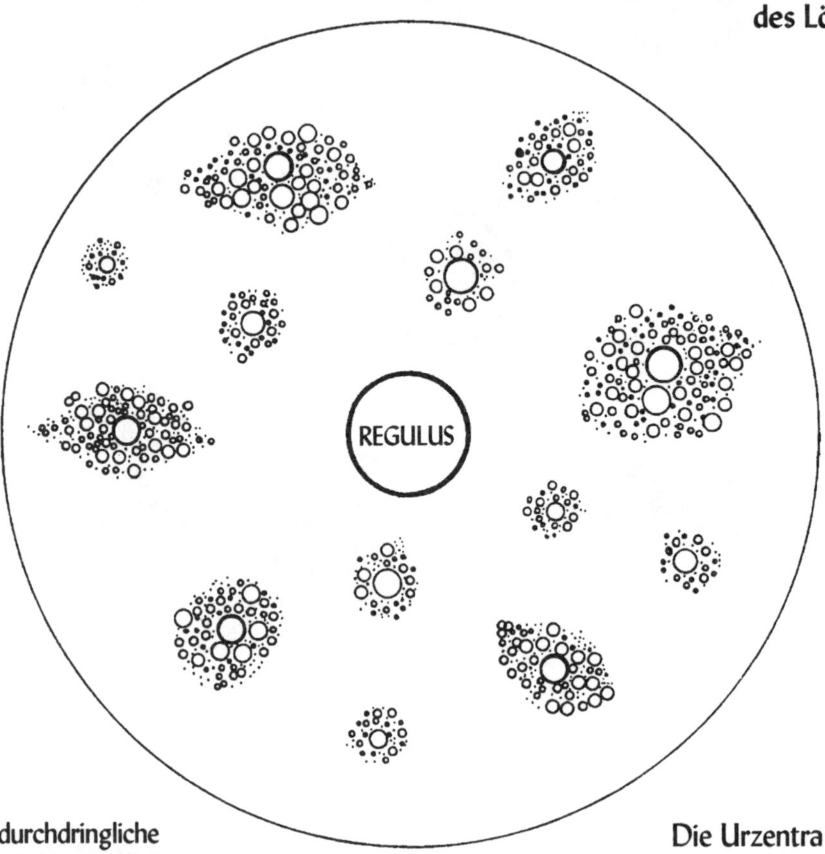

Die undurchdringliche Hülse reflektiert sämtliche Strahlung nach innen zurück.

Die Urzentralsonne ist um 7 Mio. mal größer als alle sie umkreisenden Welten.

IN UNSERER HÜLSENGLOBE

DAS UNIVERSUM
in der Gestalt Luzifers, des verlorenen Sohnes

So wie durch das Erlösungswerk Gottes, die materielle Schöpfung abnimmt, – so füllt sich der neue Himmel im großen geistigen Schöpfungsmenschen. Die neue geistige Erde entsteht im Zentrum des Herzens.

Die gesamte materielle Schöpfung – eine Formation von Hülsengloben, gebannt im unendlichen Raum.

Alle Materie besteht aus dem gefallenen Geist Luzifer und dessen mitgefallenen Geistern, die durch ihn geschaffen wurden.

Der Abstand zwischen zwei Globen entspricht dem 1 Mio.-fachen Durchmesser einer Hülsenglobe.

Unsere Hülsenglobe ist ein Pünktchen am linken kleinen Zehenballen.

Der große Schöpfungsmensch

In diesem Werk vorkommende Maße

1 Meile entspricht etwa	7,5 km	1 Klafter entspricht	1,90 m
1 Fuß entspricht	31,6 cm	1 Elle entspricht	77,8 cm
1 Wegstunde entspricht	3,75 km (lt.Bd.III/246,2)		

Inhaltsverzeichnis

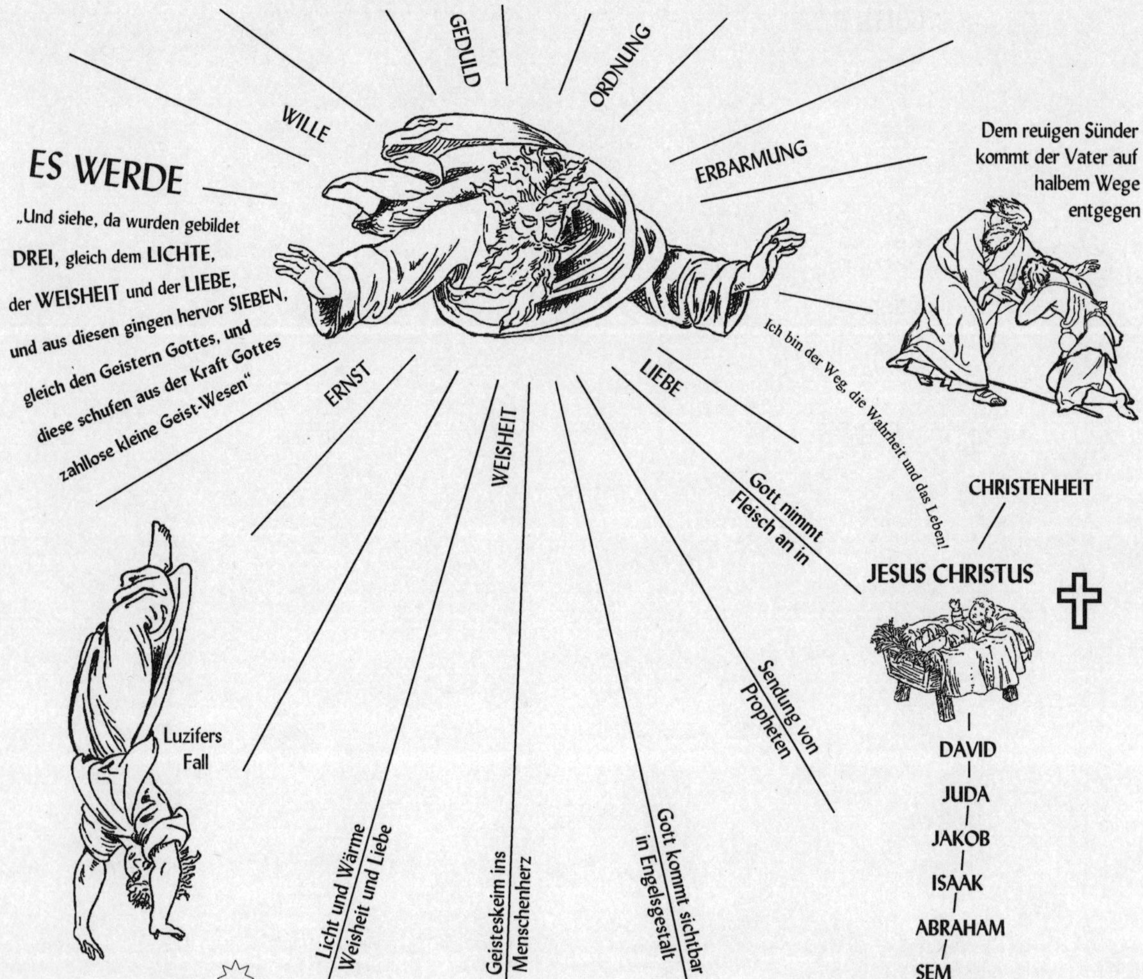

SCHÖPFUNGS- UND ERLÖSUNGSGESCHEHEN